Effektives Customer Relationship Management

Stefan Helmke · Matthias Uebel
Wilhelm Dangelmaier
(Hrsg.)

Effektives Customer Relationship Management

Instrumente – Einführungskonzepte – Organisation

6., überarbeitete Auflage

Springer Gabler

Herausgeber
Prof. Dr. Stefan Helmke
Düsseldorf, Deutschland

Prof. Dr. Wilhelm Dangelmaier
Paderborn, Deutschland

Prof. Dr. Matthias Uebel
Düsseldorf, Deutschland

ISBN 978-3-658-06623-9   ISBN 978-3-658-06624-6   (eBook)
DOI 10.1007/978-3-658-06624-6

Die Deutsche Nationalbibliothek verzeichnet diese Publikation in der Deutschen Nationalbibliografie; detaillierte bibliografische Daten sind im Internet über http://dnb.d-nb.de abrufbar.

Springer Gabler
© Springer Fachmedien Wiesbaden GmbH 2001, 2002, 2003, 2008, 2013, 2017
Das Werk einschließlich aller seiner Teile ist urheberrechtlich geschützt. Jede Verwertung, die nicht ausdrücklich vom Urheberrechtsgesetz zugelassen ist, bedarf der vorherigen Zustimmung des Verlags. Das gilt insbesondere für Vervielfältigungen, Bearbeitungen, Übersetzungen, Mikroverfilmungen und die Einspeicherung und Verarbeitung in elektronischen Systemen.
Die Wiedergabe von Gebrauchsnamen, Handelsnamen, Warenbezeichnungen usw. in diesem Werk berechtigt auch ohne besondere Kennzeichnung nicht zu der Annahme, dass solche Namen im Sinne der Warenzeichen- und Markenschutz-Gesetzgebung als frei zu betrachten wären und daher von jedermann benutzt werden dürften.
Der Verlag, die Autoren und die Herausgeber gehen davon aus, dass die Angaben und Informationen in diesem Werk zum Zeitpunkt der Veröffentlichung vollständig und korrekt sind. Weder der Verlag noch die Autoren oder die Herausgeber übernehmen, ausdrücklich oder implizit, Gewähr für den Inhalt des Werkes, etwaige Fehler oder Äußerungen. Der Verlag bleibt im Hinblick auf geografische Zuordnungen und Gebietsbezeichnungen in veröffentlichten Karten und Institutionsadressen neutral.

Lektorat: Barbara Roscher

Gedruckt auf säurefreiem und chlorfrei gebleichtem Papier

Springer Gabler ist Teil von Springer Nature
Die eingetragene Gesellschaft ist Springer Fachmedien Wiesbaden GmbH
Die Anschrift der Gesellschaft ist: Abraham-Lincoln-Str. 46, 65189 Wiesbaden, Germany

Vorwort zur 6. Auflage

Im Customer Relationship Management (CRM) gewinnen Fragen der ökonomischen Steuerung von Kundenbeziehungen zunehmend an Bedeutung. Dies betrifft sowohl die Verzahnung mit Marketing- und Vertriebsprozessen, die systematische Zielbildung als auch die Ressourcensteuerung. Unternehmen entwickeln zwar verschiedenste neue Servicemaßnahmen, doch fehlen häufig eine zielgerichtete Planung und mitlaufende Steuerung, welche die Effizienz und die Effektivität des CRM-Ansatzes in der Unternehmenspraxis deutlich erhöhen.

Die 6. aktualisierte und vollständig überarbeitete Auflage des Bandes „Effektives Customer Relationship Management" trägt diesen Aspekten insofern Rechnung, als insbesondere Beiträge zum Thema Steuerung und Controlling von Kundenbeziehungen neu aufgenommen wurden. Ebenso findet die zunehmende Verschmelzung von CRM, Vertrieb und Direktmarketing Berücksichtigung. Dazu wurden des Weiteren Aktualisierungen vorgenommen, die auf den konzeptionellen Veränderungen in der derzeitigen CRM-Diskussion aufsetzen.

Dadurch wird der Charakter des Buches, als umfassendes Gesamtwerk zu wesentlichen Fragen im Rahmen der Umsetzung und Einführung von Customer Relationship Management Antworten zu liefern, weiter verfeinert.

Stefan Helmke,
Matthias Uebel und
Wilhelm Dangelmaier

Vorwort zur 1. Auflage

Effektives Customer Relationship Management zielt auf eine Steigerung der Kundenzufriedenheit bzw. Kundenbindung und damit auf eine Erhöhung des Unternehmenserfolgs ab. Die Verfolgung dieses Ziels ist aufgrund der Situation in vielen Märkten von besonderer Bedeutung.

In vielen Märkten ist die Tendenz einer zunehmenden Austauschbarkeit der Produktkernleistungen der Anbieter feststellbar. Nicht zuletzt deshalb liegt heutzutage vielfach das größte Potenzial zur Verschaffung differenzierender Wettbewerbsvorteile im Sinne einer Strategie der Qualitätsführerschaft an den Schnittstellen zum Kunden. Dazu ist eine qualitativ optimierte Kundenbearbeitung umzusetzen, die konsequent an kundenorientierten Zielgrößen ausgerichtet ist. Vom Anspruch dieser Ausrichtung ist nicht nur die Face-to-Face-Kundenbearbeitung betroffen, sondern auch die dahinterstehenden operativen und strategischen Prozesse und Methoden. Die effektive, aufeinander abgestimmte Umsetzung der verschiedenen Aufgaben des Customer Relationship Managements, vom Entdecken neuer Marktzusammenhänge mit Hilfe komplexer Data Mining-Verfahren über die Anwendung neuer Steuerungskonzepte wie der Customer-Lifetime-Value bis hin zu qualitativen Instrumenten wie Kundenclubs, stellt eine wesentliche Einflussgröße für den Unternehmenserfolg dar.

In dem vorliegenden Band wird die effektive Umsetzung von Customer Relationship Management ganzheitlich betrachtet. Führende Wissenschaftler und Praktiker durchleuchten das Thema sowohl aus konzeptioneller als auch aus anwendungsorientierter Perspektive. Dazu werden im ersten Teil des Buches wesentliche Instrumente des Customer Relationship Managements vorgestellt. Im zweiten Teil werden Konzepte für eine optimale Einführung von CRM im Unternehmen sowie die notwendigen organisatorischen Voraussetzungen erläutert, die für die Umsetzung eines effektiven Customer Relationship Managements zu treffen sind.

So ergibt sich ein Gesamtwerk, das Antworten auf Fragen der inhaltlichen Ausgestaltung, der zielführenden Einführung und organisatorischen Verankerung im Rahmen der Umsetzung eines effektiven Customer Relationship Managements liefert.

Für die Unterstützung bei der Layout-Gestaltung des Manuskripts gilt unser besonderer Dank Herrn Cand. Wirt.-Ing. Helge Wessoly.

Stefan Helmke und
Wilhelm Dangelmaier

Inhaltsverzeichnis

Teil I Instrumente 1

Grundlagen und Ziele des CRM-Ansatzes..3
Stefan Helmke, Matthias Uebel und Wilhelm Dangelmaier

Steuerung der Neukundengewinnung 23
Stefan Helmke, Matthias Uebel und Matthias Essing

Der Vertriebstrichter zur Steuerung von Vertriebsprozessen 37
Matthias Uebel und Stefan Helmke

Best-Practice-Ansätze zur Steuerung im Direktmarketing 53
Stefan Helmke und Matthias Uebel

CRM und Web 2.0 77
John-Uwe Scherberich

Vertriebssteuerung durch operative CRM-Systeme: Anwendungsstand
und Nutzenpotenziale in der betrieblichen Praxis...99
Hagen J. Sexauer und Marc Wellner

CRM-Bestandsaufnahme und Nutzungsrolle im Querschnitt aktueller Trends
und Entwicklungen..113
Benjamin Birker

Vertrauen ist alles – Kundenmanagement im Seminarbereich 133
Katrin Schwarz

Data Mining im CRM..141
Hajo Hippner und Klaus D. Wilde

Churn Management – Herausforderungen für den Handel....................................161
Heike Papenhoff und Karsten Lübke

Wertorientierte Ausrichtung der Neukundengewinnung.......................................171
Jens Kirchner

Teil II Einführungskonzepte und Organisation 193

Einführung von CRM im Unternehmen 195
Stefan Helmke, Matthias Uebel und Wilhelm Dangelmaier

Change Management in der Praxis zur Einführung von CRM 207
Stefan Helmke, Dörte Brinker-Helmke und Matthias Uebel

Electronic Commerce – ein Merkmal zur kundenorientierten Gestaltung
unternehmensweiter Informationssysteme 219
Jan Helmke

Systematische Kosten- und Nutzenbewertung für CRM-Systeme 229
Matthias Uebel und Stefan Helmke

Szenarien, Wargaming und Simulationen als zukunfts- und
entscheidungsorientierte Instrumente im Customer Relationship Management 243
Mario Stoffels

CRM in der Praxis – die Auswahl des passenden CRM ist gar nicht so einfach 259
Sarah Midderhoff

Trade Marketing 279
Andrea Bollers

Unternehmensübergreifende Planung als Schnittstelle zwischen CRM und SCM 293
Axel Busch und Timo Langemann

Cross-Buying-Effekte in Multi-Partner-Bonusprogrammen 307
Mario Rese, Heike Papenhoff und Annika Wilke

Serviceorientiertes Controllingsystem als Basis für unternehmensinternes CRM 321
Rainer Frischkorn

Forcierung von CRM durch spielerische Weiterbildung 335
Tobias Wunsch, Stefan Helmke und Matthias Uebel

Teil I
Instrumente

Grundlagen und Ziele des CRM-Ansatzes

Stefan Helmke, Matthias Uebel und Wilhelm Dangelmaier

1	Notwendigkeit der Kundenorientierung	5
2	Ziele des CRM-Ansatzes	7
3	Komponenten des CRM-Ansatzes	10
4	Softwareunterstützung	18
5	Ausblick	20
Literatur		21
Autoren		21

1 Notwendigkeit der Kundenorientierung

Über Produkte können sich Unternehmen kaum noch von der Konkurrenz absetzen, da Produkte insbesondere im globalisierten Wettbewerb immer homogener und damit austauschbarer werden. Nur wenige Unternehmen verfügen tatsächlich über eine außerordentliche Technologieführerschaft. Somit ist der Bereich Kunden- und Serviceorientierung besonders interessant für eine Differenzierung vom Wettbewerb. Dass deutschen Unternehmen dies derzeit nur durchwachsen gelingt, belegen aktuelle Servicebarometer oder stehende Redewendungen wie „Servicewüste Deutschland". In Deutschland steht oftmals immer noch die Produkt- und nicht die Kundenorientierung im Vordergrund. Häufig lautet die Devise: „Wenn die Produkte stimmen, hat der Kunde sie zu kaufen." Dabei belegen viele Beispiele, wie z. B. das Unternehmen Rank Xerox, dass eine Investition in Service wesentlich lukrativer ist als in eine weitere Verfeinerung des Produktes. Die Produktqualität darf natürlich im Umkehrschluss nicht vernachlässigt werden, denn sie wird vom Kunden einfach vorausgesetzt.

Mangelnde Serviceorientierung lässt sich an klassischen Aussagen festmachen, wie etwa „Da sind Sie aber der Erste" oder „Nur was da steht", z. B. im stationären Einzelhandel, wenn der Kunde auf der Suche nach einem bestimmten Produkt ist. Dies ist häufig kein Wunder, da Personal aufgrund des Kostendrucks radikal ausgedünnt wird. Ein Manager aus der Zentrale eines Einzelhandelsunternehmens hat mir neulich gesagt: „In der Fläche das Personal auszudünnen, hat große, kurzfristige monetäre Effekte. Dafür bauen wir in der Zentrale noch mehr auf das gelebte Parkinsonsche Gesetz." Die reine Kostenbetrachtung steht im Widerspruch zur Kundenorientierung, da dadurch vielmehr zusätzliche Umsätze erzielt werden sollen. Um das Ergebnis zu verbessern, sind Kosteneinsparungsmöglichkeiten irgendwann limitiert, Ergebnissteigerungen aus Umsatzwachstum jedoch nicht.

Unternehmen behaupten oft, dass sie Kundenbindung über wirkliche emotionale Verbundenheit aufgrund des guten Leistungsangebotes aufbauen wollen. Aber im Grunde ist die Gebundenheit aufgrund eines Vertragsverhältnisses oder technisch-funktionaler Abhängigkeit ökonomisch häufig viel lukrativer.

Teilweise drängt sich die Frage auf, ob Unternehmen tatsächlich eine verbesserte Kunden- und Serviceorientierung aus Verbundenheitsmotiven anstreben. Vielmehr scheint häufig die Beantwortung der Frage interessant zu sein, welches das Mindestmaß an Service ist, damit der Kunde nicht gleich abspringt. Die Frage wird meist nicht gestellt, da sie nicht in den Zeitgeist eines ethisch-normativen, moralisch sauberen Wirtschaftskontextes passt. Deutlich zeigt sich dies bei der Beschwerdebearbeitung. Diese ähnelt teilweise eher einer Kontaktvermeidungsstrategie und ist im Grunde dann ein lästiges, vernachlässigtes Thema. Doch die Reklamationsbearbeitung ist als Chance zu begreifen, da Kunden nach erfolgreicher Bearbeitung häufig sogar zufriedener sind als vorher.

Vielmehr wird sich über die hohe Preissensitivität der Kunden beklagt. Aber der Kunde wird in die „Billy-Billig-Mentalität" getrieben, wenn der Service ohnehin meist schlecht und der Preis das einzige, wahrnehmbar unterscheidbare Kriterium für den Kunden ist.

Allerdings führt schwacher Service in der ganzen Branche zu einer Nivellierung, die auch die Erwartungen der Kunden senkt.

Im Grunde ist CRM nichts Neues, auch „Tante Emma" oder der Schwertverkäufer im alten Rom haben schon CRM betrieben – generisch, ohne diese Begriffe zu verwenden. Denn grundsätzlich führt eine höhere Kundenorientierung zu höheren Umsätzen. Der Grad der Kundenorientierung ist allerdings nicht zu maximieren, sondern zu optimieren, denn die zusätzlichen Umsätze oder die daraus resultierende Rendite müssen die zusätzlichen Kosten aus der Kundenorientierung überkompensieren, um einen ökonomischen Erfolg ausweisen zu können. Dabei ist es wichtig, den Erfolg der Kundenorientierung und resultierender Differenzierung z. B. mit Hilfe einer Kundenerfolgsrechnung konsequent zu messen. Denn es gibt auch negative Beispiele, wie z. B. im Maschinenbau, wo durch eine unökonomisch ausgerichtete Kundenorientierung das gesamte Geschäftsmodell ins Wanken gerät. Tendenziell wird die Kundenorientierung stark auf A-Kunden ausgerichtet. Es muss jedoch auch hier beachtet werden, dass die A-Kunden noch profitabel sind. Wird hier jeder Kundenwunsch erfüllt und auch die „rosa-karierte" Maschine ausgeliefert, können diese Kunden schnell unprofitabel werden. Dies wird teilweise in Unternehmen gar nicht bemerkt, wenn keine Kundenerfolgsrechnung im Einsatz ist. Der zweite negative Aspekt der dargestellten extremen A-Kundenorientierung ist, dass das Standardgeschäft vernachlässigt wird, und man im auch als „Brot-und-Butter-Geschäft" bezeichneten Bereich z. B. aufgrund der Preise nicht mehr konkurrenzfähig ist, obwohl sich dieser Bereich als lukrativ erweisen könnte. Zudem werden – und das ist der dritte negative Aspekt – die Potenziale von B- und C-Kunden nicht konsequent weiterentwickelt und der Share of Wallet ist als nahezu 100 %-Lieferant beim A-Kunden gegebenenfalls bereits ausgereizt.

Durch eine qualitativ höherwertigere und individuellere Kundenbearbeitung können sich Unternehmen entscheidende Wettbewerbsvorteile erarbeiten. Wird in Unternehmen über Services diskutiert, werden häufig viele innovative, kreative Ideen generiert, wie z. B. das Versenden von Aktienkursen auf das Handy. Die Frage, ob der Kunde diese überhaupt benötigt, bleibt häufig unbeantwortet. Vom Unternehmen als innovative Begeisterungsleistungen angebotene Services stellen dann für den Kunden häufig nur überflüssige ergänzende Leistungsdetails dar. Unternehmen mit ihrem speziellen Branchen-Know-how verlieren hier häufig den Blickwinkel des nicht so im Detail involvierten Kunden. Eine neutrale Drittperspektive hilft hier. Es zeigt sich oft, dass eine bessere Erledigung der Basisleistung, wie z. B. kompetente Beratung, den Kunden wesentlich zufriedener stellen würde. „Keep it simple" kann hier als Leitspruch definiert werden, gerade in der schnelllebigen Zeit und der Globalisierung, in der das Leben immer komplizierter wird. Dies spiegelt sich auch in der Werbung von erfolgreichen Automobilkonzernen wider. Standen im Werbeauftritt in den 80er-Jahren noch relativ komplexe technische Leistungsdetails im Vordergrund, so wird heute über einfache Botschaften im Wesentlichen emotional kommuniziert.

2 Ziele des CRM-Ansatzes

Kundenmanagement bzw. Customer Relationship Management verfolgt das Ziel, die Kundenbearbeitung auf eine neue Qualitätsstufe zu stellen und dafür innovative Serviceleistungen zu schaffen. Als Definition des CRM-Ansatzes lässt sich festhalten:

Abbildung 2.1 Definition des CRM-Ansatzes

- Unter Customer Relationship Management (CRM) verstehen wir die ganzheitliche Bearbeitung der Beziehung eines Unternehmens zu seinen Kunden.
- Kommunikations-, Distributions- und Angebotspolitik sind nicht weiterhin losgelöst voneinander zu betrachten, sondern integriert an den Kundenbedürfnissen auszurichten.
- Zentrale Messgröße des CRM-Erfolges ist die Kundenzufriedenheit, die einen Indikator für Kundenbindung und somit letztendlich für den **langfristigen Unternehmenswert** darstellt.

CRM-Software bietet hierzu die technologische Unterstützung.

Eine erhöhte Kundenzufriedenheit führt zu einer stärkeren Kundenbindung, die ihrerseits den Unternehmenswert positiv beeinflusst. Um dieses Ziel zu erreichen, sind die Ressourcen in Marketing, Vertrieb und Kundenservice fokussiert einzusetzen. Für den Instrumenteneinsatz im Rahmen des Kundenmanagements liefert CRM-Software die entsprechende technologische Unterstützung. Ziel ist es, die Aufgaben im Kundenmanagement schneller und besser zu bewältigen. Das bedeutet, Informationen über Kunden effizienter in der Unternehmensorganisation zu verteilen und sie im Rahmen der Bearbeitung der Kundenbeziehungen zielgerichtet und effektiver – also wirksamer – zu nutzen. CRM-Systeme liefern in diesem Zusammenhang die technologische Unterstützung, um die anfallenden Aufgaben in Marketing, Vertrieb und Kundenservice schneller und besser zu bewältigen. Sie dienen dazu, Informationen über Kunden effizienter in der Unternehmensorganisation zu verteilen und sie im Rahmen der Bearbeitung der Kundenbeziehungen effektiver zu nutzen. Dies ist die Basis, um eine differenzierende, individuelle Kundenbearbeitung in die Praxis umzusetzen.

Als Handlungsmaxime des Kundenmanagements lässt sich mit einem Satz zusammenfassen: Wir tun alles, damit ein langfristig profitabler Kunde wieder bei uns bestellt.

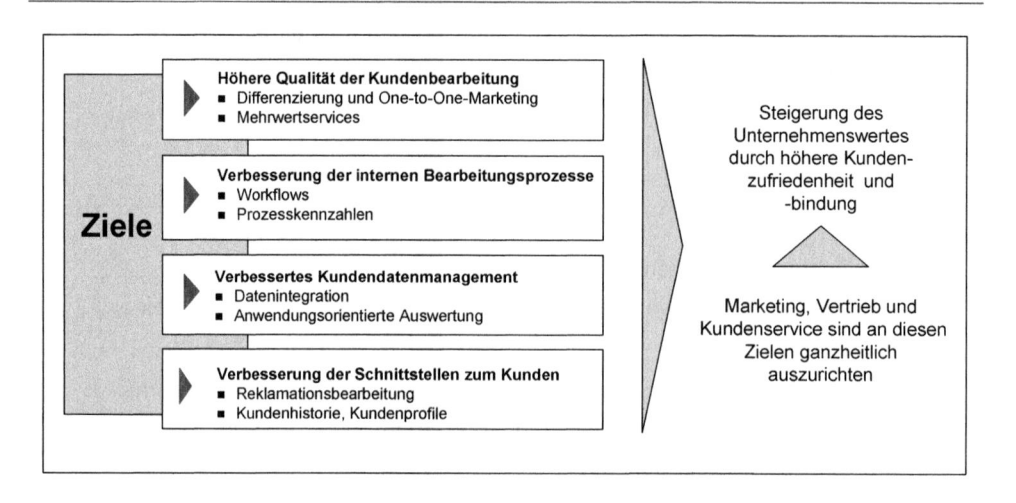

Abbildung 2.2   Ziele des CRM-Ansatzes

Ziele
- Höhere Qualität der Kundenbearbeitung
  - Differenzierung und One-to-One-Marketing
  - Mehrwertservices
- Verbesserung der internen Bearbeitungsprozesse
  - Workflows
  - Prozesskennzahlen
- Verbessertes Kundendatenmanagement
  - Datenintegration
  - Anwendungsorientierte Auswertung
- Verbesserung der Schnittstellen zum Kunden
  - Reklamationsbearbeitung
  - Kundenhistorie, Kundenprofile

Steigerung des Unternehmenswertes durch höhere Kundenzufriedenheit und -bindung

Marketing, Vertrieb und Kundenservice sind an diesen Zielen ganzheitlich auszurichten

Aus den Detailzielen lassen sich zwei grundsätzliche Einsatzzielrichtungen ableiten. Diese Einsatzzielrichtungen von Instrumenten des Kundenmanagements sind Effizienzsteigerungen („die Dinge richtig tun") auf der einen Seite und Effektivitätssteigerungen („die richtigen Dinge tun") auf der anderen Seite. Dies korrespondiert mit der Forderung nach Mass Customization im Kleinkundengeschäft und der Forderung nach einem One-to-One-Marketing im Großkundengeschäft.

Instrumente mit dem Fokus auf Effizienzsteigerungen setzen an der Kostenseite und damit an der Wirtschaftlichkeit der Kundenbearbeitung an. Ihr Ziel ist es, die Vertriebskostensituation im Verhältnis zu den erzielten Umsätzen zu verbessern und durch gezieltere Informationsverteilung mehr Kunden mit der zur Verfügung stehenden Kapazität bzw. den bestehenden Kundenstamm in kürzeren Zyklen zu bearbeiten.

Wesentliche Kernbereiche sind hierbei die Vereinfachung der „täglichen" administrativen Arbeit (Prozessoptimierung), die schnellere und umfangreichere Auswertung von Kundendaten sowie die systematische Datenintegration und Verteilung. Die Verbesserung der Informationsprozesse wird derzeit unter Anwendung von Workflow- und Groupware-Technologie sowie verteilter Kundendatenbanken angegangen. Ziel ist es, Daten nach Möglichkeit automatisiert zwischen den Mitarbeitern zirkulieren zu lassen. Dabei steht im Vordergrund, wie Daten effizient weitergeleitet werden und weniger, welche Daten gezielt zu verteilen sind. Quantität geht bisher meist noch vor Qualität. Kundendatenbanken als Basisinstrument und Herzstück des Kundenmanagements müssen häufig als undifferenzierte Sammelbecken herhalten. Auch unsere Beratungserfahrungen zeigen, dass der Wert einer Kundendatenbank, auf der viele weitere CRM-Instrumente aufbauen, zur Effektivitätssteigerung von den drei folgenden Anforderungen abhängt:

- Konzentration auf wichtige Informationen und Aussieben der nicht-relevanten Daten,
- Erfassung der Informationen auf Basis vordefinierter Ziele,
- Aktualität der Daten.

Werden die entscheidenden Kundendaten nicht herausgefiltert, resultiert daraus eine Informationsflut, die der Vertriebsmitarbeiter nicht mehr effizient verarbeiten kann. Die Effizienz und auch die Effektivität gehen gegen Null, da das System die Akzeptanz verliert und die Informationen keine Anwendung mehr finden. Zudem ist der effektive Nutzen für die Kundenbearbeitung gering, wenn alle Informationen gleich gewichtet sind und keine Priorisierung auf die besonders kaufentscheidenden Informationen erfolgt. Deshalb muss die Erfassung der Informationen auf Basis vordefinierter Ziele, wie z. B. die Kaufverhaltensrelevanz der Information oder die Bedeutung für die Kundenzufriedenheit, erfolgen. Hier besteht erheblicher Entwicklungsbedarf, da aufgrund der einfacheren Erfassung bisher hauptsächlich harte Faktoren, insbesondere demografische Merkmale oder Umsatzdaten der Vergangenheit, abgebildet werden. Diese erklären Kaufverhalten und Kundenzufriedenheit aber nicht vollständig.

Eine höhere Effizienz in der Kundenbearbeitung ist zwar wünschenswert, eine Garantie für Mehrumsätze gibt sie aber nicht, da dadurch die inhaltliche Qualität der Kundenbearbeitung noch nicht verbessert ist. Es kann sogar kontraproduktiv wirken, wenn die Zielfunktion der Vertriebsmitarbeiter auf die Anzahl der abgearbeiteten Kundenkontakte ausgelegt wird, so dass die Quantität vor die Qualität der Bearbeitung in Form von Abschlüssen tritt. Deshalb muss in erster Linie die Qualität der Kundenbearbeitung erhöht werden, z. B. durch eine konsequente Ausrichtung an kundenorientierten Zielen, wie eben der Kundenzufriedenheit, oder durch gezielte Informationsversorgung der Vertriebsmitarbeiter. Kundenmanagement bedeutet damit Investieren in die Kundenbearbeitung, nicht Rationalisieren. Ein höherer Gewinn lässt sich durch aktives Kundenmanagement nur über höhere Umsätze und profitablere Geschäftsbeziehungen realisieren.

Am Fokus der Erzielung von Mehrumsätzen setzen Konzepte zur Effektivitätssteigerung an. Diese sollen über eine differenzierte Behandlung der Kundenbedürfnisse zu einer gesteigerten Kundenzufriedenheit und damit zu Mehrumsätzen führen.

Dabei ist zu berücksichtigen, dass die mit der Steigerung der Kundenzufriedenheit verursachten Kosten in einem wirtschaftlichen Verhältnis zu den Benefits stehen müssen, die das Unternehmen aus der Kundenbeziehung erwartet. Diese Benefits müssen nicht nur monetärer Art sein. So kann der Imagegewinn, der aus einer hohen Kundenzufriedenheit eines Kunden mit Meinungsführer- oder Multiplikator-Eigenschaften resultiert, sogar einen negativen Deckungsbeitrag rechtfertigen. Eine entsprechende Optimierung ist erforderlich. In der rein monetären Perspektive ist zu berücksichtigen, dass hier nicht die aktuellen Kundendeckungsbeiträge, sondern der jeweilige Barwert der langfristig erzielbaren Deckungsbeiträge für die Optimierung der Intensität der Kundenbearbeitung entscheidend ist.

Als wesentliche Instrumentenbereiche für Effektivitätssteigerungen in der Kundenbearbeitung durch CRM sind die Einführung innovativer wertschöpfender Instrumente und Prozesse, die priorisierte Kundenbearbeitung sowie die zielorientierte Erfassung und Auswertung von Kundendaten zu nennen.

Zudem sind die beiden Aspekte Effizienz- und Effektivitätssteigerungen nicht vollständig getrennt voneinander zu betrachten, da sich die Erhöhung der Effektivität im Kundenmanagement in zusätzlichen Prozessverbesserungen niederschlagen kann. So können Kundenpotenzialanalysen dazu eingesetzt werden, zum einen Angebote zielgerichteter gemäß des jeweiligen Kundenpotenzials zu gestalten, zum anderen den jeweils effizientesten Bearbeitungsprozess auszuwählen.

Allgemein setzen die in jüngster Vergangenheit umgesetzten Instrumente im Kundenmanagement im Wesentlichen an der Erhöhung der Prozesseffizienz an, weniger an der Verbesserung der Effektivität von Vertrieb und Marketing. Im Vordergrund steht also bisher bei den am Markt erhältlichen Systemen die Optimierung der Informationsverteilung, weniger die Steuerung der Kundenbeziehung auf Basis von Kundeninformationen.

Dieser bisherige Fokus mag historisch begründet sein, da sich die Konzepte des Business Process Reengineering einfacher auf die Kundenbearbeitung übertragen lassen, als völlig neue Instrumente zur Verbesserung der Effektivität zu entwickeln. Zudem führt dies häufig schneller zu messbaren, unmittelbar ergebniswirksamen Erfolgen in Form von Kosteneinsparungen, während die Verbesserung der Umsatzlage langfristiger angelegt ist. Das führt zu dem Paradoxon, dass der Erfolg von CRM-Systemen bisher in schlechter organisierten Vertriebseinheiten deutlicher wird als in besser organisierten, da dort der Innovationscharakter geringer bewertet wird. Ein Trugschluss wäre es, daraufhin auf CRM-Systeme zu verzichten. Vielmehr sind CRM-Systeme weiterzuentwickeln, um auch die Kundenbearbeitung inhaltlich zu optimieren.

3 Komponenten des CRM-Ansatzes

CRM-Systeme verfügen über zahlreiche Funktionalitäten, die – unabhängig von ihrem Einsatzbereich – auf vier Hauptzielrichtungen fokussieren. In allen Einsatzgebieten von CRM können Funktionalitäten unterschieden werden, die auf eines der folgenden Sachziele fokussieren oder mehrere vereinen:

- Erstellung innovativer Leistungsangebote für den Kunden,
- Geschäftsprozessoptimierungen im Kundenmanagement,
- verbesserte Kundendatenanalyse,
- Unterstützung neuer Marketing-/Vertriebsinstrumente.

Dazu integrieren CRM-Systeme unterschiedlichste Komponenten. Die Variationsbreite an in CRM-Software anzutreffenden Komponenten und Funktionalitäten ist demzufolge sehr groß. Sie reicht von Kundendatenbanken über Workflow-Funktionalitäten zur automatisierten Verteilung von Informationen bis hin zu Data-Mining-Werkzeugen zur Generierung neuer Zusammenhänge aus den Kundendaten. Da zudem CRM ein relativ junges Software-

Grundlagen und Ziele des CRM-Ansatzes

„Genre" darstellt und einen relativ weiten Bogen spannt, ist es nicht verwunderlich, dass derzeit viele Anbieter am Markt eine Vielzahl unterschiedlichster Funktionen anbieten.

Die vielfältigen Funktionalitäten lassen sich in drei wesentliche Einsatzbereiche unterscheiden, welche **Abbildung 3.1** darstellt:

Abbildung 3.1 Komponenten des CRM-Ansatzes

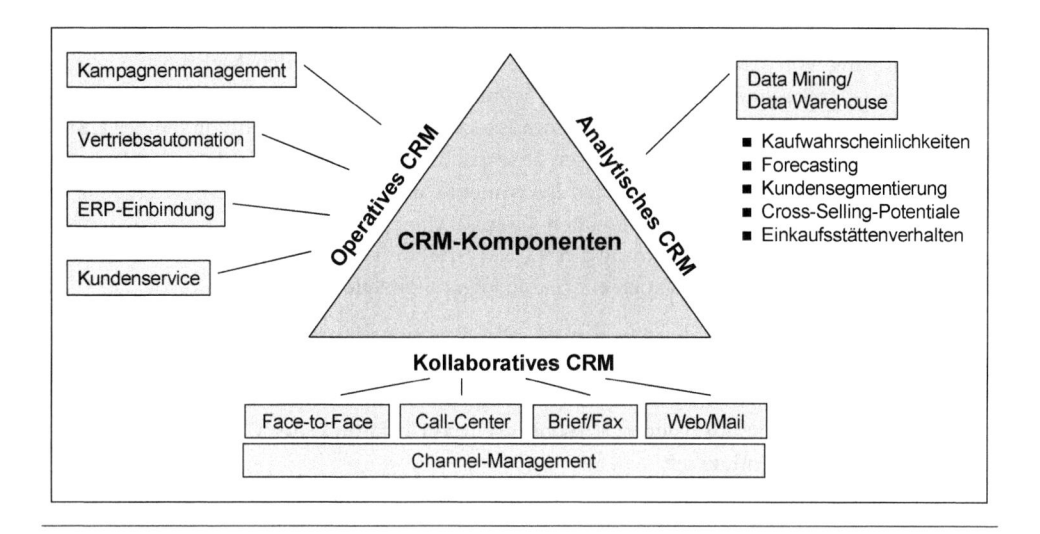

Operatives CRM:
- Kampagnenmanagement
- Vertriebsautomation
- ERP-Einbindung
- Kundenservice

Analytisches CRM:
- Data Mining/ Data Warehouse
- Kaufwahrscheinlichkeiten
- Forecasting
- Kundensegmentierung
- Cross-Selling-Potentiale
- Einkaufsstättenverhalten

Kollaboratives CRM:
- Face-to-Face
- Call-Center
- Brief/Fax
- Web/Mail
- Channel-Management

■ **Operatives CRM**

Die operativen CRM-Funktionalitäten umfassen alle Anwendungen, die den direkten Kontakt des Kundenbearbeiters mit dem Kunden unterstützen (Front-Office). Die Funktionalitäten haben den Anspruch, den Dialog zwischen Kunden und Unternehmen sowie die dazu erforderlichen Geschäftsprozesse zu optimieren. CRM-Back-Office-Prozesse, wie z. B. die Weiterleitung von Beschwerden per definiertem Workflow, liefern dabei die Informationen, um einen zielorientierten Dialog mit dem Kunden zu führen. Um Insellösungen zu vermeiden, ist es dabei von Bedeutung, leistungsfähige Schnittstellen zwischen CRM-System und dem Enterprise-Resource-Planning-System (ERP-System) des Unternehmens zu schaffen.

■ **Kollaboratives CRM**

Funktionalitäten, die in den Bereich kollaboratives CRM fallen, umfassen die gesamte Steuerung und Unterstützung sowie die Synchronisation aller Kommunikationskanäle zum Kunden (Telefon, Internet, E-Mail, Mailings, Außendienst etc.). Diese werden zielgerichtet eingesetzt, um eine möglichst effiziente und effektive Kommunikation zwischen Kunden und Unternehmen zu ermöglichen. Eine zentrale Rolle kommt dabei dem Customer Interaction Center als multimedialer Kommunikationsschnittstelle zu.

- **Analytisches CRM**

Analytische CRM-Funktionalitäten erheben Kundendaten und werten diese anwendungsorientiert aus, z. B. zur effizienten Kampagnengestaltung oder optimalen Marktsegmentierung. Die gewonnenen Erkenntnisse sind kontinuierlich in der Ausgestaltung der Geschäftsprozesse zum Kunden hin umzusetzen. Systematische Grundlage für analytische CRM-Funktionalitäten bildet ein Data Warehouse, das die relevanten Kundendaten für die einzusetzenden Auswertungsinstrumente bereithält.

Erfolge durch den Einsatz von CRM-Systemen sind belegbar. Allerdings sind auch Projekte zur Einführung von CRM-Systemen gescheitert und haben lediglich Mehrkosten verursacht. Dies ist insbesondere dann der Fall, wenn der Schwerpunkt der CRM-Einführung einseitig auf Softwarefragen liegt. Grundvoraussetzung ist jedoch ein durchgängiges CRM-Konzept, das an den Kundenbedürfnissen ansetzt, über die Kundenorientierungsstrategie, der Aufnahme neuer oder veränderter Instrumente und Prozesse in Instrumental bzw. Process Maps bis hin zu einem adäquaten Change Management sowie Schulungskonzept reicht. Dies zeigt, dass die Einführung eines CRM-Systems eine vielschichtige Herausforderung darstellt, in der allerdings auch enorme Erfolgspotenziale stecken.

Unternehmen benötigen in der Regel nicht alle Funktionalitäten, die CRM bietet. CRM-Systeme sind in der Praxis sehr unterschiedlich ausgestaltet. Die entsprechenden unterschiedlichen Erfordernisse zeigen schon grundlegende Parameter, die das Geschäftsmodell des Unternehmens charakterisieren. Wesentliche, die Gestaltung des CRM-Systems beeinflussende Parameter sind dabei:

- Art der Kundenbeziehung (Business-to-Business, Business-to-Consumer, Business-to-Government oder Business-to-Retail),
- Anzahl der Kunden,
- Umsatzvolumen der Kunden,
- Transaktionshäufigkeit der Kunden.

Für die grundsätzliche Instrumentenauswahl ist zu entscheiden, welche Fragen das CRM-System beantworten soll, bzw. welche Aufgaben durch CRM unterstützt werden sollen. Jeder Instrumenteneinsatz bedarf dabei einer gezielten Planung und Kontrolle. Des Weiteren ist zwischen strategischen, taktischen und operativen Aufgaben zu unterscheiden. Ein grundsätzliches Orientierungsraster mit zentralen Fragen zu den einzelnen CRM-Bereichen liefert **Abbildung 3.2**.

Instrumente bzw. Maßnahmen des Kundenmanagements ergeben sich für den konkreten Anwendungsfall aus der Kombination einer grundsätzlich zu unterstützenden Aktivität, einem Kanal zur Umsetzung eines Instruments und der Zuordnung zu einer Prozessstufe im Rahmen des Kundenmanagements. Dies verdeutlicht **Abbildung 3.3**.

Grundlagen und Ziele des CRM-Ansatzes

Abbildung 3.2 CRM-Aufgabenbereiche

		Strategisch	Taktisch	Operativ
	Planung (Strategy, Process & Project Map)	Welchen Kundenbedürfnissen ist mit welchen Maßnahmen gerecht zu werden?	Wie sind Budgets auf Instrumente zu verteilen? Wie sind die Prozesse zu gestalten?	Wer ist für welche Maßnahmen einsetzbar?
Durchführung	Analytisches CRM	Welche Kundendaten sind zu welchem Zweck zu erheben?	An wen sind welche Kundendaten weiterzuleiten? Wie sind die Daten zu strukturieren?	Mit welchen Verfahren sind die Kundendaten zu analysieren und aufzubereiten?
Durchführung	Instrumentelles CRM	Welche Instrumente eignen sich für die Erfüllung welcher Bedürfnisse?	Wie werden die Instrumente abgestimmt? Wie sind Front-/Backoffice-Prozesse umzusetzen?	Wer führt welche Maßnahme wann, wie und womit durch?
Durchführung	Kollaboratives CRM	Welche Kontaktkanäle passen zu Maßnahmen und Kundenstruktur?	Welche Inhalte sind wie zu transportieren? Wie sieht die Harmonisierung aus?	Welches Personal besetzt welchen Kanal?
	Kontrolle	Inwieweit werden die identifizierten Kundenbedürfnisse erfüllt? Wie erfolgreich ist CRM?	Welche Methoden und Kennzahlen sind einzusetzen? Wer erhält welche Auswertungen?	Wie, wie oft und womit werden die Daten analysiert?

Abbildung 3.3 Zusammensetzung von CRM-Instrumenten

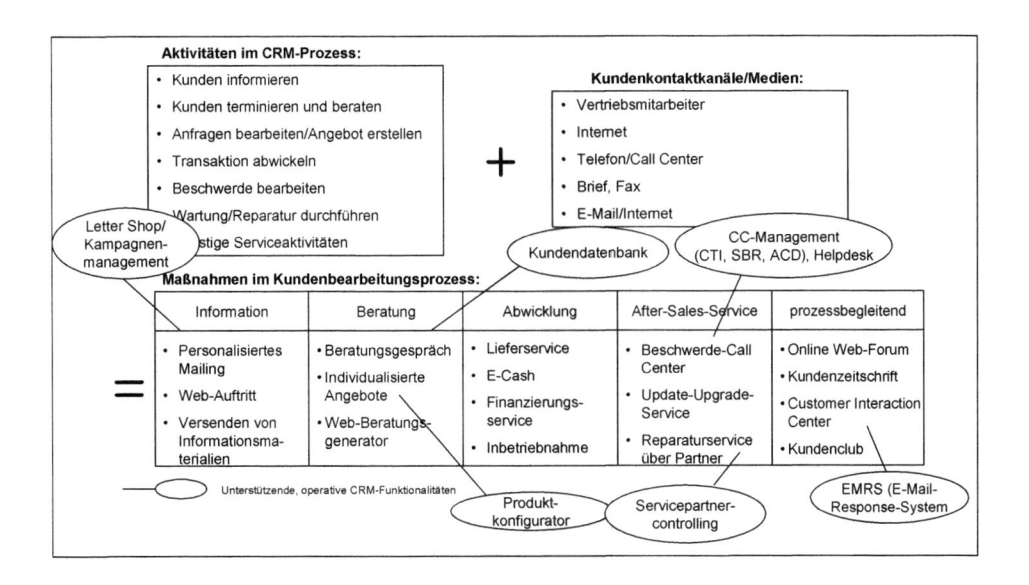

Aktivitäten im CRM-Prozess:
- Kunden informieren
- Kunden terminieren und beraten
- Anfragen bearbeiten/Angebot erstellen
- Transaktion abwickeln
- Beschwerde bearbeiten
- Wartung/Reparatur durchführen
- sonstige Serviceaktivitäten

+

Kundenkontaktkanäle/Medien:
- Vertriebsmitarbeiter
- Internet
- Telefon/Call Center
- Brief, Fax
- E-Mail/Internet

Letter Shop/Kampagnenmanagement — Kundendatenbank — CC-Management (CTI, SBR, ACD), Helpdesk

=

Maßnahmen im Kundenbearbeitungsprozess:

Information	Beratung	Abwicklung	After-Sales-Service	prozessbegleitend
• Personalisiertes Mailing • Web-Auftritt • Versenden von Informationsmaterialien	• Beratungsgespräch • Individualisierte Angebote • Web-Beratungsgenerator	• Lieferservice • E-Cash • Finanzierungsservice • Inbetriebnahme	• Beschwerde-Call Center • Update-Upgrade-Service • Reparaturservice über Partner	• Online Web-Forum • Kundenzeitschrift • Customer Interaction Center • Kundenclub

Unterstützende, operative CRM-Funktionalitäten: Produktkonfigurator, Servicepartnercontrolling, EMRS (E-Mail-Response-System)

Der Unterstützung, Analyse und Verbesserung der kreierten Instrumente dienen CRM-Softwareinstrumente, welche die informationstechnologische Unterstützung des Instrumenteneinsatzes darstellen. Dabei ist zwischen, operativen, kollaborativen und analytischen Komponenten zu unterscheiden. Dies verdeutlicht die **Abbildung 3.4**.

Während die operativen Komponenten zum Teil ein Abbild des Instrumentes selbst darstellen und den Client-Facing-Prozess unterstützen, stellen die kollaborativen die Kanalunterstützung zur Umsetzung des Instruments dar. Dies wird auch als Multi-Channel Management verstanden. Analytische Komponenten werden in Back-Office-Prozessen eingesetzt, um neue Erkenntnisse für das Kundenmanagement zu gewinnen und diese für den operativen Einsatz nutzbar zu machen.

Im Idealfall ist von den im Rahmen des Einsatzes analytischer CRM-Instrumente gewonnenen Erkenntnissen auszugehen, auf deren Basis die einzusetzenden operativen Instrumente auszuwählen sind und sodann der Kanal, der den Bedürfnissen des Kunden am besten gerecht wird. Dies erfolgt unter Berücksichtigung der Kundenbedürfnisse und der ökonomischen Unternehmensziele.

Deutlich wird dies an folgendem Beispiel: Eine Bank plant die Ausdehnung des Volumens im Wertpapieranlagenbereich für Privatkunden. In einem ersten analytischen Schritt des Kundenmanagements ist zu analysieren, welche Bedeutung den Kunden derzeit für den Geschäftserfolg beizumessen ist. Würde ausschließlich diese Basis für den weiteren Komponenteneinsatz gewählt, ergäbe sich eine rein prozyklische Steuerung. Deshalb ist auch das Potenzial der Kunden aufzunehmen. Dies lässt sich im Falle der Bank über die Eingänge auf dem Konto abbilden. Wird jeweils eine ABC-Gruppierung vorgenommen, so ergeben sich neun Kombinationen aus den vorgenommenen Ist- und Potenzialklassifizierungen. Interessant sind für das Neugeschäft im Wesentlichen die Klassifizierungen, bei denen Ist- und Potenzialklassifizierung auseinanderfallen. Hauptfokus sollte in diesem Beispiel auf Kunden gelegt werden, die eine C-Klassifizierung im Ist und eine A-Klassifizierung hinsichtlich ihres Potenzials aufweisen. Für die Kanalauswahl ergibt sich, dass das qualitativ hochwertigste Instrument, das Face-to-Face-Beratungsgespräch, einzusetzen ist. Bei der Kombination C im Ist- und B im Potenzialwert ist in der Regel aufgrund mangelnder Kapazitäten auf ein anderes Instrument, z. B. die Bearbeitung durch ein Call Center, auszuweichen.

Einen Überblick zu aktuellen Instrumenten auf Basis der vorgestellten Unterscheidung in operativ, kollaborativ und analytisch liefert **Abbildung 3.4**. Die Spalten sind dabei als unabhängig voneinander zu verstehen.

Abbildung 3.4 Instrumente des Kundenmanagements

Operative Instrumente	Kollaborative Instrumente	Analytische Instrumente
After-Sales-Service	Mailing, E-Mail, Outbound-Call	Bedeutungs-/Service-Gestaltungsanalysen
Beratung	Communication Center Management (Kanal: Telefon): Automatic Call Distribution (ACD) Skill Based Routing (SBR) Interactive Voice Response/Spoken Dialogue System (IVR/SDS) etc.	Besuchshäufigkeitenoptimierung/Geo-Marketing
Beschwerdemanagement	E-Mail, Newsletter E-Mail-Management-Reponse-System (EMRS)	Budgetoptimierung
Finanzierungsservice	Face-to-Face-Gespräch	Kampagnenoptimierung
Kampagnenmanagement (P-Kampagnen, E-Mail-, M-Mail-Kampagnen)	Fax	Kaufwahrscheinlichkeitsprognosen
Kontakt-/Adressmanagement	Internet Online-Beratung Kundenforum Lingobot Cal-Back-Button etc.	Kunden-/Vertriebserfolgsrechnung
Kundendatenmanagement		Kundenpotenzialanalysen/ Kundenportfolioanalyse/ Kundenpriorisierung/ Kundenscoring
Kundenseminare, -foren	Web 2.0	Kundensegmentierung/ Kundenprofiling
Kundenkarten/Kundenclub/Kundenzeitschrift		Kundenzufriedenheitsanalyse
Lead Management		Logfile-Analyzer/Clickstream-Analyzer
Produktkonfigurator		Simulation von Marktreaktionen
Reparatur-/Wartungsdienst		Sortimentsoptimierung/ Category Management
Service Level Agreements		Stornoanalyse
Tracking und Tracing von Aufträgen		Warenkorbanalyse

Entscheidend für den Erfolg von Instrumenten ist es damit letztendlich, die Kundenbearbeitung intensiv an der Erfüllung der Kundenbedürfnisse – und damit an Kundenzufriedenheit und Kundenbindung – sowie an der Bedeutung des Kunden für das Unternehmen auszurichten. Dazu bedarf es einer differenzierten Kundenbearbeitung, um die hier liegenden Potenziale voll auszuschöpfen. So hat ein Schüler sicher eine andere Erwartungshaltung an eine Bank als ein Rentnerehepaar. In der Vollendung führt dies zu einer atomaren Betrachtung des Kunden, um darauf eine One-to-One-Kundenbearbeitung aufzusetzen. Dies ist sicher richtig für die meist wenigen Kunden, mit denen man 85 % des Umsatzes macht. Hier muss eine persönliche Beziehung über den Key Account-Manager aufgebaut werden. Auf keinen Fall dürfen diese Kunden alleine dem Computer überlassen werden. Diese Differenzierung kostet aber auch Geld. Dazu sind mit Hilfe des Instruments der Kundensegmentierung die Kunden in Segmente zu unterteilen, die in sich möglichst homogen, aber untereinander möglichst heterogen sind. Kleinkunden sind beispielsweise individuelle Angebote mit Hilfe eines Produktkonfigurators im Sinne eines Mass Customization zu liefern, während bei Großkunden und Kunden mit dem Potenzial zum Großkunden ein intensiverer Instrumenteneinsatz auszugestalten ist.

Bei der Einführung von CRM besteht häufig die Herausforderung, dass der Außendienst seine Informationen nicht offenlegen möchte und sie deshalb im Notizbuch als sein Herrschaftswissen behält. Der Außendienst muss überzeugt, motiviert und incentiviert werden, seine Informationen in das System einzutragen. Häufig erfolgt dann leider eine Überbürokratisierung, und der Außendienst wird mit der Pflege unerheblicher Details aufgehalten nach dem Motto „Die im Außendienst sollen doch auch einmal arbeiten". Die wichtige für die Kunden zur Verfügung stehende Zeit verringert sich.

Die Zentrale sollte wie der Nachschub beim Militär den an der Front befindlichen Vertrieb so gut wie möglich mit Informationen versorgen und operative Arbeiten abnehmen, damit der Außendienst seine Zeit bei den Kunden maximieren kann. Wenn der Innendienst auch zur aktiven Outbound-Kundenakquise eingesetzt werden soll, ergibt sich das Steuerungsproblem, dass der Innendienst sowohl wichtige unterstützende Aufgaben als auch wertschöpfende Aufgaben übernehmen soll, die sowohl aktiv vom Innendienst selbst als auch passiv durch den Kunden oder den Außendienst angesteuert werden. Dies verdeutlicht das folgende Portfolio.

Es sollte darauf geachtet werden, dass Ziele bezüglich Kundenbindung, Neugewinnung und Rückgewinnung konkret definiert werden und in die Incentivierung einfließen. Sowohl für den Innendienst als auch für den Außendienst sind realistische, machbare Ziele zu definieren Das Kundenmanagement ist in die drei Teilbereiche Kundenneugewinnungsmanagement, Kundenbindungsmanagement und Kundenrückgewinnungsmanagement zu unterteilen. Hier ergibt sich das Spannungsfeld, wie das Verhältnis der Intensität der Aktivitäten zur Kundenbindung, Neugewinnung und Kundenrückgewinnung auszubalancieren ist. Wachstum kann durch Cross-Selling bei bestehenden Kunden oder durch Neu- bzw. Zurückgewinnung von Kunden erzielt werden. Bezüglich der Ziele gilt als Faustregel, dass zumindest die Anzahl verlorener Kunden aus natürlicher Fluktuation zurückgewonnen werden sollte, um den Kundenstamm konstant zu halten.

Grundlagen und Ziele des CRM-Ansatzes

Abbildung 3.5 Aufgabenportfolio des Vertriebsinnendienstes

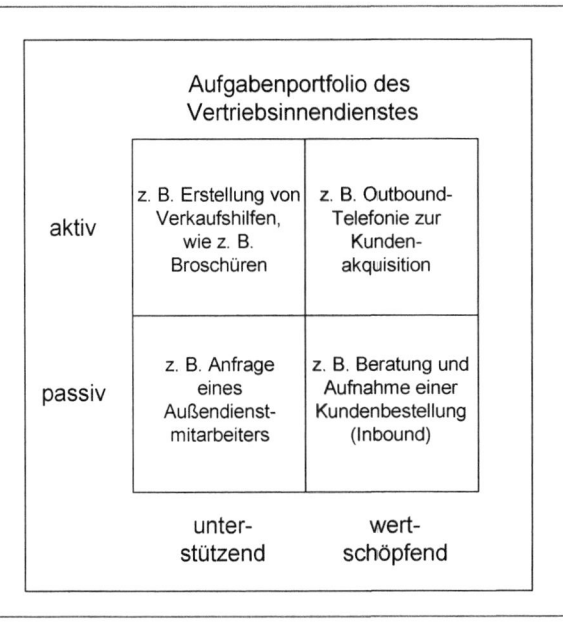

	unterstützend	wertschöpfend
aktiv	z. B. Erstellung von Verkaufshilfen, wie z. B. Broschüren	z. B. Outbound-Telefonie zur Kundenakquisition
passiv	z. B. Anfrage eines Außendienstmitarbeiters	z. B. Beratung und Aufnahme einer Kundenbestellung (Inbound)

Ein allgemein gültiges Gesetz für die Intensität der Neukundengewinnung lässt sich nicht ableiten. Vielmehr ist diese individuell in Abhängigkeit der Unternehmensstrategie zu definieren. Der bloße Anspruch nach neuen Kunden und zusätzlichem Umsatz genügt nicht. Vielmehr ist die zur Verfügung stehende Kapazität zu planen. Ein Rechenbeispiel verdeutlicht die Aufgabe der Kapazitätsplanung.

Ein Vertriebsmitarbeiter verbringt 180 Arbeitstage bei den Kunden vor Ort, die restlichen 40 Tage werden für Schulungen und Bürotätigkeiten eingesetzt. Im Schnitt besucht der Vertriebsmitarbeiter 2,2 Kunden pro Tag, so dass ihm 396 Besuchsslots (2,2 Kontakte x 180 Arbeitstage) pro Jahr zur Verfügung stehen. Es wird davon ausgegangen, dass der Vertriebsmitarbeiter effizient arbeitet und voll ausgelastet ist. Durch CRM-Maßnahmen, die z. B. die Auftragsübermittlung für den Vertriebsmitarbeiter vereinfachen, konnte die Kontaktanzahl pro Tag auf 2,4 ausgedehnt werden, so dass insgesamt 432 Besuchsslots zur Verfügung stehen, die derzeit ausschließlich für Bestandskunden vorgesehen sind. Weitere Maßnahmen zur Steigerung der Besuchsanzahl sind kurzfristig nicht umsetzbar. Die jährliche Anzahl an Kontakten pro Vertriebsmitarbeiter kann also nicht mehr ausgedehnt werden.

Zudem ist dem Unternehmen bekannt, dass rund fünf Besuche notwendig sind, um einen Neukunden zu gewinnen. Wenn das Unternehmen dem Vertriebsmitarbeiter das Ziel vorgibt, 20 Neukunden pro Jahr zu gewinnen, sind entsprechend 100 der Besuchsslots für Neukunden einzuplanen. Dies entspricht rund 23 % der zur Verfügung stehenden Kapazität. Das Ziel kann mit den aktuell bestehenden Vertriebsressourcen nur dann umgesetzt werden, wenn entsprechend Bestandskunden weniger intensiv bearbeitet werden. Das kann bedeuten, dass der Besuchsrhythmus verlängert wird oder Kunden nicht mehr besucht werden und auf einen anderen Vertriebskanal, z. B. Telefonvertrieb, umgestellt werden. Für diese Entscheidungen ist eine entsprechende Priorisierung der Kunden erforderlich. Diese sollte mit dem Vertriebsmitarbeiter zusammen erarbeitet werden. Das Ziel der Neukundengewinnung umzusetzen, ist in einer Ein-Jahres-Betrachtung dann sinnvoll, wenn die zusätzlichen Neukundenumsätze die aus der geringeren Bestandskundenpflege gegebenenfalls resultierenden Umsatzverluste überkompensieren. Soll die Besuchsanzahl bei den Bestandskunden nicht verändert werden, kann das hier formulierte Neukundenziel nur durch zusätzliche Vertriebsmitarbeiter erreicht werden.

4 Softwareunterstützung

Erst nachdem im Unternehmen klar wird, welche Instrumente auf konzeptioneller Ebene einzusetzen sind, ist die Softwareauswahl anzugehen. An das CRM-Tool wird häufig die Hoffnung geknüpft, dass „alle Probleme" gelöst werden. Grundsätzlich wird jedoch an den Strukturen und Prozessen nichts geändert. Derartige Projekte sind schon von Anfang an zum Scheitern verurteilt. CRM ohne Prozessoptimierung einzuführen, führt in der Regel nicht zum gewünschten Erfolg. Empfehlung: Externe Berater können andere Fragen stellen und mehr auf den Punkt kommen Nicht zuletzt müssen die Mitarbeiter noch die nächsten Jahre weiter zusammenarbeiten. Dennoch werden Probleme häufig zu selten angesprochen.

Unternehmen agieren bei der Einführung von CRM meist nach dem Motto „Champagneranforderungen, aber nur Bierbudget". Irgendjemand, der gerade Zeit hat, bereitet die Toolauswahl vor, indem er zur Messe geht, Kataloge wälzt, die Anzahl der Funktionen abzählt, und derjenige mit der sympathischsten Präsentation bekommt den Auftrag. Wir haben schon Aufträge abgelehnt, wenn Kunden so vorgehen wollen. Unternehmen führen sogar CRM ohne Lasten- und Pflichtenheft ein. Dann wird es teuer. Denn, was vorher nicht spezifiziert ist, ist im Nachgang kostenintensiver. Zynisch formuliert: „Wenn das CRM-Tool nicht hilft, wird ein neuer Leiter eingestellt. Wenn es danach nicht klappt, liegt es halt am Markt. Die ursächlichen Probleme werden nicht gelöst." Vielmehr sind zunächst vor der CRM-Einführung die in Kapitel 3 dargestellten Fragen zu beantworten.

Für einzelne Funktionalitäten haben sich bisher kaum Marktstandards herausgebildet. Zudem sind viele der angepriesenen Funktionalitäten in den tatsächlichen Release-Ständen der Anbieter noch nicht oder nur rudimentär umgesetzt. Dies führt teilweise dazu, dass der Anspruch dem tatsächlichen Ist vorauseilt. So ist es derzeit durchaus nicht unwahrscheinlich, dass ein Kunde zum prototypischen Referenzkunden für die Vollversion eines Anbieters wird.

Unterscheiden lassen sich Anbieter, die den Anspruch erheben, ein vollständiges CRM-Instrumentarium anzubieten, und Anbieter, die sich auf Teilfunktionalitäten spezialisiert haben, wie z. B. Anbieter aus dem Bereich Computer Telephony Integration (CTI). Zudem werden in CRM-Softwaresystemen teilweise Komponenten anderer Softwaresysteme, deren Ursprung nicht im CRM-Umfeld liegt, zur Bewältigung von CRM-Aufgaben genutzt, wie z. B. SAS und SPSS zur Unterstützung von Data-Mining-Funktionalitäten.

Als eindeutiger Trend lässt sich der zunehmende Einsatz analytischer CRM-Instrumente festhalten. Entscheidender Erfolgsfaktor ist, die den multivariaten Verfahren innewohnende Komplexität für die Anwendung in den Fachbereichen transparent zu machen.

Die heute im Rahmen analytischer Komponenten eingesetzten Verfahren konzentrieren sich im Wesentlichen auf die Analyse monetärer Zielgrößen wie Umsätze und Kosten, weniger auf die auch für den Unternehmenserfolg bedeutenden Größen wie die Kundenzufriedenheit und -bindung. Zudem sollen mit Kaufwahrscheinlichkeitsmodellen Cross- und Up-Selling-Potenziale aufgedeckt werden. Es werden also insbesondere Ergebnisgrößen der Marktbearbeitung betrachtet, die als vergangenheits-orientierte Größen keine Garantie für zukünftige Erfolge darstellen.

Für die Umsetzung der analytischen Instrumente der Datenanalyse werden derzeit Verfahren des Data Mining, der Business Intelligence und des Knowledge Management aktuell diskutiert. Data Mining ist dabei der Sammelbegriff für ausgewählte Verfahren der Datenanalyse, die auf den Datenbeständen eines Data Warehouse aufsetzen und darauf abzielen, in einem mehrdimensionalen Datenbestand bisher unbekannte Zusammenhänge aufzudecken oder etwaige Annahmen zu bestätigen. Die effiziente Anwendung des Data Mining wird technologisch durch die Online-Analytical-Processing(OLAP)-Funktionalität unterstützt. Diese bietet mehreren Nutzern gleichzeitig die Möglichkeit, Daten online mehrdimensional auszuwerten. Eng verwandt ist der Begriff des Data Mining mit den aktuell diskutierten Begriffen Business Intelligence und Data Knowledge Management, die sich im Kern auf das gleiche Ziel konzentrieren. Sie erheben jedoch den Anspruch, über das Data Warehouse hinausgehende Daten in die Analyse zu integrieren.

Auffällig ist, dass Simulationsverfahren, wie z. B. die Monte-Carlo-Simulation, und Verfahren aus dem verwandten Bereich der Marktforschung, wie z. B. multivariate Analyseverfahren (Kausal-, Cluster- oder Faktorenanalyse), bisher relativ wenig Beachtung finden. Zudem ist das weite Feld maschineller Lernverfahren für den Einsatz im Bereich CRM bisher erst rudimentär erschlossen.

Die bisher eingesetzten Verfahren konzentrieren sich im Wesentlichen auf die Analyse monetärer Zielgrößen wie Umsätze und Kosten, weniger auf die auch für den Unternehmenserfolg bedeutenden Größen wie die Kundenzufriedenheit und -bindung. Zudem sollen mit Kaufwahrscheinlichkeitsmodellen Cross- und Up-Selling-Potenziale aufgedeckt werden. Es werden also insbesondere Ergebnisgrößen der Marktbearbeitung betrachtet, die als vergangenheitsorientierte Größen keine Garantie für zukünftige Erfolge darstellen.

Hier besteht technischer, aber vor allem auch konzeptioneller Bedarf. Dieser konzeptionelle Bedarf bezieht sich neben der Neugestaltung bzw. verbesserten inhaltlichen Ausgestaltung von Instrumenten, wie z. B. Instrumente, die auf Data Mining-Verfahren basieren, auf die benutzerfreundliche Darbietungsform. Das bedeutet, dass der Nutzer durch entsprechende Oberflächengestaltung und intuitiv einsichtige Bedienungsformen auch inhaltlich komplexe Instrumente ohne tiefgehende Detailkenntnisse effizient und effektiv einsetzen kann.

Aus den oben dargestellten Gründen stellen sich die in CRM-Software realisierten Instrumente notwendigerweise ebenso vielfältig dar wie die Realität, die sie unterstützen sollen, nämlich das Kundenmanagement mit seiner Vielzahl unterschiedlichster Kundenbeziehungen und daraus erwachsender Aufgabenbereiche. So verwundert es nicht, dass Nischenanbieter unterschiedlichste Spezialfunktionen am Markt anbieten.

CRM-Software ist ein relativ junges Software-„Genre". Allerdings ist zu berücksichtigen, dass Teile von CRM, wie z. B. Tourenplanung oder mobile Verkaufshilfen, schon vor der Einführung des Begriffs CRM am Markt erhältlich waren.

Dem Anspruch der ganzheitlichen Pflege der Kundenbeziehungen werden die bisher am Markt erhältlichen Systeme nur teilweise gerecht. Dies liegt zum Teil auch daran, dass bei einigen Kunden das Thema nicht in einem adäquaten Maß strategisch-konzeptionell angegangen wird. Was dazu führt, dass, gemessen an den potenziellen Hebeln zur Erfolgsverbesserung durch CRM, das Thema eine zu geringe Management Attention erfährt. Letztendlich entsprechen aus den genannten Gründen teilweise die Erwartungen an CRM nicht den Ergebnissen, obwohl sie durchaus erzielbar wären.

Zu berücksichtigen ist, dass CRM-Funktionalitäten, ohne dass sie unter dem Begriff CRM zusammengefasst sind, wie z. B. Kundendatenbanken, bereits seit Jahren in Unternehmen eingesetzt werden. Bei der Einführung neuer CRM-Komponenten ist zu berücksichtigen, dass die bereits existierenden Instrumente so weitgehend wie möglich integriert werden. Dies führt neben der Einsparung von Entwicklungs- und Einführungskosten zu einer gesteigerten Akzeptanz des Systems bei den späteren Nutzern. Denn ansonsten fallen nicht nur zusätzliche Einarbeitungszeiten und -kosten an, sondern stößt das CRM-System eventuell sogar auf Ablehnung, wenn ein bewährtes Instrument durch ein neues Instrument ohne nennenswerte Verbesserungen ersetzt wird.

Insgesamt ist zu vermerken, dass die Entwicklung von CRM-Systemen noch am Anfang steht. Die Möglichkeiten und das Marktpotenzial sind noch lange nicht voll ausgeschöpft. So ist damit zu rechnen, dass der Funktionalitätsumfang auch insbesondere hinsichtlich der Beantwortung von Planungs- und Steuerungsfragen sowie der Anwendungskomfort in Zukunft erweitert bzw. verbessert werden. Studien gehen außerdem von einer Verfünffachung der Umsätze am Markt für CRM-Systeme in den nächsten fünf Jahren aufgrund des großen Nachholbedarfs der Unternehmen aus. Zudem ist in nächster Zeit am Markt eine erhebliche Konsolidierung und Konzentration zu erwarten, worauf schon erste Insolvenzen von CRM-Software-Anbietern als Frühwarnindikatoren hindeuten.

5 Ausblick

Kundenorientierung wird in Zukunft noch bedeutender werden, um sich im internationalen Wettbewerb zu behaupten. Doch nur wem es gelingt, das Unternehmen individuell an den Kunden auszurichten, wird überdurchschnittliche Erfolge erzielen. Als Nebenbedingung ist dafür eine rationale ergebnisorientierte Steuerung aller Aktivitäten notwendig.

Literatur

[1] HOMBURG, C., GIERING, A.., HENTSCHEL, F.: Der Zusammenhang zwischen Kundenzufriedenheit und Kundenbindung, in: Bruhn, M.; Homburg, C. (Hrsg.), Handbuch Kundenbindungsmanagement: Grundlagen-Konzepte-Erfahrungen. Wiesbaden, 1998, S. 81 – 111.
[2] KLEINALTENKAMP, M.: Geschäftsbeziehungsmanagement. Springer: Berlin, Heidelberg 1997.
[3] OSTERLOH, M./FROST, J.: Prozessmanagement als Kernkompetenz. Gabler: Wiesbaden 2006.
[4] Reimann, E./Sexauer H. J.: Handbuch Praxis Kundenbeziehungs-Management, Denkinstitut. Königwinter 2007.
[5] SIEBEL, T.M./MALONE, K. C.: Die Informationsrevolution im Vertrieb. Gabler: Wiesbaden 1998.
[6] STAUSS, B./SEIDEL, W.: Beschwerdemanagement, 4. Aufl. Hanser: München 2007.
[7] WINKELMANN, P.: Vertriebskonzeption und Vertriebssteuerung. Die Instrumente des integrierten Kundenmanagements, 3. Aufl. Vahlen: München 2005.
[8] ZERRES, C./ZERRES, M.: Handbuch Marketing-Controlling, 3. Aufl. Springer: Berlin 2006.

Autoren

WILHELM DANGELMAIER, Prof. Dr., Inhaber des Lehrstuhls für Wirtschaftsinformatik (Schwerpunkt CIM) am Heinz Nixdorf Institut und zudem Leiter des Fraunhofer Anwendungszentrums für logistikorientierte Betriebswirtschaft in Paderborn.

STEFAN HELMKE, Prof. Dr., Professor für Marketing, Controlling, Handelsmanagement, Prozessmanagement an der FHDW Bergisch Gladbach, Partner der Strategie- und Organisationsberatung TGCG – Management Consultants, Düsseldorf.

MATTHIAS UEBEL, Prof. Dr., Professor für Betriebswirtschaft an der FOM – Hochschule für Oekonomie und Management, Düsseldorf, Managementberater/-trainer, Partner der GCG – Management Consultants Düsseldorf.

Steuerung der Neukundengewinnung

Stefan Helmke, Matthias Uebel und Matthias Essing

1	Einführung	25
2	Definition Neukunde	26
3	Ableitung von Neukundengewinnungszielen	27
4	Identifikation der Zielbranchen und des USPs	32
5	Fazit	35
	Literatur	36
	Autoren	36

1 Einführung

Der folgende Beitrag stellt eine pragmatische Vorgehensweise vor, um rationale Ziele für die Ableitung einer passenden Strategie für die Neukundengewinnung durch den Vertrieb im Business-to-Business zu erarbeiten. In die methodische Darstellung fließen Praxiserfahrungen aus zahlreichen Projekten für namhafte Unternehmen ein. Die Methode ist somit als Referenzmethode zu bezeichnen, welche in der praktischen Anwendung auf die unternehmensindividuellen Erfordernisse anzupassen ist.

Auch wenn die Begrifflichkeit der Neukundengewinnung sich zunächst begrifflich konträr zum Customer Relationship Management darstellt, stellt sie eine wesentliche Aufgabe dar, um das nachhaltige Wachstum eines Unternehmens sicherzustellen.

Die Empirie zeigt, dass Unternehmen die Neukundengewinnung häufig als Randdisziplin betrachten, in der wenige systematische Ansätze und Methoden zur Anwendung kommen. Schließlich zeigen die CRM-Studien, dass die Gewinnung eines Neukunden bis zu achtmal teurer ist als die Bindung eines bestehenden Kunden, so dass der alleinige systematische Fokus auf der Kundendurchdringung der Bestandskunden liegt.

Wenn jedoch die Kundendurchdringung und damit der Share of Wallet bei den einzelnen Kunden ausgereizt ist und auch Preissteigerungen keine realistische Alternative darstellen, kann weiteres Wachstum nur durch Neukundengewinnung erzielt werden. Der Share of Wallet bezeichnet den Anteil des eigenen Produktes am Einkaufsumsatz des Kunden in der jeweiligen Produktgruppe. Dies bedeutet in Verbrauchsgütermärkten, dass der Kunde bereits seinen nahezu gesamten Bedarf bei einem Anbieter deckt, oder im Anlagenbereich, dass bei einem Kunden gegebenenfalls erst wieder zu einem deutlich späteren Zeitpunkt ein neuer Bedarf auftritt.

Zudem werden Unternehmen auch bei einem ausgeprägten CRM es nicht vermeiden können, dass Kunden aus unterschiedlichen Ursachen abwandern. Diesen Ursachen kann der Vertrieb teilweise auch nicht durch eine noch so intensive Kundenbearbeitung, wie z. B. im Fall der Insolvenz des Kunden, entgegenwirken. Kundenfluktuation ist somit in einem gewissen Grade unvermeidbar. Somit ist Neukundengewinnung ein probates Mittel, um Kundenverluste aufgrund natürlicher Fluktuation im Kundenlebenszyklus der Kunden auszugleichen.

Aus den beiden dargestellten Gründen ergibt sich, dass eine systematische Neukundengewinnung einen entscheidenden Erfolgsstellhebel, um Wachstum im Unternehmen sicherzustellen.

Voraussetzung für eine systematische Neukundengewinnung sind eine rationale und nachvollziehbare Zielbildung sowie eine daraus abgeleitete Strategie. Ziele und Strategie befähigen Unternehmen dazu, den Neukundengewinnungserfolg systematisch zu planen, zu kontrollieren und im Sinne eines Regelkreises kontinuierliche Verbesserungen anzustreben. Dies trägt dem Faktum Rechnung, dass in vielen Unternehmen die Gewinnung von Neukunden mehr oder weniger zufällig, zumindest häufig passiv erfolgt. Durch eine entsprechende Zielsetzung und abgeleiteter Strategie gelingt es Unternehmen, die Neukundengewinnung aktiv zum Erfolg zu führen. Neukundengewinnung selbst und die Entwicklung der Neukundengewinnungsstrategie sind dabei als Prozess zu verstehen. Die folgenden Prozessschritte, die zugleich die Struktur dieses Beitrags liefern, bilden die Grundlage für die Erarbeitung einer systematischen Neukundengewinnungsstrategie, die wiederum die Basis des strategischen Konzeptes darstellt. Dabei sind die folgenden Schritte zu definieren, die zugleich die Struktur dieses Beitrags liefern:

- Definition Neukunde
- Ableitung der Neukundengewinnungszielen
- Identifikation der Zielbranchen
- Identifikation (branchenspezifischer) USPs

2 Definition Neukunde

Ein Neukunde kann als Kunde definiert werden, bei dem bisher keine Geschäftsbeziehung zum Unternehmen besteht, die zu Leistungslieferungen mit entsprechenden finanziellen Transaktionen geführt hat. Dies unterscheidet ihn vom Bestandskunden.

Diese scheinbar einfache Definition vernachlässigt jedoch einige wesentliche Aspekte, die im Folgenden dargestellt werden. Im Regelkreis der Neukundengewinnung – Kundenbindung – Kundendurchdringung – Rückgewinnung ist festzulegen, wann ein Kunde als Neukunde, ein Bestandskunde als verlorener Kunde und ein verlorener Kunde als Neukunde zu betrachten ist. Die Nahtstellen zwischen den Schritten des Regelkreises sind zu definieren.

Beispielsweise ist augenscheinlich ein Kunde, der letztmalig vor 20 Jahren gekauft hat, wenn die Wiederbeschaffungszeiten in der Branche in der Regel bei einem Jahr liegen, als verlorener bzw. zurück zu gewinnender Kunde und somit eher als Neukunde denn als Bestandskunde zu klassifizieren. Die Definition, wann ein Kunde als verlorener Kunde zu betrachten ist, hängt also vom letzten Kaufzeitpunkt ab. Branchenabhängig kann die Zeitspanne zwischen letztem Kauf und dem Zeitpunkt, den Kunden als verlorenen Kunden einzustufen, extrem variieren. Ist der Kontakt zu einem Kunden über einen wiederum zu definierenden Zeitraum vollständig abgerissen, so ist nicht mehr von einem verlorenen Kunden auszugehen, der durch ein entsprechendes Rückgewinnungsprogramm zurückgewonnen werden kann. Vielmehr sind derartige Kunden als potenzielle Neukunden anzusehen, da aufgrund der abgebrochenen Beziehung die Maßnahmen des Neukundengewinnungsprogrammes wesentlich erfolgversprechender erscheinen als die eines Rückgewinnungsprogrammes.

Hierfür und für die folgenden Fragen ist unternehmens- und branchenindividuell eine Abgrenzung vorzunehmen. Diese Abgrenzungen sind für die spätere organisatorische Umsetzung von Bedeutung, um klare Spielregeln auch im Hinblick auf die Gestaltung von Incentivierungsmodellen für den Vertrieb festzulegen.

- Inwieweit sind verlorene Kunden im Rahmen der Neukundengewinnung zu berücksichtigen? Ab wann gilt ein Bestandskunde als verloren? Wie sind verlorene Kunden in das Neukundengewinnungsprogramm bzw. in ein Rückgewinnungsprogramm zu berücksichtigen?
- Inwieweit sind Kunden mit einem derzeit sehr geringen Auftragsvolumen im Rahmen der Neukundengewinnung zu berücksichtigen?
- Wie sind Töchter, verbundene Unternehmen oder andere Geschäftsbereiche eines Bestandskunden zu klassifizieren? Teilweise ergibt sich sogar im Business-to-Business-Bereich eine Neukundensituation bei einem neuen Auftraggeber.

Ebenso ist der Neukunde im Rahmen des Gewinnungsprozesses zu differenzieren. Dazu eignet sich folgendes Stufenmodell der Neukundengewinnung:

- Stufe 1 Neukunde als „kalte" Adresse
- Stufe 2 Neukunde als „kalte" Adresse mit allerdings identifiziertem Ansprechpartner
- Stufe 3: Neukunde mit erster Kontaktaufnahme
- Stufe 4: Interessent
- Stufe: 5: Kunde mit erstem Vertragsabschluss
- Stufe 6: Neukunde mit ersten Folgeaktivitäten
- Stufe 7: Bestandskunde

Im CRM-System sind der jeweilige Staus des potenziellen Neukunden durch einen entsprechenden Status wie auch die getätigten Aktivitäten beim jeweiligen Kunden zu dokumentieren.

Die Abgrenzung zwischen Stufe 6 erscheint formal im ersten Schritt nicht zwangsläufig nicht nachvollziehbar. Doch gerade hier zeigt sich in der Praxis, dass viele Geschäftsbeziehungen gerade in der Anfangszeit wieder beendet werden, da Prozesse beispielsweise noch nicht vollständig geklärt und eingespielt sind. Gerade in dieser Phase bedarf es einer besonderen Aufmerksamkeit, um den vorher getätigten Aufwand durch eine frühzeitige Kundenabwanderung nicht zu gefährden.

3 Ableitung von Neukundengewinnungszielen

Im Folgenden wird das von der TGCG entwickelte, praxiserprobte Target Concept zur Erarbeitung von Vertriebszielen im Rahmen der Neukundengewinnung vorgestellt. Für die Neukundengewinnung sind Ziele zu setzen, die messbar, spezifiziert und nachvollziehbar sind. Eine Zielbeschreibung sollte die Anzahl an zu gewinnenden Neukunden und den Wert der Neukunden beschreiben. Den Wert einer Neukundenbeziehung liefert der Kundenlebenszeitwert. Dieser ist in der Praxis jedoch teilweise nur mit erheblichem Aufwand zu ermitteln, so dass häufig stellvertretend auf vereinfachende Zielgrößen, wie z. B. Deckungsbeitrag oder Umsatz des Kunden im ersten Jahr der Geschäftsbeziehung, zurückzugreifen ist. Die weitere Differenzierung der Neukundenziele ist mit der Neukundengewinnungsstrategie abzugleichen.

In der Praxis werden häufig Ziele für die Neukundengewinnung gesetzt, die zu unspezifisch sind oder erhebliche Vertriebsressourcen benötigen, was auf den ersten Blick nicht deutlich ist. Projekterfahrungen zeigen bei Anwendung des Target Concepts, dass der realistisch notwendige Aufwand für eine systematische Neukundengewinnung aufgrund zunächst zu hoher Zielvorstellungen der Vertriebsverantwortlichen im Unternehmen überraschend hoch ist Mit dem im Folgenden dargestellten Target Concept lassen sich spezifizierte Ziele unter Berücksichtigung der erforderlichen Ressourcen systematisch ableiten. Dieses nachvollziehbare Vorgehen trägt zur Akzeptanzförderung im Rahmen der Vertriebsmannschaft bei.

Zur Neukundengewinnung sind Ressourcen notwendig. Gerade im Business-to-Business-Bereich ist das persönliche Gespräch eines Vertriebsbeauftragten mit dem Kunden das wesentliche Gewinnungsinstrument, auf das sich hier zunächst fokussiert wird. Wenn bisher ein Unternehmen sich im Wesentlichen auf die Bestandskundenbearbeitung konzentriert hat, stellt sich die Frage, welche Ressourcen zur Neukundengewinnung eingesetzt werden sollen. Diese Ressourcenfrage kann durch eine Besuchsreduzierung bei Bestandskunden erfolgen. Wenn dies keine sinnvolle Möglichkeit darstellt und die existierenden Vertriebsressourcen, also die Vertriebsmitarbeiter, vollständig ausgelastet sind, können die Neukundenziele nur durch zusätzliche Vertriebsressourcen, wie z. B. weitere Vertriebsmitarbeiter oder Handelsvertreter, erreicht werden. Greifen beide dargestellten Optionen nicht, kann das Unternehmen letzten Endes nur auf eine passive zufällige Neukundengewinnung bauen.

Das Target Concept kann sowohl als Top-down als auch als Bottom-up-Ansatz angewendet werden. Im Rahmen des Top-down-Ansatzes wird ein finanzielles Ziel auf die Zielanzahl Neukunden und die dafür erforderlichen Ressourcen zur Gewinnung dieser Neukunden heruntergebrochen. Im Rahmen der Bottom-up-Berechnung wird von einer Zielanzahl an Neukunden hochgerechnet, welcher Ressourceneinsatz dafür erforderlich ist und welcher finanzielle Erfolgsbeitrag aus der zu gewinnenden Anzahl an Neukunden resultieren würde. In **Abbildung 3.1** wird die Top-down-Vorgehensweise anhand eines Beispiels näher erläutert.

Im folgenden Beispiel wird als Basisannahme davon ausgegangen, dass ein Vertriebsmitarbeiter im Schnitt 2 Kundenbesuche pro Arbeitstag tätigen kann, also 440 Besuche pro Jahr bei 220 Arbeitstagen. Es stehen also 440 Besuchsslots je Vertriebsmitarbeiter zur Verfügung und zur Verteilung auf die Ziele und Aufgaben der Neukundengewinnung, Bestandskundendurchdringung und Kundenrückgewinnung.

In **Abbildung 3.1** verdeutlicht der erste Block die Ableitung des Neukundenziels. In Position 1 ist der Umsatz des Vorjahres als Zielgröße abgebildet. Einschränkend ist hier zu erwähnen, dass als Erfolgsgröße letztendlich der Deckungsbeitrag für den Unternehmenserfolg entscheidend ist.

Abbildung 3.1 Target Concept zur Neukundengewinnung

1. Ableitung des Neukundenziels

1	Umsatz im Vorjahr	4.400.000	
2	Ziel-Umsatzsteigerung aus Neukundengewinnung	16%	
3	Umsatzziel für das folgende Jahr	5.117.200	
4	Ziel-Umsatzsteigerung aus Neukundengewinnung	717.200	
5	Durchschnittlicher Neukundenumsatz	90.000	
6	Zielanzahl Neukunden	8,0	

2. Ableitung der notwendigen Adressanzahl

7	Zielanzahl Neukunden	8,0	
8	Abschlussquote	10	Anzahl bearbeiteter Kunden pro Abschluss
9	Zielanzahl zu bearbeitender Kunden	80	
10	Terminquote	5	Anzahl benötigter Adressen pro Termin
11	Zielanzahl Adressen	398	

3. Ableitung des notwenidgen Kapazitätsbedarfs

12	Zielanzahl zu bearbeitender Kunden	80	
13	Terminanzahl pro zu bearbeitetenden Kunden	3,5	Anzahl Termine bis Abschluss
14	Zeitbedarf pro Termin inkl. Vor- und Nachbereitung in h	10	
15	Kapazitätsbedarf in h	2.789	
16	Anzahl VZK	1,58	Basis: 220 Arbeitstage à 8 h

Dieses Vorgehen impliziert somit, dass aus der Perspektive des Vertriebs Margenkonstanz angestrebt wird, so dass das Verhältnis aus erzielten Umsatz und Deckungsbeitrag ebenfalls konstant ist. Die Marge kann im Jahresverlauf dennoch durch steigende Einkaufspreise oder ähnliche externe Effekte variieren kann. Diese bewusst zunächst einfache Betrachtung erhöht – wie Erfahrungen aus Praxisprojekten zeigen – aus dem Grund der einfacheren Nachvollziehbarkeit die Akzeptanz im Unternehmen insbesondere in der entscheidenden Anwendung im Vertrieb und bei den Vertriebsmitarbeitern.

In einer zweiten Stufe kann für ein Gesamterfolgsergebnis der Deckungsbeitrag als Zielgröße hinzugezogen werden und entsprechende zu erwartende Margeneffekte eingebaut werden. Dies ist ebenso wesentlich, damit auf der anderen Seite der Vertreib nicht in die Versuchung gerät durch unrentables Wachstum die Umsatzziele zu erreichen. Eine weitere Möglichkeit der Problematik des unrentablen Wachstums gerecht zu werden, besteht darin, dass dem Vertrieb neben dem Ziel der Umsatzsteigerung aus Neukundengewinnung ein entsprechendes Margenziel als Nebenbedingung gesetzt wird.

Position 2 stellt das Ziel für die Umsatzsteigerung aus der reinen Neukundengewinnung dar. Diese ist unternehmerisch entsprechend der angestrebten Wachstumsziele zu definieren. Im Rahmen einer vertrieblichen Gesamtzielanalyse wären für die Zielbildung noch positive und negative Effekte aus zu erwartender weiterer Kundendurchdringung zwischen Ausdünnung sowie aus Kundenverlust zu berücksichtigen, sofern sämtliches Wachstum nur aus Neukundengewinnung erzielt werden kann, wenn das Ziel der weiteren Kundendurchdringung bereits ausgeschöpft erscheint. Im Umkehrschluss ist für die Vertriebsstrategie zu definieren, welches Gesamtumsatzwachstum erzielt werden soll, das auf die beiden Detailziele der Kundendurchdringung und der Neukundengewinnung herunterzubrechen ist.

In Position 3 errechnet sich aus der Multiplikation des Vorjahresumsatzes und der angestrebten Umsatzsteigerung der Zielumsatz für das folgende Geschäftsjahr. Position 4 stellt als Differenz aus Zielumsatz des Folgejahres und des Umsatzes des Vorjahres die angestrebte absolute Umsatzsteigerung aus der Neukundengewinnung dar.

Position 5 bildet den durchschnittlichen Umsatz eines Neukunden im ersten Jahr ab. Dieser Wert kann aus Erfahrungswerten der Vergangenheit ermittelt werden. Aus der Division der absoluten Umsatzsteigerung und des durchschnittlichen Neukundenumsatzes ergibt sich in Position 6 die Zielanzahl an Neukunden, die zu gewinnen ist, um das angestrebte absolute Umsatzziel zu erreichen.

Im zweiten Block wird auf Basis des Neukundenziels aus Position 6 die erforderliche Adressanzahl an Unternehmen abgeleitet, die vertrieblich im folgenden Geschäftsjahr zu bearbeiten ist, um das gewünschte Neukundenziel zu erreichen. In Position 7 ist lediglich der Wert aus Position 6 aus Veranschaulichungsgründen übernommen worden. In Position 8 ist die Abschlussquote abgebildet, die darstellt, wie viele Neukunden zu besuchen sind, um einen Neukunden zu gewinnen. In der Praxis sind wiederum hier Erfahrungswerte anzunehmen. Alternativ kann hier mit Bandbreiten gearbeitet werden, um aus den verschiedenen Szenarien das aus der jetzigen Perspektive realistische Bild zu destillieren. In komplexerer Anwendung kann dies durch den Einsatz von Verfahren zur Berücksichtigung von Risikowahrscheinlichkeiten, wie z. B. der Monte-Carlo-Simulation, weiter statistisch belegt werden.

Aus der Multiplikation von Position 7 (Zielanzahl an Neukunden) und der Position 8 (Abschlussquote) ergibt sich die Position 9, die Zielanzahl an Kunden, die zu bearbeiten bzw. besuchen sind, um das Neukundenziel zu erreichen. In Position 10 ist die Terminquote als Einflussvariable abgebildet, wie viel Kunden zu kontaktieren sind, um einen Besuchstermin zu erhalten. Aus der Multiplikation von Position 9 (Zielanzahl zu bearbeitender Kunden) und Position 10 (Terminquote) errechnet sich in Position 11 die Zielanzahl an Adressen, die benötigt wird, um das Neukundenziel zu erreichen. Dies können natürlich nicht beliebige Adressen sein, sondern die Adressgewinnung richtet sich nach der strategischen Ausrichtung, die im folgenden Kapitel dargestellt wird.

Block 3 leitet den notwendigen Ressourcen- und Kapazitätsbedarf für die Erreichung des Neukundenzieles ab. In Position 12 ist die Zielanzahl zu bearbeitender aus Position 9 übernommen.

Nachfolgend ist in Position 13 die durchschnittliche Anzahl an Terminen pro zu bearbeitendem Kunden angegeben (3,5 Termine). Diese variiert pro zu bearbeitendem Kunden, da einige potenzielle Kunden bereit frühzeitiger aus dem Vertriebsprozess ausscheiden, bei denen die Akquise nicht erfolgreich ist. Diese Größe wird auch als durchschnittliche Anzahl an Besuchen bis zum erfolgreichen oder nicht erfolgreichen Abschluss des Vertriebsprozesses mit dem einzelnen Kunden bezeichnet. Nicht zu verwechseln ist die Größe mit der durchschnittlichen Anzahl an Terminen bis zum erfolgreichen Abschluss des Vertriebsprozesses, die entsprechend höher ausfällt.

In Position 14 ist der durchschnittliche Zeitbedarf in Stunden zur Vor- und Nachbereitung der Termine abgebildet.

Aus der Multiplikation der Positionen 12, 13 und 14 ergibt sich in Position der Kapazitätsbedarf in Stunden für die Umsetzung der Neukundengewinnung. Dieser wird in Position in die Anzahl Vollzeitkräfte (VZK) oder Fulltime Equivalent (FTE) auf Basis von 220 Arbeitstagen à 8 Stunden abgerechnet. Diese Kapazitätsbetrachtung bezieht noch nicht die Zeiten für die telefonische Terminvereinbarung ein. In der Regel empfiehlt es sich, diese Aufgabe aus Kapazitätsgründen an einen Termindienstleister outzusourcen, der auf den Business-to-Business-Bereich spezialisiert ist und in der Regel auf Cost-per-Meeting-Basis zu bezahlen ist. Kosten fallen für das Unternehmen für tatsächlich zustande gekommene Vertriebsgespräche an. In der Regel ist der Termindienstleister auch aus Kostengesichtspunkten deutlich günstiger, wenn man die Kosten des Termindienstleisters mit den alternativ anfallenden internen Personalkosten vergleicht.

Der kalkulierte Kapazitätsbedarf ist durch neues oder bestehendes Personal zu decken. Sind im zweiten Fall die Vertriebsmitarbeiter bereits ausgelastet und kann die Anzahl zur Verfügung stehender Besuchsslots, z. B. durch Verlagerung von Aufgaben, nicht weiter erhöht werden, so sind die Besuchsfrequenzen für Bestandskunden zu reduzieren. Hier äußert sich die Allokationsaufgabe bzw. Ressourcenzielkonflikt zwischen Neukundengewinnung und Kundenbindung. In der Praxis ist häufig eine sicherheitsgeprägte Konzentration auf A-Kunden anzutreffen, die hinsichtlich einer stärker an Kundenpotenzialen bzw. dem Share of Wallet orientierten Ressourcenverteilung zu hinterfragen ist.

Das Target Concept kann ebenso Bottom-up eingesetzt werden. Ausgehend von einer zur Verfügung stehenden Ressourcenkapazität, kann das Neukundenziel retrograd entsprechend der dargestellten Systematik ermittelt werden. Dies hilft auch dabei, im Sinne einer Gegenstromplanung im sukzessiven Abgleich zwischen Neukundenzeilen zur Verfügung stehenden Ressourcen das passende Neukundenziel und den passenden Ressourceneinsatz für das Unternehmen zu identifizieren.

4 Identifikation der Zielbranchen und des USPs

Im Folgenden wird eine systematische Vorgehensweise vorgestellt, um die Zielbranchen für das Neukundengewinnungsprogramm zu identifizieren. Die Praxis zeigt, dass ein wesentlicher Erfolgsfaktor auch hinsichtlich Akzeptanzförderung darin besteht, die Vertriebsmitarbeiter in die Analyse einzubeziehen. Ebenso sollte dies gegebenenfalls in Abstimmung mit dem Marketingbereich erfolgen.

Potenzielle Neukunden bzw. Branchen mit hohem Potenzial sind für Unternehmen zunächst besonders interessant, bergen jedoch in der Regel eine intensivere Wettbewerbssituation, welche die Erfolgschancen der Neukundenakquise reduziert und entsprechend den Aufwand für die Neukundenakquise erhöht. Entsprechend ist zu prüfen, ob in anderen Branchen sich eine Nischensituation mit vielleicht geringerem Potenzial, aber einfacherem Wettbewerbsumfeld ergibt.

Zu analysieren ist, ob es erfolgversprechender ist, sich auf Kunden aus Branchen zu konzentrieren, in denen das Unternehmen aktiv ist, oder neue Branchen zu erschließen. Der letztere Fall hat den Nachteil des höheren Aufwandes für etwaige Marktrecherchen. **Abbildung 4.1** verdeutlicht das Instrument der Zielgruppenmatrix inklusive eines fiktiven Beispiels.

Die Zielgruppenmatrix ist unternehmensindividuell aufzustellen. Dazu sind – wie im obigen Beispiel dargestellt – einerseits mögliche Zielbranchen zu identifizieren. Andererseits sind Bewertungskriterien zur Bestimmung der Branchenattraktivität aus Sicht des Unternehmens abzuleiten. Beispielsweise ist der hier als Bewertungskriterium dargestellte Innovationsgrad für ein technologieorientiertes Unternehmen (wie hier abgebildet) anders einzustufen als für einen Commodity-Anbieter. Dabei ist zwischen externen und internen Faktoren zu unterscheiden:

Mögliche externe, branchenbezogene Faktoren sind:

- Wettbewerbsintensität
- Markgröße (Volumen und Anzahl Kunden)
- Zukünftiges Marktwachstum
- Bedarfsart (standardisiert vs. individuell)
- Innovationsgrad
- Preisdruck
- Marge

- Markteintrittsbarrieren
- Rechtliche Auflagen
- etc.

Mögliche interne, unternehmensbezogene Faktoren sind:

- Know-how (Technik, Markt etc.)
- Affinität zu bisherigen Branchen
- Vorhandensein USP
- Technikkompatibilität/Weiterentwicklungsbedarf
- Kooperationsmöglichkeiten
- Referenzen
- etc.

Abbildung 4.1 Zielgruppenmatrix zur Branchenanalyse

Branchenanalyse

	Anzahl Zieladressen	Adressanteil	Gesamtbewertung	Interne Faktoren				Externe Faktoren			
				Hoher Innovationsgrad	Geringer Preisdruck	Geringe Anzahl Wettbewerber	etc.	Know-how	Vorhandener USP	Referenzen	etc.
Maschinenbau	160	40%	8,2	7	6	8	...	9	9	10	...
Automotive	80	20%	7,2	7	2	7	...	8	9	10	...
Bahntechnik	80	20%	6,5	7	7	6	...	6	6	7	...
Windkraft	40	10%	5,5	8	5	6	...	3	6	5	...
Medizintechnik	40	10%	4,2	9	8	3	...	2	2	1	...
Landmaschinen	0	0%	3,8	4	5	8	...	3	2	1	...

Die Kriterien sind gegebenenfalls zu gewichten. Durch ein Punktbewertungsverfahren und den Bewertungen der an diesem Prozess beteiligten Personen lässt sich die Branchenattraktivität ermitteln. Darauf aufbauend ist zu priorisieren, welche Branchen mit welcher Intensität angegangen werden sollten.

Auf Basis der Priorisierung lässt sich die im vorherigen Kapitel dargestellte Zielanzahl an Adressen – wie in obiger Abbildung in den Spalten 2 und 3 dargestellt – auf die einzelnen

Branchen herunterbrechen. Für das spätere Controlling der Neukundengewinnung sollte dieses Merkmal der Branchenzugehörigkeit für jeden angegangenen potenziellen Neukunden festgehalten werden, um ein differenziertes Vertriebscontrolling zu ermöglichen und darauf aufbauend kontinuierlich Maßnahmen zur Optimierung abzuleiten. Für das kontinuierliche Controlling mit Hilfe des Instrumentes des Vertriebstrichters sei an dieser Stelle auf in den folgenden Artikel „Nutzung des Vertriebstrichter-Konzeptes für die Vertriebsarbeit" diesem Buch verwiesen.

Die Ableitung von USPs (Unique Selling Propositions) ist logisch simultan zur Aufgabe der Identifikation der Zielbranchen zu sehen, da Branchen weniger attraktiv sind, wenn das Unternehmens hier über keinen USP verfügt. Daher ist das Kriterium des Vorhandenseins eines USPs auch ein mögliches Bewertungskriterium. Der USP ist mit Hilfe der USP-Matrix, bezogen auf die einzelnen Zielbranchen und Zielansprechpartner, zu differenzieren und auszuformulieren. Häufig ist Unternehmen nicht zweifelsfrei klar, warum Kunden bei Ihnen kaufen bzw. nicht kaufen. Zumindest herrschen hierzu oft unterschiedliche Vorstellungen im Vertrieb vor.

Abbildung 4.2 USP-Matrix

USP	Beschreibung	Generell	Branchschwerpunkte				
			Maschinenbau	Automotive	Bahntechnik	Windkraft	Medizintechnik

Für die Neukundengewinnungsstory sind USPs zu definieren, die sich von Allgemeinplätzen, wie z. B. „hohe Produktqualität", „guter Service", „kundenorientiert" ohne weitere Detailbegründung etc. differenzieren. Der USP sollte zumindest begründbar und nach Möglichkeit auch beleg- und nachweisbar sein.

Zudem ist es in der zweiten Stufe entscheidend, die resultierenden USPs bzw. Vorteile – auch als Business Benefits bezeichnet – zielgruppengerecht, den Motiven der einzelnen Mitglieder des Buying Centers entsprechend zu verdeutlichen. Dabei sind offensichtlich die USPs dem Einkäufer, der Geschäftsführung, der Produktionsleitung, der Qualitätssicherung oder dem Anwender mit unterschiedlichen Schwerpunkten zu präsentieren und zu kommunizieren. Während z. B. der Produktionsleiter möglichst keinen Stillstand in der Produktion haben möchte, konzentriert sich der Einkauf gegebenenfalls auf monetäre Kosteneinsparungen bezüglich der Einstandspreise. Die Geschäftsführung ist z. B. durch einen quantitativen differenzierten Business Case leichter zu überzeugen.

Für das einzelne Zielkundenunternehmen sind in der dritten Stufe die USPs idealerweise individuell anzupassen, um die konkreten Ziele der einzelnen Mitglieder des Buying Centers des jeweiligen potenziellen Kunden zu erfüllen. Im Vertriebsprozess sind dazu nach Möglichkeit umfangreich die einzelnen Ziele und Motive der auf Seiten des Kunden am Einkaufsprozess beteiligten Bereiche zu sammeln.

5 Fazit

Der Beitrag zeigt, dass für eine erfolgreiche Neukundengewinnung eine systematische Zielplanung entscheidend ist. Darauf aufbauend sind als weiterer wesentlicher Erfolgsfaktor Zielbranchen zu identifizieren. Die Zielbranchen sind zu priorisieren, um die zufällige Neukundengewinnung zu einer systematischen, sich kontinuierlich verbessernden Neukundengewinnung hin zu entwickeln. Dabei besteht eine wesentliche Herausforderung darin, eindeutige USPs für die einzelnen Zielbranchen und Zielansprechpartner der potenziellen Kunden zu formulieren und differenziert kommunikativ umzusetzen. Das Neukundengewinnungsprogramm stellt mit seinen Zielwerten, Zielbranchen, Zielkunden und USPs einen wichtigen Ankerpunkt für die Kommunikation und systematische Zielerreichung innerhalb des Vertriebs sowie auch für die Verdeutlichung der Aktivitäten in diesem Bereich innerhalb des Unternehmens dar. Diese Aktivitäten der Neukundengewinnung sind strategiebildend und sind deshalb gegebenenfalls unter Einbeziehung der Unternehmens- und Marketingstrategie auszugestalten.

Das aufgestellte Neukundengewinnungsprogramm ist in den Vertriebsprozessen umzusetzen. Dazu eignet sich beispielsweise das Vertriebstrichterkonzept, dessen Anwendung im folgenden Artikel dieses Buches vorgestellt wird. Die Erkenntnisse aus dem Controlling des Vertriebstrichters bezüglich seiner Anwendung im Rahmen der Neukundengewinnung sind wiederum im Sinne eines Regelkreises systematisch in die Weiterentwicklung der systematischen Neukundengewinnung einzubeziehen.

Literatur

[1] DANNENBERG, H./ZUPANCIC, D.: Spitzenleistungen im Vertrieb: Optimierungen im Vertriebs- und Kundenmanagement, Wiesbaden 2008.
[2] DUDERSTADT, S.: Wertorientierte Vertriebssteuerung durch ganzheitliches Vertriebscontrolling, Wiesbaden 2006.
[3] HELMKE, S.: Eine simulationsgestützte Methode für Budgetentscheidungen im Kundenmanagement, Paderborn 2002.
[4] HENN, H.: Verkaufsprozess: Mit Systematik zum Vertriebserfolg, in: Sales Business, H. 7, Wiesbaden 2007, S. 34 – 37.
[5] KLEIN, A.: Moderne Controllinginstrumente für Marketing und Vertrieb, München 2010..
[6] UEBEL, M.: Ein Modell zur Steuerung der Kundenbearbeitung im Rahmen des Vertriebsmanagements, Paderborn 2004.
[7] WINKELMANN, P.: Vertriebskonzeption und Vertriebssteuerung, 4. Aufl., München 2008.

Autoren

STEFAN HELMKE, Prof. Dr., Professor für Marketing, Controlling, Handelsmanagement, Prozessmanagement an der FHDW Bergisch Gladbach, Partner der Strategie- und Organisationsberatung TGCG – Management Consultants, Düsseldorf.

MATTHIAS UEBEL, Prof. Dr., Professor für Betriebswirtschaft an der FOM – Hochschule für Oekonomie und Management, Düsseldorf, Managementberater/-trainer, Partner der GCG – Management Consultants Düsseldorf.

MATTHIAS ESSING, Matthias Essing Seminare, Altenberge.

Der Vertriebstrichter zur Steuerung von Vertriebsprozessen

Matthias Uebel und Stefan Helmke

1	Einführung	39
2	Konzept des Vertriebstrichters	39
	2.1 Vertriebsprozesse als Ausgangspunkt	39
	2.2 Modellbildung zum Vertriebstrichter	40
	2.3 Anwendungsvoraussetzungen	42
3	Einsatzbereiche des Vertriebstrichters	43
	3.1 Schwachstellenanalyse	43
	3.2 Forecasting	46
	3.3 Kapazitätsplanung	48
	3.4 Ermittlung von Prozesskostensätzen	49
4	Fazit	51
Literatur		52
Autoren		52

1 Einführung

Nach wie vor stellt ein exzellenter Vertrieb heutzutage einen zentralen Erfolgsfaktor für Unternehmen dar. Dieser Anspruch birgt Herausforderungen für die Gestaltung und Steuerung der vertrieblichen Unternehmensaktivitäten. Obgleich mittlerweile in vielen Unternehmen die Notwendigkeit des Übergangs von der Produkt- zur Kundenorientierung erkannt wurde, bedarf es anwendbarer Konzepte, diese Orientierung in Ansätzen zur Steuerung der Kundenbearbeitung umzusetzen.

Der Vertriebstrichter stellt einen nicht unbedeutenden Vertreter aus dem möglichen Set an Steuerungsinstrumenten im Vertrieb dar. Sowohl für Vertriebscontroller, als auch Vertriebsleiter bietet dieses Konzept wertvolle Ansatzpunkte für die Performancesteigerung im Vertriebsbereich. Um den vollen Mehrwert des Konzeptes nutzen zu können, ist es erforderlich, das Grundmodell für verschiedene vertriebliche Fragestellungen anwendbar zu machen.

2 Konzept des Vertriebstrichters

2.1 Vertriebsprozesse als Ausgangspunkt

Wird die Hauptaufgabe des Vertriebs, nämlich die Herbeiführung von Kauf-Transaktionen, im Wege einer vertrieblichen Aufgabenspezialisierung in prozessuale Aktivitätsbereiche untergliedert, lassen sich geordnete Phasenfolgen bilden. Diese Phasenfolgen dienen zur inhaltlichen und organisatorischen Gestaltung der zugehörigen kaufrelevanten Vertriebsaktivitäten bzw. -teilaufgaben. Sie schaffen Transparenz bezüglich des Ablaufs eines idealtypischen Verkaufsprozesses und ermöglichen gleichzeitig die identifizierende Zuordnung von Kunden innerhalb dieses Prozesses. Durch den konkreten Kundenbezug sind sie darauf ausgerichtet, die spezifischen Probleme des Kunden im Erwerbs- bzw. Beschaffungsprozess und späteren Nutzungsprozess im Sinne einer Zweck-Mittel-Relation zu lösen.

Das Spiegelbild von Verkaufsprozessen sind aus Kundensicht die Kauf- bzw. Beschaffungsprozesse. Sie bilden die auf Kundenseite zu bearbeitenden Problemstellungen und das prozessuale Vorgehen zur Lösung dieser Problemstellungen ab.

Als Hauptprozessphasen werden im Vertriebsprozess die Anbahnungs-, Abwicklungs- und After-Sales-Phase unterschieden.

Die Anbahnungsphase (Pre-Sales) umfasst alle Aktivitäten, die der Vorbereitung des eigentlichen Kaufaktes dienen. Sie beinhaltet neben der Kontaktaufnahme Informations- und Beratungsaktivitäten. Des Weiteren werden in ihr zum einen die genauen Parameter des zu erwerbenden Leistungsbündels, der Leistungserstellung, -bereitstellung, des Leistungsentgelts sowie die Folgen von Fehl- oder Nichtleistungen spezifiziert. In der Abwicklungsphase (Sales) wird die eigentliche Geschäftstransaktion durchgeführt. Hier erfolgt die tatsächliche Beauftragung zur Leistungserstellung. Die Beauftragung stellt die eigentliche Transaktion i. e. S. dar. Sie ist die rechtlich gültige Vereinbarung über den Austausch einer Leistung gegen Entgeltzahlung (Übertragung von Verfügungsrechten zwischen Wirtschaftssubjekten). Je nach vertraglicher Vereinbarung kann die Entgeltzahlung vor, während und/oder nach der Leistungsbereitstellung erfolgen. Weiterhin findet in dieser Phase die Bereitstellung der Leistung statt, die den Kunden befähigt, die Leistung zu nutzen. In die After-Sales-Phase fallen alle Aktivitäten, die dem Kunden die Nutzung der vereinbarten Leistung dauerhaft ermöglichen bzw. bei Beeinträchtigungen die vereinbarte Leistungsqualität wiederherstellen.

2.2 Modellbildung zum Vertriebstrichter

Das Konzept des Vertriebstrichters umfasst die modellhafte Abbildung von Kunden vom Eintritt in die Pre-Sales-Phase bis zum Vertragsabschluss (Transaktion) in der Sales-Phase. Während bei einfachen Vertriebsanalysen lediglich festgestellt werden kann, ob ein Kunde gekauft oder nicht gekauft hat, „zoomt" des Konzept des Vertriebstrichters quasi in den Weg der Kunden durch den Vertriebsprozess hinein und gibt Auskunft darüber, an welchen Stellen sich die Kunden aktuell im Vertriebsprozess befinden oder den Vertriebsprozess bereits verlassen haben.

Die Symbolik des „Trichters" gibt dabei zum Ausdruck, dass sich die Anzahl der Kunden von Phase zu Phase bis zum Vertragsabschluss, infolge eines Ausscheidens aus dem Vertriebsprozess, verringert, der Trichter wird schmaler. Obwohl dieses bildliche Gleichnis auf den ersten Blick als einleuchtend erscheint, wird der eigentliche physikalische Aspekt vernachlässigt. So verringert sich die Menge einer Flüssigkeit, die durch einen Trichter gegossen wird, logischerweise nicht. Es ändert sich lediglich die Fließgeschwindigkeit selbiger durch die Verringerung des Trichterquerschnitts. Die Verringerung der Kundenanzahl kann also nur über bildliche „Abflussöffnungen" in den einzelnen Phasen des Vertriebsprozesses (und somit des Vertriebstrichters) bildlich wieder „gerade gerückt" werden.

Über die Verringerung der Kundenanzahl in den einzelnen Phasen lassen sich ex post sogenannte Verlustquoten (VQ) ermitteln. Verlustquoten geben den Prozentsatz von Kunden an, die in Bezug auf eine Phase des Vertriebsprozesses zu nachfolgenden Phasen „verloren" wurden. Klassischer Weise werden die Verlustquoten in Bezug zur nächsten Phase oder zu letzten Phase (Auftragsabschluss) gebildet. Auf selbige Weise lassen sich die sogenannten Erfolgsquoten (EQ) ermitteln. Sie geben den Prozentsatz von Kunden an, die in Bezug auf eine Phase des Vertriebsprozesses zu nachfolgenden Phasen „nicht verloren" wurden. Korrespondierend kann aus einer Verlustquote die Erfolgsquote, wie folgt, ermittelt werden: $EQ = 1 - VQ$.

Ein einfaches Beispiel soll die Ermittlung von Verlustquoten verdeutlichen. Der Vertriebsprozess eines Unternehmens umfasst 3 Phasen bis zum Vertragsabschluss. Im letzten Betrachtungszeitraum sind 100 Kunden in Phase 1 eingetreten. Von diesen 100 Kunden sind in Phase 2 noch 40 Kunden eingetreten. Von diesen 40 wiederum haben in Phase 3 tatsächlich 30 Kunden einen Vertrag abgeschlossen.

Die Verlustquote von Phase 1 zu Phase 2 beträgt 60 % ($VQ_{1/2}$ = (100 − 40)/100 = 0,6). Das heißt 60 % der Kunden haben nach der ersten Vertriebsphase den ihren Kaufprozess beendet.

Die Verlustquote von Phase 1 zu Phase 3 beträgt hingegen 70 % ($VQ_{1/3}$ = (100 − 30)/100 = 0,7). Das heißt 70 % der Kunden, die in der ersten Phase des Vertriebsprozesses angesprochen wurden, haben letztendlich nicht gekauft.

Die Verlustquote von Phase 2 zu Phase 3 beträgt 25 % ($VQ_{2/3}$ = (40 − 30)/40 = 0,25). Das heißt, 25 % der Kunden aus Phase 2 haben keinen Vertragsabschluss getätigt.

Bei gegebenen Verlustquoten ($VQ_{i/i+1}$) ergeben sich die korrespondieren Erfolgsquoten ($EQ_{i/i+1}$), wie oben aufgeführt, aus:

$EQ_{i/i+1} = 1 - VQ_{i/i+1}$ für i = 1,...,n

Aus den Erfolgsquoten ($EQ_{i/i+1}$) lassen sich die Abschlussquoten ($AQ_{i/n}$) bestimmen:

$$AQ_{i/n} = \prod_{i=1}^{n} EQ_{i/i+1}$$ für i = 1,...,n

Sie geben phasenspezifisch an, wie hoch die Wahrscheinlichkeit ist, dass der Kunde den gesamten Vertriebsprozess durchläuft und einen Auftragsabschluss tätigt.

Bei gegebenen Abschlussquoten ($AQ_{i/n}$) ergeben sich die korrespondieren Verlustquoten ($VQ_{i/n}$), wie oben aufgeführt, aus:

$AQ_{i/n} = 1 - VQ_{i/i+1}$ für i = 1,...,n

Für das oben aufgeführte Beispiel sind die Ergebnisse zu den einzelnen Quoten in **Abbildung 2.1** aufgeführt:

Abbildung 2.1   Berechnung von Quoten-Kennzahlen

Prozess i (n = 3)	$VQ_{i/i+1}$	$EQ_{i/i+1}$	$AQ_{i/n}$	$VQ_{i/n}$
1	60,0%	40,0%	30,0%	70,0%
2	25,0%	75,0%	75,0%	25,0%
3	0,0%	100,0%	100,0%	0,0%

Bei Ermittlung der Verlustquoten ist darauf zu achten, dass nur Kunden eines vollständigen Vertriebszyklus betrachtet werden. Die zahlenmäßige Abbildung der Kunden über die einzelnen Vertriebsphasen bezieht sich somit nur auf die kumulierten Kundenanzahlen, die in Phase 1 aufgenommen wurden und entweder einen Vertragsabschluss getätigt haben bzw. vorher ausgeschieden sind. Eine aktuelle Statusabfrage „Wie viele Kunden haben wir aktuelle in unseren Vertriebsphasen?" könnte sich aus Kunden unterschiedlicher Durchlaufzyklen zusammensetzen und somit keine Verlustquotenberechnung erlauben.

Um die Anzahl von Vertragsabschlüssen zu erhöhen, ergeben sich beim Vertriebstrichter zwei zentrale Handlungsansätze, die aufgrund ihrer Ausrichtung auch als quantitativer und qualitativer Ansatz bezeichnet werden können.

Beim quantitativen Ansatz erfolgt die Erhöhung von Vertragsabschlüssen aus einer erhöhten Kundenanzahl, die in der ersten Vertriebsphase kontaktiert werden. Die Trichteröffnung vergrößert sich bildlich gesehen. In der Praxis bedeutet dies beispielsweise, dass Vertriebsmitarbeiter aktiv mehr Kunden pro Periode besuchen müssen. Bei unterstellten konstanten Verlustquoten erhöht sich somit auch die Anzahl der getätigten Vertragsabschlüsse pro Periode.

Beim qualitativen Ansatz wird versucht, die Verlustquoten, in den einzelnen Phasen, zu reduzieren. Die resultiert aus einer verbesserten Qualität der vertrieblichen Arbeit in den einzelnen Phasen des Vertriebsprozesses. Im Idealfall wird somit bildlich gesehen aus dem Trichter ein Zylinder. Die Anzahl der Vertragsabschlüsse ist gleich der Anzahl der in der ersten Phase kontaktierten Kunden. Die Verlustquoten sind somit Null. Diese Vorstellung ist zwar praxisfern, visualisiert jedoch anschaulich, welche Bedeutung die Verlustquoten für den Vertriebserfolg haben. In diesem Zusammenhang besitzt die erste Vertriebsphase eine besondere Bedeutung. Die Auswahl aktiv zu kontaktierender Kunden besitzt entscheidenden Einfluss auf die Höhe der ersten Verlustquote. Werden hier Kunden angesprochen, die keinen Bedarf haben, fällt die Verlustquote entsprechend hoch aus. Kundenscoring-Modelle können hier unterstützend eingesetzt werden. Die möglichen Ursachen für das Austreten von Kunden aus dem Vertriebsprozess zu unterschiedlichen Zeitpunkten werden in Kapitel 3.1 vorgestellt.

Obwohl der quantitative Ansatz an einfachsten umsetzbar erscheint, da nur entsprechende Besuchs-Zielvorgaben, z. B. für die Außendienstmitarbeiter, anzupassen sind, birgt er insbesondere bei hoher Kapazitätsauslastung der Vertriebsmitarbeiter deutliche Gefahren. Es kommt zu einer kausalen Verbindung des quantitativen und qualitativen Ansatzes. Die Vertriebsmitarbeiter kontaktieren zwar mehr Kunden, aufgrund der verringerten Qualität der Vertriebsaktivitäten kompensieren bzw. überkompensieren jedoch die steigenden Verlustquoten den quantitativen Effekt. Eine Verminderung der Auftragsabschlüsse über das ursprüngliche Maß kann hier die negative Folge sein.

2.3 Anwendungsvoraussetzungen

Der Vertriebstrichter lässt sich aufgrund seines generischen Charakters für vielfältige Vertriebsprozesse in der Unternehmenspraxis verwenden. Die idealtypischen Phasen der Kontaktaufnahme, der Bedarfsermittlung, der Leistungskonkretisierung bzw. der Produktvorführung, der Angebotserstellung, der Verhandlung und letztlich des Vertragsabschlusses sind auf den eigenen konkreten Vertriebsprozess zu übertragen und zu spezifizieren. Die in der Praxis verwendeten Ansätze schwanken in der Regel zwischen 4 und 10 Prozessphasen

– mehr sind natürlich auch möglich. Wichtig bei der Modellierung eines eigenen Vertriebsprozesses ist es, dass sich die Prozessphasen inhaltlich voneinander abgrenzen und die Zuordnung von Kunden zu einem Teilprozess in ausreichendem Maße möglich ist. Das betrifft die Beobachtbarkeit aus Vertriebssicht. Es bieten sich somit insbesondere Phasen mit einer Interaktivität zwischen Kunde und Vertriebsmitarbeiter an. Des Weiteren sollten die vertrieblichen Teilprozesse einem standardisierten Ablauf genügen. Das heißt, die Teilphasen mit ihren inhaltlichen Aktivitäten sollten sich von Kunde zu Kunde möglichst nicht unterscheiden, da ansonsten ein systematischer Vergleich nur begrenzt durchführbar ist bzw. dann eigentlich mehrere unterschiedliche Vertriebsprozessvarianten und somit mehrere Vertriebstrichter existieren.

Diese Standardisierung des vertrieblichen Prozesses macht eine Spezialisierung auf die zweckbezogene Ausrichtung des Vertriebsprozesses im Rahmen des Kundenmanagements notwendig. Klassisch werden im Kundenmanagement die Bereiche Neukundengewinnung, Kundenbindung und Kundenrückgewinnung unterschieden. Da diese Bereiche eine unterschiedliche inhaltliche und prozessuale Ausrichtung der vertrieblichen Aktivitäten erfordern, ist auch eine Variantenbildung beim Vertriebstrichter erforderlich. Häufig wird der Vertriebstrichter im Bereich der Neukundengewinnung empfohlen. Er kann jedoch auch im Stammkundenbereich bzw. bei der Kundenrückgewinnung eingesetzt werden. Auch in diesen Fällen durchlaufen die Kunden einen vertrieblichen Prozess der am Ende „hoffentlich" in einer Kauf-Transaktion mündet.

3 Einsatzbereiche des Vertriebstrichters

3.1 Schwachstellenanalyse

Im Rahmen eine Schwachstellenanalyse geben die Verlustquoten über die einzelnen Phasen des Vertriebsprozesses Aufschluss über mögliche qualitative Verbesserungspotenziale. Insbesondere Verschlechterungen der phasenspezifischen Verlustquoten im Zeitablauf bzw. relative hohe Verlustquoten an sich weisen hier auf Defizite hin. Innerhalb der so identifizierten Phasen des Vertriebsprozesses muss nach Schwachstellen im inhaltlichen Vertriebsprozess, beispielsweise in der Beratungsqualität aufgrund von personellen Veränderungen in der Vertriebsmannschaft, gesucht werden. Verschlechterungen ergeben sich jedoch nicht immer aus der inhaltlich-qualitativen Vertriebsarbeit. So können auch Veränderungen im vorgegebenen Leistungsspektrum, der angebotenen Varianten oder Änderungen in der Preisstruktur zur Verschlechterung der Verlustquoten führen. Gegenüber einer globalen Analyse der Ursachen eines rückgängigen Auftragseingangs können die möglichen Ursachen jedoch phasenspezifisch eingegrenzt werden.

Für das Ausscheiden von Kunden aus dem Vertriebsprozess vor Durchführung der eigentlichen Kauftransaktion können verschiedene Elemente eines Ursachenbündels in Betracht kommen. Bei Differenzierung dieser Ursachen nach der Bedarfsexistenz sowie der Existenz einer Kaufabsicht vor Eintritt in den Vertriebsprozess (Ex-ante-Sichtweise) ergibt sich das aus **Abbildung 3.1** ersichtliche Szenario.

Die Zuordnung dieser Ursachen hinsichtlich ihrer zeitlichen Bedeutung im Verlauf des Vertriebsprozesses erfolgt unter Berücksichtigung der nachstehenden rationalen Bedeutungskalküle. Kunden, bei denen kein Bedarf existiert bzw. der existierende Bedarf bereits vollständig durch Wettbewerber abgedeckt wurde sowie Kunden, deren Unzufriedenheit aus schlechter Performance im Vorzyklus resultiert (Ursachenkategorie I), werden aufgrund ihrer fehlenden Kaufabsicht tendenziell in einer frühen Phase den Vertriebsprozess verlassen, da aus Kundensicht einer fortwährenden Interaktion der zu erreichende Zielbezug fehlt und damit kundenseitig kein Interesse besteht, sich selbst bei zeitlich bindenden Aktivitäten einzubringen.

Abbildung 3.1   Ursachenmatrix für Kundenverluste im Vertriebsprozess

	Ex-ante-Kaufabsicht mit Unternehmen **besteht**	Ex-ante-Kaufabsicht mit Unternehmen **besteht nicht**
Ex-ante-Bedarf **besteht**	– Unzureichende Performance und Rahmenbedingungen in der Kundenbearbeitung (III)	– Unzureichende Performance der Kernleistung oder in After-Sales-Phase des Vorzyklus (I) – Interaktion dient aus Kundensicht nur dem „Absaugen" von Informationen (II)
Ex-ante-Bedarf **besteht nicht**	*	– Bedarf hat nicht existiert (I) – Bedarf hat zwar existiert, wurde aber bereits vollständig durch Wettbewerber abgedeckt (I)

* Kombination ist sachlogisch ausgeschlossen

Kunden, deren primäre Absicht nur darin besteht, für sich informatorische Vorteile aus der Interaktion während des Vertriebsprozesses zu ziehen, und bei denen von vornherein kein primäres Kaufinteresse gegenüber dem betrachteten Unternehmen existiert (Ursachenkategorie II), werden tendenziell verstärkt im mittleren Phasenbereich vor Transaktionsabschluss den Vertriebsprozess verlassen. Dieses Kalkül liegt darin begründet, dass die Kunden in frühen Bearbeitungsprozessen aufgrund der „losen" Interaktion ihr Ziel der quasi kostenlosen Informations- und Know-how-Aufnahme je nach Zielmaßstab in den meisten Fällen noch nicht vollständig erfüllt haben. Dieses Ziel erreichen die Kunden bei zunehmender Intensität und Spezifität der Interaktion im fortschreitenden Verlauf des Vertriebsprozesses. Gleichzeitig werden diese Kunden versuchen, ihr eigenes Engagement in späteren Prozessphasen aufgrund des für sie zu zeitaufwendigen und möglicherweise bindenden Charakters, zu reduzieren, was im Ergebnis zu einem Zurückziehen aus dem Interaktionsprozess führt. Dieser Zeitpunkt ist dann gegeben, wenn sich der Trade-off aus der Aussicht auf einen weiteren, für einen Kunden nützlichen Informations- und Know-how-Transfer und der Intensität des künftigen Einbringens in den Vertriebsprozess aus Kosten- und Bindungsgesichtspunkten negativ gestaltet.

Die Möglichkeit des Austritts eines Kunden wegen unzureichender Performance und geschaffener Rahmenbedingungen im Verlauf der Kundenbearbeitung besteht grundsätzlich während des gesamten Vertriebsprozesses bis zum tatsächlichen Abschluss einer Transaktion. Dieser der Ursachenkategorie III zugeordnete Abwanderungsgrund beinhaltet das komplexe Zusammenspiel von Anforderungen des Kunden und ihrer Erfüllung durch das Unternehmen in Bereichen wie Vertrauensbildung, Zuverlässigkeit, Flexibilität, Kompetenz, Leistungsqualität und -preis, „Chemie" zwischen den Interaktionspartnern etc. Aufgrund einer unterstellten stetigen Zunahme der Interaktionsintensität und -komplexität, der zunehmenden Konkretisierung von Kundenanforderungen und den damit verbundenen Erfordernissen besteht tendenziell die Gefahr, dass im Verlauf des Vertriebsprozesses die Häufigkeit von nicht erfüllten Kundenforderungen zunimmt, die im Ergebnis in den Rückzug des Kunden aus dem Vertriebsprozess münden. Das in **Abbildung 3.2** dargestellte Tendenzschema verdeutlicht die mögliche zeitliche Bedeutung der einzelnen Ursachenkategorien und zeigt deren Überlagerung im Vertriebsprozess. Das relative Bedeutungsniveau gibt in diesem Zusammenhang nicht die Wahrscheinlichkeit der zugehörigen Ursache an, wenn ein Kunde in einer Prozessphase austritt, sondern gibt Hinweise auf mögliche Ursachengründe bzw. zeigt den wahrscheinlichen Bearbeitungsabschnitt, an dem Kunden einer Ursachenkategorie den Vertriebsprozess entsprechend der dargestellten Kalküle verlassen.

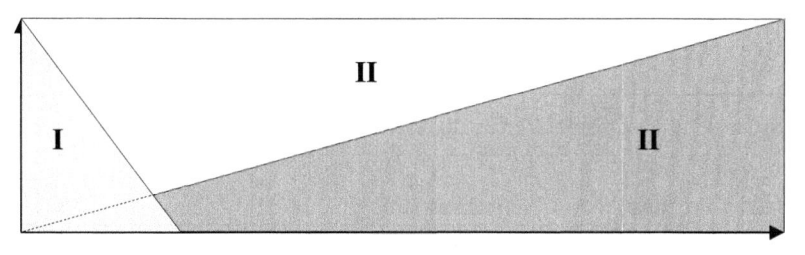

Abbildung 3.2 Rationales Tendenzschema für den zeitlichen Bedeutungsverlauf der Ursachen von Kundenverlusten im Vertriebsprozess

Bei Betrachtung der Einstiegsphase zu Beginn des Vertriebsprozesses wird deutlich, dass in diesem Bereich eine Überlagerung von Ursachenkategorie I und III stattfinden kann. Da in dieser Phase Fehleinschätzungen der Bedarfsexistenz die Verlustquote (VQ) stark beeinflussen können, bietet es sich an, die Bedeutung dieses Ursachenfaktors zu bestimmen. Dabei wird unterstellt, dass bei Kunden, die aufgrund von Eigeninitiative in den Vertriebsprozess eintreten, auch tatsächlich ein Bedarf ex ante vorliegt. Somit kann bei diesen Kunden die Ursachenkategorie I kein auslösendes Element für den Kundenverlust sein, sondern vielmehr auf den Ursachenkategorien II oder III beruhen. Ursachenkategorie II wird in diesem frühen Stadium des Vertriebsprozesses unter Berücksichtigung des dargestellten Bedeutungskalküls nur eingeschränkt Relevanz besitzen.

3.2 Forecasting

Der Vertriebstrichter kann als Prognoseinstrument für ein Umsatz-Forecasting auf Basis der im aktuellen Vertriebsprozess bearbeiteten Kunden, als auch für eine Bestimmung der noch notwendigen quantitativen Vertriebsaktivitäten zur Erreichung der Vertriebsziele genutzt werden.

Die sich aus den Verlustquoten ergebenden Erfolgs- bzw. Abschlussquoten lassen in Verbindung mit einem unterstellten durchschnittlichen Auftragsvolumen die Bestimmung eines Erwartungswertes auf Basis objektiver Wahrscheinlichkeiten zu. So lässt sich zu jedem Zeitpunkt der Auftragswert der aktuellen Kundenmenge im Vertriebsprozess abschätzen. Zeigt sich, dass der mit dieser Kundenmenge zu erzielende Vertriebserfolg unter den Zielvorgaben liegt, können Aussagen darüber abgeleitet werden, wie viele Kunden noch zur Erreichung der Vertriebsziele in der Periode anzugehen sind. Ein Beispiel soll dies verdeutlichen.

Gegeben ist eine vierstufiger Vertriebsprozess, der sich aus den Teilprozessen „Kontaktaufnahme: Telefonat", „1. Beratungstermin: Bedarfsaufnahme", „2. Beratungstermin: Angebotserstellung & Verhandlung" und „Vertragsabschluss: Interne Abwicklung" zusammensetzt. Die aus Vertriebsstatistiken der letzten Jahre ermittelten Verlustquoten ergeben sich wie folgt:

Abbildung 3.3 Beispiel Verlustquoten

Prozess i (n = 4)	Prozessname	$VQ_{i/i+1}$
1	Kontaktaufnahme:Telefonat	50,0%
2	1. Termin: Bedarfsaufnahme	30,5%
3	2. Termin: Angebotserstellung	10,8%
4	Vertragsabschluss	0,0%

Die aktuelle Kundenanzahl beträgt in der 1. Prozessphase 90 Kunden, in der 2. Prozessphase 68 Kunden, in der 3. Prozessphase 56 Kunden und in der 4. Prozessphase 24 Kunden. Das durchschnittliche Auftragsvolumen je Abschluss beträgt 12.000 EUR. Die Umsatzzielvorgabe beträgt 2,1 Mio. EUR.

Aus den Verlustquoten ergeben sich die phasenspezifischen Abschlussquoten unter Anwendung der oben aufgeführten Berechnungsvorschrift, wie nachfolgend dargestellt:

Abbildung 3.4 Berechnungsergebnisse der Verlustquoten

Prozess i (n = 4)	Prozessname	$VQ_{i/i+1}$	$EQ_{i/i+1}$	$AQ_{i/n}$	$VQ_{i/n}$
1	Kontaktaufnahme:Telefonat	50,0%	50,0%	31,0%	69,0%
2	1. Termin: Bedarfsaufnahme	30,5%	69,5%	62,0%	38,0%
3	2. Termin: Angebotserstellung	10,8%	89,2%	89,2%	10,8%
4	Vertragsabschluss	0,0%	100,0%	100,0%	0,0%

Über die Abschlussquoten können die erwarteten Abschlüsse als auch der daraus generierte Umsatz der im Vertriebsprozess aktuell befindlichen Kunden im Sinne von Erwartungswerten bestimmt werden (z. B. Erwarteter Umsatz aus Kunden in Phase 1 ergibt sich aus 90 * 0,31 *12.000 EUR = 334.800 EUR). Wie **Abbildung 3.5** zeigt, werden von den 238 im Vertriebsprozess aktuell involvierten Kunden 144 Kunden einen Vertragsabschluss tätigen. Der daraus erwartete Umsatz beträgt in diesem Fall rund 1,7 Mio. EUR.

Abbildung 3.5 Übersicht zu den Erwartungswerten

	Prozess i				Gesamt
	1	2	3	4	
Anzahl Kunden	90	68	56	24	238,0
Abschlussquote	31,0%	62,0%	89,2%	100,0%	
Erwartungswert Anz. Aufträge	27,9	42,2	50,0	24	144,0
Durchschnittliches Auftragsvolumen je Abschluss	12.000	12.000	12.000	12.000	
Erwartungswert Umsatz	334.800	505.920	599.424	288.000	1.728.144

Aufgrund dieser Prognose besteht zum avisierten Umsatzziel in Höhe von 2,1 Mio. EUR eine Lücke in Höhe von rund 372 Tsd. EUR (rund 18 % des Umsatzzieles). Über das durchschnittliche Auftragsvolumen eines Abschlusses in Höhe von 12 Tsd. EUR ergibt sich, dass noch rund 31 Abschlüsse zur Erreichen der Umsatzziele getätigt werden müssen. Um einen Vertragsabschluss zu erzielen müssen jedoch im Durchschnitt 3,225 Kunden in der ersten Phase kontaktiert werden (1/0,31). Somit müssen weitere rund 100 Kunden, also rund 70 % so viel Kunden wie aktuell bereits im Akquiseprozess vorhanden, in dieser Periode zusätzlich kontaktiert werden (siehe nachfolgende Abbildung).

Abbildung 3.6 Übersicht zur Umsatzlückenanalyse

Umsatzzielvorgabe (in EUR)	2.100.000
Aktuelle Umsatzlücke (in EUR)	371.856
Anzahl zusätzlicher Vertragsabschlüsse	31,0
Anzahl zusätzlicher Kunden in Prozessphase 1	99,9

Bei diesem Vorgehen können im Ergebnis Abschätzungen vorgenommen werden, anhand derer, zusätzlich zu forcierende Vertriebsaktivitäten unterjährig geplant werden können.

Die durchschnittliche Dauer des Vertriebsprozesses vom Erstkontakt bis zum Auftragsabschluss gibt dabei natürlich auch zeitliche Zielwerte für das Ergreifen zusätzlicher vertrieblicher Maßnahmen an. Wenn beispielsweise die Durchlaufzeit eines Kunden durch den Vertriebsprozess im Durchschnitt 2 Monate beträgt, bringt die Feststellung Anfang Dezember (Annahme: Geschäftsjahr gleich Kalenderjahr) wenig substanziellen Beitrag, da die Abschlüsse zeitlich wahrscheinlich nicht mehr im aktuellen Geschäftsjahr liegen.

3.3 Kapazitätsplanung

Gerade in gesättigten Märken versuchen Unternehmen häufig, bei rückläufigem Stammkundengeschäft ihr Umsatzwachstum aus der Neukundengewinnung zu generieren. Anspruchsvolle Ziele sind dabei schnell gesetzt. In wie weit jedoch diese Vorgaben den internen Rahmenbedingungen (z. B. den zur Verfügung stehende Personalkapazitäten) entsprechen, bleibt fraglich. Die Auswirkungen der Überdehnung des quantitativen Ansatzes auf den Vertriebserfolg wurden bereits weiter oben beschrieben.

Mit Hilfe des Vertriebstrichters lassen sich die kapazitativen Folgen zusätzlicher Akquiseaktivitäten gut abbilden. Dazu sind jedoch weitere Informationen zum Vertriebsprozess erforderlich. Je Prozessphase muss die notwendige zeitliche Beanspruchung der Vertriebskapazitäten im Sinne einer Bearbeitungszeit bei der einmaligen Durchführung je Phase ermittelt bzw. abgeschätzt werden. Diese durchschnittlichen Bearbeitungszeiten stellen Richtwerte dar, die für die Ermittlung der notwendigen Kapazitäten zur Erreichung der z. B. zusätzlichen Umsatzziele benötigt werden.

Angelehnt an das Forecasting, lässt sich auch hier bei einer Umsatzzielvorgabe über die durchschnittliche Auftragsgröße, die Anzahl der zusätzlich in der ersten Prozessphase anzusprechenden Kunden bestimmen. Über die Verlustquoten können die Kundenzahlen in den restlichen Phasen des Vertriebsprozesses bestimmt werden. Der Gesamtzeitbedarf je Phase ergibt sich aus der Multiplikation des Zeitbedarfs je Phase und der prognostizierten Anzahl Kunden je Phase. Über alle Prozessphase ergibt sich der resultierende Gesamtbedarf, der i. d. R. in Vollzeitkräften (VZK) – auch als Full Time Equivalent bezeichnet (FTE) – z. B. 1 VZK = 1.600 Produktivstunden p. a., normiert abgebildet wird. Ein Beispiel soll das grundsätzliche Vorgehen veranschaulichen.

Die zusätzlich durch Mehraufträge zu generierenden Umsätze des betrachteten Unternehmens betragen für das nächste Geschäftsjahr 960 Tsd. EUR. Die resultierende Fragestellung lautet: Welcher Kapazitätsbedarf muss für die Erzielung dieses Umsatzes eingeplant werden?

Diese Fragestellung lässt sich wie folgt beantworten. Über das durchschnittliche Auftragsvolumen und der Abschlussquote lässt sich die Anzahl der anzusprechenden Kunden ermitteln. Unter Berücksichtigung der Informationen des vorangegangenen Beispiels sind zur Erzielung der Umsatzsteigerung 80 zusätzliche Aufträge notwendig. Gleichzeitig sind dafür 258 Kunden in der ersten Prozessphase anzusprechen (siehe **Abbildung 3.7**).

Abbildung 3.7 Übersicht zur Umsatzlückenanalyse

Umsatzzielvorgabe (in EUR)	960.000
Anzahl zusätzlicher Vertragsabschlüsse	80,0
Anzahl zusätzlicher Kunden in Prozessphase 1	258,0

Bei Berücksichtigung gegebener Bearbeitungszeiten je Prozessphase (siehe **Abbildung 3.8**) ergibt sich ein Kapazitätsbedarf von rund 1.432 produktiven Arbeitsstunden. Dies entspricht unter den getroffenen Annahmen aufgerundet einer ganzen Vollzeitarbeitskraft.

Abbildung 3.8 Ermittlung des Kapazitätsbedarfs

Prozess i (n = 4)	Prozessname	Zeitbedarf je Durchführung (h)	$VQ_{i/i+1}$	Anzahl Kunden	Gesamtzeitbedarf (h)	VZK
1	Telefonat (inkl. Vor- und Nachbereitung)	0,75	50,0%	258,0	193,5	0,12
2	1. Termin: Bedarfsaufnahme	4,50	30,5%	129,0	580,5	0,36
3	2. Termin: Angebotserstellung	6,00	10,8%	89,6	537,9	0,34
4	Vertragsabschluss	1,50	0,0%	80,0	120,0	0,08
	Gesamt	12,75			1.431,8	0,89

Geht man von einer Vollauslastung der vorhandenen Vertriebsmitarbeiter aus, sind dementsprechende Personalkapazitäten für die zusätzliche Umsatzgenerierung vorzuhalten. Wir jedoch bei angemessener Auslastung von den bestehenden Vertriebsressourcen dieses zusätzliche Arbeitspensum erwartet, ist eine Verschlechterung des Vertriebserfolges aufgrund qualitativer Performanceverschlechterungen möglich.

3.4 Ermittlung von Prozesskostensätzen

Die Bewertung der Wirtschaftlichkeit von Prozessen hat in vielen Unternehmensbereichen bereits Einzug gehalten. Mit Hilfe des Konzeptes des Vertriebstrichters lässt sich auch dieser Aspekt für den Vertriebsprozess abbilden. Die Prozesskosten je Prozessphase lassen sich bei gegebenen Kostensätzen, am einfachsten auf Basis der durchschnittlichen Bruttopersonalkosten pro Stunde, ermitteln. Den verwendeten Kostensätzen können je nach Betrachtungsziel weiter Kostenumlagen stufenweise zugeordnet werden. Darauf wird an dieser Stelle verzichtet.

Bei einem angenommenen Kostensatz von 70 EUR pro Stunde ergibt sich für das gegebene Beispiel ein Gesamtprozesskostensatz bei einmaligem Durchlauf in Höhe von 892,50 EUR (siehe **Abbildung 3.9**). Diese Kosten verursacht ein Kunde direkt, der einen Auftrag abgeschlossen hat.

Abbildung 3.9 Ermittlung von Prozesskostensätzen

Prozess i (n = 4)	Prozessname	Zeitbedarf je Durchführung (h)	Kostensatz (EUR/h)	Prozesskosten (EUR)
1	Telefonat (inkl. Vor- und Nachbereitung)	0,75	70,0	52,50
2	1. Termin: Bedarfsaufnahme	4,50	70,0	315,00
3	2. Termin: Angebotserstellung	6,00	70,0	420,00
4	Vertragsabschluss	1,50	70,0	105,00
	Gesamt	12,75		892,50

Da jedoch Kunden im Verlauf des Vertriebsprozesses ausscheiden, fallen zurechenbare Kosten an, die jedoch nicht abschließend über einen gewonnen Auftrag produktiviert werden können (Sunk Costs). Das heißt, Kunden nehmen beispielsweise zeitintensive Beratungsleistungen im Vertriebsprozess in Anspruch, entschließen sich dennoch nicht zu kaufen. Somit sind die Kosten der Auftragsgewinnung größer, als die durch einen „Kaufkunden" direkt verursachten Kosten. Beide Kostengrößen sind nur dann gleich, wenn die Verlustquoten über alle Prozessphasen null sind. Dies ist jedoch eher als Ausnahme von der Regel zu sehen.

Für die Bestimmung der Prozesskosten einer Auftragsgewinnung müssen somit auch die Anzahl der Prozessdurchläufe kostenmäßig berücksichtigt werden, die nicht in einem Auftrag enden. Im gegebenen Beispiel sind in der ersten Prozessphase 3,225 Kunden erforderlich, um einen Auftrag abzuschließen. Diese Größe lässt sich aus dem Kehrwert der Abschlussquote $1/AQ_{i/n}$ (hier: $1/0,31 = 3,225$) ermitteln. Bei diesem Vorgehen kostet es in diesem Beispiel rund 1.252 EUR, einen Auftrag zu gewinnen (siehe **Abbildung 3.10**).

Abbildung 3.10 Ermittlung von Akquisekosten (Prozesskosten) je Auftrag

Prozess i (n = 4)	Zeitbedarf je Durchführung (h)	Kostensatz (EUR/h)	Prozesskosten (EUR)	AQi/n	Notwendige Anzahl Kunden für einen Kundenauftrag	Akquisekosten je Auftrag
1	0,75	70,0	52,50	31,0%	3,225	169,31
2	4,50	70,0	315,00	62,0%	1,612	507,78
3	6,00	70,0	420,00	89,2%	1,120	470,40
4	1,50	70,0	105,00	100,0%	1,000	105,00
	12,75		892,50			1.252,49

Aus der Differenz zwischen dem Auftragsgewinnungskostensatz und dem Kostensatz eines „Kaufkunden" (hier: 1.252,49 EUR – 892,50 EUR = 359,99 EUR) ergeben sich die Sunk Costs für die Gewinnung eines Kundenauftrags. In Beziehung gesetzt zum Auftragsgewinnungskostensatz ergibt sich die sogenannte Sunk Costs-Quote (hier: 359,99 EUR/1.252,49 EUR = 0,287 => 28,7 %). Sie gibt den Anteil der Sunk Costs am Auftragsgewinnungskostensatz an.

Im vorliegenden Beispiel bedeutet das, dass rund 29 % der vertrieblichen Prozesskosten und den damit verbundenen Ressourcenverzehr durch Kunden verursacht werden, die keinen Auftrag abschließen. Das Monitoring dieser Größe gibt somit Hinweise auf die Veränderungen in der Effizienz der Vertriebsprozesse.

4 Fazit

Die Ausführungen haben gezeigt, dass das Konzept des Vertriebstrichters vielschichtige Anwendungsmöglichkeiten im Rahmen der Vertriebsarbeit speziell für die vertriebliche Steuerung bietet. Das Monitoring der zentralen Zielgrößen des Prozessmanagements Zeit, Kosten und Qualität wird nachhaltig unterstützt. Mit Hilfe des Vertriebstrichters können ausgewählte vertriebliche Fragestellungen schnell und anschaulich einer Lösung zugeführt werden. Er liefert wichtige Basis-KPIs, die Vertriebsverantwortliche bei ihren analytischen Aufgaben unterstützen können.

Das Konzept erscheint in seinem Grundaufbau simpel, lässt sich jedoch für vielschichtige vertriebliche Anwendungsbereiche flexibel erweitern. Es erscheint vor diesem Hintergrund als durchaus praxistaugliches Instrument mit hohem Anwendungspotenzial.

Literatur

[1] ACKERSCHOTT, H.: Strategische Vertriebssteuerung: Instrumente zur Absatzförderung und Kundenbindung, 3. Aufl., Wiesbaden 2001.
[2] DANNENBERG, H./ZUPANCIC, D.: Spitzenleistungen im Vertrieb: Optimierungen im Vertriebs- und Kundenmanagement, Wiesbaden 2008.
[3] DUDERSTADT, S.: Wertorientierte Vertriebssteuerung durch ganzheitliches Vertriebscontrolling, Wiesbaden 2006.
[4] HENN, H.: Verkaufsprozess: Mit Systematik zum Vertriebserfolg, in: Sales Business, H. 7, Wiesbaden 2007, S. 34 – 37.
[5] KLEIN, A.: Moderne Controllinginstrumente für Marketing und Vertrieb, München 2010.
[6] KRUMBACH-MOLLENHAUER, P./LEHMENT, T. (HRSG.): Die Praxis des Verkaufs: Vertriebssteuerung, Pre-Sales, Sales, Key-Account-Management, Weinheim 2008.
[7] UEBEL, M.: Ein Modell zur Steuerung der Kundenbearbeitung im Rahmen des Vertriebsmanagements, Paderborn 2004.
[8] WINKELMANN, P.: Vertriebskonzeption und Vertriebssteuerung, 4. Aufl., München 2008.
[9] WINKELMANN, P.: Marketing und Vertrieb: Fundamente für marktorientierte Unternehmensführung, 7. Aufl., München 2010.

Autoren

STEFAN HELMKE, Prof. Dr., Professor für Marketing, Controlling, Handelsmanagement, Prozessmanagement an der FHDW Bergisch Gladbach, Partner der Strategie- und Organisationsberatung TGCG – Management Consultants, Düsseldorf.

MATTHIAS UEBEL, Prof. Dr., Professor für Betriebswirtschaft an der FOM – Hochschule für Oekonomie und Management, Düsseldorf, Managementberater/-trainer, Partner der GCG – Management Consultants Düsseldorf.

Best-Practice-Ansätze zur Steuerung im Direktmarketing

Stefan Helmke und Matthias Uebel

1	Aufgabenübersicht	55
2	Aufgabenbereiche	56
	2.1 Ziele	56
	2.2 Kundencluster	59
	2.3 Waren/Produkte	63
	2.4 Werbemittel	65
	2.5 Erfolgsmessung	70
3	Zusammenfassung	76
Literatur		76
Autoren		76

1 Aufgabenübersicht

Für die vielfältigen Aufgaben der Marktbearbeitung im Direktmarketing als Teildisziplin des CRM stehen lediglich begrenzte Budgets zur Verfügung. Die inhaltlichen Aufgaben im Rahmen eines kundenspezifischen Werbemitteleinsatzes im Direktmarketing, die es zu lösen gilt, verdeutlicht **Abbildung 1.1**.

Abbildung 1.1 Wheel of Content für den kundenspezifischen Werbemitteleinsatz

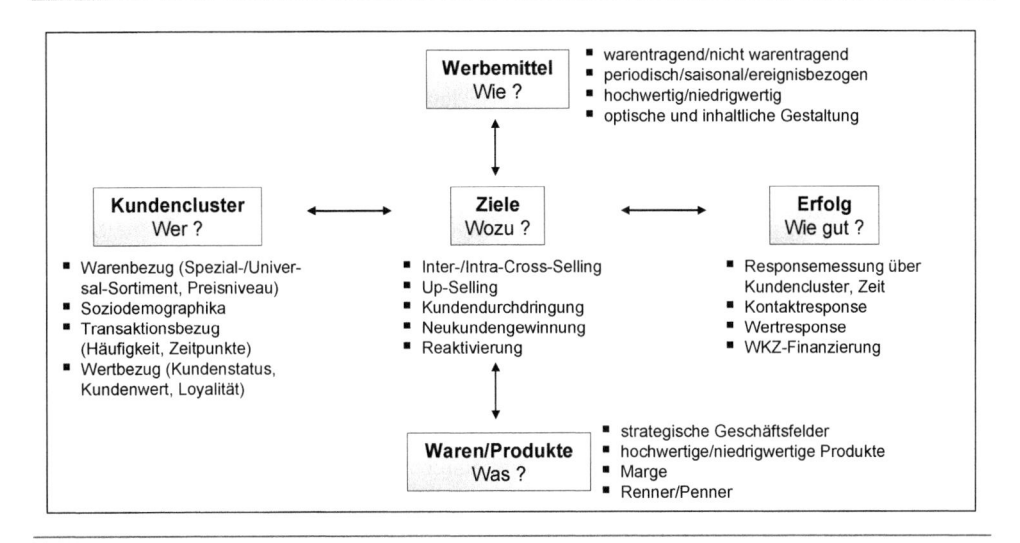

Werbemittel – Wie?
- warentragend/nicht warentragend
- periodisch/saisonal/ereignisbezogen
- hochwertig/niedrigwertig
- optische und inhaltliche Gestaltung

Kundencluster – Wer?
- Warenbezug (Spezial-/Universal-Sortiment, Preisniveau)
- Soziodemographika
- Transaktionsbezug (Häufigkeit, Zeitpunkte)
- Wertbezug (Kundenstatus, Kundenwert, Loyalität)

Ziele – Wozu?
- Inter-/Intra-Cross-Selling
- Up-Selling
- Kundendurchdringung
- Neukundengewinnung
- Reaktivierung

Erfolg – Wie gut?
- Responsemessung über Kundencluster, Zeit
- Kontaktresponse
- Wertresponse
- WKZ-Finanzierung

Waren/Produkte – Was?
- strategische Geschäftsfelder
- hochwertige/niedrigwertige Produkte
- Marge
- Renner/Penner

Allen fünf Aufgabenbereichen ist eine hohe Bedeutung beizumessen. Der Startpunkt der Abarbeitung sollte bei den Zielen erfolgen, dann sollten die zu bewerbenden Kundencluster definiert werden, bevor Waren und Produkte auszuwählen sind, und das Werbemittel zu definieren ist. Die Erfolgsmessung ist zeitlich unabhängig in dieser Aufgabenreihung, aber ebenso unverzichtbar. In der Praxis wird die Zielfestlegung leider häufig nur rudimentär in Umsatzzielen definiert, was zu Fehlallokationen der eingesetzten Budgets führen kann. Eine detailliertere Festlegung erfolgt nur selten. Im Budgetentscheidungsprozess ist festzulegen, welche Werbemittel mit welchen Finanzmitteln auszustatten sind. Simulationsmodelle helfen hier als Entscheidungsunterstützungsinstrumente, welche die in Kapitel 2.4. dargestellten Erfolgsgrößen integrieren.

Häufig wird auch intern der zeitliche Schwerpunkt auf die Werbemittelgestaltung gelegt, obwohl in der Regel ohnehin bereits externe Agenturen ihr Spezial-Know-how einbringen. Im Folgenden werden die wesentlichen Eckpfeiler dargestellt, die für einen erfolgreichen kundenspezifischen Werbemitteleinsatz im Direktmarketing notwendig sind.

2 Aufgabenbereiche

2.1 Ziele

Neben reinen pauschalen Umsatz- und Deckungsbeitragszielen sollten die Ziele differenziert nach Kundengruppen und Warenbereichen aufgespalten werden. Als grundsätzliche Zielgrößen kommen der Umsatz, der Deckungsbeitrag, die Marge bzw. Spanne, der Durchschnittsbon des Kunden etc. in Betracht. Zudem können Ziele für die Neukundengewinnung, Rückgewinnung und Kundenbindung vorgegeben werden. Die Ziele sind mit entsprechenden Maßnahmen zu hinterlegen. Daraus ergibt sich ein Budgetvorschlag, der gegebenenfalls mit dem im Unternehmen zur Verfügung stehenden Budget zu harmonisieren ist. Das grundsätzliche Vorgehen hierzu verdeutlichen die folgenden Projektschritte. Das Ziel besteht in einem wirtschaftlicheren Werbemitteleinsatz mit einer gesteigerten Werbewirkung.

- Grundsätzlicher Aufbau der wertorientierten Abbildung von Einflussgrößen,
- Spezifikation und Analyse der Einflussgrößen, z. B. DM-Maßnahmen, Kundensegmente, strategische Geschäftsfelder, Kundenwert, Filial-Mailings etc.,
- Kanalisierung in einem Steuerungstool zum Vergleich alternativer Budgetallokationen nach Umsatz, Deckungsbeitrag und Kundenwert,
- Harmonisierung mit der bisherigen Marketing-Planung.

Aus den ökonomischen Zielen ist in Plausibilitätsrechnungen der für die Erreichung der Ziele notwendige Werbedruck zu ermitteln, der sich aus der Multiplikation der Anzahl der Seiten des Werbemittels und der Auflage ergibt. Daraus resultiert als neue Messkennzahl der Umsatz pro gedruckte Seite, die eine hohe Steuerungsrelevanz aufweist.

In der Unternehmenspraxis zeigt sich häufig, dass die derzeit „besten" Kunden beworben werden. Unternehmen, die hier bereits eine Entwicklungsstufe weiter sind, haben festgestellt, dass dieses Vorgehen zu Fehlentscheidungen führen kann. Denn der Werbemitteleinsatz ist ineffizient bei Kunden, die ohnehin bei dem Unternehmen kaufen, auch wenn sie kein Werbemittel erhalten, so dass die Kaufauslösung nicht auf das Werbemittel zurückzuführen ist und damit keine Werbewirkung vorliegt. Zudem ist der maximal mögliche Umsatz mit diesen Kunden gegebenenfalls bereits ausgereizt, da sie ihren Bedarf zu 100 % bei diesem Unternehmen decken und auch Konzepte der zusätzlichen Bedarfsweckung bei diesen Kunden nicht mehr greifen. Gegebenenfalls ist es ökonomisch wesentlich interessanter, bisherige C-Kunden zu bewerben, die das Potenzial zu B- oder A-Kunden haben. Die Zusammenhänge verdeutlicht das Werbereaktionsportfolio, das in **Abbildung 2.1** dargestellt ist.

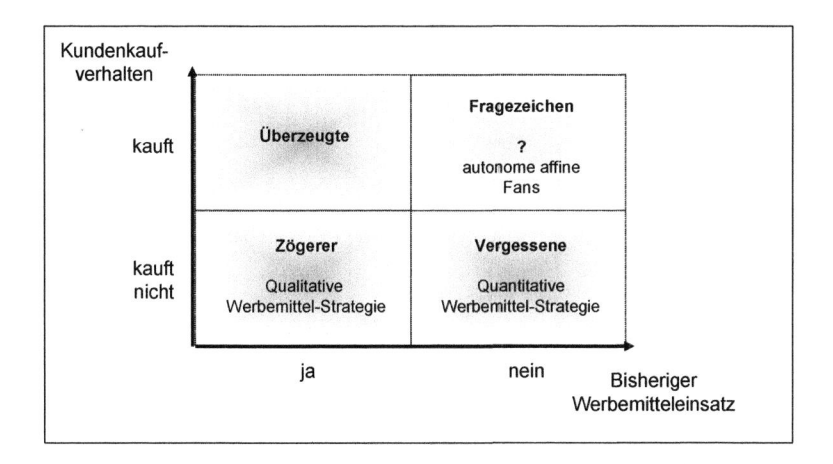

Abbildung 2.1   Werbereaktionsportfolio

```
Kundenkauf-
verhalten
                    |  Überzeugte        | Fragezeichen
         kauft      |                    | ?
                    |                    | autonome affine
                    |                    | Fans
                    |--------------------|------------------
                    | Zögerer            | Vergessene
         kauft      | Qualitative        | Quantitative
         nicht      | Werbemittel-       | Werbemittel-
                    | Strategie          | Strategie
                          ja                   nein      Bisheriger
                                                         Werbemitteleinsatz
```

Als normstrategische Fragestellungen lassen sich für die vier Quadranten in der Abbildung die folgenden Fragestellungen ableiten:

- Zögerer: Können diese Kunden durch eine Umgestaltung der Werbemittel zum Kauf animiert werden?
- Vergessene: Kann der Werbemitteleinsatz bei diesen Kunden kaufauslösend wirken?
- Fragezeichen: Kann durch einen Werbemitteleinsatz bei diesen Kunden der Umsatz ausgedehnt werden?
- Überzeugte: Kann der gleiche Umsatz erzielt werden, wenn diese Kunden nicht beworben werden, oder sinkt dieser dann ab?

Aus dem Werbereaktionsportfolio leitet sich für die Unternehmenspraxis ab, dass ein Kundenscoring nicht nur hinsichtlich der Kaufwahrscheinlichkeit des Kunden bei Erhalt des Werbemittels durchzuführen ist, sondern auch ein Scoring hinsichtlich der Wahrscheinlichkeit durchzuführen ist, dass der Kunde kauft, ohne ein Werbemittel erhalten zu haben. Diesen Zusammenhang inklusive der resultierenden Normstrategien verdeutlicht das Werbe-Kaufwahrscheinlichkeits-Portfolio in **Abbildung 2.2**.

Des Weiteren sind gegebenenfalls Zielwerte für Up-Selling- und Cross-Seling-Aktivitäten festzulegen. Up-Selling bezeichnet den Verkauf von höherpreisigen Produkten an Bestandskunden, die bisher in dieser Produktkategorie Produkte mit einem niedrigeren Preis gewählt haben. Up-Selling impliziert, dass mit einem höheren Preis auch ein höherer Rohertrag bzw. Deckungsbeitrag erzielt wird. Gerade vor dem Hintergrund der Entwicklung von Eigenmarken, die nicht am Preiseinstieg angesiedelt sind, ist dieses Vorgehen zu überdenken. Cross-Selling bezeichnet den Verbundverkauf zusätzlicher Produkte zu einem Kernprodukt.

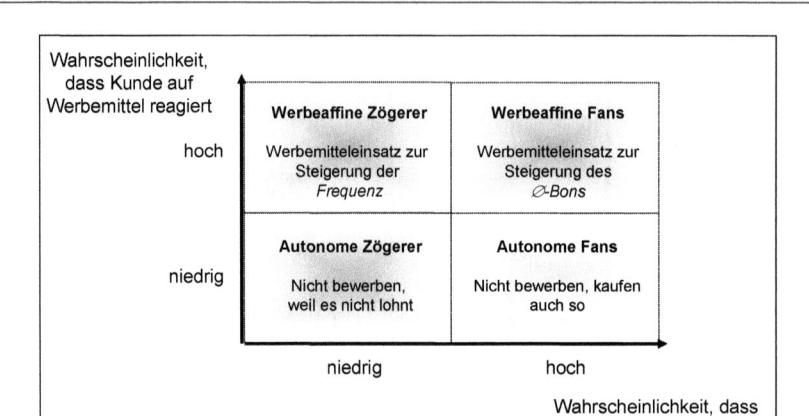

Abbildung 2.2   Werbe-Kaufwahrscheinlichkeits-Portfolio

	niedrig	hoch
hoch	Werbeaffine Zögerer – Werbemitteleinsatz zur Steigerung der *Frequenz*	Werbeaffine Fans – Werbemitteleinsatz zur Steigerung des ⌀-Bons
niedrig	Autonome Zögerer – Nicht bewerben, weil es nicht lohnt	Autonome Fans – Nicht bewerben, kaufen auch so

y-Achse: Wahrscheinlichkeit, dass Kunde auf Werbemittel reagiert
x-Achse: Wahrscheinlichkeit, dass Kunde auch ohne Werbemittel kauft

Dabei wird zwischen Intra- und Inter-Cross-Selling unterschieden. Intra-Cross-Selling bezeichnet den zusätzlichen Verkauf in einer verwandten Warengruppe (z. B. Krawatte zum Hemd), Inter-Cross-Selling bezeichnet den zusätzlichen Verkauf in einer völlig anderen Warengruppe, z. B. Reiseversicherung zur Kreditkarte. Das Cross-Selling-Portfolio, das in der **Abbildung 2.3** visualisiert ist, zeigt die resultierenden strategischen Stoßrichtungen auf.

Abbildung 2.3   Cross-Selling-Portfolio

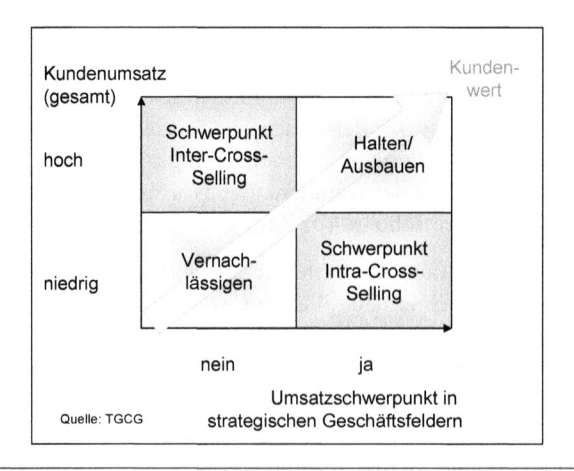

	nein	ja
hoch	Schwerpunkt Inter-Cross-Selling	Halten/Ausbauen
niedrig	Vernachlässigen	Schwerpunkt Intra-Cross-Selling

y-Achse: Kundenumsatz (gesamt)
x-Achse: Umsatzschwerpunkt in strategischen Geschäftsfeldern
Kundenwert

Quelle: TGCG

Kunden sind in strategische Geschäftsfelder weiterzuentwickeln, da hier die höchsten Deckungsbeiträge erzielt werden. Hat der Kunde bereits seinen Umsatzschwerpunkt in strategischen Geschäftsfeldern, so ist er hier weiter zu durchdringen. Wenn der Kunde einen hohen Umsatz ausweist, aber seinen Schwerpunkt nicht in den strategischen Geschäftsfeldern des Unternehmens hat, so ist er tendenziell in diese Geschäftsfelder weiterzuentwickeln. Der Erfolg von Cross-Selling-Aktivitäten kann über den Cross-Selling-Indikator gemessen werden, der die durchschnittliche Anzahl der Geschäftsfelder, in denen ein Kunde kauft, im Zeitverlauf misst. Hierfür sollten entsprechende Zielvorgaben definiert werden.

2.2 Kundencluster

Für die Gestaltung einer aussagekräftigen Informationsbasis sind die Kunden in Gruppen zu klassifizieren, um im Rahmen des Kundenbindungsmanagements eine individuellere Bearbeitung zu ermöglichen. Aufbauend auf den Erklärungsansätzen des Käuferverhaltens sind im Rahmen der Marktsegmentierung verschiedene Ansätze zur Kundengruppierung entstanden, die folgende Übersicht verdeutlicht:

- Kriterien des beobachtbaren Kaufverhaltens

    - Preisverhalten (Preisklasse, Kauf von Sonderangeboten)
    - Mediennutzung (Art und Zahl der Medien, Nutzungsintensität)
    - Produktwahl (Käufer/Nichtkäufer der Produktart; Markenwahlverhalten (Markentreue/Markenwechsel), Kaufvolumen (Vielkäufer/Wenigkäufer))
    - Einkaufsstättenwahl (Betriebsformentreue/Betriebsformenwechsel, Geschäftstreue/Geschäftswechsel)

- Psychografische Kriterien

    - Allgemeine Persönlichkeitsmerkmale (Lebensstil, Aktivitäten, Interessen, Meinungen), grundlegende Persönlichkeitsmerkmale (soziale Orientierung, Risikoeinstellung)
    - Produktspezifische Kriterien (Wahrnehmungen, Motive, Einstellungen, Präferenzen, Kaufabsichten)

- Sozioökonomische/demografische Kriterien

    - Soziale Schicht (Einkommen, Vermögen, Schulbildung, Beruf)
    - Stand im Familienlebenszyklus (Geschlecht, Alter, Familienstand, Zahl und Alter der Kinder, Haushaltsgröße)
    - Geografische Kriterien (Staat, Region, Ort)

Für die Segmentierung von Unternehmen können diese Kriterien größtenteils transformiert werden. Die allgemeinen Persönlichkeitsmerkmale entsprechen den Unternehmensmerkmalen, soziale Schicht und Familienlebenszyklus bedeutet analog Unternehmens- und Mitarbeiterstruktur.

Die Segmentierungskriterien bieten ein Orientierungsraster für die Auswahl grundsätzlicher Konsumentenzielgruppen im Rahmen der Marktbearbeitung. Inwieweit vermutete Segmentierungskriterien auch tatsächlich Kunden in trennscharfe Gruppen klassifizieren, kann mit Hilfe des multivariaten, statistischen Verfahrens der Clusteranalyse überprüft werden.

Ziel der Clusteranalyse ist es dabei, Objekte anhand von Eigenschaften in in sich möglichst homogene Gruppen einzuteilen, die untereinander aber möglichst heterogen sind. Klassisches Anwendungsgebiet ist im Marketing die Marktsegmentierung zur Erfassung von Kundensegmenten.

Der Gruppierungsprozess ist dabei zweistufig. Im ersten Schritt werden die Ähnlichkeiten bzw. die Unterschiedlichkeiten der zu untersuchenden Objekte bestimmt und in der Regel in einer Ähnlichkeits- bzw. Unähnlichkeitsmatrix abgebildet. Somit wird die Ähnlichkeit bzw. Unterschiedlichkeit der Objekte durch eine statistische Maßzahl quantifiziert, die auch als Proximitätsmaß bezeichnet wird. In Abhängigkeit des Skalenniveaus der betrachteten Merkmale steht eine große Vielfalt an einsetzbaren Proximitätsmaßen zur Auswahl. Ein Ähnlichkeitsmaß ist der Tanimoto-Koeffizient (TAK), der sich aus dem Quotienten „Zahl der Eigenschaften, die beide Objekte aufweisen/Zahl der Eigenschaften, die mindestens bei einem der beiden Objekte vorhanden sind" ermittelt. Für den Wertebereich gilt TAK $\in$ [0;1], wobei bei TAK = 0 totale Unähnlichkeit und bei TAK = 1 totale Ähnlichkeit vorliegt. Häufig eingesetztes Unähnlichkeitsmaß ist das euklidische Distanzmaß.

Best-Practice-Ansätze zur Steuerung im Direktmarketing

Abbildung 2.4   Ablaufschritte und Entscheidungsprobleme der Clusteranalyse

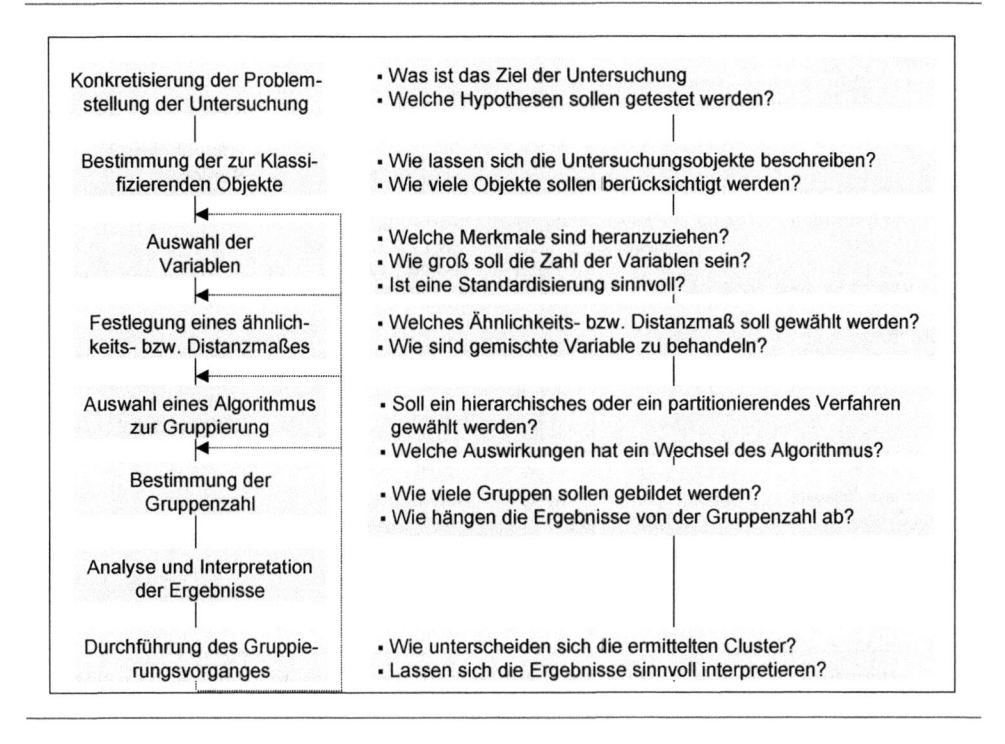

Ablaufschritt	Entscheidungsprobleme
Konkretisierung der Problemstellung der Untersuchung	• Was ist das Ziel der Untersuchung • Welche Hypothesen sollen getestet werden?
Bestimmung der zu klassifizierenden Objekte	• Wie lassen sich die Untersuchungsobjekte beschreiben? • Wie viele Objekte sollen berücksichtigt werden?
Auswahl der Variablen	• Welche Merkmale sind heranzuziehen? • Wie groß soll die Zahl der Variablen sein? • Ist eine Standardisierung sinnvoll?
Festlegung eines Ähnlichkeits- bzw. Distanzmaßes	• Welches Ähnlichkeits- bzw. Distanzmaß soll gewählt werden? • Wie sind gemischte Variable zu behandeln?
Auswahl eines Algorithmus zur Gruppierung	• Soll ein hierarchisches oder ein partitionierendes Verfahren gewählt werden? • Welche Auswirkungen hat ein Wechsel des Algorithmus?
Bestimmung der Gruppenzahl	• Wie viele Gruppen sollen gebildet werden? • Wie hängen die Ergebnisse von der Gruppenzahl ab?
Analyse und Interpretation der Ergebnisse	
Durchführung des Gruppierungsvorganges	• Wie unterscheiden sich die ermittelten Cluster? • Lassen sich die Ergebnisse sinnvoll interpretieren?

Auf Basis der gewonnenen Proximitätsmaße erfolgt im zweiten Schritt die Zusammenfassung der Objekte in Clustern mit Hilfe eines Cluster-Algorithmus. Zu unterscheiden sind dabei partitionierende und hierarchische Verfahren. Bei den hierarchischen Verfahren sind wiederum agglomerative und divisive Methoden zu unterscheiden.

Die durch die Clusteranalyse gebildeten Kundengruppen sind auf Basis der Clusterzentren zu analysieren, zu interpretieren und für die weitere Arbeit mit entsprechenden Namen zu versehen. Ein Beispiel hierzu verdeutlicht **Abbildung 2.5**:

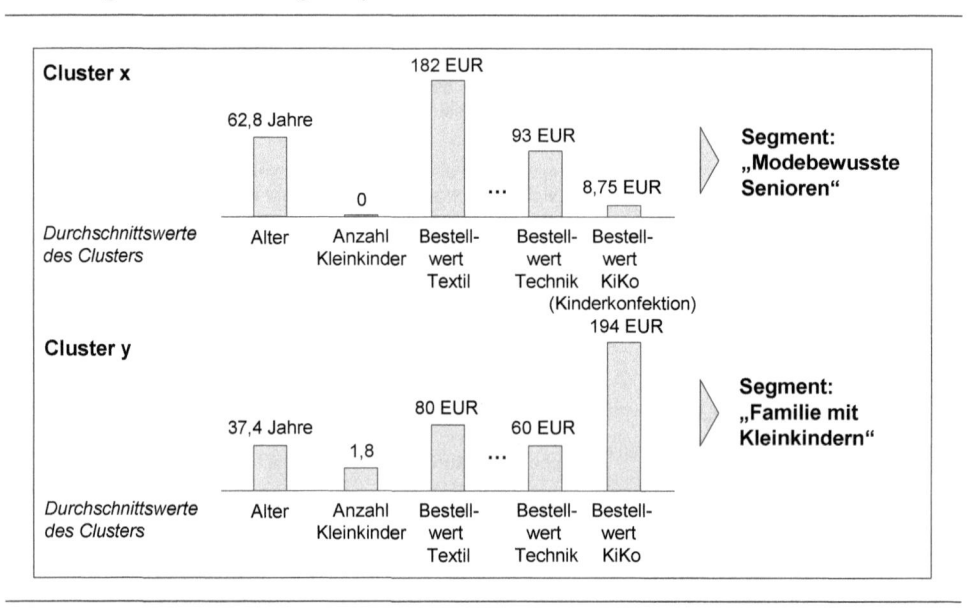

Abbildung 2.5 Clusterungsbeispiel

	Cluster x						Segment: „Modebewusste Senioren"
		62,8 Jahre	0	182 EUR	93 EUR	8,75 EUR	
Durchschnittswerte des Clusters		Alter	Anzahl Kleinkinder	Bestellwert Textil	Bestellwert Technik	Bestellwert KiKo (Kinderkonfektion)	
	Cluster y					194 EUR	Segment: „Familie mit Kleinkindern"
		37,4 Jahre	1,8	80 EUR	60 EUR		
Durchschnittswerte des Clusters		Alter	Anzahl Kleinkinder	Bestellwert Textil	Bestellwert Technik	Bestellwert KiKo	

Das Problem der Clusteranalyse in der Standardanwendung besteht darin, dass tendenziell die Kundengruppen nur bedingt unterschiedlich sind, da die größte Menge der Kunden im Grunde ähnlich ist, aber dennoch auf unterschiedliche Cluster aufgeteilt wird. Diesen für die Trennschärfe der Cluster und für die spätere differenzierte Bearbeitung der Kunden negativen Effekt verstärkend, führen die marktüblichen Algorithmen tendenziell dazu, Cluster gleicher Größe zu finden. Dadurch wird auch die Differenzierung in ihrer tatsächlichen Abbildung eingeschränkt. Um diesen Effekt zu vermeiden, zeigt die Unternehmenspraxis, dass es empfehlenswert ist, von der Standardclusterung abzuweichen, und eine Ringclusterung durchzuführen. Das Prinzip verdeutlicht **Abbildung 2.6**.

Durch die Ringlusterung werden vor der Anwendung der Clusteranalyse die sich ähnelnden „Durchschnitts"-kunden in einem uniformen Cluster separiert. Die verbleibenden Kunden werden dann geclustert, so dass sich wesentlich trennschärfere Cluster im in **Abbildung 2.6** visualisierten Ring ergeben.

Best-Practice-Ansätze zur Steuerung im Direktmarketing

Abbildung 2.6 Standard- vs. Ringclusterung

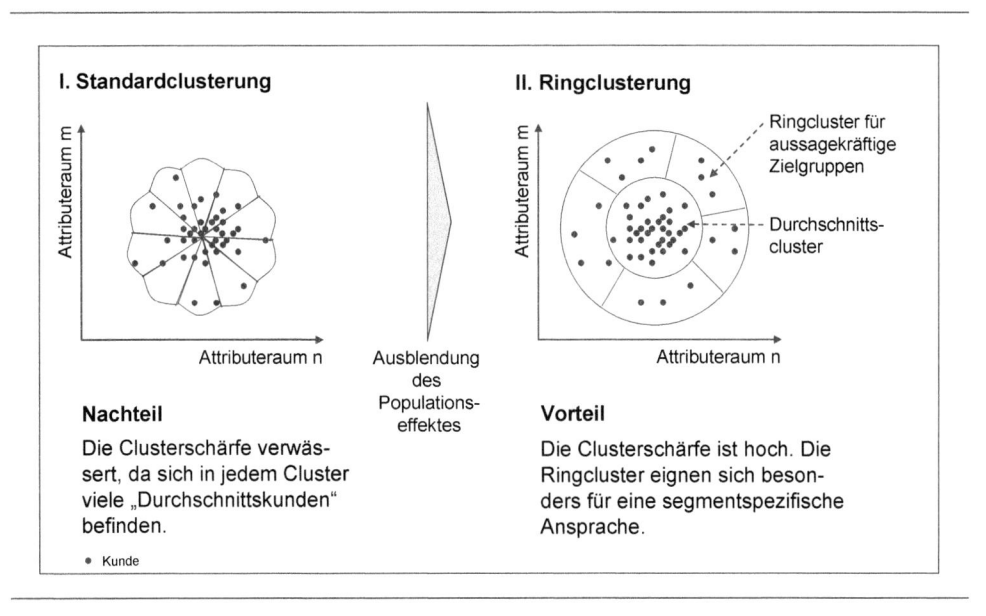

I. Standardclusterung

Attributeraum n

Nachteil
Die Clusterschärfe verwässert, da sich in jedem Cluster viele „Durchschnittskunden" befinden.

• Kunde

Ausblendung des Populationseffektes

II. Ringclusterung

Ringcluster für aussagekräftige Zielgruppen
Durchschnittscluster

Attributeraum n

Vorteil
Die Clusterschärfe ist hoch. Die Ringcluster eignen sich besonders für eine segmentspezifische Ansprache.

Durch das Kundenscoring wird entschieden, an welche Kunden das Werbemittel versendet wird, da es in der Regel nicht effizient ist, das Werbemittel an alle Kunden zu versenden. Über den sogenannten Werbemittelfit erfolgt eine Rangreihung der Kunden hinsichtlich der Eignung dieser Kunden für den Werbemitteleinsatz. Der Werbemittelfit zur Abbildung der Kaufwahrscheinlichkeit des Kunden wird für jeden einzelnen Kunden durch eine Bewertung in verschiedenen Kriterien bestimmt, wie z. B. Umsatz, Umsatz in der Hauptwarengruppe des Werbemittels, Wohnort oder Kaufhäufigkeit, was über verschiedene Merkmale zu einer Bewertung der Kunden führt, wie erfolgversprechend das Werbemittel für den Einsatz beim jeweiligen Kunden ist. Beim Scoring sind zudem die festgelegten Ziele (siehe Kapitel 2.1) zu berücksichtigen. Sind beispielsweise Cross-Selling-Ziele definiert worden, ist das Kundenscoring entsprechend auszugestalten.

Des Weiteren ist operativ beim gleichzeitigen Erscheinen verschiedener Werbemittel zu entscheiden, wie viele Werbemittel ein Kunde gleichzeitig erhalten darf. Zudem ist eine Kontaktregel zu definieren, wie viele Werbeanstöße ein Kunde maximal pro Jahr erhalten darf, um Kundenreaktanz aus Werbeüberflutung zu vermeiden.

2.3 Waren/Produkte

Bezüglich der Sortimentsvielfalt ist zu entscheiden, welche Warenbereiche und Produkte grundsätzlich im Werbemittel enthalten sein sollen. Hierzu erfolgt eine Abstimmung zwischen den Bereichen Marketing und Einkauf. Wenn keine Zielwerte oder andere ökonomische Regelungsmechanismen im Unternehmen existieren, werden die einzelnen Einkaufsbereiche nach dem Prinzip „Je mehr – desto besser" agieren und so viele Artikel wie möglich des eigenen Einkaufsbereichs im Werbemittel platzieren.

Da die Anzahl der in einem Werbemittel abbildbaren Artikel begrenzt ist, entsteht ein Allokationsproblem mit der Fragestellung, wie viele Artikel eines Einkaufsbereichs in das Werbemittel in das Werbemittel einzubeziehen sind. In der Unternehmenspraxis setzt sich häufig hier der Einkaufsbereich mit dem größten rhetorischen Geschick und nicht die ökonomisch beste Lösung durch.

Hilfreich für die Argumentation an Fakten zur Sortimentierung von Werbemitteln ist die Kalkulation von Werbemitteln mit Hilfe von Instrumenten wie Werbeerfolgsrechnungs-Tools, die vom Marketing zu forcieren sind. Eine für Profit-Center-Organisationen probate Lösung, die insbesondere in US-amerikanischen Unternehmen bereits umgesetzt wird, liegt darin, dass die Einkaufsbereiche für die Seiten bezahlen müssen, was bis hin zu internen Auktionen ausgebaut werden kann. Dieser interne Marktregelungsmechanismus führt unter der Prämisse rational handelnder Akteure mit gleichem Zielsystem zu einer ökonomisch sinnvollen Lösung.

Die Zusammenstellung der Sortimente ist unter Berücksichtigung der für die Branche jeweils gültigen zeitlichen Bedarfsstrukturkette zu erheben, die auch als Saisonband bezeichnet wird. Beispiele hierfür verdeutlicht **Abbildung 2.7**:

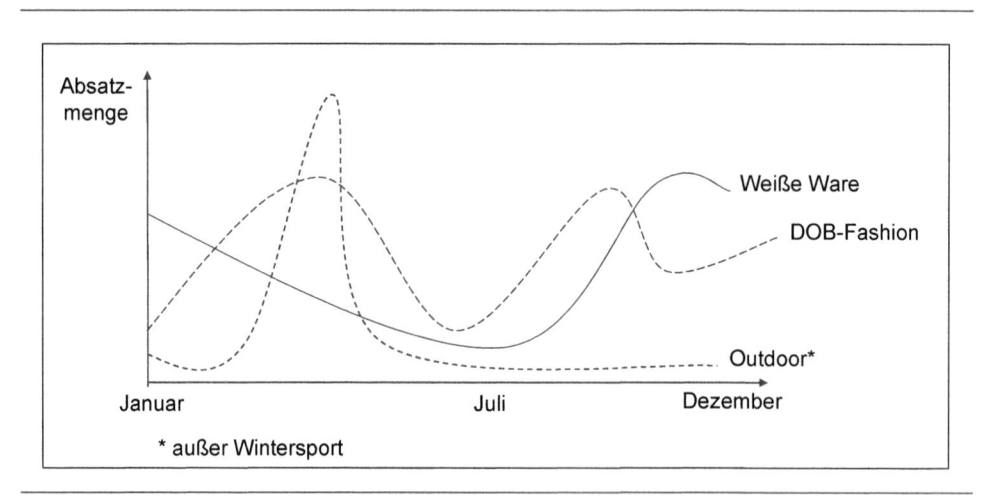

Abbildung 2.7 Exemplarische Saisonbänder

Die abgebildeten Artikel können unterschiedliche Funktionen erfüllen, wie z. B.:

- Order-Starter-Artikel zur Bestellauslösung,
- Frequenzartikel zur Umsatzsteigerung,

- Mitnahmeartikel auf dem Bestellformular oder im Internet an der „Kasse" zur Erzielung von Zusatzumsätzen,
- Prestigeartikel zur Darstellung der Kompetenz des Anbieters,
- Saisonartikel,
- Preisbrecher zur Umsatzsteigerung und Darstellung der Preiskompetenz,
- Treiberartikel und –sortimente.

Preisbrecherartikel sind in zwei Gruppen zu unterscheiden. Beide zielen darauf ab, die Preiswürdigkeit des Anbieters zu untermauern. Dies sind zum einen knapp kalkulierte Markenartikel, deren Preis unter den Wettbewerberpreisen liegt, um eine objektive Preiskompetenz abzubilden. Zum anderen sind dies Artikel, die eher schwer mit Wettbewerberartikeln vergleichbar sind, bei denen aber durch eine aggressive Preiskommunikation mit z. B. hohen Rabattsätzen und Rotstiftpreisen eine hohe Preiswürdigkeit des Anbieters suggeriert wird (subjektive Preiskompetenz).

Die Treiberartikel- und Treibersortimente weisen eine besonders große Bedeutung für das Unternehmen auf. Sie sind für die Neukundengewinnung und Kundenbindung von großer Bedeutung. Die Unternehmenspraxis zeigt, dass Kunden, die in diesen Sortimentsbereichen kaufen, sich besonders positiv weiterentwickeln. Dies erklärt sich dadurch, dass der Anbieter in diesen Sortimentsbereichen eine besonders große Kompetenz und ein besonders gutes Preis-Leistungs-Verhältnis im Vergleich zum Wettbewerb aufweist. Diese Sortimente bilden den Unique Assortment Propositon (UAP) des Unternehmens. Der Kauf dieser Artikel löst beim Kunden Zufriedenheit oder sogar Begeisterung aus, was das Vertrauen des Kunden zu diesem Unternehmen aufbaut und auch zu einer Sogwirkung beim Kunden für den Kauf anderer Sortimentsbereiche auslöst, in denen das Angebot des Unternehmens hinsichtlich Preis-Leistungs-Verhältnis nur durchschnittlich ist.

Der Einkauf für den jeweilgen Warenbereich hat das Sortiment hinsichtlich Umsatz- und Deckungsbeitrags- bzw. Spannenzielen auszubalancieren. Artikel mit geringer Spanne haben eine hohe Umsatzwirkung, während im umgekehrten Fall die Deckungsbeitragswirkung zwar groß, die Umsatzwirkung aber gering ist.

2.4 Werbemittel

Grundsatzentscheidungen in diesem Bereich betreffen die folgenden Fragestellungen:

Ist das Werbemittel warentragend oder nicht warentragend?

Handelt es sich um ein periodisches, saisonales oder ereignisbezogenes Werbemittel?

Soll das Werbemittel eher hochwertig oder niedrigwertig ausgestaltet sein?

Die Marketingabteilung sollte hier in der Regel koordinative Aufgaben übernehmen und sicherstellen, dass das Gesamtkonzept des Werbemittels stimmig ist und passend zu parallel eingesetzten Werbemitteln ausgestaltet wird. Dies ist insbesondere notwendig, wenn in integrierten Kampagnen die Werbewirkung parallel eingesetzter Werbemittel sich gegenseitig verstärken soll. Im Sinne einer integrierten Kommunikation sind die Werbemittel nicht singulär, sondern als Werbeanstoßkette zu betrachten. Die drei wesentlichen Aufgabenträgergruppen, die es zu koordinieren gilt, sind die folgenden:

- Externe Kreativ-Dienstleister wie die Werbeagentur,
- Einkauf bzw. Category Management,
- Externe Umsetzungs-Dienstleister wie Fotografen, Letter Shops etc.

Für die Werbeagentur ist hinsichtlich der optischen und inhaltlichen Anforderungen ein Briefing vorzunehmen. Bei mehrseitigen Werbemitteln ist darüber zu entscheiden, wie der Seitenmix auszugestalten ist, d. h. welche Funktion welche Seiten übernehmen sollen. Dabei sind folgende Seitentypen zu unterscheiden:

- Auftaktseiten ohne Artikel oder Imageseiten zur emotionalen Auflagung des Werbemittels,
- Frequenzseiten zur Kaufanimation mit Order Startern und attraktiven Angeboten,
- Ergebnisträgerseiten zur Sicherstellung der Zielerreichung,
- Best-Seller-Seiten als Kopie erprobter Erfolgskonzepte,
- Abverkaufsseiten zum Verkauf von Restposten,
- Preis-Highlight-Seiten zur Demonstration der Preiskompetenz,
- Trendseiten zur Demonstration der Sortimentsaktualität,
- Exklusivseiten zur Demonstration der Sortimentskompetenz.

Innerhalb der Seiten ist zu entscheiden, wie viele Artikel pro Seite abgebildet werden sollen. Ebenso ist über den Einsatz von Verstärkern wie z. B. Gewinnspielen oder Instrumenten der Preiskommunikation, wie z. B. Roststiftpreise zu entscheiden. Eine allgemeingültige Best-Practice für die Beantwortung dieser Fragen existiert nicht. Vielmehr ist für das Unternehmen individuell über Werbemitteltests herauszufinden, welche Varianten die größten Erfolge versprechen. Beim Werbemitteltest zum optimalen Versandzeitpunkt erhält eine Kontrollgruppe an Kunden das Werbemittel zu einem anderen Zeitpunkt, z. B. an einem anderen Wochentag, als das Gros der Kunden. Dann wird im Anschluss durch Hochrechnung der Ergebnisse der Kontrollgruppe ausgewertet, welche Variante erfolgreicher war. Selbst bei Kontrollgruppen von 300 Kunden liegt die Sicherheitswahrscheinlichkeit der Testergebnisse bei 90 %, bei 1.000 Kunden bei ca. 100 % jeweils bei einer zugelassenen Streuung von 5 %. Durch den Kundennamen kann überprüft werden, ob der kaufende Kunde aus der Kontrollgruppe oder aus der „Standard"-gruppe stammt. Im Versandhandel kann hier zusätzlich über variierende Artikelnummer oder den Einsatz von Suffixen die Zurückverfolgbarkeit sichergestellt werden.

Ganz besondere Aufmerksamkeit verdient die Gestaltung sogenannter Platzierungsbrillianten, wie z. B. die Vorder- oder die Rückseite eines Werbemittels. Des Weiteren ist zu klären, welche Restriktionen aufgrund der Einnahme von Werbekostenzuschüssen im Rahmen der Werbemittelgestaltung zu berücksichtigen sind.

Der Einkauf bzw. das Category Management muss Artikel vorschlagen, die bei warentragenden Werbemitteln Berücksichtigung finden sollen. Das Marketing hat sicherzustellen, dass diese Artikel in das Gesamtkonzept des Werbemittels passen. Zudem sind externe

Umsetzungs-Dienstleister zeitlich und inhaltlich zu koordinieren, z. B. bezüglich der Erstellung der Artikelfotografien oder des Versandzeitpunktes.

Zur Erfüllung der zeitlichen und inhaltlichen Koordinationsaufgaben ist ein nachhaltiges Prozessmanagement im Marketing notwendig. Ein wesentliches Instrument in diesem Zusammenhang sind Prozesshandbücher, deren grundsätzliche Erstellung im Folgenden dargestellt wird.

Nachhaltiges Prozessmanagement schafft die Voraussetzung für effizientes Arbeiten im Marketing und insbesondere im Rahmen der Werbemittelerstellung. Die vollständige und transparente Prozesserfassung bietet eine wichtige Arbeitsgrundlage für selbständiges und eigenverantwortliches Arbeiten der Mitarbeiter in der federführenden Abteilung sowie in den beteiligten Schnittstellenbereichen. Jeder Mitarbeiter weiß genau, wann welcher Prozessschritt realisiert werden muss und welche anderen Mitarbeiter bzw. Bereiche wann und mit welcher Information eingebunden werden müssen, so dass ein reibungsloser Ablauf der Leistungserstellung gewährleistet ist. Im Vordergrund steht die ganzheitliche Prozesssicht anstatt „Abteilungsdenken".

Das Prozessmanagement stellt einen wichtigen Baustein sowohl für ein effektives Wissensmanagement als auch für ein wertorientiertes Unternehmensmanagement dar.

In der Definitionsphase (Phase 1) sind die zu untersuchenden Prozesse des Vertriebs und des Kundenmanagements überschneidungsfrei voneinander abzugrenzen. Es ist herauszuarbeiten, welche Hauptprozesse überhaupt existieren, in welchem Detaillierungsgrad diese abgebildet werden sollen und welche Schnittstellen zwischen den Prozessen bestehen.

Zudem ist festzulegen, mit Hilfe welcher Modellierungssprache, wie z. B. Architektur integrierter Informationssysteme (ARIS), Semantisches Objektmodell(SOM) oder die erweiterte Flow-Chart-Notation, die Prozesse im Prozesshandbuch abgebildet werden sollen. Im Rahmen der Abbildung von organisatorisch-betriebswirtschaftlichen Prozessen hat sich die Flow-Chart-Logik aufgrund ihrer semantischen Vielfältigkeit und gleichzeitig einfachen Nachvollziehbarkeit bewährt. Jeder einzelne Prozessschritt wird als separates Prozesselement betrachtet. **Abbildung 2.8** zeigt die Grundelemente der Flow-Chart-Logik. Im Rahmen der Flow-Chart-Logik werden in der Regel die semantischen Sichten Prozess-, Organisations-, Daten-, Formular- und Informationssicht unterschieden. Die Time-Line zur Darstellung der Zeitachse des Prozesses sowie Teilprozess-Verzweigungskonnektoren runden die semantische Vielfalt ab.

In Phase 2 erfolgt die Analyse der bestehenden Prozesse, deren Gestalt systematisch zu dokumentieren ist. Dazu ist eine Ist-Analyse durchzuführen. Diese erfolgt im Rahmen von Interviews mit den Prozessverantwortlichen. Dabei werden die wesentlichen Tätigkeiten aller Prozesse aufgenommen. Die Tätigkeiten werden auch als Prozessschritte bezeichnet. Um ein einheitliches Prozesshandbuch zu erhalten, ist ein wesentlicher Erfolgsfaktor, bei der Aufnahme und späteren Abbildung der Prozessschritte eines Prozesses auf einen einheitlichen Detaillierungsgrad zu achten. Zudem sind die Prozessschritte zeitlich in eine Reihenfolge zu bringen. Darauf zu achten ist, dass die Darstellung keine Schleifen und Rücksprünge enthält.

Abbildung 2.8 Übersicht zur Notation der Prozesse in der Flow-Chart-Logik

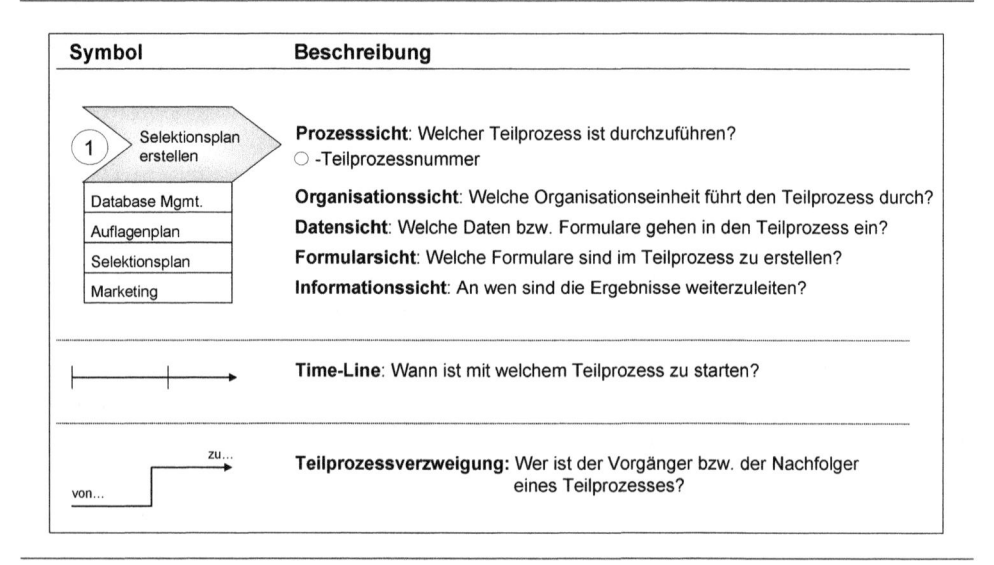

Symbol	Beschreibung
1 Selektionsplan erstellen Database Mgmt. Auflagenplan Selektionsplan Marketing	**Prozesssicht**: Welcher Teilprozess ist durchzuführen? ○ -Teilprozessnummer **Organisationssicht**: Welche Organisationseinheit führt den Teilprozess durch? **Datensicht**: Welche Daten bzw. Formulare gehen in den Teilprozess ein? **Formularsicht**: Welche Formulare sind im Teilprozess zu erstellen? **Informationssicht**: An wen sind die Ergebnisse weiterzuleiten?
⊢—⊢→	**Time-Line**: Wann ist mit welchem Teilprozess zu starten?
von... zu... →	**Teilprozessverzweigung:** Wer ist der Vorgänger bzw. der Nachfolger eines Teilprozesses?

Ergebnis der Phase 1 ist eine Übersicht zu denjenigen Prozessen, die im Prozesshandbuch abgebildet werden sollen, sowie die Festlegung der Modellierungsmethode.

Für die einzelnen Prozessschritte ist zudem zu erfassen,

- welche Tätigkeiten zu erledigen sind,
- wer diesen Prozessschritt durchführt,
- welcher Input für diesen Prozessschritt notwendig ist,
- welcher Output aus diesem Prozessschritt herauskommt,
- welche weiteren Stellen an diesem Teilprozessschritt beteiligt sind,
- welche Bearbeitungszeit für den Teilprozess zu veranschlagen ist und
- welche Termine einzuhalten sind.

Sämtliche Interviewergebnisse sind zu protokollieren und mit dem Interviewten abzustimmen.

In Phase 3 sind die Interviewergebnisse mit Hilfe der erweiterten Flow-Chart-Technik zu strukturieren und zu dokumentieren, um die erste Version des Prozesshandbuchs zu erhalten. Die Dokumentation der Ergebnisse ist in klarer und nachvollziehbarer Form auszugestalten. Dies betrifft insbesondere die Verwendung eindeutiger und verbindlicher Formulierungen im Rahmen der Prozessschritt-Beschreibungen.

Im Rahmen der Abbildung der Prozesse empfiehlt es sich, je Prozess fünf Untergliederungen vorzunehmen. Dies sind die Kapitel Übersicht, Prozessdarstellung, Prozesserläuterung, Formularsicht und Auswertungssicht.

Im Kapitel Übersicht ist der grundsätzliche Ablauf des Prozesses in einer schematischen Darstellung der Prozesskette inklusive erläuternder Legende festzuhalten, um einen ersten Überblick zu liefern.

Im Kapitel Prozessdarstellung findet die Flow-Chart-Technik Anwendung, mit deren Hilfe der jeweilige Prozess mit seinen Prozessschritten im Detail dargestellt wird.

Im Kapitel Prozesserläuterung werden die Prozessschritte ergänzend verbal erläutert und zusätzliche beachtenswerte Informationen aufgenommen.

Im Kapitel Formularsicht werden sämtliche Formulare und Dokumente aufgeführt, die für die Durchführung der einzelnen Prozessschritte notwendig sind. Es empfiehlt sich, für jedes Formular exemplarisch einen Screenshot aufzunehmen.

Im Kapitel Auswertungssicht sind sämtliche Instrumente und Dokumente abzubilden, mit deren Hilfe die Prozessleistung gemessen wird, z. B. bei Prozessen des Direktmarketings die entsprechenden Response-, Nachfrage- und Deckungsbeitrags-Auswertungen. Aber auch qualitative Auswertungs-Kennzahlen, wie z. B. prozessbezogene Service Level Agreements, sind hier von Bedeutung. Es empfiehlt sich wiederum, für jedes Auswertungsdokument exemplarisch einen Screenshot in das Prozesshandbuch aufzunehmen.

Die Ergebnisse der Prozessdokumentation sind mit dem Interviewpartner bzw. Teilprozessverantwortlichen abzustimmen, um etwaige Missverständnisse, Fehldokumentationen etc. auszuräumen. Dabei gilt das Fehlernachhaltigkeitsprinzip. Das bedeutet, dass die erste Prozessdokumentation erst abgeschlossen werden kann, wenn alle Zweideutigkeiten u. ä. ausgeräumt sind und der Teilprozessverantwortliche die erste Version freigibt.

Da in den Prozessen in der Regel auch Mitarbeiter beteiligt sind, die nicht im Verantwortungsbereich des interviewten Prozessverantwortlichen tätig sind, empfiehlt es sich in Phase 4, in Workshops die erste Abbildung der Prozesse mit den weiteren am Prozess beteiligten Mitarbeitern zu diskutieren und abzustimmen. Erfahrungsgemäß ist für jeden Hauptprozess ein mehrstündiger Workshop einzukalkulieren. Ziel der Workshops ist es somit, die Korrektheit der abgebildeten Prozesse zu überprüfen. Etwaig notwendiger Anpassungsbedarf hinsichtlich der Korrektheit der Abbildung der Prozesse ist entsprechend aufzunehmen. Zudem ergeben sich als Zusatznutzen im Rahmen der Diskussion der Prozesse häufig erste Anknüpfungspunkte für die Optimierung und Verschlankung der Prozesse, welche die Durchführung des Gesamtprozesses erleichtern.

Die Workshop-Ergebnisse sind in einheitlicher Form zu protokollieren und mit den Workshop-Beteiligten auf Richtigkeit hin abzustimmen. Um bezüglich der Vielfalt an Informationen gewappnet zu sein, empfiehlt es sich, neben dem Workshop-Moderator einen Workshop-Protokollanten einzusetzen.

Die Ergebnisse der Workshops sind in Phase 5 in die erste Version des Prozesshandbuchs einzuarbeiten. Die vorgenommenen Änderungen sind mit den Workshop-Beteiligten im Nachgang der Workshops entsprechend des Fehlernachhaltigkeitsprinzips abzustimmen. Etwaige Anpassungswünsche sind für die Finalisierung des Prozesshandbuchs einzuarbeiten. Mit der Freigabe des Prozesshandbuchs durch alle Workshop-Beteiligten endet die

Erstellung des Prozesshandbuchs. Es empfiehlt sich, in halbjährlichen bis jährlichen Abständen die Prozessabbildung hinsichtlich etwaiger Änderungen zu überprüfen.

Das erstellte Handbuch liefert die Basis, um in Phase 6 eine umfassende Optimierung der abgebildeten Prozesse vornehmen zu können. Grundzielrichtungen der Optimierung sind Kosten- bzw. Zeiteinsparungen sowie Qualitätsverbesserungen. Dazu ist jeder einzelne Prozessschritt der abgebildeten Prozesse auf Verbesserungsmöglichkeiten hin zu überprüfen. Hinsichtlich der Verbesserung lassen sich folgende grundlegende Ansätze der Optimierung unterscheiden:

- Parallelisieren von Prozessschritten,
- Weglassen von nicht wertschöpfenden Prozessschritten (insbesondere auch Koordinations- und Kontrollprozesse),
- Modifizieren, Vereinfachen und Beschleunigen von Prozessschritten,
- Einfügen von Prozessschritten,
- Automatisieren von Prozessschritten und Reduzieren von Medienbrüchen, insbesondere durch IT-Technologie,
- Schulung der Prozessbeteiligten,
- Eliminieren von Rücksprüngen und Schleifen,
- Zusammenfassen von Prozessschritten,
- Ändern der Reihenfolge der Prozessschritte,
- Reduzieren von organisatorischen Schnittstellen .

Darauf aufbauend sind Optimierungsvorschläge zu erarbeiten, die auf ihre Umsetzbarkeit und bezüglich ihres Verbesserungs- bzw. Kostensenkungspotenzials zu überprüfen sind.

2.5 Erfolgsmessung

Der Erfolg von Direktmarketing-Aktionen wird häufig über die Response-Quote gemessen, welche die Anzahl der Reagierer ins Verhältnis zu der Anzahl der angeschriebenen Kunden setzt. Diese Größe sollte um eine ökonomische Erfolgsgröße wie den Deckungsbeitrag oder zumindest den Umsatz zur Wertresponse ausgebaut werden, um eine aussagekräftige Erfolgsmessung durchführen zu können. Wenn keine Kontrollgruppe an Kunden gebildet wird, die kein Werbemittel erhält, kann die reine Betrachtung der Response-Quote zu Fehlallokationen führen. Ohne Kontrollgruppe werden tendenziell nur die ohnehin guten Kunden beworben, die gegebenenfalls auch ohne den Werbeanstoß gekauft hätten. Dies führt zu einer scheinbaren Werbewirkung und Response-Erhöhung, die nicht ursächlich auf den Werbemitteleinsatz zurückzuführen ist. Deshalb ist die Differenz-Response-Quote (DRQ) zu bilden, die sich aus der Differenz der Response-Quote (RQ) und der Response-Quote der Kontrollgruppe (RQK) ergibt. Das folgende Zahlenbeispiel verdeutlicht diesen Zusammenhang. Zwei Marketing-Manager (M1 und M2) selektieren jeweils 101.000 Kunden für den

Versand eines Mailings an Kunden. 100.000 Kunden erhalten das Mailing, 1.000 Kunden wandern per Zufallsstichprobe in die Kontrollgruppe, die auch als Nichtumwerbungs- oder Kontrastgruppe bezeichnet wird und erhalten entsprechend kein Mailing. Die Ergebnisse gestalten sich folgendermaßen:

	RQ	RQK	DRQ
M1	7,5 %	4,7 %	2,8 %
M2	5,4 %	1,1 %	4,3 %

Auf den ersten Blick erscheint M1 um 2,1 %-Punkte als deutlich erfolgreicher, aber unter Hinzuziehung der Kontrollgruppe und der resultierenden DRQ zeigt sich, dass M2 um 1,5 %-Punkte erfolgreicher agiert. Zusätzliche Komplexität gewinnt die Erfolgsmessung, wenn zusätzlich Werbekostenzuschüsse (WKZ) in die Betrachtung des Werbemittelerfolgs einzubeziehen sind. Dann ist der Deckungsbeitrag der Aktion zu betrachten. Die WKZ sind entsprechend zum Ergebnis hinzuzuaddieren. Das kann dazu führen, dass ein Werbemittel ohne WKZ zunächst unprofitabel ist, da die Herstellungskosten des Werbemittels größer als der zusätzliche Rohertrag sind und somit daraus ein negativer Deckungsbeitrag resultiert. Werden die WKZ berücksichtigt, kann dies entsprechend zu einem positiven Deckungsbeitrag für das Werbemittel führen.

Des Weiteren müssen die Messgrößen mit den Zielen des Werbemitteleinsatzes korrespondieren (siehe Kapitel 2.1.). Ist beispielsweise Cross-Selling als Ziel definiert und quantifiziert worden, ist als Messgröße die Entwicklung des Cross-Selling-Indikators bei den beworbenen Kunden zu berücksichtigen.

Neben der Erfolgsmessung über die unmittelbare Response (Direct Response) ist die Cross Media-Response zu messen. Vor dem Hintergrund der Vielfältigkeit von Werbemitteln und einer zunehmenden Reizüberflutung des Kunden, sind die Wirkungsmuster, bis der Kunde sich zum Kauf entscheidet, häufig nicht mehr auf ein einzelnes Werbemedium zurückzuführen. Vielmehr wirkt das Aktionsmuster eines Verbundes an Werbemitteln auf den Kunden, der letztlich einen Kauf auslöst. Die Betrachtung der klassisch isolierten Direct Response eines Marketing-Instrumentes greift dann zu kurz. Ein Mailing weist z. B. eine geringe Response von 0,2 % aus. Dies würde auf Basis der Direct Response gegebenenfalls bedeuten, diesen Postwurf einzustellen. Gegebenenfalls löst das Mailing aber eine hohe Anzahl an Bestellungen im Internet aus, die ohne den Erhalt des Mailings nicht getätigt worden wären. Das Mailing fungiert dann nur als Interest-Starter, dessen Wirtschaftlichkeit erst über die Summe der Direct Response und der ausgelösten Verbundwirkung beurteilt werden kann.

Das Beispiel zeigt, dass für rationale Entscheidungen im Direktmarketing die Verbundwirkungen zwischen den Werbemitteln zu berücksichtigen sind. Neben der Direct Response ist die Cross Media-Response (CMR) zu erheben, um die Messung der Wirtschaftlichkeit des Einsatzes von Maßnahmen in den einzelnen Werbewegen zu verbessern. **Abbildung 2.9** verdeutlicht das Grundprinzip der Cross-Media-Response-Messung.

Abbildung 2.9 Einordnung der Cross Media-Response in die Werbewirkungsmessung

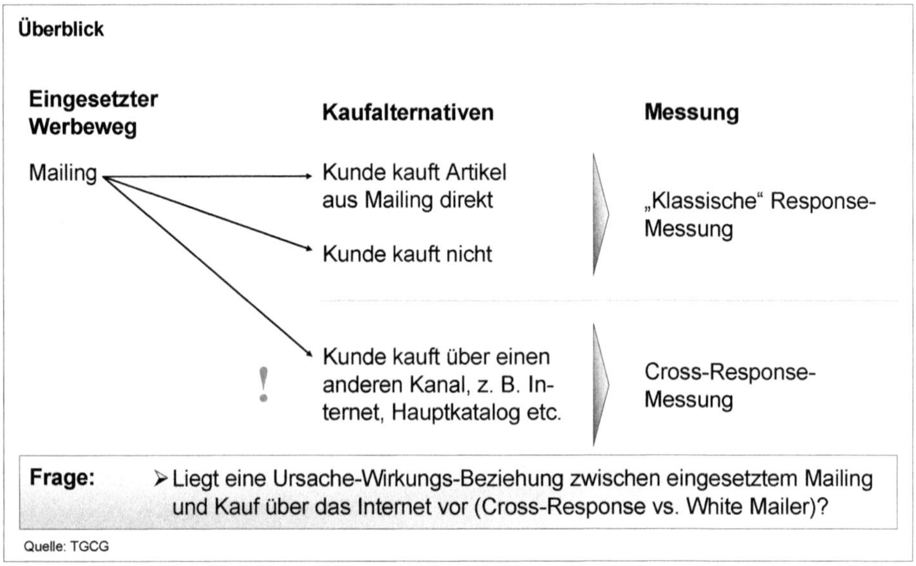

Überblick

Eingesetzter Werbeweg	Kaufalternativen	Messung
Mailing	Kunde kauft Artikel aus Mailing direkt Kunde kauft nicht	„Klassische" Response-Messung
	Kunde kauft über einen anderen Kanal, z. B. Internet, Hauptkatalog etc.	Cross-Response-Messung

Frage: ➢ Liegt eine Ursache-Wirkungs-Beziehung zwischen eingesetztem Mailing und Kauf über das Internet vor (Cross-Response vs. White Mailer)?

Quelle: TGCG

Die Aufgabe besteht darin, die in der Realität vorkommenden Ausstrahlungseffekte (Verbund- und Substitutionseffekte) abzubilden, zu quantifizieren und in die Planung einzubauen. Dies erhöht die wertorientierte Ausgestaltung des Werbewegemixes und damit den effizienten Einsatz von Werbemittelbudgets. Interessant ist der Einsatz der Messung der Cross Media-Response insbesondere, je größer die Vielzahl an Werbemitteln und deren Varianten ist.

Voraussetzung für die Ermittlung der Cross Media-Response ist, dass bereits die Direct Response oder der Erfolg der Werbemittel gemessen wird. In vielen Unternehmen existiert ein hoher Anteil an Kunden, die auf den ersten Blick nicht unmittelbar auf die Werbewirkung eines Werbemittels zurückgeführt werden können. Dies sind die sogenannten White Mailer, die in der Versandhandelsbranche beispielsweise aus einem Katalog bestellen, den sie nicht persönlich erhalten haben, sondern z. B. der Nachbar. Durch die Cross Media-Response wird auch der Anteil vermeintlicher White Mailer reduziert, da die dahinter stehende Wirkung z. B. in Verbindung mit Instrumenten der klassischen Werbung verdeutlicht wird und somit einer Steuerung zugänglich wird. Durch den Profiling-Ansatz wird dieser Thematik insofern Rechnung getragen, als dass neben der Cross Media-Response zwischen Werbemitteln des Direktmarketings auch die Ausstrahlungseffekte klassischer Werbung gemessen werden können.

Für die Messung der Cross Media-Response empfiehlt sich ein dreistufiges Projektvorgehen unter Anwendung des Profiling-Ansatzes, das **Abbildung 2.10** verdeutlicht. Phase 1 dient der Datenaufnahme zur Vorbereitung von Phase 2, der Strukturierung der Wir-

Best-Practice-Ansätze zur Steuerung im Direktmarketing

kungsmuster. Die anschließende Phase 3 dient der Messung der Cross Media-Response, deren Ergebnisse im Rahmen der Planung umzusetzen sind.

Abbildung 2.10   Vorgehensweise des Profiling-Ansatzes

Phase 1: Analyse	Phase 2: Messung	Phase 3: Berechnung	Phase 4: Umsetzung
• Bedarfsaufnahme der „Stellhebel" • Abgleich mit bestehenden Daten • Aufbau des Indikator Kernels	• Messung der Indikatoren • Aufbau Mengenkonzept • Codierung/Normalisierung der Indikatoren	• Durchführung einer nominalen Korrelationsanalyse auf Basis der PLS-Algorithmik	• Umrechnung der normalisierten Wahrscheinlichkeiten in Cross-Responses
Indikator-Sheet	**Quotation-Box**	**Wirkungs-Netz**	**Response-Treppe**

In Phase 1 sind zunächst die eingesetzten Webemittel zu strukturieren. Festzulegen ist, für welche Werbemittel und welche Varianten der Werbemittel die Cross Media-Response zu messen ist. Der Profiling-Ansatz der TGCG – Management Consultants erlaubt eine Betrachtung von bis zu 400 verschiedenen Werbemitteln.

Zudem sind die vorliegenden Daten des Werbemitteleinsatzes für die Cross Media-Response zu systematisieren, wie z. B. Erhalter nach Kundengruppen, Prioritätsregeln, Zeitspannen des Versandes, Bestellwerte, bestellte Artikel, Varianten etc. Aus dieser Vielzahl an Daten sind diejenigen herauszuarbeiten, die einen Einfluss auf die Cross Media-Response aufweisen. Diese Daten bilden den Data Kernel für die weiteren Analysen.

In Phase 2 sind auf Basis der identifizierten Daten des Data Kernels die Aktionsmuster der Cross-Media-Wirkung zu erarbeiten. Dazu erfolgt die werbemittelabhängige, individualisierte Aufnahme des Kaufverhaltens. Grundsätzlich sind dabei die drei Datengruppen Input (auf Basis der erhaltenen Werbemittel), Output (Bestellverhalten des Kunden) und Time (Spezifikationen bezüglich der Kaufzeitpunkte) zu unterscheiden. Diese Daten sind entsprechend für die Berechnung in Aktionsmustern zu codieren.

Für die Betrachtung der Datengruppe Input ist zu dokumentieren, welche Kunden welche Werbemittel erhalten haben. Dabei sind sowohl diejenigen Kunden zu berücksichtigen, die in der geplanten Saison gekauft haben, als auch diejenigen Kunden, die in der betrachteten Saison nicht gekauft haben. Die geplanten Werbestrecken der Werbemittel werden somit in den Ist-Kundendaten abgebildet. Die **Abbildung 2.11** verdeutlicht dies vereinfacht für die Datengruppe Input bezüglich des Werbemittelerhalts, welche Kunden welche Werbemittel erhalten haben.

Abbildung 2.11 Datencodierung am Beispiel der Datengruppe Input

Phase 1: Datenaufnahme						Phase 2: Codierung					
Kunde	Erhaltene Werbemittel	Zeitpunkte	Käufe in der Saison	Zeitpunkte	Kaufkanal	Kunde	Aktionsmustertupel				
Meier	M, C, K	1.4.,...	3; 374 €	13.4.,...	I, I, K	Meier	1	3	1	2	1
Müller	M	15.6.,...	1; 120 €	1.7.,...	M	Müller	1	1	3	2	1
Schulze	P, C, M	15.1.,...	2; 220 €	1.2.,...	M, K	Schulze	3	2	1	2	1
...	...	...	...	...	...	...	...	...	...	...	...

M Mailing, C Call, K Katalog, I Internet

Quelle: TGCG

Zusätzlich sind für die Datengruppe Time Zeitspannenindikatoren zu erheben, z. B. bezüglich des Zeitraums des Erhalts des Werbemittels und des Kaufs. Diese Zeitspannenindikatoren sind mit einem Scoring zu versehen. Eine geringe Zeitspanne deutet auf eine hohe Cross Media-Response hin und ist entsprechend mit einem hohen Scoring zu versehen. Wiederum ist eine Differenzierung nach Kundengruppen möglich.

Für die Datengruppe Output sind die Wirkungsmuster bezüglich des Kaufs, gegebenenfalls differenziert nach Kundengruppen, z. B. Neukunden versus Stammkunden oder Familien versus Senioren, zu erheben. Die Wirkungsmuster sind mit einem Scoring zu versehen und bilden das Ausmaß unterschiedlicher Wirkungsstufen der Cross Media-Response ab. Die unterschiedlichen Wirkungsstufen sollen wiederum an dem Beispiel zwischen Mailing und Internet vereinfacht dargestellt werden. Wirkungsstufe 1 stellt dabei die stärkste Cross-Media-Wirkung dar. In einem Mailing ist ein Sommerkleid abgebildet. Eine Kundin, die dieses Mailing erhalten hat, bestellt über das Internet:

- genau das gleiche Sommerkleid (Wirkungsstufe 1),
- das gleiche Sommerkleid in einer anderen Farbe (Wirkungsstufe 2),
- ein anderes Sommerkleid (Wirkungsstufe 3),
- einen anderen Artikel aus der Warengruppe Bereich DOB/Damenoberbekleidung (Wirkungsstufe 4),
- einen anderen Artikel aus dem Sortimentsbereich Textil (Wirkungsstufe 5),
- einen anderen Artikel aus einem anderen Sortimentsbereich (Wirkungsstufe 6).

Dieses einfache Wirkungsmuster ist zu erweitern, z. B. um die Betrachtung über mehrere Werbemittel hinweg oder um die Anzahl der Käufe bis hin zu Betrachtung des jeweils erzielten Bestellwertes. Für die einzelnen Werbestrecken und damit Kombinationen an Werbemitteln, die zum Kauf führen, sind unterschiedliche Wirkungsmuster unter Berücksichtigung des jeweiligen Anwendungskontextes zu definieren.

Die codierten Aktionsmuster der drei Datengruppen Input, Time und Output sind für die anschließende Berechnung der Cross Media-Response zusammenzuführen. Sämtliche erhobenen Primärdaten und Sekundärdaten auf Basis der Wirkungsmuster sind in Aktionsmustertupeln zu codieren und in einem Profile-Sheet zu dokumentieren, das das Ergebnis der Projektphase 2 liefert.

Darauf aufbauend erfolgt die Messung der Cross Media-Response mit Hilfe multivariater statistischer Verfahren. Die TGCG hat dazu einen Profiling-Ansatz auf Basis der Analysesoftware SPSS (Statistical Package for the Social Sciences) entwickelt. Der Ansatz arbeitet im Wesentlichen auf Basis einer Kausalanalyse unter Verwendung der LISREL-Algorithmik zur Messung der Interkorrelationen zwischen den einzelnen Merkmalen.

Daraus ergeben sich in der Verdichtung die einzelnen Cross-Media-Weights für die einzelnen Werbemittel bzw. Werbemittelverbunde. Die Cross-Media-Weights sind in Response-Werte umzurechnen und ergeben in Summation mit der Direct Response die Total Response des Werbemittels, auf deren Basis optimierte Entscheidungen bezüglich der Werbemittelbudgetierung getroffen werden können. Eine Cross Media-Response bei einem Werbemittel auf ein anderes Werbemittel führt zu einem Substitutionsabzug der Direct Response bei einem anderen, außer wenn die Cross Media-Response auf bisherige White Mailer zurückzuführen ist. Die Response-Wert-Ermittlung zeigt **Abbildung 2.12** wiederum am Beispiel des Werbemittels Mailing:

Abbildung 2.12 Ergebnisse der Cross Media-Response-Messung

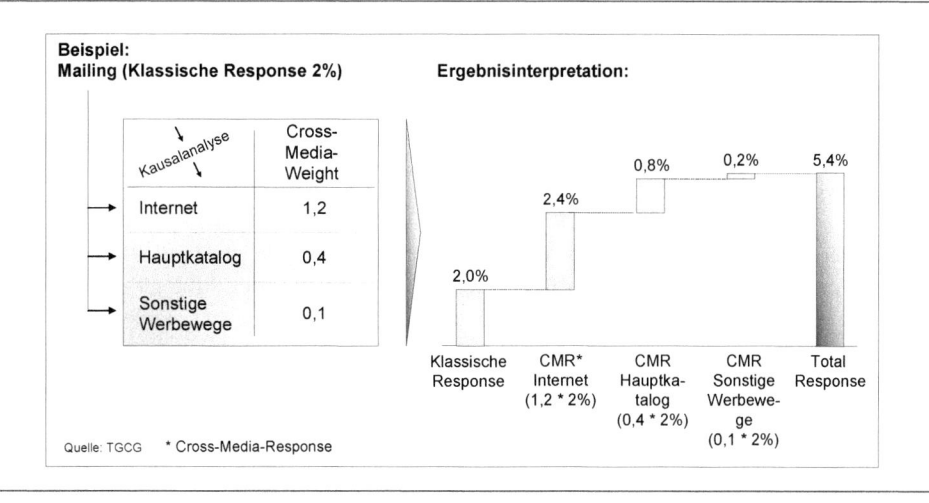

Die ermittelten Total-Response-Werte sind anstelle der Direct-Response-Werte in der Werbemittelbudgetplanung zu berücksichtigen, um den Werbemitteleinsatzplan zu optimieren.

3 Zusammenfassung

Insgesamt erfordert die kundenorientierte Steuerung im Direktmarketing ein systematisches Vorgehen. Ausgehend von den Zielen, sind die zu bewerbenden Kundencluster zu bestimmen, die anzubietenden Waren auszuwählen und das Werbemittel zu gestalten. Dabei ist eine systematische Erfolgsmessung, die mit den Zielen des Werbemitteleinsatzes korrespondiert, von großer Bedeutung, um einen kontinuierlichen Verbesserungsprozess für die Steuerung im Direktmarketing zu ermöglichen.

Literatur

[1] BECKER, J.: Marketing-Konzeption, 8. Auflage, München 2006.
[2] DALLMER, H.: Das Handbuch. Direct Marketing & More, 8. Auflage, Wiesbaden 2002.
[3] KOTLER, P., BLIEMEL, F.: Marketing Management – Analyse, Planung, Umsetzung, Steuerung, 12. Auflage, Stuttgart 2007.
[4] MEFFERT, H.: Marketing 10. Auflage Wiesbaden 2007.
[5] Nieschlag, R., Dichtl, E., Hörschgen, H.: Marketing, 19. Auflage, Berlin 2002.
[6] KLEINALTENKAMP, M.: Geschäftsbeziehungsmanagement. Springer: Berlin, Heidelberg 1997.
[7] OSTERLOH, M./FROST, J.: Prozessmanagement als Kernkompetenz, Gabler: Wiesbaden 2006.
[8] REIMANN, E./SEXAUER H. J.: Handbuch Praxis Kundnebezihungs-Management, Denkinstitut, Königwinter 2007.
[9] SIEBEL, T.M./MALONE, K. C.: Die Informationsrevolution im Vertrieb, Gabler: Wiesbaden 1998.
[10] STAUSS, B./SEIDEL, W.: Beschwerdemanagement, 4. Aufl., Hanser: München 2007.
[11] WINKELMANN, P.: Vertriebskonzeption und Vertriebssteuerung. Die Instrumente des integrierten Kundenmanagements, 3. Aufl., Vahlen: München 2005.
[12] ZERRES, C./ZERRES, M.: Handbuch Marketing-Controlling, 3. Aufl., Springer: Berlin 2006.

Autoren

STEFAN HELMKE, Prof. Dr., Professor für Marketing, Controlling, Handelsmanagement, Prozessmanagement an der FHDW Bergisch Gladbach, Partner der Strategie- und Organisationsberatung TGCG – Management Consultants, Düsseldorf.

MATTHIAS UEBEL, Prof. Dr., Professor für Betriebswirtschaft an der FOM – Hochschule für Oekonomie und Management, Düsseldorf, Managementberater/-trainer, Partner der GCG – Management Consultants Düsseldorf.

CRM und Web 2.0

John-Uwe Scherberich

1	Management Summary	79
2	Einleitung	80
	2.1 Historische Entwicklung des Internets	80
	2.2 Verbreitung des Internets in Deutschland	80
3	WEB 2.0	81
	3.1 Kollaboration/Partizipation der User	82
	3.2 Das Web als Plattform	82
	3.3 WEB 2.0 Feature Standard Sets	83
	3.3.1 Blogging	83
	3.3.2 Tagging	85
	3.3.3 Social Networks	85
	3.3.4 Weitere Besonderheiten des WEB 2.0 im Vergleich zur 1.0 Version	85
	3.4 Zusammenfassung WEB 2.0	87
4	Praxisbeispiel	90
	4.1 Muster Bewertungsmatrix	91
	4.2 SPOT-Analyse WEB 2.0 für EVU	93
5	Abgeleitete Handlungsempfehlungen	94
Literatur		96
Autor		97

1 Management Summary

Dieser Artikel beschäftigt sich mit möglichen WEB 2.0-Strategieimpulsen für Unternehmen im Rahmen einer CRM-Philosophie unter Berücksichtigung momentaner qualitativer Umwälzungs- und Veränderungsprozesse im Kommunikations-, Sozial- und Konsumverhalten. Hier spielt die sogenannte wachsende Vernetzung der Gesellschaft eine entscheidende Rolle. Passive Kommunikationsempfänger werden zunehmend durch die aktive Mitgestaltung der Kommunikation im Web zur Mitmach-Komponente. Die virale Verbreitung von Botschaften, auch von beispielsweise negativen Produkterfahrungen, radikalisiert heute die Kommunikation zwischen Kunden und Unternehmen, nicht zuletzt durch die immer weiter ansteigenden Wachstumsraten der Sozialen Netzwerke wie z. B. Facebook & Co.

Auf den nächsten Seiten wird anhand einer Ursachen-Wirkungs-Ketten-Darstellung der Versuch unternommen, die aktuellen Entwicklungen des WEB 2.0-Umfeldes in Beziehung eines CRM-Managements und des Unternehmenserfolges in einen Kontext zu stellen. Die hier dargestellten Modelle sind rein qualitativ dargestellt und nur inhaltlich auszugsweise betrachtet.

Abbildung 1.1 Ursache-Wirkungs-Ketten im Web 2.0-Umfeld

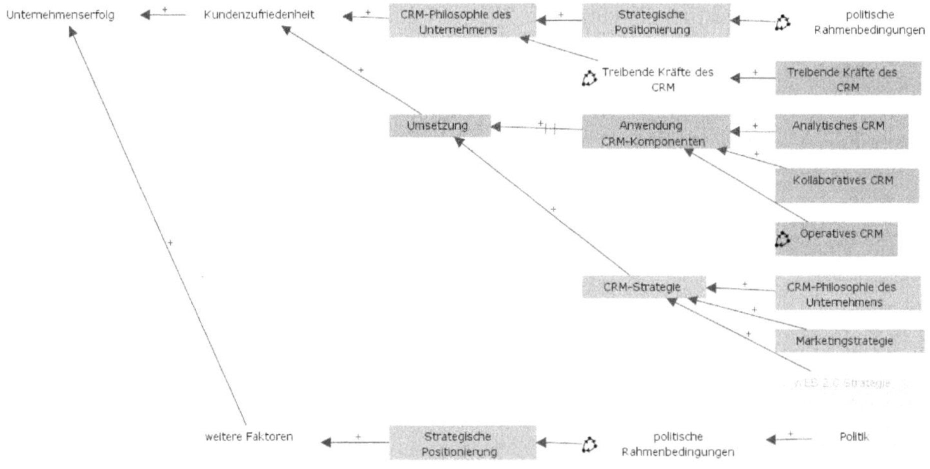

Ein Praxisbeispiel eines lokalen Energieversorgers aus Deutschland zeigt methodisch auf, wie CRM im Kontext mit den neuen IT-Entwicklungen des WEB 2.0 bewertet werden kann. Über eine Bewertung der Chancen und Risiken werden mögliche Handlungsoptionen abgeleitet und dargestellt.

2 Einleitung

2.1 Historische Entwicklung des Internets

Die Entwicklung der Informations- und Kommunikationstechnologie (IKT) begann in den 1950er-Jahren und beschleunigte sich seitdem zunehmend.

Nachdem das Internet für die Massen zugänglich wurde, entstanden auch die ersten komfortablen Programme, die eine Verbindung mit dem WWW auch im privaten Umfeld vereinfachten. Es waren nicht mehr allein die privilegierten Nutzer aus Wissenschaft und Informatik, die einen Zugang zum WWW hatten, sondern zunehmend alle Benutzerschichten konnten den Zugriff einrichten. Die moderne IKT prägt seit Mitte der 1990er-Jahre alle Lebensbereiche und damit auch den sozialen Zusammenhang und das Leitbild der Gesellschaft.

Weiterer Innovationstreiber des WWW ist die rasant technische Entwicklung im Bereich der Telekommunikation und elektronischen Datenverarbeitung. Dabei lassen sich bis heute die Tendenz der exponentiell ansteigenden Kapazität und die damit im gleichen Maße sinkenden Preise für IKT (Hard- & Software) nachvollziehen. „Während die Einfuhrpreise aller nach Deutschland importierten Produkte von 2000 bis 2008 um 10,5 % gestiegen sind, wurde für Datenverarbeitungsgeräte im gleichen Zeitraum ein Preisrückgang um 76,5 % und für elektronische Bauelemente um 70 % ermittelt."[1] Mit dieser Entwicklung wächst auch der Austausch von Informationen kontinuierlich und prägt unsere heutige Gesellschaft maßgebend. „Die Rechenkapazität, d. h. die Geschwindigkeit der Mikroprozessoren, verdoppelt sich im Schnitt alle 18 Monate."[2] Digitale Netzwerke prägen immer stärker die Beziehungen zwischen Anbietern, Kunden und Lieferanten.

2.2 Verbreitung des Internets in Deutschland

Im Jahr 2008 waren bereits 84 % der Unternehmen und 76 % der privaten Haushalte mit IKT-Gütern ausgestattet. Der Anteil der verbreiteten Internetzugänge in Privathaushalten beträgt im Jahr 2008 69 %.[3] Hier ist zu erkennen, dass die Höhe des monatlichen Haushaltseinkommens den Verbreitungsgrad von Computern und Internetzugang bestimmen. Haushalte mit einem Nettoeinkommen von 2.600 EUR und mehr haben zu 92 % einen Internetzugang. Haushalte, deren Nettoeinkommen unter 1.100 EUR liegt, sind nur zu 46 % mit einem Internetzugang ausgestattet[4]. Es ist ein enormes Wachstum bedingt durch die rasante Verbreitung der DSL- und UMTS Technologie zu verzeichnen. 2003 lag der Anteil der Internetnutzung per Breitbandtechnologie bei 17 % und erreichte im Jahr 2008 bereits 73 % der Haushalte. Studien verweisen darauf, dass die tägliche Nutzung des WWW mit

---

[1] Informationsgesellschaft in Deutschland, Ausgabe 2009, Statistisches Bundesamt, S. 21
[2] Vgl. Thomas M. Siebel, 2000, „Cyber Rules"
[3] Informationsgesellschaft in Deutschland, Ausgabe 2009, Statistisches Bundesamt, S. 23 ff
[4] Informationsgesellschaft in Deutschland, Ausgabe 2009, Statistisches Bundesamt, S. 23 ff

der Existenz eines Breitbandanschlusses einhergeht. Private Nutzer mit DSL-Anschluss nutzen zu 67 % das Internet jeden Tag, während Nutzer mit geringeren Übertragungsarten nur eine tägliche Nutzerquote von 42 % aufweisen. Laut Studie des Statistischen Bundesamtes nutzen 87 % der Internetnutzer auch E-Mails zur Kommunikation. Somit ist ein Internetzugang mit hoher Bandbreite mit einer verlässlichen TK-Infrastruktur als Voraussetzung für das Wachstum und die Weiterentwicklung künftiger Internetdienste und Anwendungen zu sehen.

„Spätestens in zehn Jahren werden über 95 % der erwachsenen Bevölkerung in Deutschland, Europa und den USA das Internet regelmäßig nutzen."[5] Auch aus diesem Gesichtspunkt ist die allgegenwärtige Verfügbarkeit des Internets vorherzusagen[6]. Die interaktive Internetnutzung wird sich deutlich auf die verschiedenen Lebensbereiche ausdehnen und im Bereich Austauschbeziehungen und Netzwerke im Beruf laut einer Expertenbefragung[7] am höchsten darstellen.

3 WEB 2.0

Der Zusatz „2.0" findet sich in der Bezeichnung von Softwareentwicklungen wieder. Es soll eine grundlegende Veränderung der bisherigen Funktionalitäten des Internets vermittelt werden. Dieser Begriff WEB 2.0 wurde erstmalig vom Verleger Tim O'Reilly 2005 geprägt. Nach ihm handelt es sich hier um einen neuen, von vielen unbemerkten zweiten Internet-Boom. Er beschreibt die Entwicklung der DotCom-Blase als Wendepunkt hin zu dem neuen Verständnis des Internets mit seinen vielen neuen Anwendungsmöglichkeiten. In seinem grundlegenden Essay beschreibt er das Internet als Plattform, bei der die Anwender Zugang zu Diensten aller Art vorrangig über das WWW gestalten. Seitdem existieren eine Vielzahl von Begrifflichkeiten um den Begriff WEB 2.0. Schlagwörter in diesem Zusammenhang sind kollaboratives WEB (Mitmach-Web), Demokratisierung des WEB, neuartiges Zusammenwirken von Web-Technologie, Marketingmodell u.v.m.

WEB 2.0 ist keine Neuentwicklung. Es stellt weder ein separates Netz dar, noch bezeichnet es eine spezifische Innovation der Softwareentwicklung. Die Weiterentwicklung der IKT wirkt und erleichtert bzw. verstärkt bestimmte Trends in diesem Umfeld. Hier ist auf den Phasenwandel der Internetentwicklung vom Zugangsboom bis zum Jahre 2000 hin zum Beteiligungs-/Mitmachboom der heutigen Zeit zu verweisen, bei dem noch nie so viele Menschen aktiviert werden konnten, wie es beispielsweise in den Social-Media-Netzwerken in den letzten Jahren erfolgte.

Tim O'Reilly hat 2005 versäumt, eine klare Definition des Begriffes WEB 2.0 zu hinterlegen. Einfach ausgedrückt wird das WEB 2.0 vielfach mit dem Begriff Social-Web gleichgesetzt und kann aus heutiger Sicht definiert werden, als jede Internetseite, auf der die User unter-

---

[5] Bundesministerium für Wirtschaft und Technologie (2009): Studie „Zukunft und Zukunftsfähigkeit der IKT und Medien", Presseinformation vom 05.11.2009
[6] Vgl. Dritter Nationaler IT Gipfel (23.10.2008, „Ergebnisse der Expertenbefragung zur Studie" S. 10
[7] Vgl. Dritter Nationaler IT Gipfel (23.10.2008, „Ergebnisse der Expertenbefragung zur Studie" S. 16

einander Informationen austauschen können. Es ist nicht zu vergleichen mit dem Sender-Empfängermodell aus der WEB 1.0-Ära. Es sind die neuen kollaborativen Funktionalitäten, die es ermöglichen, direkt mit Kunden und Partnern kommunikativ und beidseitig im Dialog in Verbindung zu treten. Somit sind ein direkter Zusammenhang und die entsprechenden Anforderungen an die CRM-Funktionalitäten der Unternehmen zu beschreiben.

Im Weiteren erfolgt die Einordnung des Begriffes WEB 2.0 anhand seiner Kernthesen und der aktuellen Strömungen.

3.1 Kollaboration/Partizipation der User

Dies ist als wesentlicher Bestandteil des neuen WEB 2.0-Konzeptes zu verstehen, dadurch, dass Nutzen durch Beteiligung am Ganzen entsteht. Hier gilt, umso mehr User mitmachen, umso besser werden die Ergebnisse. Die „Nutzbarmachung der Kollektiven Intelligenz" nennt Tim O'Reilly dieses Phänomen. Vgl. auch Metcalfs-Gesetz: Hier wird beschrieben, dass sich der Wert eines Netzwerkes proportional zum Quadrat der daran angeschlossenen Geräte erhöht.[8]

Das WEB 2.0 ermöglicht heute diese Form der Partizipation der User im Gegensatz zum früheren WEB 1.0, dessen statische Webseiten weitestgehend keine Beteiligung der Nutzer zuließen.

3.2 Das Web als Plattform

Darunter ist zu verstehen, dass jeder Nutzer zum Produkt beitragen kann. Änderungen, Ideen und Anwendungen sollen beigetragen werden. Eine Qualitätskontrolle erfolgt nach dem Mechanismus der Community. Ein bekanntes Beispiel ist Wikipedia, da hier als Grundvoraussetzung keine Kosten der User entstehen und die Selbststeuerung der Beiträge aktiv von der Community gesteuert wird (Open Source). Wikipedia ist erst der Anfang eines Prototyps dieser Anwendungen, die eine neue Form der Wertschöpfung generieren. Nach Don Tapscott[9] basieren diese auf vier zentralen Grundsätze, die den herkömmlichen Prinzipien der Wirtschaft diametral entgegenstehen:

<u>Offenheit:</u>
Informationen sind nicht geheim, freier Austausch dieser Informationen, Einbeziehung von Talenten, Ideen und Leistungen von Personen, die nicht dem Unternehmen angehören, z. B. Kunden und Lieferanten.

---

[8] Vgl. Thomas M. Siebel, 2000, „Cyber Rules"
[9] Don Tapscott, 2007, „Wicinomics"

Gleichrangigkeit:
Jeder kann seine Vorstellung einbringen, klassische Hierarchien gibt es nicht mehr, es bilden sich neue Hierarchien heraus, die auf Expertenstatus in der Community beruhen.

Teilen:
Produkte werden getauscht, traditionelle Eigentumsrechte wie Patente und Copyrights werden zunehmend aufgehoben.

Global handeln:
Jeder, der einen Internetzugang hat, kann sich beteiligen, physische oder geografische Grenzen spielen keine Rolle mehr.

Zusammenarbeit in der Gemeinschaft erhöht nach Michael Maier die Wahrscheinlichkeit, Probleme zu lösen.[10] Mathematiker versuchen, die „Weisheit der Masse" mit einer Formel zu beweisen, dem sogenannten Condorcent-Jury-Theorem, welches besagt, je mehr Menschen sich an einer Entscheidung beteiligen, desto besser ist das Ergebnis unter der Voraussetzung, dass die Frage konkret zu beantworten ist und die Mehrheit eher richtig als falsch liegen muss. In diesem Zusammenhang ist auch von der „Weisheit der Vielen" zu sprechen.

3.3   WEB 2.0 Feature Standard Sets

Ungeachtet des Medienhype um Tim O'Reillys Publikation zum Thema WEB 2.0 gab es bereits seit der Jahr-2000-Wende einige Internetdienste, die durch neue Kommunikationsmedien/-plattformen zur Verfügung stehen. Im Folgenden werden hier die Themen Blogging, Tagging und Social Networks beschrieben:

3.3.1   Blogging

Das Führen von digitalen Online-Tagebüchern und deren Veröffentlichung im Internet ist keine neue Entwicklung. Blog steht für kurze und häufig aktualisierte Einträge, die fortlaufend im Internet publiziert werden. Zusätzlich werden Links zu weiteren Seiten und Blogs in der Veröffentlichung integriert, so dass dem Internet-User schnell und übersichtlich viele weitere Nachrichten, Meinungen oder Informationen zu einem bestimmten Thema bereitgestellt werden. Durch weitere technologische Anwendungen, wie RSS-Feeds, können die Blog-Inhalte auch in einem standardisierten Format (XML) weiterverbreitet werden.

Diese Blogs werden durch einzelne Personen oder auch Personengruppen, meist jüngere Internet-User im Alter von ca. 30 Jahren, betrieben.[11] Als bekannteste Suchmaschine für Blogs etablierte sich Technorati. Im Juli 2005 wurden dort mehr als 13 Mio. Blogs gelistet. „Diese Zahl verdoppelt sich zurzeit alle 5 Monate."[12]

---

[10] Michal Maier, 2008, „Die ersten Tage der Zukunft"
[11] Deutsche Bank Research, 22.08.2005, „Economics"
[12] Ebd.

Die Entwicklung der Blogs nahm in den letzten Jahren deutlich an Bedeutung zu, so dass aus einem ehemaligen Online-Tagebuch heute ein Medium geschaffen wurde, welches durchaus Kaufentscheidungen der Kunden beeinflussen kann.

„Eine Gemeinschaftsstudie der PR-Agentur Hotwire mit dem Marktforschungsunternehmen IPSOS vom September 2006 ergab, dass sich in Europa bereits ein Drittel der Internet-Nutzer gegen den Kauf eines Produkts entschieden haben, weil sie zu diesem Produkt einen negativen Eintrag eines anderen Verbrauchers im Internet fanden. Auf der anderen Seite gab rund die Hälfte der Befragten an, ein Produkt eher zu kaufen, wenn sie online eine positive Notiz darüber lesen würden. Insgesamt haben etwa 25 Millionen Menschen in Europa im vergangenen Jahr eine Entscheidung getroffen auf der Basis dessen, was sie in einem Blog oder auf einer Website mit Produktbesprechungen gelesen hatten. Unternehmen und Marken können dieses Ergebnis nicht mehr guten Gewissens ignorieren."[13]

Diese massenmediale Wirkung der Blogs entsteht hierbei durch das Zusammenwirken eines hohen Grades und Intensität der Vernetzung innerhalb der Blog-Community und des Weiteren durch eine ausgeprägte „Suchmaschinenfreundlichkeit", die für eine hohe Platzierung in den Suchergebnissen verantwortlich ist. Als wesentliches Motiv der Blogger wird die Idee des freien Meinungsaustauschs genannt, was auch das Verhältnis zwischen Privatpersonen und Unternehmen neu definiert hat. Hier nahm das 1999 verfasste Cluetrain Manifest[14] der ehemaligen New Economy mit seinen 95 Thesen über das Verhältnis von Unternehmen und ihren Kunden im Rahmen der WEB 2.0-Diskussion einen entscheidenden Einfluss. Es ist davon auszugehen, dass die konsequente Durchsetzung der beschriebenen Thesen in den nächsten Jahren zunehmend die Beziehungsgeflechte von Kunden, Unternehmern und Lieferanten sowie das Internet beeinflussen wird.

„Unternehmen, die nicht begreifen, dass ihre Märkte jetzt von Person zu Person vernetzt sind, daraus resultierend intelligenter werden und sich in Gesprächen vereinen, versäumen ihre beste Chance."[15]

Die Macht der Kunden ist gewachsen, es kann sogar ein einzelner unzufriedener Kunde ein Unternehmen in Bedrängnis bringen, indem er sein virtuelles Netzwerk und die richtigen Publikationskanäle nutzt. Gleiches kann aber auch durch Mitarbeiter der Unternehmen genutzt werden, hier spricht man vom sogenannten *Whistleblowing*. Hierunter ist die Weitergabe und Veröffentlichung von Informationen eines im Unternehmen begangenen Verstoßes zu verstehen.

Laut einer Untersuchung der IPSOS GmbH zeigt sich das Vertrauen der Kunden gegenüber Kundenkommentaren und privaten Meinungen in Blogs bereits an dritter Stelle der veröffentlichten Privatmeinungen.[16]

---

[13] IPSOS GmbH, November 2006, „White Paper-Hotwire Ipsos Studie: Der Einfluss von Blogs in Europa"
[14] Rick Levine, Christopher Locke, Doc Searls: „Das Cluetrain Manifest"
[15] Ebd.
[16] IPSOS GmbH, November 2006, „White Paper-Hotwire Ipsos Studie: Der Einfluss von Blogs in Europa"

Somit sind neue Anforderungen an das moderne Kommunikationsmanagement der Unternehmen entstanden. Zukünftig wird die Wahrnehmung des Unternehmens im Internet über Blogs maßgeblich beeinflusst. Es ist heute schon an der Tagesordnung, dass Kunden ihre Meinung zu Produkten oder Dienstleistungen veröffentlichen (siehe Bewertungsplattformen z. B. eBay, Amazon, Hotelgewerbe, Reiseportale, Energieversorgungsportale wie z. B. Verivox uvm.). Es ist aus Sicht der Unternehmen entscheidend, zukünftig Blogs als aktives Kommunikationsinstrument sinnvoll und nutzbringend einzusetzen. Aktuell ist aber zu beobachten, dass diese Entwicklung nicht vom Management der Unternehmen erkannt wird. Eine von UPS initiierte Studie hat hervorgebracht, dass 57 % der befragten Manager Blogs nicht kennen. 29 % von ihnen haben von Weblogs gehört, lesen und bloggen aber nicht selbst. Aktiv beteiligen sich an Blogs 1 % der befragten Manager.[17] Hier sind die Risiken des WEB 2.0 nicht zu unterschätzen. „Mangelnde Dialogbereitschaft gehört zu den größten Fehlern, die ein Unternehmen begehen kann. Angesichts der Vernetzung der Kunden kann eine Missachtung von Beschwerden, Mängelrügen oder Anfragen sehr schnell nach hinten losgehen."[18]

3.3.2 Tagging

Unter Tagging versteht man im Kontext Web 2.0 die Editierung von Web-Inhalten mittels gemeinschaftlichen Klassifikationen, welche die freie Assoziation zu einem Objekt ermöglichen. Somit kann ein stures Kategoriedenken aufgebrochen werden und neue Vernetzungen von Informationen ermöglichen. Die in diesem Prozess produzierten Sammlungen von Schlagwörtern und Indizes werden auch Folksonomien genannt.

3.3.3 Social Networks

Große soziale Netzwerke, wie z. B. Myspace, Facebook, XING und StudiVZ boomen derzeit im Internet. Es handelt sich um Netzwerkstrukturen, in denen Internet-User ihre eigenen Inhalte veröffentlichen. Hier ergab eine 2009 durchgeführte Studie des Bundesministeriums für Wirtschaft und Technologie, dass „25 % der Internet-User private Communities und 6 % im beruflichen Kontext Communities in Anspruch nehmen. Allerdings zeigt die im Rahmen der vorliegenden Studie durchgeführte Expertenbefragung, dass die Nutzung im Beruf zukünftig eine stärkere Bedeutung erfahren wird."[19]

3.3.4 Weitere Besonderheiten des WEB 2.0 im Vergleich zur 1.0 Version

1. Perpetual Beta Softwareentwicklung:

Als neuartige Erscheinung im WEB 2.0 ist das zunehmende Veröffentlichen von Beta-Software-Versionen zu erkennen. Hier werden Anwendungen bereits veröffentlicht, die

---

[17] UPS, 2005, „UPS Europe Business Monitor", http://www.ebm.ups.com/europe/ebm/ebmxv.html
[18] Martin Knappe, Alexander Kracklauer, 2007, „Verkaufschance Web 2.0"
[19] Bundesministerium für Wirtschaft und Technologie (2009): Studie „Zukunft und Zukunftsfähigkeit der IKT und Medien-Abschlussbericht", S. 28

noch nicht ausgereift sind mit dem Hintergrund, die Internet-Gemeinschaft an der Weiterentwicklung aktiv zu beteiligen und einzubinden.

2. Dynamische Internet-Inhalte:

Waren im WEB 1.0 die Internetseiten noch statisch, so ist im WEB 2.0 eine Dynamisierung der Inhalte zu erkennen. Hier werden die entsprechenden Inhalte erst mit der Anforderung des Internet-Users auf der Internetseite erzeugt. Beispiel Börsenkurse, Wetterdaten oder lokale Informationen zum aktuellen Standort. Auch zählen dazu die Anwendungen, die von ihren Nutzern über das Nutzerverhalten lernen (z. B. Amazon und iTunes). David Weinberger beschreibt hier, „dass es sich für Unternehmen lohnt, wertvolle Informationen freizugeben. Dadurch verlieren sie zwar an Kontrolle, aber das Publikum wird ungleich größer. Die Zukunft gehört Unternehmen, die anderswo produzierte Informationen ergänzen, kommentieren und vernetzen."[20]

3. Einfache Programmier- & Business-Modelle und Mashups:

Anstelle der aufwendigen Programmierung, Entwicklung und Verbreitung von sehr komplexen Technologien hat hier die Einfachheit der Programmierung Vorrang. Ziel dieser serviceorientierten Architektur ist es, dass Systeme schnell und einfach implementiert und genutzt werden können. Beispiel hierfür sind die Apps, die von Apple zur Nutzung auf dem iPhone oder iPod eingesetzt werden. Als Basis dieser Entwicklung haben sich einfache Programmiersprachen (z. B. Ruby) und neue Services wie z. B. AJAX und RSS/Atom entwickelt. Eine neue Innovation ist hierbei die Verbreitung von sogenannten Mashups. Hierunter ist die Kombination bereits vorhandener bestehender Lösungen zu verstehen. Als Beispiel gelten z. B. Google Maps, wo Satellitenfotos in andere Internetseiten eingebunden werden und weitere individuelle Markierungen hinzugefügt werden können.

4. Long-Tail-Produkt-Einbeziehung:

The Long Tail gilt als eines der neuen Schlagwörter der neuen WEB 2.0-Generation. Dieser Begriff wurde 2004 von Chris Anderson geprägt und beschreibt im Wesentlichen, dass Unternehmen als Anbieter im Internet auch mit sogenannten Nischenprodukten Gewinne erwirtschaften können. Chris Anderson beschreibt dieses folgendermaßen:

„Der Long Tail liegt am Ende einer ganzen Reihe von Innovationen, die über ein Jahrhundert zurückreichen – Fortschritte bei der Herstellung, beim Finden, Vertrieb und Verkauf von Waren. Man braucht nur an all die Elemente denken, die nichts mit dem Internet zu tun haben, aber einen Einkauf bei Amazon erst ermöglichen: Paketdienste, standardisierte ISBN-Nummern, Kreditkarten, relationale Datenbanken, ja sogar Strichcodes … Dank Internet können Unternehmen die Verbesserungen so miteinander verknüpfen, dass sich ihre Wirkung vervielfacht. Anders ausgedrückt, das Web vereint die Neuerungen der Wertschöpfungskette aus den vergangenen Jahrzehnten."[21]

---

[20] Weinberger, David; Proß-Gill, Ingrid, 2008, „Das Ende der Schublade. Die Macht der neuen digitalen Unordnung"
[21] Chris Anderson, 2004, „The Long Tail" S. 49

In seinem Buch beschreibt Anderson drei Faktoren, die die Entstehung des Long Tail ausmachen:[22]

Demokratisierung der Produktionsmittel

Produktionsmittel werden allen zur Verfügung gestellt und daraus ergeben sich neue Produkte, wie z. B. bei Wikipedia oder selbst hergestellte Musik, die über das Internet vertrieben werden kann.

Demokratisierung des Vertriebes

Durch das Internet ist es günstiger, mehr Marktteilnehmer zu erreichen, und die Vertriebskosten können reduziert werden, was sich positiv auf die Liquidität des Marktes und somit auf den Konsum auswirkt.

Verbindung von Angebot und Nachfrage

Hier zielt Anderson auf die Minimierung der Suchkosten beim Aufspüren von Nischeninhalten ab. Mit Hilfe des Internets können diese gezielt ohne großen Aufwand lokalisiert werden und somit durch die Auflösung einer verbunden Barriere die Kaufentscheidung beeinflussen.

3.4   Zusammenfassung WEB 2.0

Das WEB 2.0 präsentiert sich verspätet mit der Einlösung der in der New Economy versprochenen Funktionalitäten, kann aber durch die bis heute fortgeschrittene Technologie die bekannten Defizite des WEB 1.0 kompensieren. Zugangsgeschwindigkeiten und Bandbreiten, sowie Zugangskosten (z. B. durch attraktive Flatrates) und die Usability haben sich immens verbessert. Darauf aufbauend entsteht derzeit eine neue Art der Teilhabe am Internet, geprägt durch ein neues soziales Community-Verständnis. So zeigt ein bundesdeutscher Vergleich der Altersverteilung sozialer Netzwerke mit Vergleich mit der Demografischen Verteilung Deutschlands keine signifikanten Unterschiede, so dass in diesem Zusammenhang auch nicht mehr von Zielgruppen, sondern von einem Kulturraum gesprochen wird. [23]

Hier haben sich die Rahmenbedingungen gegenüber Anfang Jahr 2000 deutlich positiv geändert und werden auch genutzt. Statische und schlichte Internetinhalte der WEB 1.0-Generation weichen heute einer dynamischen Darstellung und werden durch die Interaktion der User ständig weiterentwickelt. Blogging entwickelt sich rasant weiter und wird immer populärer und lässt das Themengebiet „soziale Netzwerke" weiter exponentiell wachsen. Anwenderseitig kommt es zu einer Entkoppelung von Hard- und Software, d. h. der klassische Desktop-Rechner wird überflüssig und zunehmend durch weiterentwickelte

---

[22] Ebd. S. 63 ff
[23] Vgl. Kruse, Peter in „Revolution 2.0 – Wie die sozialen Netzwerke Wirtschaft und Gesellschaft verändern"

Apps auf Basis neu entwickelter WEB-Technologien ersetzt. Das Internet wird weiterhin ein steigendes Marktwachstum im Bereich E-Commerce darstellen, Nischenprodukte werden wettbewerbsfähig und entsprechend durch diese neue Form der Veröffentlichung wachsen und steigende Umsätze verzeichnen (The Long Tail).

Begleittechnologien werden weiter konvergieren und neue Anwendungsmöglichkeiten im Internet schaffen. „Trennt man Informationen von ihrem Trägermedium, wird ein neuer wirtschaftlicher Wert freigesetzt und durch allgemeine Standards explodieren Reichweite und Reichhaltigkeit von Informationen."[24]

Aufgrund nun besser funktionierender Geschäftsmodelle im Internet wird das Vertrauen der Kunden in die Internetbranche deutlich steigen und zu einer höheren Nachfrage auch bei heute nicht internetpräsenten Anbietern führen. Dies führt zu einer Wahrnehmung der Selbstverständlichkeit seitens der User und äußert sich auch in der zunehmenden Veröffentlichung von Meinungen zu Produkten und Dienstleistungen der Anbieter. Unternehmen werden angesichts dieser rasanten Entwicklung, soweit sie noch keine WEB 2.0-Aktivitäten verfolgen als sogenannte Late Majority grundlegende Veränderungen ihrer Geschäftsmodelle, soweit sie dieser Entwicklung folgen können, zu erwarten haben.

In einer neuen Netzwerkökonomie, die auf Innovation und gemeinsame Wertschöpfung aufbaut, werden neue Spielregeln des Miteinanders im Sinne neuer Kooperationen und Allianzen zu erwarten sein. Das Cluetrain Festival wird maßgeblich die Handlungen der jeweiligen Akteure beeinflussen und die Forschungsergebnisse der Komplexitätstheorie werden Einzug in den Unternehmensalltag halten. Bestätigt werden diese Annahmen durch eine vom Bundesministerium für Wirtschaft und Technologie initiierte Studie zur Zukunft der Informationsgesellschaft[25] und der Reaktionen der Kunden, die ein Produkt oder eine Dienstleistung nicht in Anspruch nehmen, nachdem sie im Internet negative Kommentare oder Kritiken privater Nutzer oder Kunden gelesen haben.

---

[24] Vgl. Evans, Philip; Wurster, Thomas S (2000): „Web-Attack. Strategien für die Internet-Revolution"
[25] Vgl. Bundesministerium für Wirtschaft und Technologie (2009): Studie „Zukunft und Zukunftsfähigkeit der IKT und Medien", Presseinformation vom 05.11.2009

CRM und Web 2.0

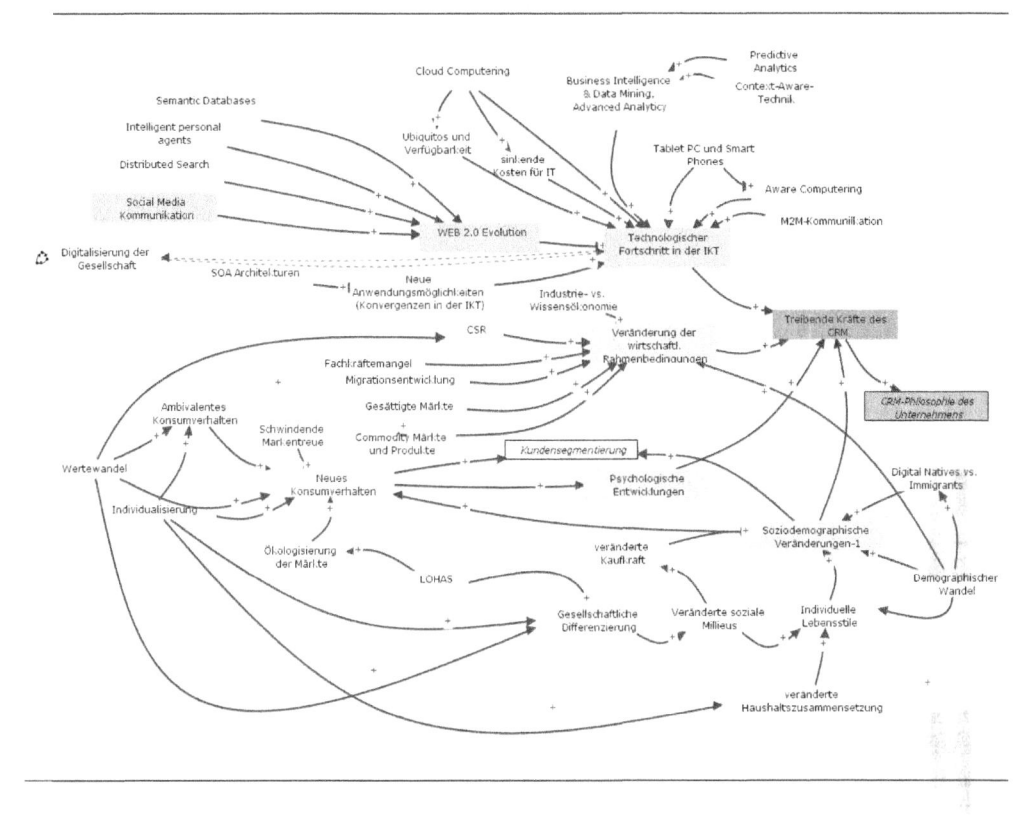

Abbildung 3.1 Ausgewählte Einflussfaktoren auf CRM

Die durch das WEB 2.0 ausgelöste Entwicklung bedeutet auch, dass im Rahmen eines gesamtheitlichen CRM-Management-Ansatzes zukünftig völlig veränderte Aufgabenstellungen in den Unternehmen zu bewältigen sind. Die treibenden Kräfte des CRM sind in **Abbildung 3.2** auszugsweise dargestellt.

So ist in der vorliegenden Wirkungskette eine verstärkende Wirkung der WEB 2.0-Entwicklungen, insbesondere im Bereich Social-Media-Kommunikation, getrieben durch den technologischen Fortschritt der IKT, als auch aus dem sich veränderten Konsumverhalten der Kunden zu erkennen.

Die sich gegenseitige Beeinflussung und der Zusammenhang der Faktoren „Technologischer Fortschritt der IKT" und „Digitalisierung der Gesellschaft" ist in **Abbildung 3.2** detailliert beschrieben:

Abbildung 3.2 Wirkungen der Digitalisierung

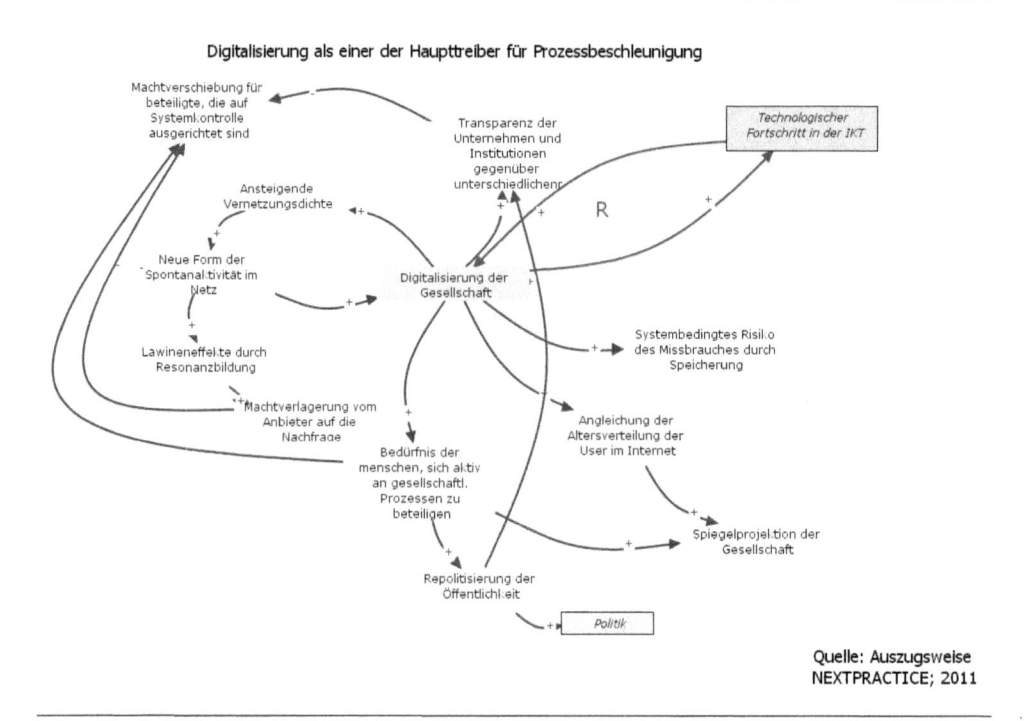

Quelle: Auszugsweise NEXTPRACTICE; 2011

4 Praxisbeispiel

Anhand einer Bewertungsmatrix können ausgewählte WEB 2.0-Funktionalitäten hinsichtlich ihrer Relevanz und ihrer Trendentwicklung für einen zu untersuchenden Bereich ausgewertet werden. Diese Bewertungsmatrix ist hier in diesem Beispiel getrennt nach möglichen Auswirkungen für das Produktmanagement (Product-life-circle-Management-Ansatz) und dem klassischen Marketing-/ PR-Management aufgeführt. Aus dieser Bewertung lassen sich dann im Folgenden Handlungsoptionen ableiten, die mit konkreten Maßnahmen belegt werden können.

4.1 Muster Bewertungsmatrix

WEB 2.0 Features	Relevanz im Sinne Produktmanagement		Relevanz im Sinne Marketing und PR		Einschätzung, Bewertung, Hinweise
		Trend		Trend	
Kollaboration					
Blogging					
Tagging					
Social Networking					
Perpetual-Beta-SW-Entwicklung					
Dynamische WEB-Inhalte					
Einfache Programmier- & Businessinhalte					
Long-Tail-Nischenangebote					
Weitere Funktionalitäten					

Bewertung: + hohe Relevanz Trend: ↑ stark wachsend   ↗ wachsend   → neutral
            0 neutral   ↘ fallend   ↓ stark fallend
            - nicht relevant

Am Beispiel eines Energieversorgungsunternehmen (EVU) ist dargestellt, welche aktuellen Einflüsse die neue WEB 2.0-Entwicklung und -Generation auf den Bereich E-Commerce und die Auslagerung der Geschäftsprozesse ins Internet haben können.

Bewertungsmatrix EVU:

WEB 2.0 Features	Relevanz Produktmanagement		Relevanz Marketing und PR		Einschätzung, Bewertung, Hinweise
		Trend		Trend	
Kollaboration	0	→	0	→	Eine Kollaboration im B2C- sowohl B2B-Markt ist derzeit noch nicht relevant. Die Branche bietet i.d.R. B2C vorzugsweise Commodity-Produkte an. Inwieweit B2B-Produkte zukünftig durch Kollaboration entstehen, bleibt abzuwarten.
Blogging	+	↗	+	↑	Zunehmend bilden sich themenspezifische Blogs, die sich mit dem Thema Energieversorgung beschäftigen, z. B. www.Utopia.de und www.Lohas.de. Kundenerfahrungen mit Versorgungsunternehmen werden zunehmend öffentlich diskutiert.
Tagging	-	↘	-	↘	Tagging wird in dieser Einschätzung auf absehbare Zeit keinen großen zu beeinflussenden Trend bewirken und wird somit im Weiteren nicht weiter ausgeführt.
Social Networking	+	↗	+	↑	Bestehende Plattformen und Verbraucherportale wie Facebook, VERIVOX, u.v.m. wachsen rasant an und erweitern die Kommunikationsmöglichkeiten radikal. Eine Bündelung der Nachfrageseite kann aus Gesichtspunkten der Komplexitätsforschung Auswirkung auf das Business haben. Auch ist ein neues Verbraucherverständnis zum Thema Klimaschutz und Corporate Social Responsibility zu erwarten.
Perpetual Beta; SW-Entwicklung	-	→	-	→	Im betrachteten Unternehmen werden keine Softwareanwendungen produziert. Intern werden Standardsoftwareanwendungen eingesetzt.
Dynamische WEB-Inhalte	+	↗	+	↑	Customer-Self-Services-Angebote werden zunehmend von Kunden wahrgenommen und müssen im Sinne der Geschäftsprozessoptimierung weiterentwickelt werden (z. B. Bereitstellung von Verbrauchsstatistiken). Auch interne Prozesse können mit der neuen Technologie unterstützt werden.
Einfache Programmier- & Businessinhalte	+	↗	+	↑	Kombiprodukte wie z. B. Contracting-Lösungen werden auf der Nachfrageseite zunehmen und das Produktmanagement mit beeinflussen. In Kombination mit dynamischen WEB-Inhalten muss die Internetpräsenz mit dieser Entwicklung standhalten.
Long-Tail Nischenangebote	+	↑	+	↗	Besondere Nischenangebote werden hier zunehmend eine wesentliche Rolle spielen. Hier sind neue Produktentwicklungen, wie z. B. CO_2-neutrale Energie- und gegebenenfalls Cross-Selling-Angebote zu nennen. Über den Ausbau eines bundesweiten Vertriebs über das Internet wird dieses Segment zunehmend an Bedeutung gewinnen.

Bewertung: + hohe Relevanz   Trend: ↑ stark wachsend   ↗ wachsend   → neutral
0 neutral   ↘ fallend   ↓ stark fallend
- nicht relevant

Anhand einer durchgeführten SPOT-Analyse[1] soll einfach die aktuelle Einschätzung des Themas WEB 2.0 für das EVU dargestellt werden. Aus dieser Analyse ergeben sich ein möglicher Entwicklungs- und Handlungsbedarf für das EVU.

4.2 SPOT-Analyse WEB 2.0 für EVU[2]

	Satisfactions	Problems
Gegenwart	- GPO[3] aller Kernprozesse ist gegeben - Alle geschäftskritische Prozesse sind erfasst, dokumentiert und werden durch eine entsprechende IT-Anwendung unterstützt (BPM-Technologie)[4] - CSS[5]-Anwendungen erlauben es den Kunden, ihre Auftragsabwicklung über das Internet abzuwickeln - IT-Ressourcen (integrierte Hard- & Software und Mitarbeiter-Know-how) vorhanden	- Derzeit kein aktives Monitoring im WEB 2.0, z. B. der Bloggingszene, Social Networking etc. - Zu wenige Kunden nutzen bisher die angebotenen Möglichkeiten der CSS-Features - Produktprogramm derzeit sehr schmal - Cross-Selling-Aktivitäten werden derzeit kaum genutzt - EVU-Branche leidet derzeit an negativer Kundenwahrnehmung und Image - Hohe Wechselbereitschaft der Kunden
	Opportunities	Threats
Zukunft	- Weiterentwicklung der CSS-Features - Aktives Marketing im Social Network etablieren - Markenentwicklung über WEB 2.0 ausbauen - Individuelle Produktangebote im WEB 2.0 mit aktiver Kundenbeteiligung entwickeln (Produktmanagement) - Angebot Cross-Selling ausbauen (gegebenenfalls Nischenprodukte für spezielle Kundengruppen wie z. B. LOHAS[6])	- Negative Kundenfeedbacks im Web (Social Network), hier insbesondere in Verbraucherportalen können geschäftskritische Auswirkung haben - Gefahr eines Imageschadens über Social Networks ist gegeben - Kundenabwanderung, weil Konkurrenten attraktive WEB-Angebote anbieten
	Positive	Negative

---

[1] SPOT = Satisfactions, Problems, Opportunities and Threats
[2] betrachtetes EVU hier: Fa. Musterbeispiel
[3] GPO = Geschäftsprozessoptimierung
[4] BPM = Business Process Management
[5] CSS = Customer Self Services
[6] LOHAS = Lifestyle Of Health And Sustainability

5 Abgeleitete Handlungsempfehlungen

Die aktuelle Entwicklung im WEB 2.0 sollte im herkömmlichen Marketing und Produktmanagementbereich des EVUs unbedingt berücksichtigt und wahrgenommen werden. Das Aufgabengebiet bzw. „Field of work" sollte entsprechend der neuen Aufgabenstellungen aus dem WEB 2.0-Umfeldumstrukturiert bzw. angepasst werden.

Durch eine neue Partizipation der Kunden an der Produktentwicklung sind zunehmend neue Produkte am Markt gefordert. Diese können nach neuen Kundensegmenten aufgelegt werden. Ab dem Jahre 2011 haben sich die sogenannten Sinus Milieus als „strategische Landkarte" auch der Gruppe der Sozialökologischen angenommen. Es sind insbesondere die „grünen Produkte", die besondere Aufmerksamkeit der Kunden aus dem Internet anziehen (LOHAS Szene). Das WEB 2.0 bietet hier die geeignete Plattform, diese Produkte zu vermarkten und zu bewerben. Einfache Programme (APPS), z. B. zur eigenen Berechnung des CO_2-Verbrauches, können einen individuellen Kundennutzen erzeugen und eine Time-to-Market Stellung des Unternehmens behaupten[7].

Die aktive Verfolgung der Blogging-Szene ist im Weiteren unbedingt zu empfehlen und kann marketingtechnisch für die Öffentlichkeitsarbeit (PR) eingesetzt werden. Es sind insbesondere die Kundenrückmeldungen in den entsprechenden Verbraucherportalen, wie z. B. Verivox, kritisch und intensiv zu beobachten. Eine Vorgehensweise, geprägt von einer vorsichtigen Heranführung zum Mitmachen und Einfühlen in die neue Netzwerkdynamik ist dabei vorzuziehen.

Dynamische Customer-Self-Service-Angebote sind konsequent auszubauen und hinsichtlich der Usability weiter zu optimieren. Bei den vorgeschlagenen Handlungsoptionen sind sowohl der Bereich B2C und B2B zu berücksichtigen.

In jedem Fall sind die vorgeschlagenen Handlungsempfehlungen als WEB 2.0-Strategie-Impuls in Ergänzung zur Marketingstrategie des Unternehmens in die zukünftige CRM-Strategie zu implementieren. Unterstützende Wirkungen sind in **Abbildung 5.1** dargestellt:

---

[7] Begleitende notwendige und fördernde Maßnahmen aus Sicht des Corporate Social Response (CSR) Umfeldes sind hierbei gesondert zu betrachten und zu bewerten.

Abbildung 5.1 Einflussfaktoren auf die CRM-Strategie

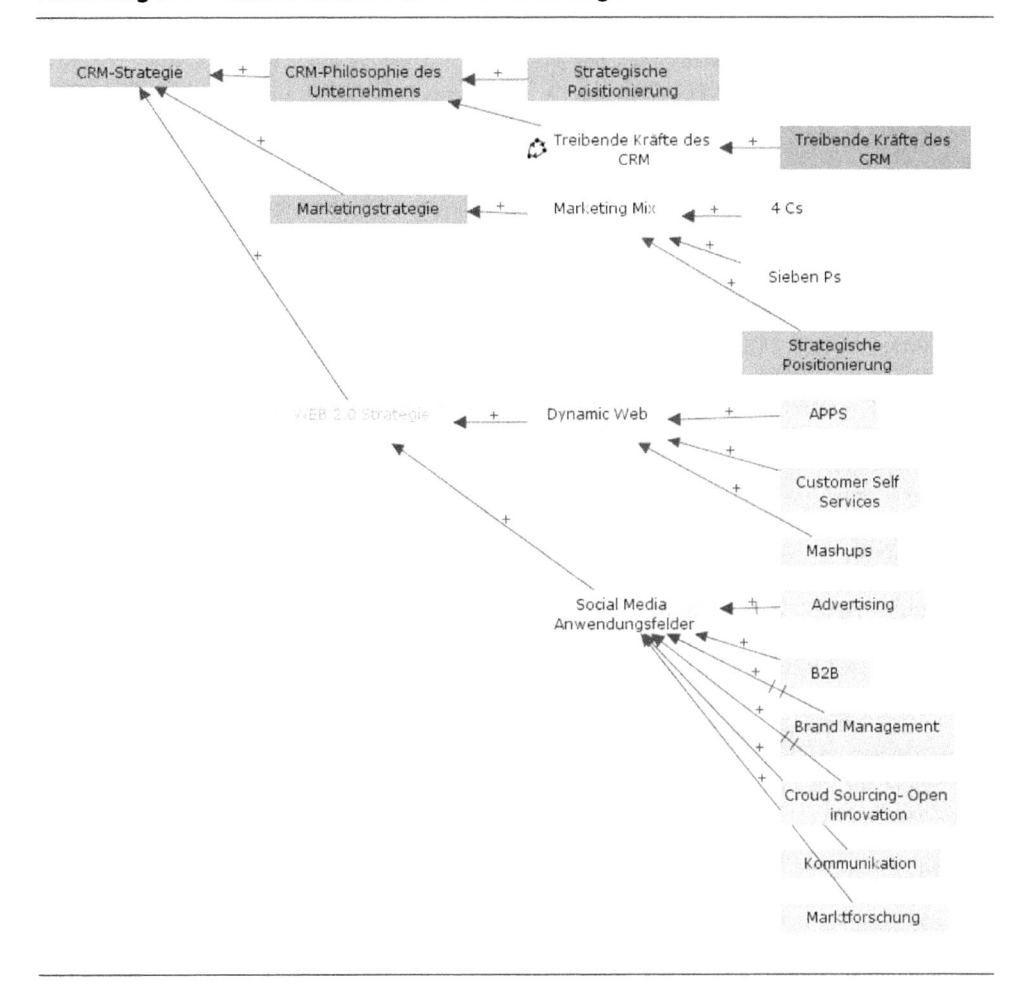

- CRM-Strategie
- CRM-Philosophie des Unternehmens
- Strategische Poisitionierung
- Treibende Kräfte des CRM
- Treibende Kräfte des CRM
- Marketingstrategie
- Marketing Mix
- 4 Cs
- Sieben Ps
- Strategische Poisitionierung
- WEB 2.0 Strategie
- Dynamic Web
- APPS
- Customer Self Services
- Mashups
- Social Media Anwendungsfelder
- Advertising
- B2B
- Brand Management
- Croud Sourcing- Open innovation
- Kommunikation
- Marktforschung

Literatur

[1] ANDERSON, CHRIS (2007): The long tail. Nischenprodukte statt Massenmarkt ; das Geschäft der Zukunft = Der lange Schwanz. München: Hanser.

[2] BUNDESMINISTERIUM FÜR WIRTSCHAFT UND TECHNOLOGIE (2009): Studie Zukunft und Zukunftsfähigkeit der IKT und Medien: online verfügbar unter: www.bmwi.de/BMWi/Redaktion/PDF/Publikationen/Technologie-und-Innovation/studie-zukunftsfaehigkeit-der-deutschen-ikt,property=pdf,bereich=bmwi,sprache=de,rwb=true.pdf

[3] DEUTSCHE BANK RESEARCH: Economics – Digitale Ökonomie und struktureller Wandel. DotCom-Crash: Talsohle in Deutschlad durchschritten. Pressemitteilung vom 15.08.2003. Online verfügbar unter www.dbresearch.de.

[4] DEUTSCHE BANK RESEARCH: New Economy, Version 2.0. Wachstum über Potential setzt sich 2006/2007 fort. Pressemitteilung vom 24.05.2006. Online verfügbar unter www.dbresearch.de.

[5] EVANS, PHILIP; WURSTER, THOMAS S (2000): Web-Attack. Strategien für die Internet-Revolution. München: Hanser.

[6] GILLIES, CONSTANTIN (2003): Wie wir waren. Die wilden Jahre der Web-Generation. Weinheim: Wiley-VCH.

[7] IPSOS GMBH: White Paper Hotwire Ipsos Studie. Der Einfluss von Blogs in Europa. Pressemitteilung vom November 2006. Online verfügbar unter www.ipsos.de.

[8] KNAPPE, MARTIN; KRACKLAUER, ALEXANDER (2007): VERKAUFSCHANCE Web 2.0. Dialoge fördern, Absätze steigern, neue Märkte erschließen. Wiesbaden: Betriebswirtschaftlicher Verlag Dr. Th. Gabler | GWV Fachverlage GmbH (Springer-11775 /Dig. Serial]).

[9] KRUSE, PETER (2010): Revolution 2.0 – Wie die sozialen Netzwerke Wirtschaft und Gesellschaft verändern: Online verfügbar unter www.social-media-revolution.de

[10] LEVINE, RICK; VOGEL, RALF (2000): Das Cluetrain-Manifest. 95 Thesen für die neue Unternehmenskultur im digitalen Zeitalter. 1. Aufl. München: Econ-Verl. (Business-Paperback).

[11] MAIER, MICHAEL (2008): Die ersten Tage der Zukunft. Wie wir mit dem Internet unser Denken verändern und die Welt retten können. 1. Aufl. München: Pendo.

[12] Studie zur Zukunft der Informationsgesellschaft veröffentlicht. Internationale Delphistudie zur Zukunft von IT, Telekommunikation und Medien veröffentlicht / Trends für die Informations- und Kommunikationstechnologien (IKT) und Medien bis zum Jahr 2030/Handlungsempfehlungen für Politik und Wirtschaft. Pressemitteilung vom 05.11.2009. Online verfügbar unter http://www.muenchnerkreis.de/typo3conf/ext/naw_securedl/secure.php?u=0&file=fileadmin/dokumente/Pressemitteilungen/091105_PM_Zukunftsstudie.pdf&t=1257503567

[13] Münchner Kreis; EICT, Deutsche Telekom TNS Infratest (2009): Zukunft & Zukunftsfähigkeit der deutschen Informations- und Kommunikationstechnologie Abschlussbericht der ersten Projektphase. Internationale Delphistudie zur Zukunft von IT, Telekommunikation und Medien veröffentlicht / Trends für die Informations- und Kommunikationstechnologien (IKT) und Medien bis zum Jahr 2030/Handlungsempfehlungen für Politik und Wirtschaft. Herausgegeben von Münchner Kreis und Deutsche Telekom TNS Infratest EICT. Online verfügbar unter http://www.bmwi.de/BMWi/Redaktion/PDF/Publikationen/Technologie-und-Innovation/studie-zukunftsfaehigkeit-der-deutschen-ikt,property=pdf,bereich=bmwi,sprache=de,rwb=true.pdf.

[14] ARD/ZDF: ARD/ZDF-Onlinestudie 2009. Nachfrage nach Videos und Audios im Internet steigt weiter. 67 Prozent der Deutschen sind online. Pressemitteilung vom 27.05.2009. Online verfügbar unter http://www.ard-zdf-onlinestudie.de/index.php?id=165.

[15] SIEBEL, THOMAS M; HOUSE, PAT (2000): Cyber rules. Die neuen Regeln für Spitzengewinne im E-Business. Landsberg/Lech: MI Verl. Moderne Industrie.

[16] Statistisches Bundesamt (November 2009): Informationsgesellschaft in Deutschland Ausgabe 2009. Herausgegeben von Statistisches Bundesamt. Wiesbaden. Online verfügbar unter https://www-ec.destatis.de/csp/shop/sfg/bpm.html.cms.cBroker.cls?CSPCHD=05r0000100004i25sjIE000000rsjY8wDwWIHnjrSuWMgPIw--&cmspath=struktur,vollanzeige.csp&ID=1024938.

[17] TAPSCOTT, DON; WILLIAMS, ANTHONY D (2009): Wikinomics. Die Revolution im Netz. München: dtv (dtv Sachbuch, 34564).

[18] UPS: UPS Europe Business Monitor XVII. Pressemitteilung vom 2008. Online verfügbar unter http://www.ebm.ups.com/europe/ebm/index.html.

[19] WEINBERGER, DAVID; PROß-GILL, INGRID (2008): Das Ende der Schublade. Die Macht der neuen digitalen Unordnung. München: Hanser.

Autor

JOHN-UWE SCHERBERICH, Organisationsentwickler, Scherberich Consulting.

Vertriebssteuerung durch operative CRM-Systeme: Anwendungsstand und Nutzenpotenziale in der betrieblichen Praxis

Hagen J. Sexauer und Marc Wellner

1	Problemstellung und Zielsetzung	101
2	Allgemeine Merkmale und Anwendungsstand in den Unternehmen	102
3	Determinanten des Einsatzes von CAS-Systemen	105
4	Beurteilung von CAS-Systemen	106
5	Bedeutung und Realisationsgrad der Verwendungszwecke	108
6	Schnittstellen von CAS-Systemen zu EDV-Systemen	109
7	Fazit	111
Literatur		112
Autoren		112

1 Problemstellung und Zielsetzung

War die Projektlandschaft vieler Unternehmen noch bis vor Kurzem von umfassenden prozessorientierten, abteilungs- sowie funktionsbereichsübergreifenden CRM-Projekten geprägt, ist indessen vielerorts Ernüchterung eingekehrt. Die Gründe für das Scheitern von CRM-Einführungen sind vielfältig und können häufig zurückgeführt werden auf mangelndes Engagement des Top-Managements, nicht oder nur schwer operationalisierbare Zieldefinitionen seitens der Projektleitung, aber oft auch auf zu hohe Erwartungen, die an CRM-Systeme gestellt werden (vgl. Kehl/Rudolph 2001, S. 259 ff.). Hinzu kommt die angespannte wirtschaftliche Lage, die die Ziele von CRM-Projekten ebenfalls kontakarieren.

Vor diesem Hintergrund rücken in jüngster Zeit insbesondere RoI-getriebene CRM-Projekte, die zu messbaren Quick-Wins führen, in den Vordergrund unternehmenspolitischer Bemühungen. Dabei wird dem Funktionsbereich Vertrieb im Allgemeinen und der Vertriebssteuerung im Besonderen eine hohe Bedeutung beigemessen, da sich hier Ziele vergleichsweise leicht operationalisieren und somit Erfolge bzw. Misserfolge bereits nach kurzer Zeit nachweisen lassen.

Die sogenannten Computer Aided Selling (CAS)-Systeme, die der Gruppe der operativen CRM-Systeme zugeordnet werden können (vgl. Schwede/Spies 2001, S. 23) und als funktionale Teillösungen in den Unternehmen zum Einsatz kommen, sind auf die Analyse, Planung, Durchführung und Steuerung von Vertriebsprozessen ausgerichtet (vgl. grundlegend Link/Hildebrand 1993). Ihr Einsatzspektrum reicht von unterschiedlichen Kundenanalysen/-selektionen und Zielplanungen über Produktpräsentations-, -konfigurations sowie Auftragserfassungsmöglichkeiten bis hin zur Nachbearbeitung und Auswertung von Kundenkontakten (vgl. z. B. Hippner/Martin/Wilde 2001, S. 33, Sexauer 2001, S. 194). CAS-Systeme stehen in der Regel Außendienstmitarbeitern auf mobilen Endgeräten wie z. B. Notebooks, PDA's etc. zur Verfügung (Mobile Computing) und sind häufig über eine Schnittstelle mit unternehmensinternen Vertriebs- oder CRM-Front-Office-Systemen verbunden (vgl. Amberg/Schuhmacher 2002, S. 25).

In Anbetracht der Eignung von CAS-Systemen zur Steuerung und Kontrolle von Vertriebsaktivitäten stellt sich in diesem Zusammenhang nicht nur die Frage nach dem Anwendungsstand derartiger Informationssysteme in deutschen Großunternehmen, sondern ebenfalls die Frage nach der Ausschöpfung der Nutzenpotenziale sowie der informationstechnologischen Integration der im Einsatz befindlichen CAS-Systeme. Aus diesem Grund wurde vom Lehrstuhl Entwicklung betrieblicher Informationssysteme der Johann Wolfgang Goethe-Universität Frankfurt am Main eine Untersuchung durchgeführt, in deren Rahmen die 1.650 umsatzstärksten Unternehmen Deutschlands über die o.g. Sachverhalte befragt wurden. Die Rücklaufquote der Erhebung betrug, bezogen auf die auswertbaren Fragebögen, 9,5 %, was die Repräsentativität der Ergebnisse durchaus gewährleistet. Die wichtigsten Erkenntnisse dieser Untersuchung werden im Folgenden vorgestellt.

2 Allgemeine Merkmale und Anwendungsstand in den Unternehmen

Allgemeine Unternehmensmerkmale

Der durchschnittliche Umsatz der an der empirischen Untersuchung teilnehmenden Unternehmen liegt bei etwas über 3 Mrd. EUR. Hinsichtlich der Verteilung der Mitarbeiterzahl auf fünf Größenklassen ergibt sich folgendes Bild (vgl. **Abbildung 2.1**): Jeweils 25 % der Unternehmen befinden sich in den beiden Größenklassen „bis zu 500 Mitarbeiter" und „500 bis 1000 Mitarbeiter". Mit 33 % ist die Größenklasse „1.000 bis 5.000 Mitarbeiter" am stärksten repräsentiert, während sich in der Gruppe „5.000 bis 10.000 Mitarbeiter" 10 % bzw. in der Klasse mit mehr als 10.000 Mitarbeiter 6 % der befragten Unternehmen befinden. Im Branchendurchschnitt beschäftigen die antwortenden Unternehmen 7.040 Mitarbeiter.

Abbildung 2.1 Größe der Unternehmen nach Mitarbeitern

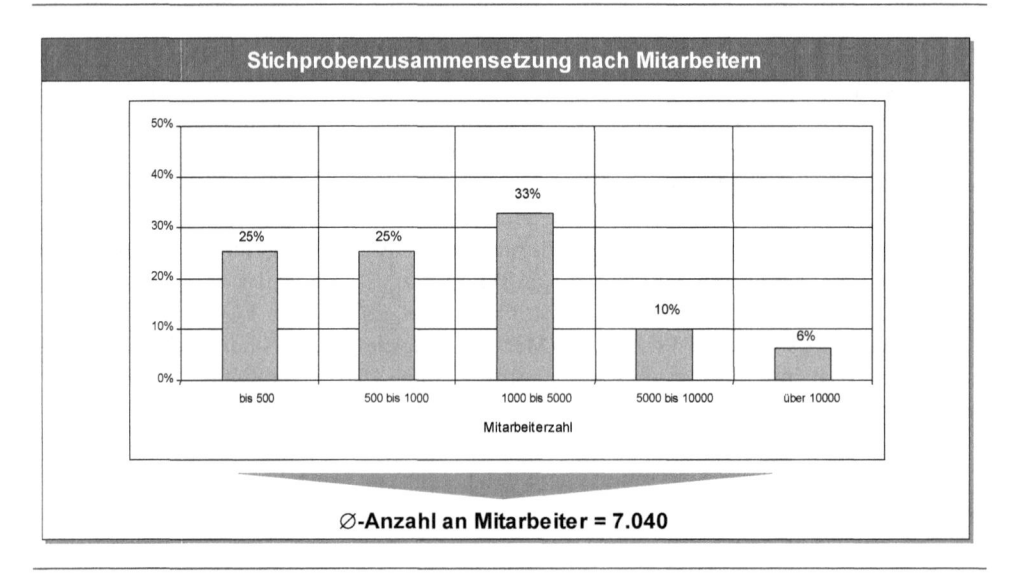

Eine Differenzierung der antwortenden Unternehmen nach Branchen ergibt folgende Aufteilung (vgl. **Abbildung 2.2**):

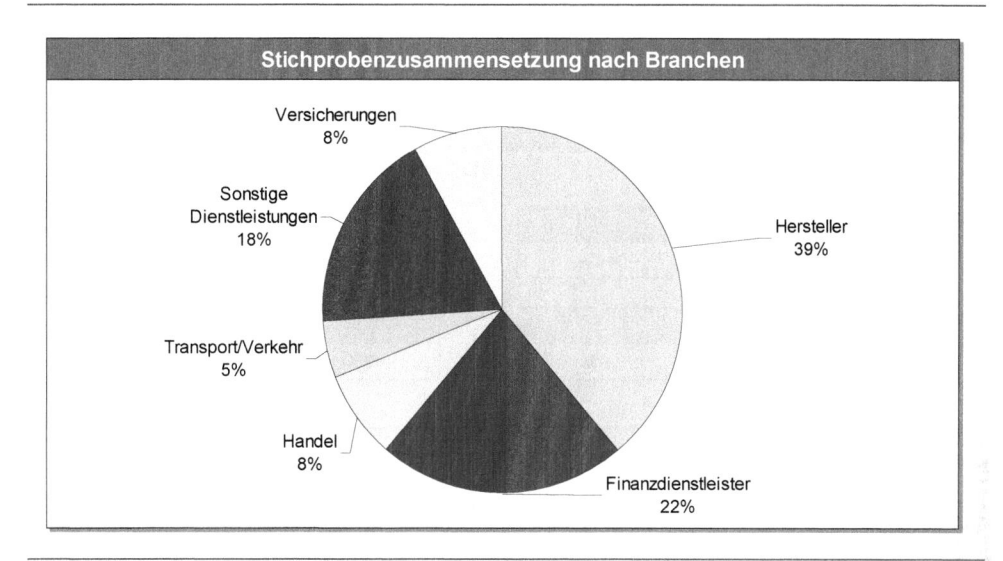

Abbildung 2.2   Verteilung der Unternehmen auf Branchen

Stichprobenzusammensetzung nach Branchen
- Hersteller 39 %
- Finanzdienstleister 22 %
- Handel 8 %
- Transport/Verkehr 5 %
- Sonstige Dienstleistungen 18 %
- Versicherungen 8 %

Die Herstellerbetriebe machen 39 % der Stichprobe aus, gefolgt von den Finanzdienstleistungsunternehmen (22 %) und den Sonstigen Dienstleistungsbetrieben (18 %). Während die Handels- und die Versicherungsunternehmen jeweils 13 % der Stichprobe umfassen, liegt der Anteil der Unternehmen aus dem Transport/Verkehrssektor bei lediglich 5 %.

Bezüglich der durchschnittlichen Mitarbeiterzahl ergeben sich folgende branchenspezifischen Durchschnitte: Im Finanzdienstleistungsbereich werden innerhalb der Stichprobe 1.675, im Handel 7.321, im Sonstigen Dienstleistungsbereich 2.245, im Transport und Verkehr 1.943 und im Versicherungsbereich durchschnittlich 3.722 Mitarbeiter beschäftigt. Die Herstellerbetriebe weisen in diesem Zusammenhang mit durchschnittlich 13.883 Beschäftigten die meisten Mitarbeiter auf.

Darüber hinaus wurde die Stichprobe nach der Zugehörigkeit zu Unternehmensebenen aufgeteilt (vgl. **Abbildung 2.3**). Dabei rechnen sich etwa zwei Drittel (61 %) der Befragten den ersten drei Führungsebenen zu, womit die Stichprobe das Ziel, möglichst Antworten von Entscheidern aus den oberen Führungsebenen zu erhalten, erfüllt.

Auf der Ebene des operativen Managements finden sich 5 % in der Position der Gruppenleiter und 3 % im Support. 8 % der Antwortenden rechnen sich einer Stabstelle zu, während 6 % der Respondenten der Kategorie „Sonstiges" zugeordnet werden können. 17 % machten hierzu keine Angaben.

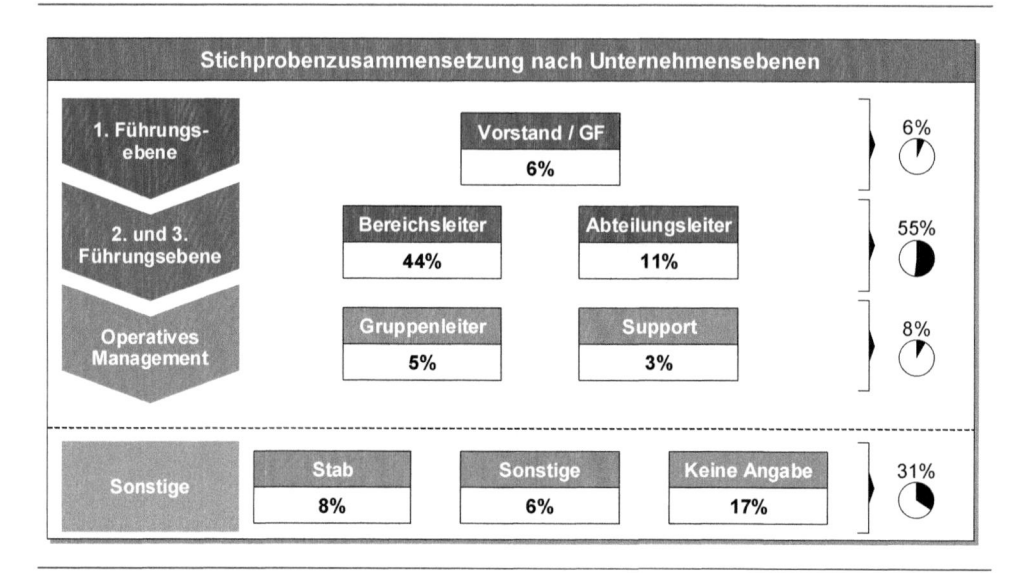

Abbildung 2.3 Verteilung der Antwortenden auf Unternehmensebenen

Stichprobenzusammensetzung nach Unternehmensebenen

Unternehmensebene			Anteil
1. Führungsebene	Vorstand / GF 6%		6%
2. und 3. Führungsebene	Bereichsleiter 44%	Abteilungsleiter 11%	55%
Operatives Management	Gruppenleiter 5%	Support 3%	8%
Sonstige	Stab 8%	Sonstige 6% / Keine Angabe 17%	31%

Anwendungsstand von CAS-Systemen

43 % der Respondenten setzen CAS-Systeme ein, wobei 21 % den zukünftigen Einsatz planen (vgl. **Abbildung 2.4**). Das bedeutet, dass etwa zwei Drittel der Befragten in naher Zukunft über ein solches System verfügen werden. Während 25 % sich bisher nicht mit der Implementierung von CAS-Systemen auseinander gesetzt haben, erachten 11 % die Nutzung dieser Informationssysteme für ihr Unternehmen als nicht sinnvoll. Kein Unternehmen hat den CAS-Systembetrieb wieder aufgegeben.

Eine Betrachtung differenziert nach Branchen zeigt, dass CAS-Systeme am häufigsten von *Versicherungsunternehmen* (62 %) und von Betrieben aus dem *Transport- und Verkehrssektor* (57 %) eingesetzt werden, während etwa jeder zweite *Hersteller* (49 %) ein solches System nutzt. An vierter Stelle folgen die *Finanzdienstleistungsunternehmen* mit einer Einsatzquote von 41 %, wobei 33 % der *Sonstigen Dienstleistungsunternehmen* und 31 % der *Handelsbetriebe* CAS-Systeme verwenden.

Abbildung 2.4 Anwendungsstand von CAS-Systemen in den Unternehmen

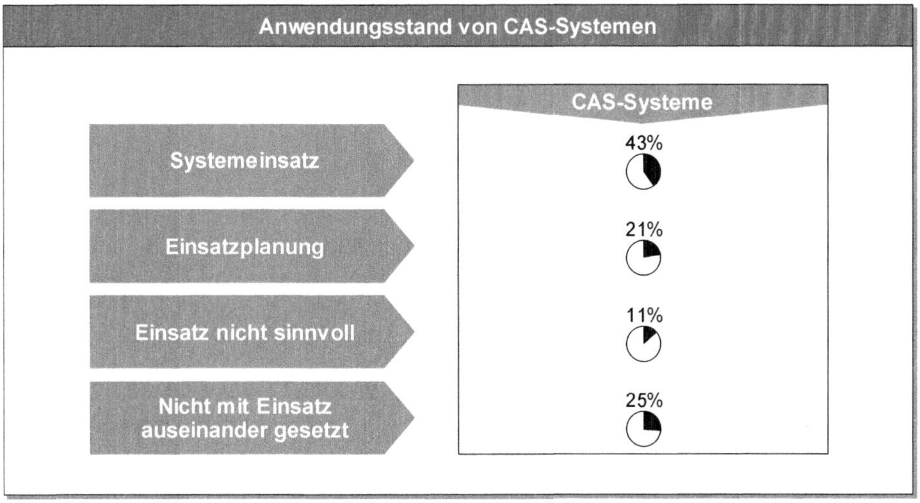

Anwendungsstand von CAS-Systemen

CAS-Systeme
- Systemeinsatz: 43%
- Einsatzplanung: 21%
- Einsatz nicht sinnvoll: 11%
- Nicht mit Einsatz auseinander gesetzt: 25%

3 Determinanten des Einsatzes von CAS-Systemen

Mittels einer Korrelationsanalyse wurde zunächst untersucht, welche Unternehmensmerkmale wichtige Determinanten des Einsatzes von CAS-Systemen darstellen. Mit anderen Worten wird dabei der Frage nachgegangen, durch welche Merkmale sich Unternehmen auszeichnen, die bereits CAS-Systeme einsetzen.

Es zeigte sich, dass insbesondere solche Unternehmen derartige Systemkonzeptionen einsetzen, die dem Wettbewerbsmerkmal *Schnelligkeit der Produktentwicklung/-konstruktion* (r (Korrelationskoeffizient) = 0.18; p (Signifikanzniveau) = 0.03) eine überdurchschnittlich hohe Bedeutung beimessen.

Im Hinblick auf die im Einsatz befindlichen Distributionskanäle ist ersichtlich, dass vor allem Unternehmen, die ihre Produkte über ihre Außendienstmitarbeiter vertreiben, verstärkt CAS-Systeme nutzen (r = 0.20; p = 0.01). Dieser Sachverhalt erscheint plausibel, liegt doch der Einsatzschwerpunkt der CAS-Systeme in erster Linie auf der Unterstützung operativer Vertriebsaktivitäten der Außendienstmitarbeiter.

Unternehmen, die dem World-Wide-Web-bezogenen Kundenkontakt eine hohe Relevanz zuerkennen, sind ebenfalls durch eine überdurchschnittlich hohe Nutzung von CAS-Systemen gekennzeichnet (r = 0.17; p = 0.04).

Abschließend wurde im Rahmen der Korrelationsanalyse der Frage nachgegangen, welche mit dem CRM verbundenen Ziele die Nutzung von CAS-Systemen besonders beeinflussen. Dabei zeigte sich, dass insbesondere die *Beziehungsverlängerung* bereits bestehender Kunden (r = 0.17; p = 0.03), die *Selektion aussichtsreicher Kunden* (r = 0.18; p = 0.02) sowie die *Erringung strategischer Wettbewerbsvorteile* (r = 0.18; p = 0.02) durch derartige Systeme angestrebt werden.

4 Beurteilung von CAS-Systemen

Verwendungszwecke von CAS-Systemen

Gemessen mittels einer siebenstufigen Ratingskala (1 = keine Bedeutung bis 7 = höchste Bedeutung) ergaben sich folgende branchenübergreifenden Einschätzungen zu möglichen Verwendungszwecken von CAS-Systemen (vgl. **Abbildung 4.1**): In ihrer Bedeutung dominierten mit Abstand die *Selektion der erfolgversprechendsten Kunden/Zielgruppen* (Ø 4,28), die *Zielplanung* (Ø 4,18) gefolgt von der *Vertriebserfolgskontrolle* (Ø 4,04).

Im Vergleich zum arithmetischen Mittel aller Items von Ø = 3,38 und somit als weniger relevant wird der Aspekt der *Früherkennung von Entwicklungen bei Konkurrenten* (Ø 3,08), die *Verkürzung der Lieferzeit* (Ø 3,02) sowie die *Lieferterminierung* (Ø 2,83) bewertet.

Innerhalb der *verschiedenen Branchen* unterscheidet sich der beigemessene Stellenwert der einzelnen Verwendungszwecke dagegen erheblich (vgl. ebenfalls **Abbildung 4.1**).

Abbildung 4.1 Branchenübergreifende und branchenspezifische Ziele von CAS-Systemen

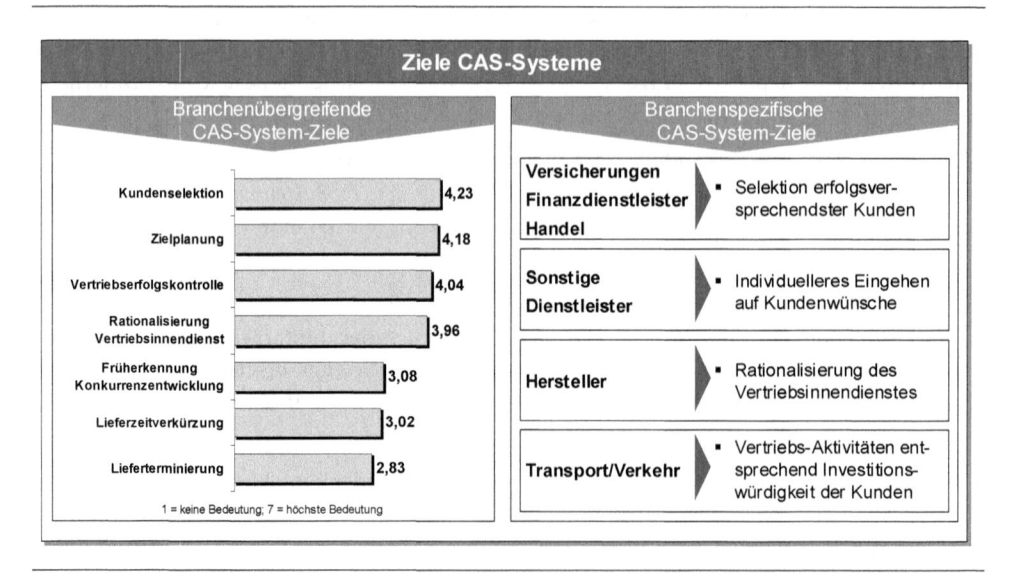

Ziele CAS-Systeme

Branchenübergreifende CAS-System-Ziele:
- Kundenselektion: 4,23
- Zielplanung: 4,18
- Vertriebserfolgskontrolle: 4,04
- Rationalisierung Vertriebsinnendienst: 3,96
- Früherkennung Konkurrenzentwicklung: 3,08
- Lieferzeitverkürzung: 3,02
- Lieferterminierung: 2,83

1 = keine Bedeutung; 7 = höchste Bedeutung

Branchenspezifische CAS-System-Ziele:
- Versicherungen, Finanzdienstleister, Handel → Selektion erfolgversprechendster Kunden
- Sonstige Dienstleister → Individuelleres Eingehen auf Kundenwünsche
- Hersteller → Rationalisierung des Vertriebsinnendienstes
- Transport/Verkehr → Vertriebs-Aktivitäten entsprechend Investitionswürdigkeit der Kunden

Während sowohl den *Finanzdienstleistungs-, Handels-* als auch den *Versicherungsunternehmen* die Unterstützung der *Selektion der erfolgversprechendsten Kunden/Zielgruppen* mittels eines CAS-Systems von höchster Bedeutung ist, nimmt bei den *Herstellerbetrieben* die *Rationalisierung des Vertriebsinnendienstes* den höchsten Stellenwert ein. Bei den *Sonstigen Dienstleistungsbetrieben* dominiert in ihrer Bedeutung das *individuellere Eingehen auf Kundenwünsche*; die *Transport-* und *Verkehrsunternehmen* räumen den *Vertriebsaktivitäten entsprechend der Investitionswürdigkeit* des einzelnen Kunden den höchsten Rang ein.

Kernziele von CAS-Systemen

Während die oben aufgeführten Ergebnisse zu den Verwendungszwecken die *operativen* Aspekte des Computer Aided Selling bewerten, interessierte aus *marketingstrategischer* Sicht insbesondere die den Verwendungszwecken zugrunde liegenden Kernziele dieser CRM-Komponente. Mittels einer Faktorenanalyse konnten in diesem Zusammenhang insgesamt vier Kernziele ermittelt werden:

Effektive Auftragsabwicklung bündelt insbesondere auftragsbezogene Aktivitäten des Computer Aided Selling (z. B. Angebotskalkulation, -erstellung und Auftragserfassung).

Vertriebssteuerung umfasst solche Aspekte, die in einem direkten Zusammenhang mit der Steuerung von Vertriebsaktivitäten stehen (Kundenselektion, Vertriebsaktivitäten nach Investitionswürdigkeit, Zielplanung).

Früherkennung beinhaltet Aspekte, die sich auf eine frühzeitige Identifikation zukünftiger Absatzpotenziale sowohl beim Kunden als auch im Gesamtmarkt beziehen.

Rationalisierung schließt solche Aktivitäten ein, die im Kontext mit einer Entlastung des Vertriebsinnendienstes von administrativen Routinetätigkeiten stehen.

Hinsichtlich der Bedeutung dieser generierten Kernziele des Einsatzes von CAS-Systemen messen die Unternehmen der *Vertriebssteuerung* die höchste Relevanz bei (Ø 4,09 (zur Berechnung des arithmetischen Mittels wurden die auf den jeweiligen Faktor hoch ladenden Items herangezogen); vgl. die **Abbildung 4.2**).

Im Gegensatz dazu stufen die befragten Unternehmen diese Systemkonzeption zur *Früherkennung* von Kunden- und Konkurrenzentwicklungen als weniger geeignet ein; darauf lässt zumindest der unterdurchschnittlich niedrige Mittewert des vierten Faktors schließen (Ø 3,29). Die beiden Faktoren *Rationalisierung* (Ø 3,96) und *Effektive Auftragsabwicklung* (Ø 3,73) werden in diesem Zusammenhang als durchschnittlich wichtig eingestuft.

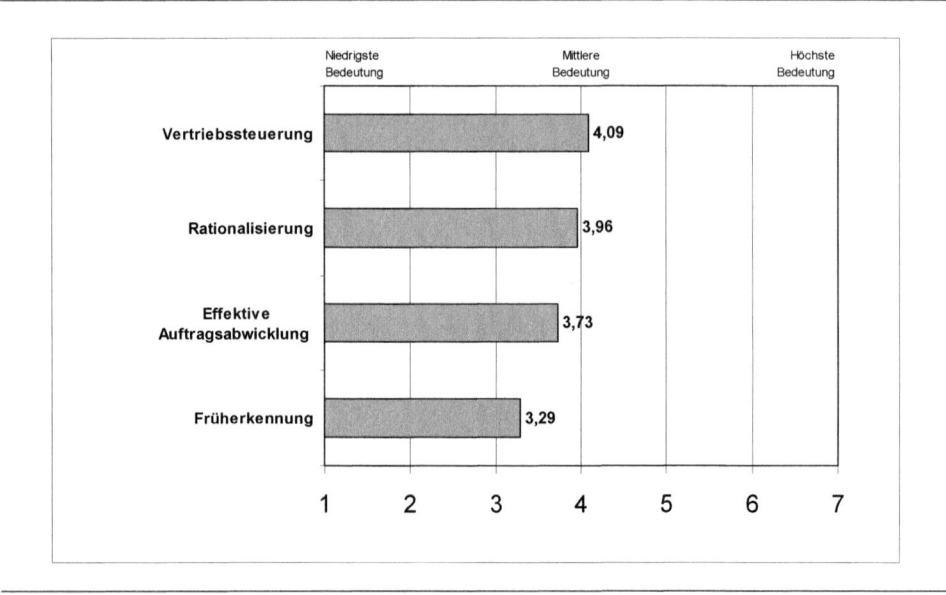

Abbildung 4.2 Kernziele von CAS-Systemen

	Niedrigste Bedeutung	Mittlere Bedeutung	Höchste Bedeutung
Vertriebssteuerung		4,09	
Rationalisierung		3,96	
Effektive Auftragsabwicklung		3,73	
Früherkennung		3,29	

5 Bedeutung und Realisationsgrad der Verwendungszwecke

Mit Hilfe einer Gap-Analyse kann der Handlungsbedarf der Unternehmen im Hinblick auf die realisierten Einsatzfelder in den CAS-Systemen bestimmt werden. Das heißt, es wurde untersucht, inwieweit die bereits oben artikulierten Verwendungszwecke in ihrer Umsetzung der unternehmerischen Bedeutung entsprechen.

Die Zusammenführung der Ergebnisse wird im Folgenden plakativ in einem Einsatzfeld-Portfolio veranschaulicht, wobei die Diagonale den bereits schon heute besser als der Bedarf realisierten Bereich (rechts unten) von dem mit Umsetzungsdefiziten behafteten Bereich (links oben) trennt (vgl. **Abbildung 5.1**).

Im Rahmen dieser Analyse wird deutlich, dass nahezu das gesamte, hier abgefragte Leistungsspektrum der CAS-Systeme nicht in dem Umfang verwirklicht wird, das seiner Bedeutung entspricht. So können in diesem Kontext insbesondere für die *Erfolgskontrolle*, die *Portfolio-Analyse* sowie für die *Produktdatenbank* und *Produktkonfiguration* starke Umsetzungsdefizite identifiziert werden.

Während die Funktion der *Auftragserfassung* im CAS-System etwa der artikulierten Bedeutung der Verwendungszwecke entsprechend verwirklicht wurde – diese befindet sich im Idealkorridor – liegen die Möglichkeiten zur einfachen *Kundenselektion* sowie zur Erstellung von *Kundenberichten* über den Erwartungen der antwortenden Unternehmen.

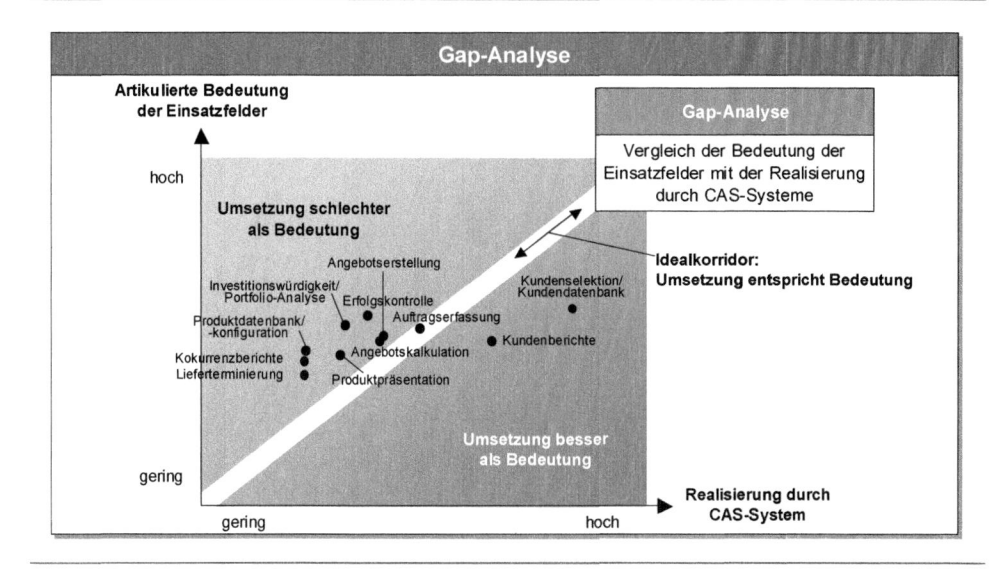

Abbildung 5.1 Bedeutung und Realisierung von Verwendungszwecken durch CAS

6 Schnittstellen von CAS-Systemen zu EDV-Systemen

Integration mit CRM-Komponenten

Im Hinblick auf Schnittstellen zu weiteren CRM-Komponenten (Database-Marketing-, Online-Marketing- und Call-Center-Systeme) weisen die CAS-Systeme relativ geringe Anbindungsquoten auf (vgl. **Abbildung 6.1**).

Über die Hälfte der Unternehmen (55 %), die ein CAS-System in Betrieb haben, geben an, dieses mit keinem anderen kundenorientierten Informationssystem integriert zu haben. Während etwa 40 % der eingesetzten Systeme über eine bzw. zwei Schnittstellen zu anderen kundenorientierten Informationssystemen verfügen, weisen lediglich 3 % eine Schnittstelle zu den innerhalb der Untersuchung betrachteten Komponenten aus Marketing, Vertrieb und Service auf. Insgesamt ergibt sich somit eine durchschnittliche Anbindung zu 0,6 anderen CRM-Komponenten.

Unter der Berücksichtigung der geplanten Integrationen zeigt sich weiterhin, dass zukünftig lediglich etwa jedes zehnte CAS-System (9 %) über Schnittstellen zu allen anderen CRM-Systemen verfügen wird.

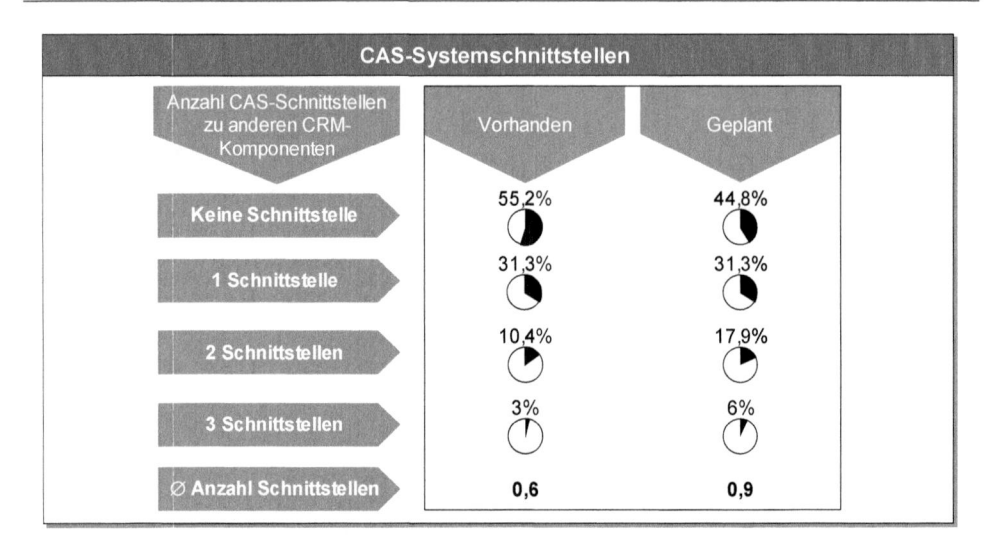

Abbildung 6.1 CAS-Systemschnittstellen zu anderen CRM-Komponenten

CAS-Systemschnittstellen		
Anzahl CAS-Schnittstellen zu anderen CRM-Komponenten	Vorhanden	Geplant
Keine Schnittstelle	55,2%	44,8%
1 Schnittstelle	31,3%	31,3%
2 Schnittstellen	10,4%	17,9%
3 Schnittstellen	3%	6%
⌀ Anzahl Schnittstellen	0,6	0,9

Anbindung zu anderen EDV-Systemen

Ebenfalls wurden im Rahmen dieser Befragung die direkten Schnittstellen der CAS-Systeme zu EDV-Systemen anderer Unternehmensbereiche untersucht. Dabei zeigt die Analyse, dass CAS-Systeme am häufigsten Schnittstellen zu den bestehenden *Managementinformationssystemen* (54 %) sowie zu denen der *Marketing-* bzw. *Marktforschungsabteilung* (51 %) aufweisen (vgl. **Abbildung 6.2**). Ferner besteht bei 42 % bzw. 39 % der eingesetzten CAS-Systeme eine direkte Anbindung zu den Bereichen *Fakturierung* bzw. *Auslieferungslager/Versand*. Jeweils 36 % verfügen über eine Schnittstelle zu dem Bereich *Kostenrechnung/Controlling* und *Service/Kundendienst*.

Darüber hinaus verfügen 18 % der im Einsatz befindlichen CAS-Systeme über keine Schnittstelle zu anderen EDV-Systemen und werden somit im Stand-Alone-Modus betrieben.

Die Ergebnisse der *geplanten Schnittstellen* von CAS-Systemen zu Informationssystemen aus anderen Unternehmensbereichen lassen erkennen, dass zukünftig insbesondere direkte Schnittstellen zu den Bereichen *Kostenrechnung/Controlling* (19 %) sowie *Service/Kundendienst* (18 %) in Planung sind.

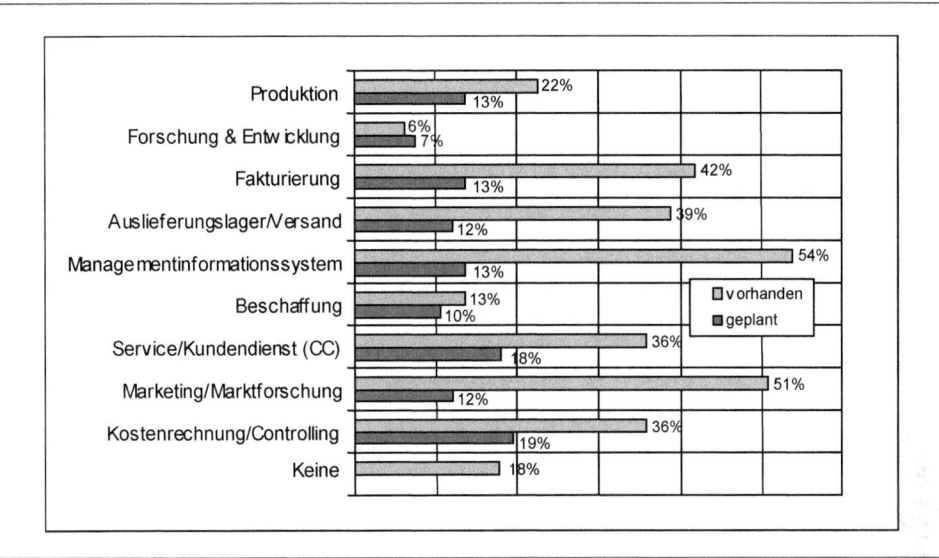

Abbildung 6.2 Schnittstellen von CAS-Systemen zu anderen EDV-Systemen

Bereich	vorhanden	geplant
Produktion	22%	13%
Forschung & Entwicklung	6%	7%
Fakturierung	42%	13%
Auslieferungslager/Versand	39%	12%
Managementinformationssystem	54%	13%
Beschaffung	13%	10%
Service/Kundendienst (CC)	36%	18%
Marketing/Marktforschung	51%	12%
Kostenrechnung/Controlling	36%	19%
Keine		18%

Innerhalb der Branchen zeigte sich, dass die Anbindungsschwerpunkte der *Finanzdienstleistungsunternehmen* auf den *Managementinformationssystemen* sowie auf den Systemen innerhalb der Unternehmensbereiche *Marketing/Marktforschung* (jeweils 62 %) und *Service/Kundendienst* (54 %) liegen. Auch die *Versicherungsunternehmen* integrieren ihre CAS-Systeme vornehmlich in Informationssysteme aus *Service/Kundendienst* und *Fakturierung* (jeweils 50 %), wobei der *Transport-/Verkehrssektor* den Anbindungsschwerpunkt auf die *Produktionsinformationssysteme* (67 %) legt. Die CAS-Systeme der *Hersteller-, Handels-* und der *Sonstigen Dienstleistungsunternehmen* weisen dagegen insbesondere Schnittstellen zu den Bereichen *Fakturierung* (48 %, 75 %, 70 %), *Marketing/Marktforschung* (59 %, 75 %, 7 %) sowie zu den *Managementinformationssystemen* (66 %, 50 %, 70 %) auf.

7 Fazit

Die Ergebnisse deuten darauf hin, dass zwar das Bewusstsein für die Implementierung dieser Vertriebssteuerungs-Komponente in deutschen Großunternehmen vorhanden ist, jedoch mitunter beträchtliche Defizite sowohl in der *informationstechnologischen* als auch in der *marketingstrategischen* Umsetzung dieses Konzepts zu verzeichnen sind.

Zum einen zeigte sich mit einer Einsatzquote von gut 40 % ein recht *niedriger Anwendungsstand* von CAS-Systemen in den Unternehmen. Zwar planen weitere 21 % einen derartigen Systemeinsatz, jedoch hat sich – trotz der Aktualität und Relevanz des Themas – bis heute jedes vierte befragte Unternehmen noch nicht mit dem Einsatz einer solchen Systemkonzeption zur Steuerung der Vertriebsprozesse beschäftigt. Hinzu kommt ein *hoher Integrati-*

onsbedarf dieser operativen CRM-Systeme, der durch eine unvollständige Vernetzung bzw. einen isolierten Einsatz dieser Informationstechnologie zum Ausdruck kommt. Somit können viele Unternehmen eine durchgängige Unterstützung kundenorientierter Vertriebsprozesse bis heute nicht gewährleisten.

Zum anderen muss konstatiert werden, dass die marketingstrategischen Nutzenpotenziale der im Einsatz befindlichen CAS-Systeme nicht voll ausgeschöpft werden. Dieser Sachverhalt schlägt sich einerseits in einem vielfach nachweisbaren *schmalen Leistungsspektrum*, andererseits aber auch in *Umsetzungsdefiziten der Analyseunterstützung* dieser Vertriebssteuerungssysteme nieder. Insbesondere handelt es sich dabei um die sogenannte Kunden-Portfolio-, Erfolgs- und Konkurrenzanalyse, deren Umsetzung in den Systemen nicht der unternehmerischen Bedeutung entspricht und deshalb stärker ausgebaut werden sollten.

In letzter Konsequenz kann festgehalten werden, dass viele Unternehmen trotz oder gerade aufgrund massiver Investitionen in die Informationstechnologie innerhalb der Vertriebsabteilungen großen Herausforderungen gegenüber stehen. Vertriebsrelevante Prozesse sind in der betrieblichen Praxis häufig nicht vollständig vernetzt und können somit nicht adäquat informationstechnologisch unterstützt werden. Insbesondere vor dem Hintergrund eines ganzheitlichen und damit abteilungsübergreifenden CRM scheint hier ein enormes Aufholpotenzial zu bestehen.

Literatur

[1] AMBERG, M.; SCHUHMACHER, J.: CRM-Systeme und Basistechnologien, in: Meyer, M. (Hrsg.): CRM-Systeme mit EAI – Konzeption, Implementierung und Evaluation, Braunschweig/Wiesbaden 2002, S. 21-59.
[2] HIPPNER, H.; MARTIN, S.; WILDE, K. D.: CRM-Systeme – Eine Marktübersicht, in: HMD, 38. Jg. (2001), Nr. 221, S. 27-36.
[3] KEHL, R. E.; RUDOLPH, B. J.: Warum CRM-Projekte scheitern, in: Link, J. (Hrsg.): Customer Relationship Management: Erfolgreiche Kundenbeziehungen durch integrierte Informationssysteme, Berlin et al. 2001, S. 253-273.
[4] LINK, J.; HILDEBRAND, V. G.: Database Marketing und Computer Aided Selling, München 1993.
[5] SCHWEDE, S.; SPIES, R.: Customer Relationship Management: Rettende Oase oder Fata Morgana in der Servicewüste? – Eine internationale Betrachtung durch die META Group, in: Moormann, J.; Rossbach, P. (Hrsg.): Customer-relationship-Management in Banken, Frankfurt am Main 2001, S. 21-41.
[6] SEXAUER, H. J.: Customer Care Management in Deutschland – Eine empirische Analyse, in: Engelbach, W./Meier, R. (Hrsg.): Customer Care Management, Wiesbaden 2001, S. 191-215.

Autoren

HAGEN J. SEXAUER, Dr., Managing Partner, Clavigo Partners Management Consultants, Frankfurt am Main.

MARC WELLNER, Dr., Database Marketing Manager im Bereich Zielkundenmanagement der Deutschen Lufthansa AG in Frankfurt am Main.

CRM-Bestandsaufnahme und Nutzungsrolle im Querschnitt aktueller Trends und Entwicklungen

Benjamin Birker

1	Kreation an Begrifflichkeiten	115
2	Auf den Spuren der Kundeninformationen	116
3	Veränderung des Kaufverhaltens oder Preismarketing 2.0	118
4	Social Media – Kundenservice oder nur ein Missverständnis	119
5	Grundkonzeption einer Dialogkampagne in einem Handelsunternehmen	122
6	Fazit und Tendenz	130
	Literatur	130
	Autor	131

1 Kreation an Begrifflichkeiten

Customer Relationship Management (CRM), Customer Centricity, Customer Oriented and Efficient Management oder einfach nur die Revolutionierung des Kundenbeziehungsmanagements. Das sind nur einige, wenige Beispiele an Wortspielen, welche in einer scheinbar revolutionären Reihenfolge die diversen Fachzeitschriften zierten. Bei intensiverer Auseinandersetzung wirft es die Frage auf, ist CRM nur eine Elastizität der Ursprungsphilosophie „alles für den Kunden"? Denn wer hat sich in der Vergangenheit nicht um seine Kunden bemüht, unabhängig von der Intention und Intensität seiner Aktivitäten.

Dazu passte die Heilsuche einer Vielzahl an Unternehmen, die glaubte, via „copy and paste" nur noch seine Geschäftsprinzipien in eine Softwarelösung übertragen zu müssen. Schließlich ließen sich mit einer systematischen Gestaltung der Kundenbeziehung und in weiterer Ausprägung der Kundenbeziehungsprozesse, nun alle gesteckten Unternehmensziele erreichen. Analysen, Planungen, Auswertungen, keine Wünsche sollten mehr offenbleiben, schenkte man den Softwareanbietern Glauben. Es war gleichzeitig auch der Startschuss für die große Bühne der Selbstinitiatoren vereint in einem Joint-Venture bestehend aus den Marketing- und IT-Experten. Mit dem Vor- oder auch Nachteil, dass man sie nicht verstand, aber vollstes Vertrauen schenkte. Projekte mit den drei Großbuchstaben CRM wurden von der Nutzerseite wie selbstverständlich ohne intensive Betrachtung des ROI durchgewunken. Lasten- und Pflichtenhefte, DataMining, Kampagnenmanagement, Tools, eine wahre Flut an Subbegrifflichkeiten und Apronymen, aber alle Notwendigkeiten, um Kundenbeziehungsprozesse durchzuführen. Während der Kunde zum Datensatz mutierte, wurde CRM zum allgegenwärtigen Buzzword.

Um den Hype aufrecht zu erhalten, mit dem die Softwareanbieter eine wahre Gelddruckmaschine inklusive aller Stakeholder in Gang setzten, benötigte es ständig neuer Impulse, was dazu führte, dass heute ungefähr 130.000.000 Varianten in der google-Ergebnisliste zum Begriff CRM aufgeführt werden, zu CRM-Definition 11.800.000 Ergebnisse. Da sind 982.000 Ergebnisse zu CRM-Begriffserklärungen noch überschaubar. Hoch im Trend sind zurzeit CRM On-Demand Modelle, CRM Open-Source-Lösungen und das Outsourcing von CRM-Business-Modellen. Die müssen nur noch customized werden, direkt nach der Kompatibilitätsprüfung mit dem Datawarehouse und der Übernahmemöglichkeit der Makro- und Mikrosegment aus dem Kampagnenmanagement. Schließlich wurden Letztgenannte mit aufwendigen Algorithmen auf der Suche nach den am stärksten diskriminierenden Variablen abgeleitet. Sie bilden das Herzstück für die personalisierten Kampagnen in einem push und/oder pull Modell. Oberflächlich betrachtet könnte man in diesem Zusammenhang von der Revolution der Kundenbindung sprechen, zumindest technischer Natur. Wären da nicht die Youngtimer, die alles überlebenden Begrifflichkeiten aus dem CRM 1.0, in denen dem Wort Kunde noch eine größere Bedeutung zukommt, wie Kundenwert, Kundenverhalten, Kundenlebenszyklus. Nicht außer Acht zu lassen, die nimmer müden Phrasenschreier, die auf den endlosen Expertengipfeln den Kunden als dass höchste Unternehmensgut predigen. „Ist es doch die persönliche Beziehung und der Kundenservice, der in gesättigten Märkten und Transparenz den Unterschied ausmacht."

Solange das Verständnis „alles für den Kunden", wenn auch immer nur noch in einer monetären Kausalität neben der technologischen Weiterentwicklung überwiegt, wird deutlich, dass die Begrifflichkeit CRM und deren Facetten die Ursprungsphilosophie nicht substituiert haben. Kundenmanagement ist zeitlos. Viel mehr manifestiert sich der Eindruck, dass in den letzten Jahr(zehnten) viel Aufwand bei der Kreation diverser Begrifflichkeiten betrieben wurde.

Abbildung 1.1   Wortspiele und Termini

2   Auf den Spuren der Kundeninformationen

Es ist noch gar nicht so lange her, dass der „gläserne Kunde" selbst die Politik auf den Plan rief und beherzt vor dem Preisgeben seiner Daten gewarnt wurde. Kunden, die beispielsweise einer Handyrechnung nicht nachgekommen sind, könnten kein Bankkonto mehr eröffnen, lautete ein düsteres exemplarisches Szenario. Dem zum Schutze wurde eine Kavallerie an Datenschutzbeauftragten erschaffen und verschärfte Datenschutzrichtlinien erlassen. Während die Unternehmen noch mit dem Aufbau der eigenen Abteilungen für Datenschutz beschäftigt waren, wurden mit einer rasanten Geschwindigkeit neue Informationsquellen durch revolutionäre, technologische Entwicklungen erschlossen. Im Jahr 2009 hatten 73 % der privaten Haushalte in Deutschland[1] einen Internetzugang und rund 18,6

---

[1]   Statistisches Bundesamt Deutschland

Millionen Facebook-Accounts sind Stand Mai 2011 in Deutschland[2] aktiv. Viele Unternehmen haben verstärktes Interesse an den „Neuen Medien", aber verlieren sich noch oft in der falschen Herangehensweise oder Handhabung. 54 % aller deutschen Organisationen nutzen derzeit Social Media für Kommunikationsaufgaben. Allerdings sind die meisten 26,2 % seit weniger als zwölf Monaten aktiv, weitere 22,1 % seit über einem Jahr[3]. Hauptsache dabei, als mittendrin nutzen die Unternehmen die neuen Medien aus Verzweiflung zur reinen Neukundengewinnung. Jedem ist klar, wer sich für die „Neuen Medien" engagiert, hat die Möglichkeit, eine neue Informationsqualität zu gewinnen. Interaktive Kommunikationsformate erlauben den direkten, individualisierten Austausch und neue Wege zum Kunden. Denn Millionen Kunden wollen eigene Spuren im Netz hinterlassen und nach dem Geltungsdrang etwas verändern.

Während die eine Hälfte der Unternehmen noch nach dem richtigen Weg sucht, haben andere Unternehmen die Herausforderung, die hinzu gewonnen Kundeninformationen zu verarbeiten und in CRM-Applikationen zu überführen. Schnell noch den Beziehungsstatus und eine Meinung auf Twitter absaugen und als Zugabe gibt es noch den Berufsstatus von Xing. Anbieter von Datenanalyse-Software bieten inzwischen ausgereifte Tools für die Analyse großer Netzwerke an. Schlaue Präferenzabfragen im E-Mail-Marketing bescheren den Unternehmen einen weiteren Fundus an verwertbaren Kundendaten.

Abbildung 2.1   Auf der Jagd nach Kundendaten

---

[2] Facebook: Die Welt im Überblick (Update 31. Mai 2011). Social Media Schweiz.
[3] Social Media Governance 2010, www.socialmediagovernance.eu

Wie viel Informationen verträgt ein Unternehmen? Überall hinterlassen die Kunden Informationen quantitativer und qualitativer Art und die Verantwortlichen auf Seiten der Unternehmen, so hat man das Gefühl, laufen jeder Spur hinterher. Am Ende des Tages muss der Nachweis erbracht werden, wie erfolgreich die Konzepte und Aktivitäten waren.

3 Veränderung des Kaufverhaltens oder Preismarketing 2.0

Was sich am Ende der 90er-Jahre abzeichnete, waren die Erosion der klassischen Massenmärkte und das Heraufziehen einer neuen Konsummentalität. Der ins Stocken geratene Internet-Hype, die Pulverisierung der New Economy und die Kollektivdepression anlässlich des Absturzes der Volksaktie täuschten darüber hinweg, dass tatsächlich eine Revolutionierung des Kundenbewusstseins im Gange war. Aus passiven Verbrauchern wurden plötzlich selbstbewusste Nutzer. Und das Internet spielte eine Hauptrolle in diesem Emanzipationsprozess. Denn es machte die Konsumenten zu Wissenden, der selbstbewusste Konsument möchte mit einem Mal auf Augenhöhe mit der Marke, dem Unternehmen, dem Verkäufer kommunizieren. Und sie wissen genau, was sie wollen: Aufmerksamkeit und Preistransparenz, Customization und Premiumqualität.[4]

Die Kunden haben längst den Vorteil der allgegenwärtig zur Verfügung stehenden Informationen für sich erkannt und unbewusst eine Veränderung der Kräfteverhältnisse eingeleitet. Die Welt verändert sich laufend mit der Einführung neuer Technologien, aber hat vorher noch nie in dem Maße Einfluss auf das Kaufverhalten genommen. Der prägende Einfluss der universellen Wissensmaschine Internet hat dazu geführt, dass wir für den Handel von einem Konsumententypus ausgehen müssen, der selbstbewusst seine eigenen Bedürfnisse verfolgt und in höchstem Maße anspruchsvoll ist. Die Amerikaner bezeichnen diesen Konsumenten als Smart Shopper, Conscious Consumer, die es den Unternehmen im Aufbau Ihrer Verteidigungsstrategie nicht leichter machen. Kann das P für Preismarketing noch aufrechterhalten werden bzw. in welcher Form? Zur Vertiefung der These dient die vereinfachte Beschreibung des Kundenverhaltens in Form des Zielkaufs und Spontankaufs.

■ Zielkauf

Potenzielle Kunden verbringen immer mehr Zeit im Internet für die Recherche, die Produkt- und Händlerauswahl, wenn vor allem größere Investitionen getätigt werden. Welche TV Technologie ist State of the Art, passt am besten zu meinen Bedürfnissen und wurde wie bewertet. Die Zeiten der Informations-Intransparenz sind endgültig vorbei – Informationen gibt es im Überfluss. Sollte es wirklich an etwas fehlen, dann wird schnell mal „gebloggt" oder die Frage bei Facebook eingestellt. Danach hat der Kunde bereits die erste Entscheidung für Produkt und Marke getroffen. Für den Vergleich der Preise und Anbieter werden sich Preissuchmaschinen oder Portale bedient – Kaufabschluss nicht ausgeschlos-

---

[4] Zukunftsinstitut GmbH

sen. Kunden die den Weg in den stationären Handel wählen, haben spätestens dann, die Hoheit über das Preismarketing.

- **Spontankauf**

Die sicherlich interessanteste Form innerhalb der Verhaltensänderung ist der Spontankauf. Sie findet primär im stationären Handel statt. Der Kunde wird mit diversen Angeboten in den mittleren und unteren Preissegmenten konfrontiert. Exemplarisch das Topfset zum Rotpreis oder auch Streichpreis. Griff der Kunde früher beherzt zu, wird jetzt das Smartphone gezückt und der Angebotspreis im Internet überprüft. Zu welchem Preis der Kunde das Topfset erwirbt und zu welchem Zeitpunkt, ist wahrscheinlich die neue Definition des Kundenservices vor Ort. Zumindest in diesem Fall kann sich der stationäre Handel dem Vorteil gegenüber dem Online-Handel (noch) sicher sein. Es ist nur noch eine Frage der Zeit, wann sich die Kunden für gemeinsame Produktkäufe organisieren und ein neues Kapitel für Preismarketing aufgeschlagen wird.

Information ist omnipräsent und 24 Stunden verfügbar. Der Vorteil einer Informationsasymmetrie entfällt und der Kunde wird alle Luftschlösser gnadenlos aufdecken. Die Zeit unmoralischer Angebote scheint vorbei, denn Kundenbeschwerden versanden nicht mehr in Warteschleifen outgesourcter Hotlines, sondern werden einer breiten, virtuellen Öffentlichkeit zugänglich gemacht. Die selbstbewussten Konsumenten von morgen – oszillierend zwischen Online-Schnäppchen, Designbedürfnis und Konsummüdigkeit und den Preisjoker in der Tasche.

4 Social Media - Kundenservice oder nur ein Missverständnis

In öffentlichen Verlautbarungen von Top-Managern gibt es eine merkwürdige Service-Philosophie: „Die neuen Medien ermöglichen uns, viel näher als bisher an unseren Kunden zu sein und in direkten Austausch mit ihnen zu stehen. So können wir ihre Bedürfnisse besser verstehen, Kundenserviceleistungen anbieten und bestimmte Entwicklungen antizipieren." Die Aussage und das Verständnis von Kundenservice könnte schon ein Missverständnis in sich sein. Wie viel Potenzial hat der Kundenservice in dem Spannungsfeld der einzelnen Protagonisten. Denn die Betreiber möchten die Kunden(ware) als Werbekunden und potenzielle Online-Käufer verkaufen und die Unternehmen schnellstmöglich negative Meinungsbilder abfangen, während der Kunde statt in der Dauerwarteschleife am Telefon zu verweilen, endlich erhört werden möchte. Und für den Marketeer sind soziale Netzwerke nur eine Testwiese für Werbebotschaften und Anpassungen im Media-Mix. Es wird eben noch Zeit benötigt, bis die auch hierfür wieder ausgereiften Front-Ends (SCRM) zur Verfügung stehen.

Entscheidend für den Unternehmenserfolg in dem Kontext ist das Verständnis über die Nutzungsrolle und Zielstellung von Social Media. Kundenbeziehung ist auch nicht gleich Kundenservice, deshalb auch richtungsweisend, wo in der Unternehmensorganisation Social Media eingebunden wird.

Abbildung 4.1 Kontroverse im Umgang mit Social Media aus Kunden- und Unternehmenssicht

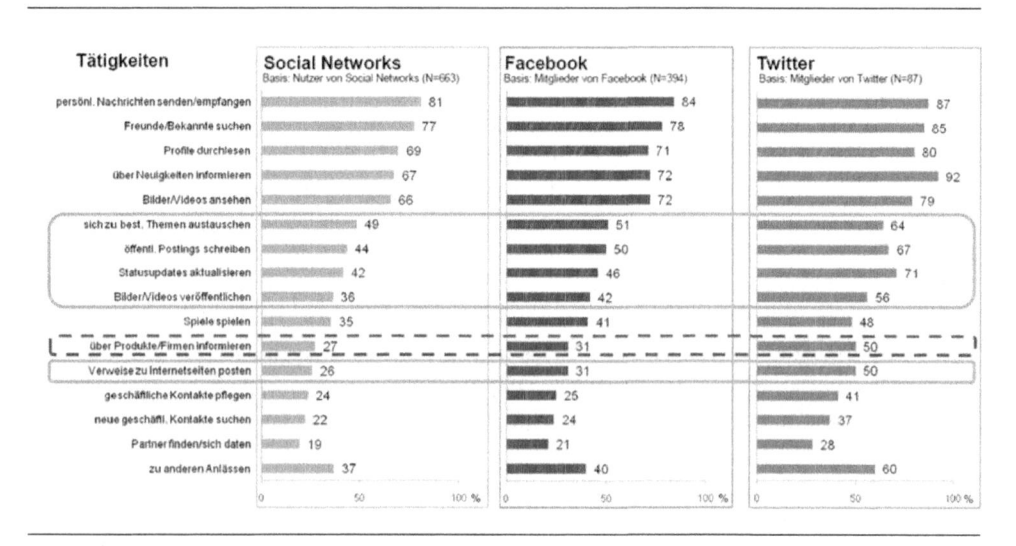

Tätigkeiten	Social Networks (N=663)	Facebook (N=394)	Twitter (N=87)
persönl. Nachrichten senden/empfangen	81	84	87
Freunde/Bekannte suchen	77	78	85
Profile durchlesen	69	71	80
über Neuigkeiten informieren	67	72	92
Bilder/Videos ansehen	66	72	79
sich zu best. Themen austauschen	49	51	64
öffentl. Postings schreiben	44	50	67
Statusupdates aktualisieren	42	46	71
Bilder/Videos veröffentlichen	36	42	56
Spiele spielen	35	41	48
über Produkte/Firmen informieren	27	31	50
Verweise zu Internetseiten posten	26	31	50
geschäftliche Kontakte pflegen	24	25	41
neue geschäftl. Kontakte suchen	22	24	37
Partner finden/sich daten	19	21	28
zu anderen Anlässen	37	40	60

In **Abbildung 4.1** wird im oberen Teil der Grafik die Social-Media-Zielstellung der Unternehmen dargestellt, während im zweiten Teil der Grafik, der Anspruch der Nutzer an Social Media abgebildet wird. Die Grafik verdeutlicht die Kontroverse zwischen Wunsch und Wirklichkeit. Besonders die Zielstellung der Unternehmen/Marketingentscheider folgt klassischen Zielstellungen und Denkweisen. Die traditionellen Themen, wie Profilierung, Markenpflege und der Aufbau von Kundenbeziehungen, stehen im Vordergrund. Vielen ist anscheinend noch nicht klar, dass Kundenbeziehung und Kundenservice divergent sind. Die teilweise ernüchternde Bilanz dürfte die Umfrageteilnehmer nicht überraschen – wenn sie ihr eigenes Verhalten als Maßstab für die Interessen der Nutzer nehmen. Ein weiteres Ergebnis könnte sein, dass die sozialen Netzwerke ein ergebnisoffener Kommunikationskanal und kein etablierter Vertriebskanal sind. Ausnahme Unternehmen mit einem hohen „In" Faktor. Weiterer Indikator ist eine aktuelle Studie, demnach haben bisher 8 % der Facebook-User über einen F-Store eingekauft, unabhängig von den zukünftigen Potenzialen.[5] Wie bereits in dem Beitrag geschrieben, setzen weniger als die Hälfte der Unternehmen auf Kommunikationsstrategien in Social Media. Hauptargument ist der fehlende Nachweis der Werbewirkung und nur ein geringes Wissen über Social Media. Größte Unbekannte und Fragestellung ist dabei die Frage nach der Repräsentativität und Nachhaltigkeit. Die Kampagne der Sparkasse Giro sucht Hero hat mehr als >120.000 Fans generiert – viel? Wie hoch ist die Abschlussquote im Vergleich? Eine signifikante Kosteneinsparung aufgrund des Mediadrucks ist auch zweifelhaft. Weiteres Beispiel ist das Projekt 21. Mehr

---

[5] Der Wandel zum Handel, BBDO-Studie in Zusammenarbeit mit den Trendforschungsinstituten Jelden TTC und brand foresight

als 25.000 Fans sind „Gegen Stuttgart 21" und mehr als 170.000 „Für Stuttgart 21". Leider bestätigt sich wieder, dass negative Beiträge eine weitaus höhere Aufmerksamkeit erhalten und die Zielstellung in den Social Media genau durchdacht sein sollte.

Vor dem Hintergrund sollte der Bedeutung Social Media als Servicekanal eine viel größere Bedeutung zugemessen werden. Das kann in der Form eines professionellen Kundenmanagements gelingen, wenn auch die Ressourcen zu Verfügung gestellt werden. Laut einer Studie zum Thema Kundenservice in der Zukunft glauben 70 % der Befragten, wird es bereits in wenigen Jahren eine Selbstverständlichkeit sein, Kundenanfragen beispielsweise über Blogs zu beantworten oder Podcasts zur Erläuterung der Produktnutzung online zu stellen. Mittelfristiges Ziel für die Unternehmen muss sein, Social Media als Servicekanal zu integrieren, so lautet die Expertenmeinung (siehe **Abbildung 4.2** Experteneinschätzung zu Kundenservice Trends)[6].

Abbildung 4.2   Grad der Zustimmung zu den Kundenservice-Trends der Zukunft

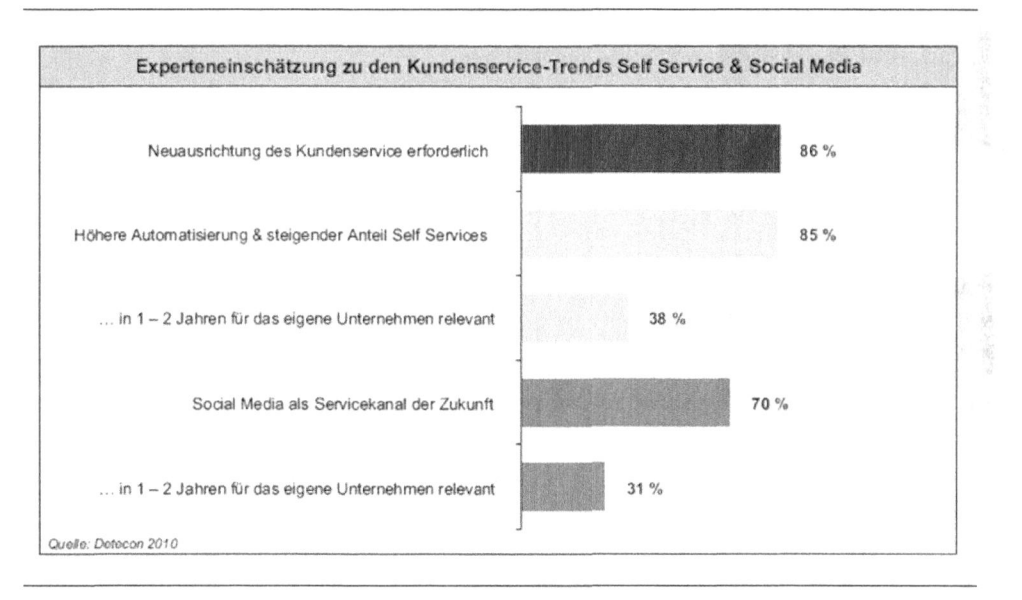

Experteneinschätzung zu den Kundenservice-Trends Self Service & Social Media

Trend	Zustimmung
Neuausrichtung des Kundenservice erforderlich	86 %
Höhere Automatisierung & steigender Anteil Self Services	85 %
... in 1 – 2 Jahren für das eigene Unternehmen relevant	38 %
Social Media als Servicekanal der Zukunft	70 %
... in 1 – 2 Jahren für das eigene Unternehmen relevant	31 %

Quelle: Detecon 2010

Sollte sich dieses Verständnis durchsetzen, werden sich über den professionellen Kundenservice weitere Ziele verfolgen lassen. Allerdings verlagert sich durch Social Media die Kommunikation von One-to-One- hin zum Many-to-Many, was hinsichtlich seiner heutigen CRM-Strategie und Kundenmanagement zu berücksichtigen ist.

---

[6] Empirische Studie: Trends und Herausforderungen des Kundenservice-Managements August 2010, Detecon International GmbH, Detecon Consulting in Zusammenarbeit mit der Munich Business School

5 Grundkonzeption einer Dialogkampagne in einem Handelsunternehmen

Am Beispiel einer Dialogmarketingaktion eines filialisierten Händlers sollen im Folgenden die Prozesse von der Zieldefinition bis zur Erfolgsmessung anhand von drei Modulen beschrieben werden. Wichtig: Die Filialen erhalten eine zentrale Unterstützung in den Entscheidungsprozessen. Dadurch wird gewährleistet, dass entscheidende Erfahrungen vom Point of Sale in die Prozesse einfließen! Die Grundkonzeption ist um weiteren Daten und Informationsquellen erweiterbar, die aber nur unwesentlich in die Grundprozesse eingreifen.

- Modul 1: Zieldefinition und Vorbereitung
- Modul 2: Kampagnenmanagement
- Modul 3: Erfolgsmessung

■ Modul I: Zieldefinition und Vorbereitung

Das Modul setzt sich zusammen aus den Sektoren

A) Zieldefinition
B) Datengenerierung und Zusammenfassung
C) Profilbildung
D) Datenqualifizierung und Zielzuordnung
E) Segmentierung

A) Zieldefinition

Ein professionelles Dialogmarketing der Unternehmen, aber auch öffentlicher Einrichtungen, zielt heute auf eine optimale strategische Ausrichtung, Planung, Gestaltung und Steuerung von Kundenkontakten ab, um langfristige Kundenbeziehungen aufzubauen und zu erhalten.

Voraussetzung zur Durchführung von Dialogmarketingaktionen sind die definierten Ziele in einer Geschäftsperiode des Unternehmens, die auf empirischen Untersuchungen der Vorjahre basieren:

- Erhöhung des Durchschnittbons und Potenzialausschöpfung
- Churn Prevention
- Kundenreaktivierung

und Ziele, die auf Kundenseite zu erfüllen sind:

- Langfristige Bindung
- Kundenzufriedenheit
- Kundenservice

Beide Zielbestimmungen stehen in einer Abhängigkeit zueinander und es bedarf eines kontinuierlichen Abgleichs.

CRM Bestandsaufnahme und Nutzungsrolle 123

Abbildung 5.1 Übersicht Modul I (A): Zieldefinition (vgl. Pepper, one to one Book, S. 62)

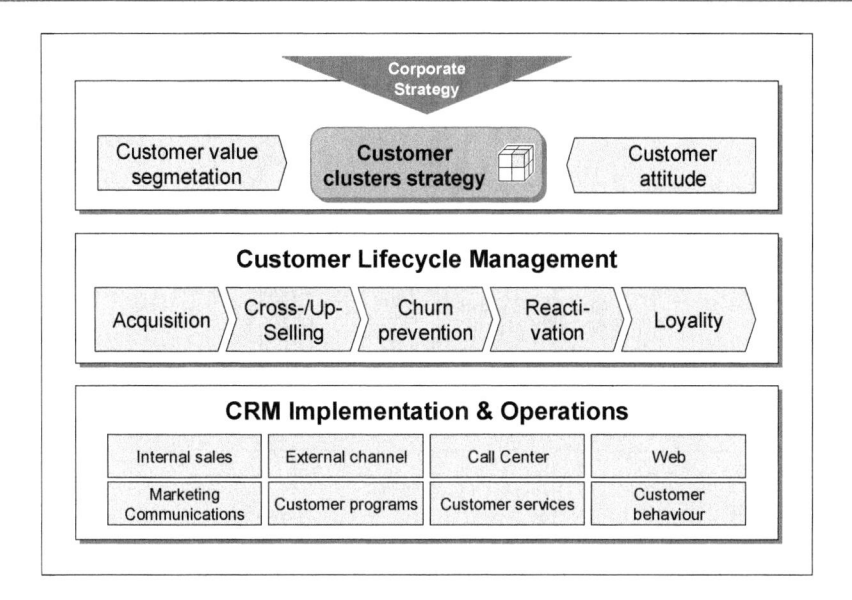

```
                            Corporate
                            Strategy

    Customer value      Customer              Customer
    segmetation         clusters strategy     attitude

                  Customer Lifecycle Management

    Acquisition   Cross-/Up-   Churn        Reacti-      Loyalty
                  Selling      prevention   vation

                  CRM Implementation & Operations

    Internal sales    External channel   Call Center        Web
    Marketing         Customer programs  Customer services  Customer
    Communications                                          behaviour
```

B) Datengenerierung und Zusammenfassung

Dreh- und Angelpunkt ist das Data Warehouse, in dem die zentrale Datenhaltung stattfindet. Der gewonnene Datenbestand ist für eingehende Analysen und fundierte betriebswirtschaftliche Entscheidungen unabdingbar.

Nach bestimmten Regeln wird zunächst festgelegt, welche dem Unternehmen zur Verfügung stehenden Daten herangezogen werden. Nicht die Quantität, sondern die Generierung und Verbindung aussagekräftigster Daten zur Lieferung von Kundeninformationen ist entscheidend.

Aus dem CRM-System sind das:

- soziodemografische Daten und
- Transaktionsdaten

sowie aus dem Warenwirtschaftsystem:

- Stammdaten und
- Transaktionsdaten

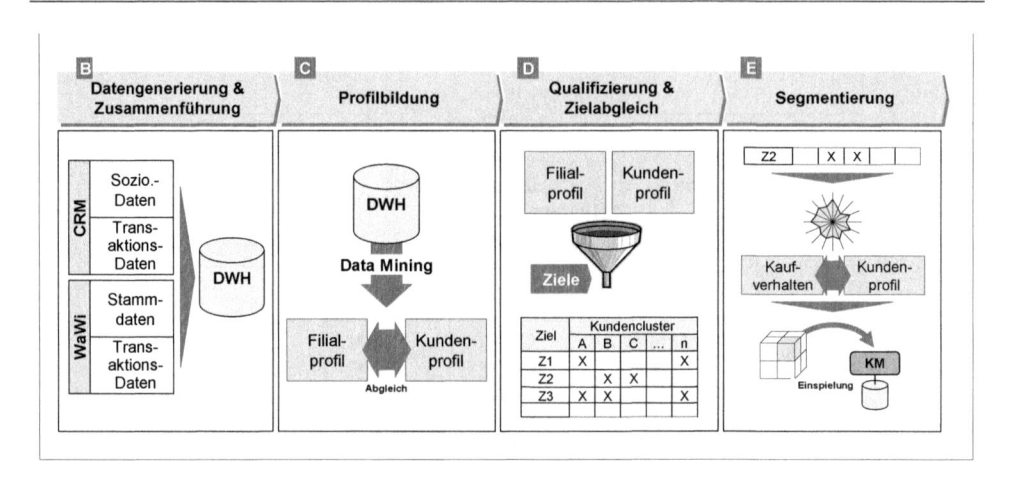

Abbildung 5.2 Übersicht Modul I (B-E): Vorbereitung

C) Profilbildung

Ausgehend von einem Handelsunternehmen mit einem Filialnetzwerk werden über Parameter wie Umsatz, Standort und Verkaufsflächen mit Hilfe von Data Mining Filialcluster gebildet.

Durch die Bildung der Filialcluster werden für spätere Entscheidungsprozesse die Filialen hinsichtlich ihrer Kundenstrukturen vergleichbar.

- Ø Neukunden
- Ø Kundenkündigungen

Das Filialprofil ist eine wichtige Säule auf der u. a. die Bildung von Kundendurchschnittswerten, zur Bewertung einer Filiale steht.

- Ø Kundenumsatz
- Ø Transaktionshäufigkeit
- Ø Bon

D) Qualifizierung und Zielabgleich

Beide „Schablonen" werden gefiltert, qualifiziert und den im Vorfeld definierten Zielen zugeordnet. Das Ergebnis ist eine Ziel-Kundengruppen-Matrix.

Es muss entschlüsselt werden, aufgrund welcher Merkmale ein Kunde einem bestimmten Segment zugeordnet wird, und es muss daraus ableitbar sein, welche Ziele sich realisieren lassen.

CRM Bestandsaufnahme und Nutzungsrolle 125

E) Segmentierung

Aus den gesamten Zieldefinitionen wird ein zu erreichendes Ziel ausgewählt. Mit Hilfe neuronaler Netzwerke (die Eigenschaft, komplexe Muster ohne zugrunde liegende Regeln zu erkennen) werden aus der Gesamtheit Kundenprofile identifiziert.

Die verschiedenen Segmentierungslösungen sind unterschiedlich nützlich. Zum einen die spätere eindeutige Zuordnung des Kunden und zum anderen die Trennschärfe, mit der die Segmentierung in konkrete Maßnahmen übersetzt werden kann. Die ermittelten Ergebnisse fließen als Selektionskriterien in das Kampagnenmanagement ein, welches die Schnittstelle zwischen analytischem CRM und operativem CRM bildet.

■ Modul II: Kampagnenmanagement

Das Modul setzt sich zusammen aus den Sektoren

A) Kampagnenauslöser
B) Analyse
C) Matching-Analyse/-Ziele
D) Kampagnenplanung
E) Durchführung

Abbildung 5.3 Übersicht Modul II - Kampagnenmanagement

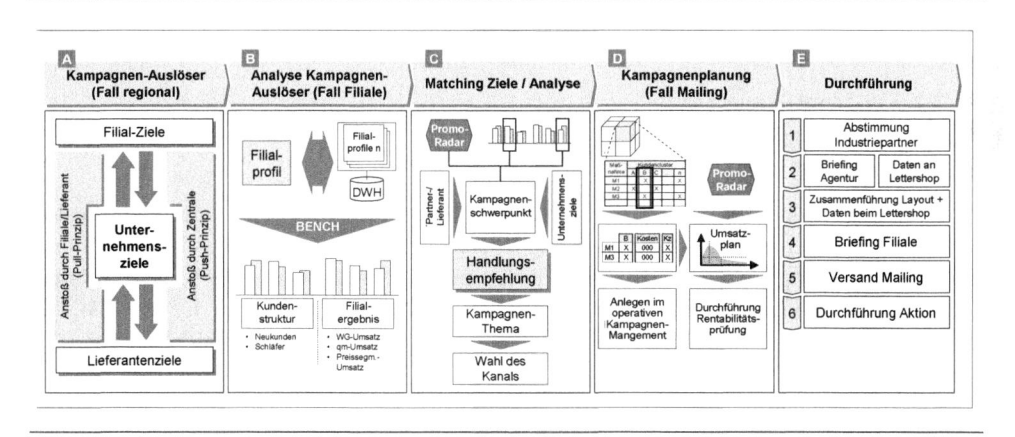

Die folgenden Prozessschritte werden in einer speziell entwickelten Applikation, dem Kampagnenmanagement, durchgeführt.

A) Kampagnenauslöser

In dem behandelten Beispiel kann der Kundendialog in Form eines Kundenmailings vom Lieferanten (Pull-Prinzip) ausgelöst werden oder von einer einzelnen Filiale (Push-Prinzip). Der Lieferant hat die Möglichkeit, ein spezielles Produkt oder ein Produktlaunch für einen definierten Zeitraum explizit in den Fokus der Kommunikation zu stellen. Das gewährleistet eine Steigerung des Umsatzes und führt im besten Fall zu Sustainability und zur Steigerung im Specific Recall. Die Vorteile für die Filiale sind eine erhöhte Kundenfrequenz, die Möglichkeit zum Kundendialog sowie auf Lieferantenseite eine Umsatzsteigerung. Im Folgenden wird der Prozess des Kundenmailings, ausgelöst durch die Filiale, beschrieben.

B) Analyse

Die Filialanalyse wird zentralseitig mit Hilfe von Business Intelligence durchgeführt. Das sind analytische Konzepte und IT-Systeme, um Daten im Hinblick auf den gewünschten Erkenntnisgewinn auszuspielen. Die Ergebnisse werden mit den in der Profilbildung (Modul I, C Profilbildung) gewonnenen Kundendurchschnittswerten und innerhalb des zutreffenden Filialclusters verglichen. Daraus lassen sich Aussagen ableiten, in welchen Parametern die jeweiligen Potenzialfelder der Filiale zu finden sind. Die Homogenisierung schafft Transparenz und ist Voraussetzung für die weiteren Handlungsempfehlungen in der Prozesskette.

C) Matching-Analyse/-Ziel

Vor dem Einstieg in den operativen Prozess und vor der Auswahl der Kampagne können die Ergebnisse aus der Filialanalyse noch einmal mit Erfahrungen aus bereits durchgeführten Aktionen abgeglichen werden. Dazu werden in einem Kampagnenradar alle aktionsrelevanten Kennzahlen gespeichert. Daraus folgt der entscheidende Prozess, die eingangs definierten Filial- und Unternehmensziele mit den Ergebnissen aus der Analyse zu verknüpfen.

- 3 % Kundenreaktivierung
- 5 % Umsatzsteigerung
- 8 % Steigerung Durchschnittsbon

Nach dem Matching folgt die Auswahl des geeigneten Industriepartners mit dem idealen Produkt oder der passenden Dienstleistung. Aus dem Spannungsfeld aller Zielbestimmungen wird der Kampagnenschwerpunkt mit dem entscheidenden Customer Benefit definiert und eine Handlungsempfehlung ausgesprochen. Der Customer Benefit ist zumeist das Kampagnenthema und wird in dem Beispielfall über den Kanal Kundenmailing realisiert.

D) Kampagnenplanung

Eine entscheidende Aufgabe im operativen Prozess ist die Kampagnenplanung. Dazu werden in einer Applikation die Kunden für die Mailingaktion nach den erforderlichen Kriterien selektiert. Zusätzliche Selektionsentscheidungen werden aus den Erfahrungen vom Point of Sale mit den Filialverantwortlichen abgestimmt.

- Soziografischer Schlüssel
- Kundenklasse
- Affinität Produkt
- …

Auf Basis des Selektionsergebnisses wird im Anschluss eine Kostenrechnung aufgestellt.

Mit den Erfahrungen aus gleichen oder gleichartigen Kampagnen (Kampagnenradar) kann ein Planumsatz ermittelt werden, um eine Rentabilitätsprüfung durchzuführen. Daraus resultiert die Möglichkeit, die Kampagnenparameter gegebenenfalls anzupassen.

In die Applikation werden alle relevanten Parameter zur Durchführung der Kampagne eingestellt.

- Filialadresse
- Aktionszeitraum
- Kostenstelle
- Lettershop
- Werbeagentur
- ...

E) Durchführung

Nach der Definition aller kampagnenrelevanten Parameter werden die letzten Prozesse im operativen Kampagnenmanagement durchgeführt. Zentral werden die selektierten Kundendaten aus dem Kampagnenmanagement über eine Schnittstelle an den Lettershop übertragen. In Zusammenarbeit und Abstimmung mit dem Industriepartner werden einer Werbeagentur alle layoutrelevanten Daten und Kampagneninformationen (Visual, Produktshot) zur Verfügung gestellt. Zur späteren Erfolgsmessung werden die selektierten Kunden im Kampagnenmanagement markiert und auf das Kundenmailing wird ein Barcode als Pendant (zur späteren Erfolgmessung) aufgedruckt. Die Layoutdaten der Werbeagentur werden dem Lettershop übermittelt und es folgt im letzten Schritt vor dem Versand die Personalisierung des Kundenmailings. Der Filiale werden alle notwendigen Kampagneninformationen zur Verfügung gestellt.

- **Modul III: Erfolgsmessung**

Allgemein

Die Erfolgsmessung und Optimierung von Kampagnen ist substanziell, denn Customer Relationship Management zu Ende gedacht, bedeutet mehr als das Sammeln und Aufbereiten von Kundendaten. Die Theorie zeichnet das Bild eines geschlossenen Regelkreises aus Datensammlung, Datenanalyse und -aufbereitung und Zurückspielen an die operativen Ebenen. Man spricht in diesem Zusammenhang von „closing the loop" (Wolfgang Martin, Vice President von Meta Group).

Es gilt, die Daten optimal aufbereitet wieder in die nach außen gerichteten Unternehmensbereiche Marketing, Vertrieb und Service zurückfließen zu lassen, um Kunden immer gezielter anzusprechen und somit eine noch intensivere Kundenbindung zu gewährleisten.

Abbildung 5.4 Übersicht Modul III Erfolgsmessung

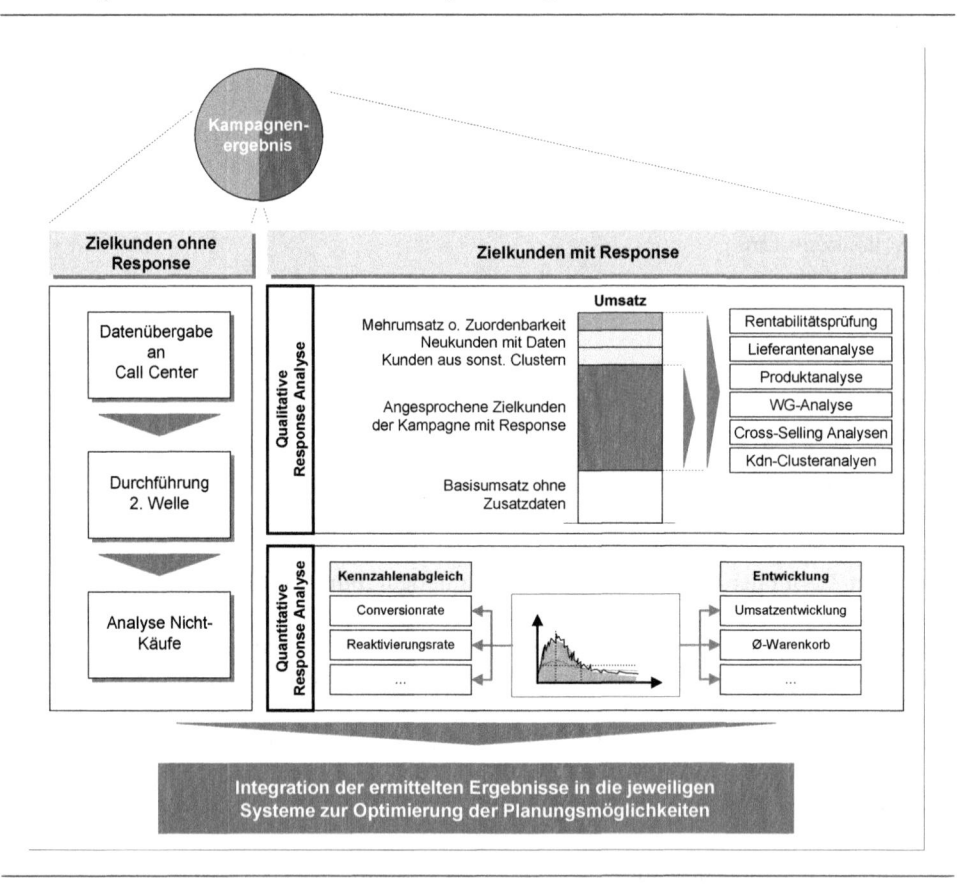

Alle erforderlichen Daten zur Erfolgsmessung liefert das Data Warehouse, worauf das Kampagnenmanagement aufsetzt. Mit Hilfe von Business-Intelligence-Technologien werden die Daten der selektierten Kunden aufbereitet und das Kampagnenergebnis dargestellt. Wichtig ist die Definition des Bemessungszeitraums, um valide Ergebnisse zu erhalten. Die Erfolge im Sinne von Response und Umsatzsteigerung sind durch Vergleiche mit Kontrollgruppen messbar.

Die Ergebnisse müssen differenziert betrachtet werden:

1. Erfolgskennzahlen

- Umsatz
- Absatz
- Ø Bon
- ...

Die Ergebnisse ermöglichen einen ersten Abgleich mit den definierten Filial-, Unternehmens- und Lieferantenzielen. Dem Lieferantenpartner können detaillierte Ergebnisse für zukünftige Entscheidungen zur Verfügung gestellt werden. Dazu bietet sich beispielsweise das Extranet an.

2. Kundenkennzahlen

- ohne Response
- Response
  - a. quantitative
  - b. qualitative

Eine Unterscheidung der Kundenresponse ist für das weitere Vorgehen signifikant.

Vorgehen Zielkunden ohne Response

Viele Faktoren, u. a.

- Adressqualität
- Zeitpunkt
- Angebot
- ...

können bei Kunden ohne Response einen beträchtlichen Einfluss haben. Bevor die Kunden zurück auf die operative Ebene (Kundenservicecenter) geführt werden, ist eine Überprüfung erforderlich. Im Kundenservicecenter werden einzelne Kampagnenparameter angepasst und auf der Basis wird eine weitere Kampagne nachgesteuert. Alle gewonnenen Ergebnisse werden in das Data Warehouse importiert. Im Kampagnenmanagement wird die neue Kundengruppe gesondert abgespeichert.

Vorgehen Zielkunden mit Response

Im weiteren Fokus steht die Kundengruppe mit Response. Um hinsichtlich der Fähigkeit auf Kundenresponse innerhalb der Kampagnen oder auf Änderungen in den Kundendaten zu reagieren, wird die Response differenziert betrachtet und unterteilt in eine quantitative und qualitative Response. Während innerhalb der quantitativen Analyse die Basiskennzahlen und Plankennzahlen der Kampagne wie

- Conversionrate
- Reaktivierung
- ...

erhoben werden, splittet die quantitative Analyse den Gesamtumsatz im Kampagnenzeitraum auf. Das bildet die Basis für weitere Analysen zur stetigen Verbesserung des Customer Relationship Managements und der Unternehmensentscheidungen.

- Produktanalyse
- Warenkorbanalyse
- Cross-Selling-Analyse

6 Fazit und Tendenz

Die Tatsache ist unbestritten, dass die Verbesserung der Kundenbeziehung zu einem der wichtigsten Unternehmensziele gehört. Customer-Relationship-Management-Applikationen sind in den letzten Jahren unverhältnismäßig in den Markt geworfen worden. Dennoch ist die Idee, die ihnen zugrunde liegt, den Kunden besser zu verstehen und auf seine Bedürfnisse einzugehen, zweifelsfrei. Anders als noch in der Vergangenheit können sich die Unternehmen intelligenter Systeme bedienen, die das Zusammentragen von großen Datenmengen erlauben und die hervorragende Möglichkeiten bieten, die erforderlichen Prozesse in einer Organisation umzusetzen.

Glaubwürdigkeit und die Qualität der Serviceleistungen sind mehr als nur eine Verankerung in der Unternehmensphilosophie. Zum Leidwesen vieler Kunden verlieren sich Unternehmen in ihren Plattitüden und Investitionen in wahnsinnig intelligente Algorithmen auch heute noch. Mit dem Eintritt in die Welt der „Neuen Medien" und ersten Aktivitäten in den Social Networks wird der Kunde dem Unternehmen sehr schnell über die Qualität seiner CRM-Ansprüche aufklären.

Die Tendenzen von heute sind morgen wahrscheinlich schon wieder überholt, weshalb vier abgeleitete Fragestellungen, eine zeitlich flexible Reflexion möglich machen sollen.

Wie weit können die unternehmerischen Zielstellungen und Umsatzmaxime den Kundenbedürfnissen angeglichen werden?

Werden die Unternehmen die Meinung der Kunden annehmen und ihre Strategien überdenken, indem sie die richtigen Themen und Leistungen den Kundenkanälen zuordnen?

Wie viel Daten verträgt ein Unternehmen, ohne sich in einem Sammelsurium an Daten zu verlaufen?

Wann ist das Ende weiterer Wahrscheinlichkeiten erreicht, bzw. wie viel Mal besser als raten ist noch realistisch?

Literatur

[1] Statistisches Bundesamt Deutschland
[2] Facebook: Die Welt im Überblick (Update 31. Mai 2011). Social Media Schweiz.
[3] Social Media Governance 2010, www.socialmediagovernance.eu
[4] Zukunftsinstitut GmbH
[5] Europäische Studie von eCircle in Zusammenarbeit mit Mediacom Science – Europäischer Social Media und E-Mail Monitor
[6] Der Wandel zum Handel, BBDO Studie in Zusammenarbeit mit den Trendforschungsinstituten Jelden TTC und brand foresight
[7] Empirische Studie: Trends und Herausforderungen des Kundenservice-Managements August 2010, Detecon International GmbH, Detecon Consulting in Zusammenarbeit mit der Munich Business School

Autor

BENJAMIN BIRKER, Dipl.-Betriebsw., Global Director Omni-Channel Commerce & CX adidas Group, Herzogenaurach.

Vertrauen ist alles – Kundenmanagement im Seminarbereich

Katrin Schwarz

1	Vertrauen ist alles	135
2	Der Seminarkunde	135
3	Der Seminaranbieter	136
4	Ins Gespräch kommen	136
5	Weiterbildungsprojekte gestalten	137
6	Der Beratungsprozess	137
7	Objektivierung von Zufriedenheit, Lern- und Transfererfolg	139
8	Schlussbemerkung	139
	Autor	139

1 Vertrauen ist alles

Es gibt kaum einen Produktbereich, in dem das Angebot mehr auf Kundenbedürfnisse ausgerichtet sein muss als im Bereich der Weiterbildung: Geht es doch darum, den Kunden in einem Unternehmensbereich wirksam zu unterstützen, der entscheidend für die Zukunftsfähigkeit von Unternehmen ist – der Personalentwicklung.

Hierbei gilt es, Standardthemen der beruflichen Weiterbildung – z. B. Präsentations-, Vertriebs- oder Persönlichkeitstrainings – ebenso im Portfolio zu verankern, wie die Möglichkeit, sich flexibel auf spezielle Bedürfnisse des Kunden einzustellen, um mit ihm gemeinsam auf innerbetriebliche Erfordernisse abgestimmte Weiterbildungsprojekte zu entwickeln und umzusetzen. Hierfür ist es neben der thematischen Vielfalt wichtig, sich als vertrauenswürdiger Partner zu zeigen, um nachhaltig zusammenarbeiten zu können.

Der Dialog mit dem Kunden steht deswegen im Mittelpunkt des Kundenmanagements der F.A.Z.-Institut Seminare.

2 Der Seminarkunde

Seminare werden aus unterschiedlichen Gründen besucht und auf unterschiedlichen Wegen gebucht. Nur ein geringer Anteil der Seminarbesucher recherchiert selbständig. In großen Unternehmen treffen – wenn nicht ohnehin ein betriebseigenes Fortbildungssystem existiert – Personalentwicklungsabteilungen eine Vorauswahl und geben Empfehlungen. Oft wird die Buchung von Weiterbildungsveranstaltungen auch auf Dienstleister ausgelagert, die in der Regel große Onlinedatenbanken mit unterschiedlichen Anbietern zur Verfügung stellen und sich um Preisverhandlungen mit den Seminarveranstaltern kümmern. Im letzteren Fall einigt sich dann ein Mitarbeiter mit seinem Vorgesetzten oder der Personalentwicklungsabteilung auf eine Weiterbildung und recherchiert dann selbst nach dem für ihn passenden Veranstalter und Termin.

Die Nutzung von Online-Seminardatenbanken erlaubt es auch kleineren und mittleren Unternehmen, ihre Fortbildung zu organisieren, wobei in diesen Unternehmensstrukturen der Umgang mit Weiterbildung stark differiert. Anders als bei Konzernen oder Großunternehmen gibt es in kleineren und mittleren Unternehmen weniger oft eine Personalentwicklungsabteilung. Meist liegt die Weiterbildung hier in den Händen der Geschäftsführung und hat in vielen Fällen dann eher Projektcharakter. Das heißt, es wird auf spezielle Anforderungen oder Herausforderungen reagiert, die interne Veränderungsprozesse, Umwelt oder Markt an diese Unternehmen stellen.

Die Gestaltung des demografischen Wandels ist beispielsweise eine dieser externen Herausforderungen und ein gutes Beispiel dafür, welche Themen ein Weiterbildungsanbieter neben den Standardthemen zu wirtschaftlichen Fakten, rechtlichen Neuerungen und persönlicher Weiterentwicklung in der Lage sein muss, abzubilden.

3 Der Seminaranbieter

Die Kundengewinnung für den Seminaranbieter ist im Bereich der bereits erwähnten Standardthemen in erster Linie eine Frage der Datenbanken, der Qualität und der Verlässlichkeit. Es kommt darauf an, interessierte Kunden mit geringen Streuverlusten anzuschreiben, qualitativ hochwertige Seminare anzubieten und diese verlässlich durchzuführen. Hier zählt der zufriedene Kunde, der einem Anbieter nach gut gemachten Erfahrungen treu bleibt. Nicht zuletzt benötigt man für das Standardgeschäft, aber auch für die Neukundengewinnung die kritische Masse an Daten und die richtigen (Direkt-)Marketingkonzepte.

Das Seminarportfolio im offenen Bereich muss gleichzeitig Standards anbieten, diese aber immer wieder neu aufarbeiten und mit zeitgemäßen Themenstellungen anreichern, um das Angebot auch über längere Zeiträume attraktiv zu gestalten und Kunden Fortbildungsanreize zu bieten. Hierbei kann man unterschiedliche Wege gehen, manche Anbieter haben sich weitestgehend auf das ‚Massengeschäft' konzentriert: Sie bieten in erster Linie viele Themen und Termine an und vermarkten diese flächendeckend über Mailings auf unterschiedlichen Kanälen. Der persönliche Kontakt zum Kunden spielt an der Stelle eine eher untergeordnete Rolle. Wichtiger ist die ständige Präsenz durch unterschiedliche Themen und Mailings: Ein datenbankgestütztes CRM-Management, das den potenziellen Kunden mit für ihn interessanten Themeninformationen versorgt, ist hier der Weg, Kunden effizient anzusprechen.

Anders ist es, wenn Weiterbildungsprojekte mit den Kunden gemeinsam als Inhouse- oder Coaching-Projekte realisiert werden. Hier sind der persönliche Kontakt und die Beratungsstärke entscheidend. Die Fortbildung mit Projektcharakter auf unterschiedlichen Ebenen und in unterschiedlichen Strukturen, d. h. die Ermittlung des Weiterbildungsbedarfs und die Umsetzung von Weiterbildungskonzepten mit speziellen Zielen, sind zentrale Punkte im Kundenmanagement der F.A.Z.-Institut Seminare. Letztlich bieten alle Anbieter am Markt die Realisierung solcher Projekte an. Bei den F.A.Z.-Institut Seminaren liegt jedoch der Schwerpunkt auf der qualitativ hochwertigen Projektrealisierung, die durch entsprechende Qualitätsstandards, interdisziplinäre Projektteams zu speziellen Themenstellung (z. B. Kompetenzteam Demografie) und eigene Studien (z. B. Benchmarkstudie Demografie) sichergestellt werden.

4 Ins Gespräch kommen

Ein thematisch fundiertes Angebot an Weiterbildungsstandards – der klassische Seminarkatalog – ist sicher die Basis für jede weiterführende Kontaktaufnahme. Mit diesem Schwerpunkt ist es die größte Herausforderung, mit Interessenten so intensiv ins Gespräch zu kommen, dass eine nachhaltige Zusammenarbeit trotz realistischer Marktpreise etabliert werden kann.

Workshops und Vorträge im Rahmen von Kongressen oder Messen sind „Themenschaufenster", bei denen der Kunde sich unverbindlich einen Eindruck von Referenten und der

Vermittlung der Inhalte verschaffen kann. Darüber hinaus sind eine zuverlässige Durchführung, ein glaubwürdiges Konzept der Qualitätskontrolle und Methoden der Lernerfolgskontrolle wichtige Instrumente, um sich als vertrauenswürdiger Partner für Unternehmen zu beweisen.

Beweisen ist das Stichwort, wenn es um langfristige Kundenbindung geht. Ohne ein qualitativ ansprechendes Produkt ist ein Geschäftserfolg im Weiterbildungsmarkt langfristig nicht möglich. So ist neben der Kundenansprache und der Beratung die Produktentwicklung als „Nebenprodukt" des Kundendialogs nicht hoch genug einzuschätzen. Darüber hinaus ist – wenn aus potenziellen Kunden Bestandskunden geworden sind – die Kontaktpflege auf persönlicher Ebene, aber auch datenbankgestützt über die Information, die gezielt an den Mann/die Frau gebracht nachhaltig erfolgversprechender ist als in der Masse, von großer Bedeutung. Mehr und mehr an Bedeutung gewinnen neben den klassischen Postmailings, Newsletter, E-Mailings und Social-Media-Plattformen, die die Kundenansprache und -pflege verändert haben und nachhaltig weiter verändern werden. Doch der persönliche Kontakt bleibt nach wie vor das Wichtigste. Er ist neben vielen Möglichkeiten, Kundenrückmeldungen einzuholen (z. B. Umfragen) die direkteste und transparenteste Methode, sich dem Kunden und dessen Bedürfnissen zu stellen.

Regelmäßige Kundengespräche helfen, Informationen über Unternehmen und Trends zu sammeln, die Herausforderung liegt hierbei in der Balance zwischen Verkaufswillen und seriöser Beratung, denn in einem sensiblen Bereich wie der Personalentwicklung geht nichts ohne Vertrauen und Verlässlichkeit.

5 Weiterbildungsprojekte gestalten

Die Konzeption von Weiterbildungsprojekten geht nur über den intensiven Kontakt zum Kunden. Sie erfordert Zuverlässigkeit, Kompetenz und Flexibilität und stellt damit hohe Anforderungen an den Kundenberater und die Organisationsstruktur. In allen Phasen macht vor allem die Qualität den Wert der Leistung aus. Diese kann nicht unmittelbar über den Preis gemessen werden, sondern manifestiert sich in der Art und Weise, wie über den ganzen Prozess hinweg Qualitätssicherung erfolgt. Ob es die Bedarfsanalyse, die Auswahl der Trainer, die Transfersicherung oder das Bildungscontrolling im Nachgang zur Projektdurchführung ist: Weiterbildungsprozesse sind kleinteilig und ihr Erfolg ist von vielen Faktoren abhängig.

6 Der Beratungsprozess

Der Beratungsprozess ist am konkreten Beispiel vielleicht am besten nachzuvollziehen. Nehmen wir ein mittelständisches Unternehmen mit circa 100 Mitarbeitern. Das Unternehmen hat vor ein paar Jahren einen Wachstumsschub erlebt und eine Reihe von fachlich gut qualifizierten Mitarbeitern in Führungspositionen etabliert. Es wurden eine Reihe neuer

Mitarbeiter eingestellt, die Geschäfte laufen gut, aber es ist zu beobachten, dass die Mitarbeiterzufriedenheit in einigen Teams gesunken ist. Teaminterne und teamübergreifende Konflikte beschäftigen die Geschäftsleitung, die Krankenstände sind höher als in den Jahren davor und die Fluktuation steigt.

Die Geschäftsleitung sieht das Problem und sucht nach Lösungen. Es ist klar, dass das konfliktreiche Arbeiten die Mitarbeiter strapaziert, es ist aber aus dem System heraus nicht einfach, die Ursachen zu identifizieren. Ist es mangelndes Zeitmanagement, was den Druck erzeugt, und sind Konflikte eine Folge? Oder liegt es an der Konfliktunfähigkeit der Einzelnen, gibt es vielleicht ein Problem in der Führungsstruktur? Der externe Blick des Beraters, der sich die Situation beschreiben lässt, mit Teammitgliedern und Führungskräften spricht, sich unbelastet im Umfeld bewegen kann und über die Erfahrung für entsprechende kommunikative Konstellationen verfügt, kann hier hilfreich sein. So ein Prozess – die Bedarfsanalyse – ist nicht unbedingt zeitraubend, denn erfahrene Beobachter finden sich schnell in solchen Konstellationen zurecht und können die Ansatzpunkte für die Problemlösung zügig identifizieren.

Gehen wir davon aus, dass der Berater im vorliegenden Fall feststellt, dass vor allem die unterschiedlichen Führungsstile der fachlich zwar erfahrenen, aber im Führen relativ unerfahrenen oder nicht ausgebildeten Vorgesetzten das Problem sind. Nun kann er mit der Geschäftsführung gemeinsam Ziele für ein anstehendes Führungstraining festlegen und entsprechende Vorschläge für Trainingsbedarf, geeignete Trainer, Trainingsschritte und Trainingsabläufe machen.

Im Nachgang wird der Praxistransfer durch unterschiedliche Maßnahmen wie z. B. Refresher, eine Follow-Up-Veranstaltung oder Coaching on the Job gesichert. Die Transfersicherung umfasst aber nicht nur die Evaluation nach Abschluss des Weiterbildungsprozesses, sondern beginnt bereits bei der Bildungsbedarfsanalyse. Teilnehmer können in vielen Fällen sehr genau beschreiben, welche Erwartung sie mit der Bildungsmaßnahme verbinden. Folgende Schritte sind in einem Weiterbildungsprozess entscheidend: Die Ziele einer Weiterbildung sollten zwischen dem Mitarbeiter und dem direkten Vorgesetzten besprochen und konkretisiert werden. Solche Gespräche binden den Mitarbeiter stärker in die Verantwortung für das Gelingen der Weiterbildungsmaßnahme ein.

Im Vorfeld der Durchführung werden alle Teilnehmer direkt angesprochen und gebeten, Ihre Erwartungen zu formulieren. Der Trainer erhält so die Möglichkeit, Inhalte, Übungen und Methoden auf die Aufgabenstellungen der Teilnehmer abzustimmen. Darüber hinaus werden die Teilnehmer gebeten, Beispiele aus ihrer täglichen Arbeit ins Seminar einzubringen. Die Beschäftigung mit konkreten Fällen aus der eigenen Berufspraxis unter ‚neuen' Vorzeichen erhöhen die Verwertbarkeit des Gelernten und machen erfahrbar, wie die neu erworbenen Fähigkeiten angewendet werden können. Naturgemäß hat dies den zusätzlichen Effekt, Motivation und Merkfähigkeit positiv zu beeinflussen. Ihre Lernergebnisse und alltagstauglichen Handlungsempfehlungen halten die Teilnehmer in Checklisten fest.

7 Objektivierung von Zufriedenheit, Lern- und Transfererfolg

Um langfristig objektive Daten über den Erfolg einer Weiterbildungsmaßnahme zu erhalten, sind drei Befragungsschritte sinnvoll. Direkt nach Abschluss der Veranstaltung verteilt der Trainer Bewertungsbögen, mit denen unmittelbar die Zufriedenheit mit dem gerade erlebten Seminar ermittelt wird. Etwa zwei Wochen nach dem Seminartermin wird in direkter Ansprache per E-Mail erfragt, wie der Übergang von der Theorie in die Praxis gelingt. Weitere zwei Monate später stehen die Einschätzung des tatsächlichen Transfers und Nutzens des Seminars im Fokus einer neuerlichen Feedbackrunde.

8 Schlussbemerkung

Der Bedarf an Weiterbildungsprojekten ist oftmals punktuell seltener kontinuierlich. Aus diesem Grund zeichnet sich eine gute Kundenbetreuung dadurch aus, dass sie die Entwicklung von Unternehmen beobachtet und steten Kontakt und Austausch auch ohne unmittelbare Verkaufsanliegen unterhält. Vertrauen steht im Mittelpunkt des Kundenmanagements im Weiterbildungsbereich.

Autor

KATRIN SCHWARZ, Dipl.-Päd., Organisations- und Personalentwicklung, euromicron AG, Frankfurt am Main.

Data Mining im CRM

Hajo Hippner und Klaus D. Wilde

1	Aufgaben eines analytischen CRM	143
	1.1 Online Analytical Processing	144
	1.2 Data Mining	146
2	Data Mining im CRM	149
	2.1 Der Data-Mining-Prozess im CRM-Kontext	149
	2.2 Data Mining im Beziehungslebenszyklus	150
	2.3 Data-Mining-Unterstützung	152
	2.4 Kundeninformationen	155
3	Ausblick	156
Literatur		157
Autoren		159

1 Aufgaben eines analytischen CRM

Die zentrale Zielsetzung, die mit dem Konzept des Customer Relationship Managements (CRM) verfolgt wird, liegt in der langfristigen Bindung profitabler Kunden an das Unternehmen. Als wesentliche Grundlage hierfür gilt ein umfassendes Wissen über die Struktur, das Verhalten und die Bedürfnisse der Kunden. Die Organisation dieses Wissens – d. h. dessen Bewahrung, Bereitstellung und Analyse – obliegt im CRM-Konzept dem analytischen CRM (aCRM). **Abbildung 1.1** zeigt die Einbindung des aCRM in den umfassenden CRM-Kontext auf (zur Darstellung des operativen und kommunikativen CRM wird auf Hippner/Wilde 2000a verwiesen).

Abbildung 1.1 Einordnung des aCRM in den CRM-Kontext

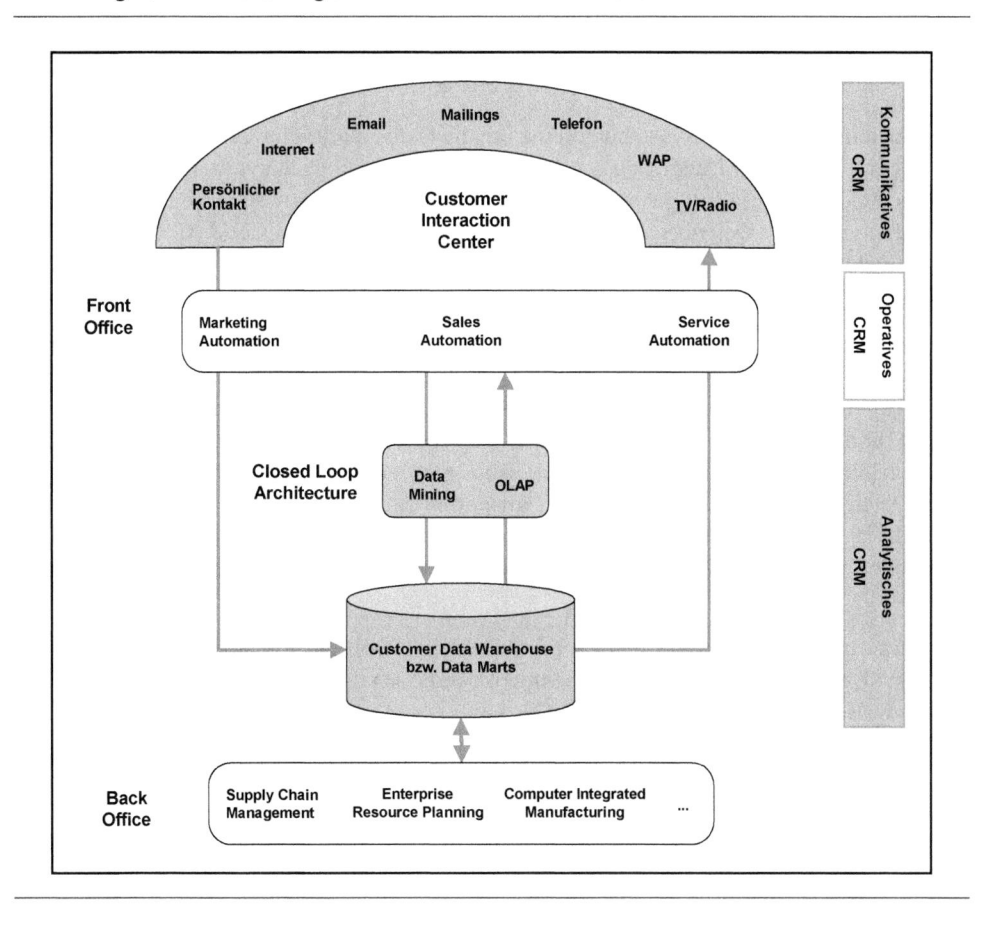

Im aCRM werden alle Kundenkontakte und Kundenreaktionen an den einzelnen Customer Touch Points (Marketing, Vertrieb, Service) systematisch aufgezeichnet. Die Zusammenführung und Bewahrung dieser „Informationsfragmente" erfolgt in einem *Customer Data Warehouse*. Dieses gewährt eine einheitliche Sicht auf den Kunden und versorgt somit die Mitarbeiter an den einzelnen Customer Touch Points mit allen relevanten – also vollständigen, korrekten und aktuellen – kundenbezogenen Informationen. In seiner Gesamtheit stellt das Customer Data Warehouse einen Wissenspool dar, der zur kontinuierlichen Optimierung der kundenbezogenen Geschäftsprozesse ausgewertet werden kann. Dies erfolgt mit unterschiedlichen Analyseansätzen wie z. B. *Online Analytical Processing (OLAP)* oder *Data Mining*. Das CRM wird dadurch zu einem lernenden System (*Closed Loop Architecture*), in dem Kundenreaktionen gezielt genutzt werden, um die Abstimmung von Kundenkommunikation, Produkten und Dienstleistungen auf fein differenzierte Kundenbedürfnisse kontinuierlich zu verbessern.

1.1 Online Analytical Processing

Das Customer Data Warehouse liefert eine für die Datenanalyse im CRM geeignete Aufbereitung der relevanten Daten. Die Aufdeckung der in diesen Daten verborgenen, erfolgsrelevanten Geschäftserfahrungen erfordert spezielle Werkzeuge zur Analyse umfangreicher, multidimensionaler Datenbestände. Für diesen Zweck wurde von Codd (Codd et al. 1993) das OLAP-Konzept entwickelt (z. B. Chamoni 2000).

OLAP-Systeme bilden betriebswirtschaftlich relevante Maßgrößen (z. B. Absatz, Umsatz, Kosten, Deckungsbeiträge, Marktanteile) in Form eines multidimensionalen Datenwürfels ab, dessen Dimensionen betriebswirtschaftlich relevante Gliederungskriterien (z. B. Produktgruppen, Kundengruppen, Verkaufsgebiete, Vertriebskanäle) sind (Chamoni 1998, S. 233). Entlang dieser Dimensionen können die betriebswirtschaftlichen Maßzahlen je nach Fragestellung aufgebrochen (Drill down) oder aggregiert (Roll up) werden, so dass aus dem Datenwürfel mit Hilfe bestimmter Navigationsfunktionen (z. B. Drill down, Roll up, Slice, Dice) die für die jeweilige Fragestellung jeweils interessierenden „Scheiben", „Ebenen" oder „Teilwürfel" extrahiert und angezeigt werden können (Bager et al. 1997, Abbildung 11.2).

Derartige intuitiv bedienbare Benutzeroberflächen sollen dem Management direkten Datenzugriff auf möglichst viele unternehmensinterne und -externe Datenquellen geben – idealerweise über die Frontend-Schnittstelle eines Data Warehouses.

Grundsätzlich verfügt das Management mit OLAP somit über einen direkten Zugriff zur Datenanalyse. Dabei gelten jedoch folgende Einschränkungen:

OLAP liefert eine rein deskriptive Darstellung der Daten, die Aufdeckung interessanter Zusammenhänge in den Daten erfordert seitens des Anwenders „scharf" ausformulierte A-priori-Hypothesen über die relevanten Merkmale und die Art des Zusammenhangs.

Abbildung 1.2 Navigation in einem dreidimensionalen Datenwürfel (Bager et al. 1997)

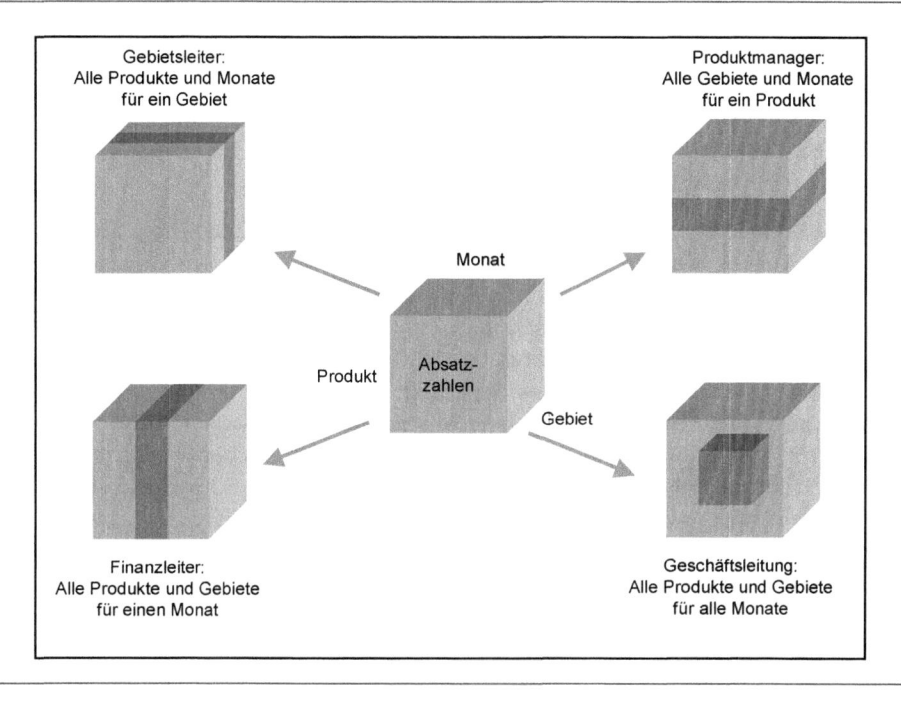

Die konsequente Erfassung der in den Daten verborgenen Geschäftserfahrung erfordert aber darüber hinaus die automatische Abarbeitung „unscharfer" A-priori-Hypothesen, bei denen lediglich ein zu erklärendes Zielmerkmal (z. B. Kundenwert oder Kundengruppenzugehörigkeit) vorgegeben ist, während die Bestimmung der Art des Zusammenhangs und der erklärungsrelevanten Merkmale aus mehreren tausend Möglichkeiten der eigentliche Kern der Datenanalyse ist. Aufgrund der umfangreichen Benutzerinteraktion bei OLAP liegt das zur Analyse unscharfer A-priori-Hypothesen erforderliche Zeitbudget des Managements weit außerhalb realer Möglichkeiten.

Auch im Fall scharf formulierter A-priori-Hypothesen überschreitet die deskriptive Darstellung der im Marketing typischen multidimensionalen Zusammenhänge oft die kognitiven Grenzen der Anwender und die darstellungstechnischen Grenzen der OLAP-Werkzeuge.

OLAP als maschinell unterstützte *manuelle* Suche nach in Daten verborgenen, interessanten Geschäftserfahrungen muss deshalb ergänzt werden durch eine (manuell unterstützte) *maschinelle* Suche im Rahmen des Data Mining.

1.2 Data Mining

Der Begriff „Data Mining" nimmt Bezug auf ein griffiges Bild aus dem Bergbau (Mining), wo mit großem technologischen Aufwand enorme Gesteinsmengen maschinell abgebaut und aufbereitet werden, um Edelmetalle und Edelsteine ans Tageslicht zu fördern (Adriaans/Zantinge 1997, S. 5). Analog dazu werden beim Data Mining riesige Datenvolumina mit anspruchsvollen, automatisierten Methoden nach neuen, gesicherten und handlungsrelevanten Geschäftserfahrungen durchsucht (Berry/Linoff 1997, S. 5).

Ausgehend von Methodenansätzen aus Statistik, Künstlicher Intelligenz, Maschinellem Lernen und Mustererkennung sollten dabei ursprünglich „... allgemein verwendbare, effiziente Methoden [gefunden werden], die autonom aus großen Datenmengen die bedeutsamsten und aussagekräftigsten Muster identifizieren und sie dem Anwender als interessantes Wissen präsentieren" (Hagedorn et al. 1997, S. 601) ohne vom Anwender A-priori-Hypothesen (und damit Aussagen über die gesuchten Inhalte) zu fordern: „Wer mit gängigen Abfragesprachen das Wesentliche herausfischen will, muss schon vorher wissen wonach er sucht. Data Mining ... lotst uns zu nützlichen Antworten, bevor uns die passenden Fragen einfallen und fördert aus den Tiefen des Datenmeeres Überraschendes zutage" (Janetzko/Steinhöfel 1997, S. 294). Allerdings wurde rasch deutlich, dass „... der Wunsch, vollständig autonome Systeme zu entwickeln, die selbständig in einem beliebigen Datenbestand Auffälligkeiten finden, ... in die ferne Zukunft verschoben werden muss" (Küppers 1999, S. 25 f.). Zu wichtig ist das domänenspezifische Fachwissen der Anwender, ohne welches das Aufdecken nützlicher Erkenntnisse kaum möglich ist.

Mit dieser Erkenntnis trat der Prozess des „Knowledge Discovery in Databases" (KDD) ins Zentrum der Aufmerksamkeit, der die Interaktion zwischen automatisierten Data-Mining-Methoden und dem Anwender bei der Aufgabendefinition, Datenaufbereitung, Datenanalyse, Ergebnisevaluation und Anwendung zum Gegenstand hat: „KDD refers to the overall process of discovering useful knowledge from data while data mining refers to the application of algorithms for extracting patterns from data without the additional steps of the KDD process ... . These additional steps are essential to ensure that useful information (knowledge) is derived from data. Blind application of data mining methods ... can be a dangerous activity in that invalid patterns can be discovered without proper interpretation. Thus the overall process of finding and interpreting patterns from data is referred to as the KDD process, typically interactive and iterative, involving the repeated application of specific data mining methods or algorithms and the interpretation of the patterns generated by these algorithms" (Fayyad et al. 1996, S. 4). Bei Fayyad et al. 1996 stellt Data Mining somit nur eine Phase im übergeordneten KDD-Prozess dar, der die Anwendung einzelner Data-Mining-Methoden umfasst.

Während Fayyad et al. 1996 zwischen KDD und Data Mining als einer Phase innerhalb des KDD-Prozesses differenzieren, verwenden heute die meisten Autoren die Begriffe synonym (Adriaans/Zantinge 1997, S. 5). Dabei verbindet sich der iterative und interaktive KDD-Prozess mit dem griffigeren Terminus „Data Mining" zum „Data-Mining-Prozess": „Data Mining is the process of extracting previously unknown, valid, and actionable information from large databases und then using the information to make crucial business decisions"

(Cabena et al. 1998, S. 12; ähnlich Kulkarni/King 1999, S. 5; Strüby et al. 1999, S. 29; Weiss/Indurkhya et al. 1998, S. 1).

Der Data-Mining-Prozess kann (in Anlehnung an Brachman/Anand 1996, S. 48 ff.; Chapman et al. 1999, S. 6 f.; Fayyad et al. 1996, S. 10 f.; Kulkarni/King 1999, S. 16 ff.; Reinartz 1998, S. 14 f.) in folgende Phasen untergliedert werden, die in Interaktion mit dem Anwender meist iterativ in Rückkopplungsschleifen durchlaufen werden:

Aufgabendefinition: Bestimmung der betriebswirtschaftlichen Problemstellung, Ableitung analytischer Ziele für das Data Mining und Projektplanung.

Auswahl der relevanten Datenbestände: Katalogisierung der verfügbaren Datenquellen, qualitative Bewertung der verfügbaren Datenquellen, Bestimmung der geeigneten Datenbestände.

Datenaufbereitung: Datentransformation in ein geeignetes Datenformat zur Datenanalyse, explorative Datenanalyse, Datenanreicherung, Datenreduktion, Behandlung fehlender Merkmalswerte, Behandlung von fehlerhaften Merkmalswerten und Ausreißern, Recodierung der Merkmale.

Auswahl von Data-Mining-Methoden: Bestimmung der Auswahlkriterien für Data-Mining-Methoden (Methode = generelle Beschreibung einer Vorgehensweise), Bewertung der Data-Mining-Methoden, Bestimmung der geeigneten Data-Mining-Methoden, Auswahl eines Data-Mining-Werkzeugs.

Anwendung der Data-Mining-Methoden: Entwicklung von Data Mining-Modellen (Modell = Ergebnis der Anwendung einer Methode auf einen konkreten Datenbestand), Test von Data Mining-Modellen, Kombination von Data-Mining-Methoden.

Interpretation und Evaluation der Data Mining-Ergebnisse: Ausfiltern handlungsrelevanter Data Mining-Ergebnisse, betriebswirtschaftliche Bewertung der Data Mining-Ergebnisse, Bewertung des Data-Mining-Prozesses.

Anwendung der Data Mining-Ergebnisse: Anpassung der betroffenen Geschäftsprozesse, Einbindung der Data Mining-Modelle in die operativen Geschäftsprozesse, Empfehlungen für Führungsentscheidungen, Aufgabendefinition für weitere Data-Mining-Prozesse.

Dabei verteilt sich der Zeitaufwand zu ca. 20 % auf die Aufgabendefinition, zu ca. 60 % auf die Auswahl der relevanten Datenbestände und Datenaufbereitung, zu ca. 10 % auf die Interpretation, Evaluation und Anwendung der Data Mining-Ergebnisse und nur zu ca. 10 % auf die Auswahl und Anwendung der Data-Mining-Methoden (Cabena et al. 1998, S. 43 sowie ähnliche Größenordnungen bei Küppers 1999, S. 117 und Tkach 1998, S. 12;). Eine ausführliche Darstellung des Data-Mining-Prozesses findet sich in Hippner/Wilde 2000b.

In Abhängigkeit von der vorliegenden Aufgabenstellung können im Rahmen von Data Mining-Projekten grundsätzlich **Beschreibungsprobleme** und **Prognoseprobleme** unterschieden werden (Fayyad et al. 1996, S. 12). Während bei Beschreibungsproblemen die Aufdeckung von handlungsrelevanten Strukturen in den Daten im Vordergrund steht (Was sind die charakteristischen Merkmale von Kunden mit starker Firmenbindung? Welche Artikel werden häufig gemeinsam gekauft? Gibt es Kunden mit differenzierten Kommunikationsbedürfnissen?), soll bei Prognoseproblemen aus den bekannten Merkmalen eines Datensatzes eine Aussage über unbekannte (z. B. Bonität eines Neukunden) oder künftige Merkmalswerte (Kaufvolumen des Kunden in der nächsten Saison) abgeleitet werden. Es lassen sich in Anlehnung an die einschlägige Literatur innerhalb dieser beiden Kategorien weitere Problemtypen unterscheiden (Berry/Linoff 1997, S. 52 ff.; Chapman et al. 1999, S. 82 ff.; Fayyad et al. 1996, S. 13 ff.; Microsoft 2000, S. 2 ff.; Reinartz 1998, S. 21; Weiss/Indurkhya 1998, S. 7).

Deskription: Beschreibung einprägsamer und interessanter, aber noch nicht unmittelbar handlungsrelevanter Strukturen in den Daten mit Hilfe deskriptiver statistischer Methoden, Visualisierungsmethoden oder OLAP. Ergebnisse aus der Bearbeitung von Deskriptionsproblemen bedürfen in aller Regel noch weiterführender Datenanalysen, um unmittelbar handlungsrelevante Resultate zu erzielen. Dieser Problemtyp steht deshalb an der Grenze zwischen der explorativen Datenanalyse im Rahmen der Datenaufbereitung und dem eigentlichen Kern des Data Mining.

Abweichungsanalyse: Automatische Erkennung interessanter Abweichungen der Merkmalsentwicklung von historischen Entwicklungsmustern, von Plan- oder Referenzwerten in Form von Längs- und Querschnittsanalysen, insbesondere in Datenbeständen mit extrem vielen Merkmalen oder Datensätzen. Klassisches Beispiel ist die automatische Erkennung auffälliger Entwicklungen in Haushaltspanel-Daten, die kontinuierlich für eine Vielzahl von Artikeln anfallen (Beys 1994). Wie auch bei Deskriptionsproblemen bedürfen die Ergebnisse aus der Bearbeitung einer Abweichungsanalyse ebenfalls noch weiterführender Datenanalysen, um unmittelbar handlungsrelevante Resultate zu erzielen und stehen damit ebenfalls an der Grenze zwischen der explorativen Datenanalyse im Rahmen der Datenaufbereitung und dem eigentlichen Kern des Data Mining.

Assoziation: Beschreibung interessanter Abhängigkeiten oder Assoziationen zwischen den Merkmalen von Datensätzen. Geeignete Methoden sind z. B. die Korrelationsanalyse oder die Assoziationsanalyse. Klassisches Beispiel hierfür sind Warenkorbanalysen (Michels 2000), die aus der Analyse von Kaufakten im Handel (Kassenbons) Auskunft geben, welche Waren auffällig häufig gemeinsam gekauft werden, ohne dass daraus bereits unmittelbare Rückschlüsse auf die Warenplazierung gezogen werden können (Sollen hoch assoziierte Artikel benachbart plaziert werden, um das Cross-Selling zu fördern? Oder sollen sie weit entfernt voneinander plaziert werden, um den Kunden möglichst durch das gesamte Warenangebot zu führen?). Die Ergebnisse aus der Bearbeitung von Assoziationsproblemen können nachfolgend in unmittelbar handlungsrelevante Resultate (z. B. Prognosen) umgesetzt werden, bedürfen dazu aber in aller Regel noch weiterführender Datenanalysen. Somit gelten dieselben Anmerkungen wie bei der Deskription und der Abweichungsanalyse.

Gruppenbildung (Segmentierung): Untergliederung der Datensätze (z. B. Kunden) in interessante und inhaltlich bedeutsame Gruppen, die durch gemeinsame Merkmalsausprägungen beschrieben sind, z. B. unter Verwendung der Clusteranalyse oder Künstlicher Neuronaler Netze. Die Datensätze einer Gruppe sollen dabei hinsichtlich ihrer Merkmalsausprägungen möglichst ähnlich, Datensätze aus verschiedenen Gruppen möglichst unterschiedlich sein. Als klassisches Beispiel ist hier die Kundensegmentierung zu nennen, durch die Kunden z. B. anhand ihrer Demographie, ihres Kaufverhaltens etc. in homogene Gruppen zusammengefasst werden, die dann durch das Marketing oder den Vertrieb differenziert bearbeitet werden können.

Klassifikation: Zuordnung von Datensätzen (z. B. Kunden) zu vorab definierten, durch bestimmte Merkmale oder Eigenschaften beschriebene Klassen. Ein weit verbreitetes Beispiel stellt die Kreditwürdigkeitsprüfung dar (Klasseneinteilung in kreditwürdige und nicht kreditwürdige Kunden). Probleme der Wirkungsprognose (s. u.) können durch eine Klassenbildung hinsichtlich des Zielmerkmals in Klassifikationsprobleme transformiert werden. Methoden zur Bearbeitung von Klassifikationsproblemen sind z. B. logistische Regressionsanalyse, Diskriminanzanalyse, Klassifikationsbäume, Künstliche Neuronale Netze, Genetische Algorithmen.

Wirkungsprognose: Bestimmung einer unbekannten (zukünftigen, gegenwärtigen oder historischen) Ausprägung eines ratio- oder intervallskalierten Merkmals eines Datensatzes auf der Grundlage weiterer Merkmale mit bekannten Ausprägungen, z. B. die Prognose des Auftragsvolumens eines Kunden für die nächste Saison auf der Basis seiner bisherigen Kaufhistorie oder die Umsatzprognose eines internationalen Unternehmens auf der Basis von Werbung, Wechselkursen und Inflationsrate. Geeignete Data-Mining-Methoden sind z. B. Regressionsanalysen, Regressionsbäume, Künstliche Neuronale Netze, Box-Jenkins-Methoden, Genetische Algorithmen.

Eine detaillierte Einführung in den Aufbau und die Anwendungscharakteristika oben aufgeführter Data-Mining-Methoden findet sich in Hippner et al. 2000.

2 Data Mining im CRM

2.1 Der Data-Mining-Prozess im CRM-Kontext

Die folgende illustriert die Einbindung des Data-Mining-Prozesses in den CRM-Kontext. Alle kunden- bzw. unternehmensinitiierten Aktionen und Reaktionen werden kontinuierlich erfasst und in das Customer Data Warehouse eingespeist. In Abhängigkeit von den Zielsetzungen und Problemen aus den Bereichen Marketing, Sales und Service werden entsprechende Analyseaufgaben abgeleitet und dadurch der Data-Mining-Prozess angestoßen. Die solcherart gewonnenen Erkenntnisse stellen den Ausgangspunkt für weiterführende Aktionen bzw. Optimierungen an den Customer Touch Points dar. Darüber hinaus werden sie dazu genutzt, um das Wissen über die Kunden im Customer Data Warehouse anzureichern.

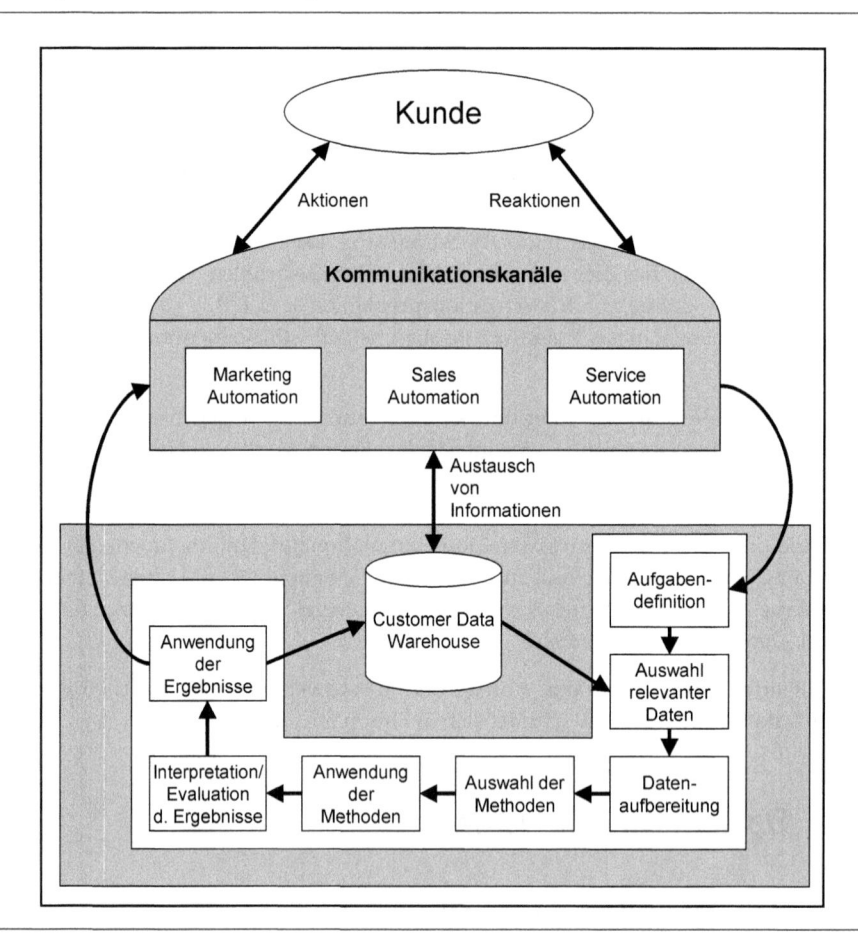

Abbildung 2.1 Der Data-Mining-Prozess im CRM-Kontext

2.2 Data Mining im Beziehungslebenszyklus

Im Fokus des CRM steht die langfristige Bindung profitabler Kunden an das Unternehmen. Die geforderte Langfristigkeit verbietet eine ad hoc-Betrachtung der Kundenbeziehung, sondern verlangt vielmehr die Berücksichtigung des Customer Lifetime Values der Kunden (Rapp 2000). Die Bezugnahme auf den Customer Lifetime Value als Zielgröße im CRM trägt der Forderung Rechnung, sich nicht nur an dem kurzfristigen mit einem Kunden erzielbaren Erfolg zu orientieren, sondern auf den langfristigen Wert einer Kundenbeziehung mit all seinen Ein- und Auszahlungsströmen zu fokussieren (Schwetz 2000, S. 222).

Diese langfristige Betrachtung erfordert eine differenzierte Betrachtungsweise der Beziehung des Kunden zum Unternehmen. So durchläuft der einzelne Kunde in seiner Geschäftsbeziehung unterschiedliche Phasen, „... die eine Erklärung für die jeweils verschie-

Data Mining im CRM 151

denen Wachstumsraten der Beziehungsintensität bieten und die Grundlage für eine lebensphasenspezifische Bearbeitung der Kunden bieten" (Stauss 2000a, S. 15). Dieser Phasenorientierung muss sich auch das Data Mining im CRM-Konzept unterwerfen, um somit die unterschiedlichen kundenorientierten Aufgabenstellungen, die in den einzelnen Beziehungsphasen verfolgt werden, adäquat unterstützen zu können.

Abbildung 2.2 Data Mining im Beziehungslebenszyklus (in Anlehnung an Berry/Linoff 2000, S. 72 ff. und Stauss 2000b, S. 452 ff.)

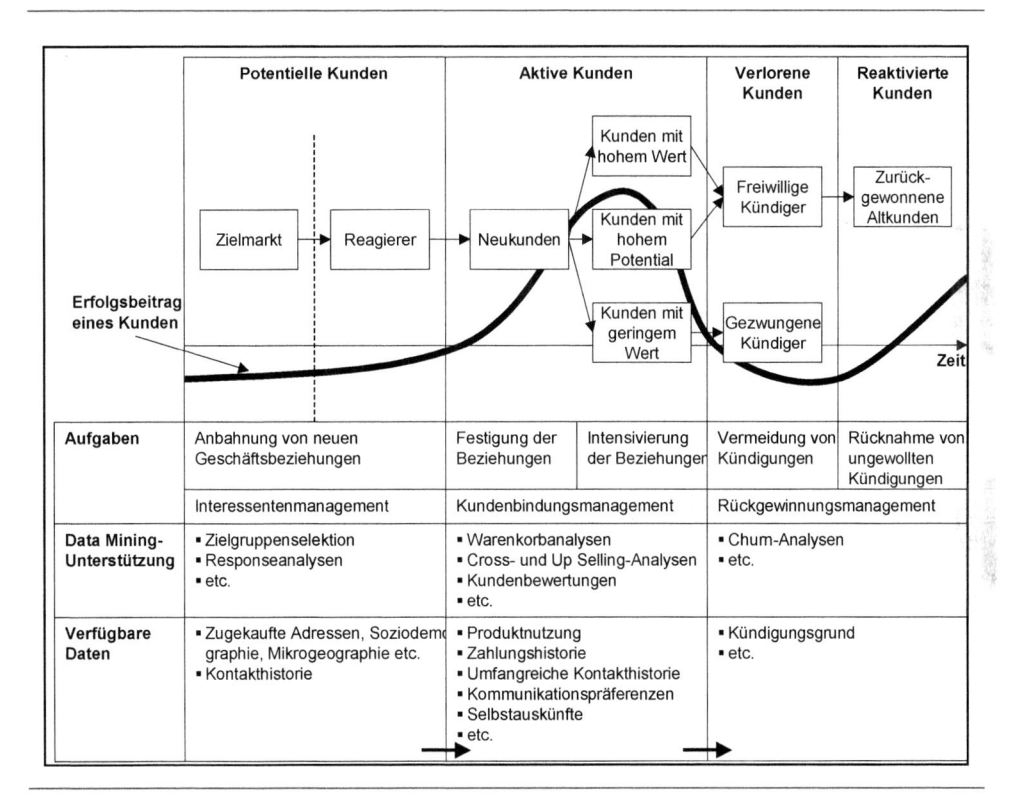

	Potentielle Kunden		Aktive Kunden		Verlorene Kunden	Reaktivierte Kunden
	Zielmarkt → Reagierer	→ Neukunden	Kunden mit hohem Wert / Kunden mit hohem Potential / Kunden mit geringem Wert		Freiwillige Kündiger / Gezwungene Kündiger	Zurückgewonnene Altkunden
Aufgaben	Anbahnung von neuen Geschäftsbeziehungen		Festigung der Beziehungen	Intensivierung der Beziehungen	Vermeidung von Kündigungen	Rücknahme von ungewollten Kündigungen
	Interessentenmanagement		Kundenbindungsmanagement		Rückgewinnungsmanagement	
Data Mining-Unterstützung	• Zielgruppenselektion • Responseanalysen • etc.		• Warenkorbanalysen • Cross- und Up Selling-Analysen • Kundenbewertungen • etc.		• Churn-Analysen • etc.	
Verfügbare Daten	• Zugekaufte Adressen, Soziodemographie, Mikrogeographie etc. • Kontakthistorie		• Produktnutzung • Zahlungshistorie • Umfangreiche Kontakthistorie • Kommunikationspräferenzen • Selbstauskünfte • etc.		• Kündigungsgrund • etc.	

Das Lebenszykluskonzept ist zusammen mit den entsprechenden Aufgabenbereichen des Data Mining in **Abbildung 2.2** dargestellt. Hierbei durchlaufen die Kunden folgende Phasen:

Potenzielle Kunden sollen durch geeignete Maßnahmen in tatsächliche Kunden umgewandelt werden. Die Anzahl an potenziellen Kunden wird durch die unternehmensseitige Definition des Zielmarkts beschränkt. Während sich die Zahl im Business-to-Business-Bereich (B2B) auf nur einige wenige beschränken kann, sind im internationalen Business-to-Consumer-Bereich (B2C) als anderem Extrem mehrere Milliarden Kunden denkbar. Besonders interessant ist für ein Unternehmen die Gruppe der Reagierer. Dies sind Kunden, die sich aus der Masse abgehoben haben, indem sie bereits aktiv ein Interesse an den Produkten/Dienstleistungen eines Unternehmens bekundet haben.

Aktive Kunden nutzen das Produkt- und/oder Dienstleistungsangebot des Unternehmens. Über das Ausnutzen von Cross- und Up-Selling-Potenzialen sollen Neukunden zu weiteren Käufen angeregt werden und sich somit zu wertvollen Kunden entwickeln.

Verlorene Kunden haben die Beziehung zum Unternehmen abgebrochen. Bei Kunden, die einen negativen Deckungsbeitrag erwirtschaften, kann dies vom Unternehmen selbst initiiert worden sein (gezwungene Kündiger). Kündigungen von Kunden, die einen hohen Wert oder zumindest doch ein hohes Potenzial aufweisen, sind dagegen unerwünscht (freiwillige Kündiger).

Reaktivierte Kunden sind Kunden, die sich vom Unternehmen abgewendet haben und durch geeignete Maßnahmen wieder zurückgewonnen wurden. Hierbei sollte es sich in erster Linie um wertvolle Kunden handeln.

2.3 Data-Mining-Unterstützung

In Abhängigkeit von den einzelnen Phasen, die ein Kunde während seiner Geschäftsbeziehung durchläuft, resultieren spezifische Aufgaben an das unternehmensseitige Management dieser Geschäftsbeziehungen.

■ **Interessentenmanagement**

Das Interessentenmanagement zielt darauf ab, neue Geschäftsbeziehungen anzubahnen. Diese Aufgabe stand in der Vergangenheit im Mittelpunkt der Marketinganstrengungen. Bei potenziellen Kunden sollte Aufmerksamkeit bzw. Interesse geweckt werden, um sie zu einem Erstkauf zu motivieren (Stauss 2000b, S. 451). Da die potenziellen Kunden aus dem Zielmarkt in dieser frühen Phase der Geschäftsbeziehung kaum mit dem Unternehmen in Kontakt getreten sind, werden die typischen Akquisitionskampagnen häufig nach dem „Gießkannenprinzip" durchgeführt, d. h. es erfolgt keine zielgruppenspezifische Ansprache durch die einzelnen Kampagnen.

Auch wenn zu diesem Zeitpunkt intern kaum auswertbare Informationen über die potenziellen Kunden vorliegen, kann Data Mining doch dazu beitragen, die Akquisitionskampagnen zu optimieren (siehe dazu auch den Punkt Datenanreicherung in Kap. 2.4). So können z. B. bereits durchgeführte Kampagnen dahingehend analysiert werden, welche Kundengruppen überproportional häufig reagiert haben (*Responseanalysen*). Mit dieser Kenntnis können bei folgenden Kampagnen nur die Kunden mit einer hohen Responsewahrscheinlichkeit kontaktiert werden und somit bei nahezu gleichbleibender Response die Kosten der Kampagnen erheblich gesenkt werden. Eine andere Möglichkeit Kampagnen effizienter zu gestalten liegt in der vorgelagerten Analyse von aktiven Kunden (*Zielgruppenselektion*). Durch die Bildung von Kundensegmenten, die für das Unternehmen sehr profitabel sind, können die Akquisitionsanstrengungen dann auf solche potenziellen Neukunden beschränkt werden, die ein ähnliches Profil aufweisen.

Obige Analysen werden schwerpunktmäßig für die Optimierung *einer* Kampagne herangezogen. Ergänzend bieten sich Untersuchungen an, die auf die optimale zeitliche Abfolge *mehrerer* Kontakte fokussieren. Ausgehend von Kauf- und Kontakthistorien wird hierbei für jeden Kunden die optimale (Folge-)Aktion und der optimale Zeitpunkt bestimmt, wobei alle dialogorientierten Werbemaßnahmen bei solchen integrierten Kontaktketten berücksichtigt werden können. Mit derartigen Analysen kann auch der optimale Abbruchzeitpunkt bestimmt werden, an dem die Kampagnen im Rahmen der Neukundengewinnung eingestellt werden. Wurden z. B. bereits mehrere Stufen der Kontaktkette durchlaufen, ohne dass ein Kunde auf die Kampagnen reagiert hat, kann mit einer bestimmten (und monetär bewertbaren) Wahrscheinlichkeit davon ausgegangen werden, dass der Kunde kein Interesse an einer Geschäftsbeziehung besitzt. Durch den Verzicht auf weitere Kontakte kann das Unternehmen somit u. U. erhebliche Mittel einsparen.

Bei den oben genannten Analysen ist darauf zu achten, dass die zur Analyse herangezogenen Kundenmerkmale auch für die potenziellen Kunden zur Verfügung stehen. Es ist nur wenig hilfreich, wenn eine Analyse ergibt, dass Kunden mit einem durchschnittlichen Jahresumsatz von über x DM in der Produktkategorie y eine vielversprechende Zielgruppe darstellen, da diese Informationen bei potenziellen Kunden nicht vorhanden sein können. Dagegen können Merkmale wie Familiengröße, Region, Branchenzugehörigkeit etc. gezielt aus externen Quellen hinzugekauft werden.

- **Kundenbindungsmanagement**

Insbesondere im Rahmen des CRM tritt gegenüber dem Interessentenmanagement zunehmend auch das Kundenbindungsmanagement in den Vordergrund. Der Grundgedanke hierbei ist der, dass es profitabler ist, in eine langfristige Kundenbindung und Beziehungsintensivierung zu investieren als nur in die Neukundengewinnung. Da bei aktiven Kunden die Datenlage naturgemäß bei weitem besser ist als dies bei potenziellen Kunden der Fall ist, bietet sich in dieser Phase durch das Data Mining ein breites Unterstützungsspektrum an.

Die Konzentration auf profitable Kunden stellt eine wesentliche Forderung des CRM-Konzepts dar. Grundlage hierfür ist eine Bewertung der Kunden hinsichtlich ihres zukünftigen Werts für das Unternehmen. Hierfür können z. B. Cross- und Up-Selling-Analysen durchgeführt werden, wobei „alte" Bestandskunden hinsichtlich ihres Produktnutzungsverhaltens analysiert werden. Die Ergebnisse können dann auf Neukunden bzw. auf Kunden, die noch keine intensive Beziehung zum Unternehmen pflegen, übertragen werden. Auf diese Weise wird z. B. beim *Cross-Selling* ermittelt, welche der Kunden, die Produkt A gekauft haben, auch für den Kauf von Produkt B in Frage kommen bzw. welche Kunden von Produkt A eine atypisch geringe Nutzung von Produkt B aufweisen. Bei einer hohen Cross-Selling-Rate sollen diese Kunden dann gezielt angesprochen und auf das entsprechende Produkt hingewiesen werden. So lässt sich z. B. bei Versicherungen häufig beobachten, dass Kunden nicht nur eine, sondern häufig mehrere Versicherungen bei einem Unternehmen abschließen (z. B. Hausrat, Leben, Kfz etc.), also auch eine hohe Cross-Selling-Rate aufweisen. Beim *Up Selling* wird dagegen ermittelt, inwieweit die Möglichkeit besteht, einem Kunden ausgehend von seinem derzeitigen Produkt ein höherwertigeres zu verkaufen. So wird z. B. in der Automobilbranche versucht, Neukunden mit Einstiegsmodellen zu gewinnen und dann kontinuierlich in der Modellpalette nach oben zu führen (z. B. Audi: A3 → A4 → A6 → A8).

Als Ergänzung zu der oben dargestellten Cross-Selling-Analyse können *Warenkorbanalysen* durchgeführt werden. Grundlage für diese Analysen bilden die Warenkörbe der Kunden, die durch den gemeinsamen Kauf mehrerer Produkte im Rahmen eines Kaufakts gebildet werden. Unter Verwendung von Assoziationsanalysen wird dann z. B. untersucht, welche Produktkombinationen überdurchschnittlich häufig zusammen erworben werden. Diese Ergebnisse können dann als erste Ausgangspunkte herangezogen werden, um z. B. die Sortimentsgestaltung oder die Layoutplanung von Supermärkten oder Katalogen zu verbessern. Bei diesem letzten Punkt ist es allerdings noch ungeklärt, ob es günstiger ist, Produkte mit einem hohen Verbund möglichst nah beieinander zu platzieren, um so den Kunden ein einfacheres Einkaufen zu ermöglichen, oder sie räumlich voneinander zu trennen, um dadurch den Kunden durch den gesamten Supermarkt bzw. Katalog zu navigieren. Als Erweiterung dieses Ansatzes können mit Sequenzanalysen zeitliche Strukturen im Kaufverhalten der Kunden aufgezeigt werden. Hierbei bezieht sich der Warenkorb nicht mehr nur auf die Produkte, die bei einem Kaufvorgang ausgewählt worden sind, sondern auf alle Produkte, die ein Kunde während seiner Geschäftsbeziehung erwirbt. Diese Analysen können z. B. ergeben, dass überdurchschnittlich viele Kunden nach Kauf von Produkt X auch Produkt Y und dann Produkt Z erwerben. Derartige Aussagen liefern wertvolle Hinweise für Cross- und Up-Selling-Kampagnen bzw. für Sales Cycle-Analysen. Eine ausführliche Darstellung von Assoziations- und Sequenzanalysen findet sich bei Hettich/ Hippner 2000.

Generell stellen *Kundenbewertungen* die Grundlage für kundenspezifische Marketing-, Vertriebs- und Servicekonzepte dar. Wie auch im Interessentenmanagement werden solche Bewertungen im Kundenbindungsmanagement u. a. zur Zielgruppenselektion für Kampagnen herangezogen. Allerdings steht in dieser Phase verstärkt die Profitabilität des Kunden im Mittelpunkt, um die unternehmensseitige Intensität der Geschäftsbeziehung entsprechend auszugestalten. Ausgehend von der Profitabilität können so besonders „wertvollen" Kunden eigene Beziehungsmanager zugewiesen werden, die sich um alle Belange der Geschäftsbeziehungen intensiv sorgen, während für „einfache" Kunden die Mittel des Massenmarketings und des zentralen Vertriebs in Betracht gezogen werden sollten.

- **Rückgewinnungsmanagement**

Betrachtet man das Verhalten des heutigen Kunden, so lässt sich eine hohe Bereitschaft erkennen, eingegangene Geschäftsbeziehungen zu einem Anbieter aufzulösen. Beispielhaft sei hier nur der Mobilfunkmarkt genannt, in dem von einer Kündigerrate pro Periode von etwa 25 % ausgegangen wird (Knauer 1999, S. 514). Die Gründe, dass sich die Unternehmen dieser Entwicklung entgegenstellen, sind plausibel. Zum einen müssen verlorene Kunden mittels Einsatz hoher Werbe- und Verkaufsförderungskosten ersetzt werden. Zum anderen steigt die Profitabilität der Kunden mit der Dauer der Kundenbeziehung (Stauss 2000b, S. 451).

Vor diesem Hintergrund kann das Data Mining im Rahmen des Rückgewinnungsmanagements dafür sorgen, möglichst frühzeitig „gefährdete", d. h. abwanderungswillige Kunden zu identifizieren, um so ex ante geeignete Maßnahmen zu initiieren, die auf den Fortbestand der Geschäftsbeziehung abzielen. Dazu können dem potenziellen Kündiger spezielle Sonderangebote, verbesserte Vertragsbedingungen etc. angeboten werden. Die Identifizierung entsprechender Kunden erfolgt durch *Churn-Analysen* (auch Stornoanalyse, Kündigeranalyse). Hierbei wird für jeden einzelnen Kunden prognostiziert, mit welcher Wahrscheinlichkeit er seine Geschäftsbeziehung in nächster Zeit aufkündigen wird.

2.4 Kundeninformationen

Elementarer Ausgangspunkt für Data Mining ist die Verfügbarkeit von Daten. Dies ist selbstverständlich, erweist sich jedoch in Abhängigkeit von der anzusprechenden Zielgruppe häufig als ein Engpass. Da z. B. potenzielle Neukunden noch nicht mit dem Unternehmen in Kontakt getreten sind, liegen von ihnen auch keine bzw. nur wenige beschreibende Daten vor. Obwohl aber gerade das Vorhandensein von Daten die Grundvoraussetzung für den Einsatz von Data Mining ist, kann Data Mining auch in den frühen Phasen der Geschäftsbeziehung einen wertvollen Beitrag liefern. Ausgangspunkt hierfür ist der Aufbau einer zumindest rudimentären Datenbasis über potenzielle Kunden. Diese Informationen können unternehmensextern beschafft werden. Beispiele hierfür sind:

- *Telefon- und Adressenverzeichnisse*, die auf CD oder per Download zur Verfügung stehen und aus denen z. B. Berufsbezeichnungen und Wohnverhältnisse von Privathaushalten gewonnen werden können.

- *Firmendatenbanken* für das B2B-Marketing enthalten Jahresabschlussdaten, Angaben über Führungskräfte, Produkte, Werke etc., die aus Firmenpublikationen, Fachpublikationen, Selbstauskünften und gesonderten Recherchen gewonnen werden.

- *Listbroker* vermitteln im Rahmen der datenschutzrechtlichen Möglichkeiten qualifizierte Adressenlisten zwischen Unternehmen (z. B. Kundenlisten, Adressen mit bestimmten demografischen Merkmalen und Produktinteressen).

- Datenaustausch mit kooperierenden Unternehmen.

Mehrere Unternehmen führen seit einigen Jahren flächendeckende Haushaltsbefragungen durch, bei denen neben grundlegenden demografischen Haushaltsdaten detaillierte Konsumprofile und Konsuminteressen abgefragt werden (**Lifestyledaten**). Aufgrund der ausdrücklichen Freigabe der Daten für werbliche Zwecke durch die Befragten dürfen die Daten namentlich zur Anreicherung von Kundendatenbanken weitergegeben werden. Mittlerweile stehen entsprechende Daten für mehrere Millionen Haushalte auf Abruf zur Verfügung.

Einige Unternehmen haben bereits vor einiger Zeit mit einer flächendeckenden Videodokumentation der Straßenansichten von Wohngebäuden begonnen (*Wohngebäudedatenbanken*). Nachdem die rechtlichen Streitigkeiten über die Zulässigkeit dieses Vorgehens geklärt sind, können auf dieser Grundlage aussagekräftige kundenindividuelle Daten über die Wohnverhältnisse gewonnen werden.

Ergänzend können die Kundendaten mit mikrogeografischen Segmentierungen und Marktforschungsergebnissen angereichert werden, die zwar nur aggregiert vorliegen, aber mittels *Data Matching* den einzelnen Kundendatensätzen hinzugefügt werden können (Hippner/Wilde 2000b).

Die Kundendatenbasis kann nahezu beliebig mit unternehmensexternen Informationen erweitert werden. Die Aufnahme neuer und erweiterter Informationen darf jedoch nicht den Blick auf das bereits vorhandene Datenmaterial versperren. Zahlreiche Merkmale sind einem kontinuierlichen „Alterungsprozess" unterworfen, der den Aussagegehalt dieser Merkmale zunehmend reduziert. So treten z. B. bei Kunden aus dem B2C-Bereich im Laufe ihres Lebens zahlreiche Ereignisse ein, die ihr Kaufverhalten zwar nachträglich beeinflussen, nicht aber in den Daten abgebildet sind. Hat z. B. vor 10 oder 20 Jahren ein damaliger Student bei einer Bank ein Konto eröffnet, so hat dieser mittlerweile mit einer hohen Wahrscheinlichkeit eine gutdotierte Position inne. Wurde diese Information nicht aktualisiert, wird der Kunde bei aktuellen Data-Mining-Analysen fälschlicherweise immer noch als Student betrachtet und kann demzufolge nicht richtig beurteilt werden. Ähnliche Probleme treten auf, wenn Kunden heiraten, Kinder bekommen, den Job wechseln, in Rente gehen etc. Vergleichbare Einschränkungen der Datenqualität existieren auch im B2B-Bereich. So ändert sich z. B. dynamisch die Bedarfsstruktur einzelner Unternehmen in Abhängigkeit von deren Größe, Branchenausrichtung, Wettbewerbslage etc. Auch solche Änderungen müssen immer wieder neu erfasst werden, um mit Data Mining verlässliche Aussagen generieren zu können.

3 Ausblick

Die derzeit verfügbaren CRM-Systeme sind aufgrund ihrer Entstehungsgeschichte überwiegend auf das Aufgabenspektrum des operativen und kommunikativen CRM zugeschnitten. Analytische Aufgaben werden häufig nur unzureichend unterstützt und finden auch bei der Definition der Systemanforderungen nur unzureichend Beachtung. Angesichts der durchwegs rudimentären Funktionalität der CRM-Systeme im analytischen Bereich erfordert die Ausschöpfung der Erfolgspotenziale des aCRM folglich die gesonderte Implementierung von OLAP- und Data-Mining-Werkzeugen und den Aufbau der dazugehörigen Anwendungskompetenz. Führende Data-Mining-Werkzeuge wie z. B. SAS Enterprise Miner oder SPSS Clementine weisen sich dabei durchgängig durch komfortable Schnittstellen zu den gängigen CRM-Lösungen und deren Customer Data Warehouse aus. Die hohen und bisher noch nicht ausgeschöpften Potenziale im analytischen Bereich sowie der zunehmende „Leidensdruck" der Unternehmen im Wettbewerb werden jedoch dazu führen, dass viele CRM-Anbieter eine analytische Unterstützung in ihren Systemen integrieren werden.

Zusätzlich zu der hier dargestellten Unterstützung des CRM durch Data Mining treten in letzter Zeit zunehmend zwei weitere verwandte analytische Aufgabengebiete in den Vordergrund. Hierbei handelt es sich zum einen um *Web Mining*, das der explosionsartigen Entwicklung des E-Commerce und somit auch des eCRM Rechnung trägt. Der damit einhergehende enorme Informationsbedarf über das Kundenverhalten im Web wird dabei durch Analysen von Logfiles, Cookies, Kundendatenbanken etc. erzeugt. Ziel ist hierbei u. a. die Generierung von Regeln zum personalisierten Aufbau von Websites. Kann z. B. eine Online Bank beobachten, dass ein Kunde immer wieder dieselben Aktienkurse abfragt, so können diese dem Kunden automatisch beim nächsten Aufruf der Homepage angezeigt werden. Weitere Anwendungen bestehen in der Optimierung der Webseiten-Gestaltung und in der Klassifikation der Kunden nach ihrem Informations- und Einkaufsverhalten.

Beim zweiten neuen Aufgabengebiet im analytischen Bereich handelt es sich um *Text Mining*, d. h. die Analyse von nichtstrukturierten Texten. Dieses steckt derzeit zwar noch im Entwicklungsstadium, wird in Zukunft aber eine wachsende Bedeutung besitzen. Mögliche Einsatzgebiete sind z. B. die Analyse von eingehenden Beschwerden, die dann automatisch an den entsprechenden Sachbearbeiter weitergeleitet werden oder die Klassifikation des Beschwerdeverhaltens von Kunden. Da mehr als 80 % der Kundeninformationen im Unternehmen nicht in numerischer Form, sondern in Textform vorliegen, ist für die Zukunft in der automatischen Analyse von Textdokumenten eine interessante Informationsquelle zur Anreicherung des Customer Data Warehouse zu sehen (siehe z. B. Dörre et al. 2000).

Literatur

[1] ADRIAANS, P., ZANTIGE, D.: Data mining, Harlow.
[2] BERRY, M.J.A., LINOFF, G.: Data mining techniques for marketing, sales and customer support, New York.
[3] BERRY, M.J.A., LINOFF, G.: Mastering Data Mining, New York.
[4] BEGER, J., BECKER, J., MUNZ, R.: Data Warehouse – zentrale Sammelstelle für Information, in: c't, (3) 1997, S. 284 – 293.
[5] BRACHMAN, R.J., ANAND, T.: The process of knowledge discovery in databases, in: Fayyad, U.M.; Piatetsky-Shapiro, G.; Smyth, P.; Uthurusamy, R. (Hrsg.): Advances in knowledge discovery and data mining, Menlo Park (California), S. 37 – 57.
[6] BEYS, O.: PANELYSER – ein Beitrag zur effizienten Analyse von Paneldaten mit Hilfe wissensbasierter Elemente, Dissertation, Universität Erlangen-Nürnberg.
[7] CABENA, P., HADJINIAN, P., STADLER, R., VERHEES, J., ZANASI, A.: Discovering data mining – from concept to implementation, Upper Saddle River.
[8] CHAMONI, P.: Entwicklungslinien und Architekturkonzepte des On-Line Analytical Processing, in: Chamoni, P.; Gluchowski, P. (Hrsg.): Analytische Informationssysteme – Data warehouse, online analytical processing, data mining, Berlin, S. 231-250.
[9] CHAMONI, P.: Online Analytical Processing, erscheint in: Hippner, H.; Küsters, U.; Meyer, M.; Wilde, K.D. (Hrsg.): Data Mining im Marketing, Braunschweig.
[10] CHAPMAN, P., CLINTON, J., KHABAZA, T., REINARTZ, T., WIRTH, R.: The CRISP-DM process model, Discussion Paper, CRISP-DM consortium.

[11] CODD, E.F., CODD, S.B., SALLY, C.T.: Providing OLAP (online analytical processing) to user-analysts – an IT mandat, White Paper, E.F. Codd & Associates.
[12] DÖRRE, J., GERSTL, P., SEIFFERT, R.: Text Mining, in: Hippner, H.; Küsters, U.; Meyer, M.; Wilde, K.D. (Hrsg.): Data Mining im Marketing, Braunschweig.
[13] FAYYAD, U.M., PIATETSKY-SHAPIRO, G., SMYTH, P.: From data mining to knowledge discovery: an overview, in: Fayyad, U.M.; Piatetsky-Shapiro, G.; Smyth, P.; Uthurusamy, R. (Hrsg.): Advances in knowledge discovery and data mining, Menlo Park (California), S. 1 – 34.
[14] HAGEDORN, J., BISSANTZ, N., MERTENS, P.: Data Mining (Datenmustererkennung): Stand der Forschung und Entwicklung, in: Wirtschaftsinformatik, (6) 1997, S. 601-612.
[15] HIPPNER, H., KÜSTERS, U., MEYER, M., WILDE, K.D. (Hrsg.): Handbuch Data Mining im Marketing, Braunschweig.
[16] HETTICH, S., HIPPNER, H.: Assoziationsanalyse, erscheint in: Hippner, H.; Küsters, U.; Meyer, M.; Wilde, K.D. (Hrsg.): Handbuch Data Mining im Marketing, Braunschweig.
[17] HIPPNER, H., WILDE, K.D.: CRM – Ein Überblick, in diesem Band.
[18] HIPPNER, H., WILDE, K.D.: Der Prozess des Data Mining im Marketing, erscheint in: Hippner, H.; Küsters, U.; Meyer, M.; Wilde, K.D. (Hrsg.): Handbuch Data Mining im Marketing, Braunschweig.
[19] JANETZKO, D., STEINHÖFEL, K.: Lotsen los! Data Mining: Verborgene Zusammenhänge in Datenbanken aufspüren, in: c't, (3) 1997, S. 294-300.
[20] KNAUER, M.: Kundenbindung in der Telekommunikation – Das Beispiel T-Mobil, in: Bruhn, M.; Homburg, C. (Hrsg.): Handbuch Kundenbindungsmanagement, 2. Aufl., Wiesbaden, S. 511-526.
[21] KÜPPERS, B.: Data Mining in der Praxis – ein Ansatz zur Nutzung der Potenziale von Data Mining im betrieblichen Umfeld, Frankfurt/Main.
[22] KULKARNI, J., KING, R.: Business Intelligence-Systeme und Data Mining – Grundlage für strategische Entscheidung, SAS Institute White Paper, SAS Institut Deutschland.
[23] MICHELS, E.: Data Mining Analysen im Handel – konkrete Einsatzmöglichkeiten und Erfolgspotenziale, erscheint in: Hippner, H., Küsters, U., Meyer, M., Wilde, K.D. (Hrsg.): Handbuch Data Mining im Marketing, Braunschweig.
[24] MICROSOFT COOPERATION: OLE DB for Data Mining – DRAFT Specification, Version 0.9.
[25] RAPP, R.: Was gute Kunden wirklich wert sind, in: acquisa (7) 2000, S. 8 – 14.
[26] REINARTZ, T.: Focusing solutions for data mining – analytical studies and experimental results in real-world domains, Berlin.
[27] SCHWETZ, W.: Customer Relationship Management, Wiesbaden.
[28] STAUSS, B.: Perspektivenwandel: Vom Produkt-Lebenszyklus zum Kundenbeziehungs-Lebenszyklus, In: Thexis (2) 2000, S. 15 – 18.
[29] STAUSS, B.: Rückgewinnungsmanagement: Verlorene Kunden als Zielgruppe, In: Bruhn, M.; Stauss, B. (Hrsg.): Dienstleistungsmanagement Jahrbuch 2000, Wiesbaden, S. 451 – 471.
[30] STRÜBY, R., KRAMMER, I., REINCKE, U., RIDDER, K., WELLHAUSEN, B., THEUSINGER, C. et al.: Datenanalyse und Data Mining mit dem SAS System – Release 6.12 The Orlando II Release, SAS Institute GmbH, Heidelberg.
[31] TKACH, D.S.: Information Mining with the IBM Intelligent Miner Family – An IBM Software Solutions White Paper, IBM Corporation, Stamford.
[32] WEISS, S.M., INDURKHYA, N.: Predictive Data Mining – a practical guide, San Francisco

Autoren

HAJO HIPPNER, Prof. Dr., Juniorprofessor für Direct Marketing an der Universität Bayreuth.

KLAUS D. WILDE, Prof. Dr., Inhaber des Lehrstuhls für Allgemeine Betriebswirtschaftslehre und Wirtschaftsinformatik an der Katholischen Universität Eichstätt.

Churn Management – Herausforderungen für den Handel

Heike Papenhoff und Karsten Lübke

1	Einführung	163
2	Churn Management – eine konzeptionelle und begriffliche Einordnung	163
3	Churn Management in wertorientiertem Kundenbeziehungsmanagement	164
4	Voraussetzungen für das Churn Management im Handel	166
5	Churn Prediction als Herausforderung im Data Mining – Vorstellung eines Churn-Prediction-Ansatzes	166
6	Managementimplikationen und Schlussbetrachtung	169
	Literatur	169
	Autoren	170

1 Einführung

Verliert ein Unternehmen Kunden, ist die Ursache klar: Der relative Kundenvorteil ist nicht (mehr) gegeben. Die Betrachtung der Netto-Nutzen-Differenz (Plinke 2000, Backhaus/Schneider 2009), also das Verhältnis des wahrgenommenen Nutzen und dem wahrgenommenen Aufwand hinsichtlich des Angebotes von Anbieter A im Vergleich zu dem Nettonutzen bei Anbieter B, fällt für den aktuellen Anbieter A aus Kundensicht negativ aus. Das bedeutet, „… customer defection is the clearest sign of deteriorating stream of value from the company to its customers." (Reichheld 1996) Die Konsequenzen für das Unternehmen sind ebenso absehbar: „increasing defection rates diminish cash flow from customers to the company." (Reichheld 1996).

Das Churn Management im Rahmen des Kundenbeziehungsmanagement umfasst alle Aktivitäten des Unternehmens, die die Stabilität der Kundenbeziehung erhalten bzw. gegebenenfalls wieder herstellen.

2 Churn Management - eine konzeptionelle und begriffliche Einordnung

Es ist somit Aufgabe des Churn Management, eine Kundenabwanderung zu verhindern. Zunächst werden die verschiedenen Begriffe, die mit der Kundenabwanderung und des Churn Management im Zusammenhang stehen voneinander abgegrenzt. Für die Nicht-Fortsetzung einer Geschäftsbeziehung eines Kunden (es wird in der Literatur zwischen folgenden Abwanderungsdimensionen unterschieden: BtoC/BtoB, vertraglich/nicht vertraglich, partiell/totaler sowie unternehmens- und kundeninitiierter Kundenabwanderung differenziert (Bruhn/Michalski 2006)) werden in der Literatur verschiedene Begriffe angeführt. Die häufigsten Bezeichnungen für die Beendigung einer Geschäftsbeziehung eines Kunden mit einem Anbieter sind in der deutschsprachigen Literatur z. B. „Kundenabwanderung", „Kundenfluktuation" oder „Kundenmigration" (Krafft 2007 und Reicheld/Sasser 2003). Im englischsprachigen Bereich herrschen „customer defection", „customer switching", „customer exit", oder „churn" vor. Besonders der letztgenannte Begriff findet in der aktuellen Forschung und Praxis große Beachtung. „Churn" setzt sich zusammen aus ‚change' und ‚return' (Winkelmann 2008). In Anlehnung an die aktuelle Diskussion in der Literatur wird dieser Begriff synonym für Kundenabwanderung genutzt (Bruhn 2000). Allerdings schlägt sich der Diskurs zu diesem Phänomen in unterschiedlich interpretierten Definitionsansätzen nieder: Es wird weiter differenziert in die Kundenabwanderung im engeren Sinn (Reichheld 1996: „customer defections: „(...) customers who will not come back."), die die Abwanderung eines Kunden zu dem Zeitpunkt der Beendigung beschreibt und der Kundenabwanderung im weiteren Sinne, die (Steward 1998, customer exit process, Michalski 2002, „Kundenabwanderung umfasst sämtliche Entscheidungsprozesse sowie Maßnahmen eines Kunden, die letztendlich darin münden, dass die bisherige Geschäftsbeziehung zu diesem Anbieter beendet wird.") eine prozessorientierte Sichtweise umfasst. Diese weite Sichtweise schließt somit auch Kunden mit ein, die ihre Bindungsintensität im Zeitablauf verringern. Es kann sich somit das Transaktionsmuster in einem bestimmten Zeitraum verändern (Peter 1997, Sieben 2002), oder es kann von einem kritischen Geschäftsbeziehungsniveau (Homburg/Schäfer 2002) ausgegangen werden, um potenzielle Abwanderer zu identifizieren.

Vor dem Hintergrund dieser weiten Sichtweise der Kundenabwanderung wird deutlich, dass die Grenzen zu Fragestellungen der Kundenbindung und -rückgewinnung fließend sind. Diese beiden Themenfelder gehören zum Kundenbeziehungsmanagement, dem CRM-Ansatz, dessen Anwendungsbereiche neben der Neukundenakquisition die Kundenbindung und die Kundenrückgewinnung umfassen.

Um die Einordnung des Churn Management abschließen zu können, ist es notwendig, die Konstrukte der Kundenbindung sowie der Kundenrückgewinnung näher zu betrachten. Analog zur definitorischen Abgrenzung des Begriffs Kundenabwanderung wird in der Literatur eine ähnliche Diskussion zum Konstrukt der Kundenrückgewinnung geführt: Die Kundenrückgewinnung im engeren Sinn bezieht sich ausschließlich auf verlorene bzw. ehemalige Kunden, bei der weiteren Sichtweise, der Kundenrückgewinnung im weiteren Sinn werden aber auch aktuelle Kunden betrachtet, die abwanderungsgefährdet sind. Die Kundenrückgewinnung i.w.S. weist somit inhaltliche Schnittmengen mit der Kundenabwanderung i.w.S. auf. Im Rahmen einer Prävention von Kundenabwanderungen sind über die Geschäftsbeziehungsintensität die Transaktionsmuster des Kaufverhaltens zu analysieren. Das Churn Management (in der Literatur auch Customer Recovery Management bezeichnet (Seidl 2010, Winkelmann 2008)) kann als der ganzheitliche Prozess eines Unternehmens betrachtet werden, der abwanderungsgefährdete und abgewanderte Kunden identifiziert, die Prävention von drohenden Abwanderungen aktueller profitabler Kunden und die Rückgewinnung abgewanderter profitabler Kunden umschließt.

3 Churn Management in wertorientiertem Kundenbeziehungsmanagement

Aktivitäten zur wertorientierten Gestaltung von Kundenbeziehungen sind Gegenstand des Kundenbeziehungsmanagements als ein Teilbereich des Marketing. Im Rahmen des Customer Relationship Management (CRM) intendieren die Anbieter, profitable Kunden zu schaffen, langfristig an sich zu binden (Parvatiyar/Sheth 2001) sowie verlorene Kunden ggfs. zurückzugewinnen (Bolton/Lemon/Verhoef 2004 und Tomczak/Rudolf-Sipötz 2006). Ziel ist der Aufbau einer Kundenbasis, die langfristig zum Erfolg beiträgt. Oftmals wird in der Praxis der Ansatz des CRM auf eine IT-Komponente reduziert. In der aktuellen Marketingliteratur herrscht weitgehend Akzeptanz hinsichtlich der strategischen Ausrichtung eines ganzheitlichen CRM Ansatzes zur Schaffung, Entwicklung und Erhaltung von profitablen Kundenbeziehungen (Gupta/Lehmann 2005). Es gibt in der Literatur zwar eine Unterscheidung nach einer engen und weiten Sichtweise. Die enge Sichtweise legt den Fokus stärker auf die technologische Ausrichtung des Ansatzes (CRM Systeme). Dieser engen

Sichtweise wird in der Literatur weniger Beachtung geschenkt. Eine aktuelle Definition zeigt die strategische Ausrichtung/Fassung: „CRM umfasst sämtliche Maßnahmen der Analyse, Planung, Durchführung und Kontrolle die der Initiierung, Stabilisierung, Intensivierung und Wiederaufnahme sowie gegebenenfalls der Beendigung von Geschäftsbeziehungen zu den Kunden des Unternehmens mit dem Ziel des gegenseitigen Nutzens dienen." (Bruhn 2009).

Wo setzt nun das Churn Management im Kundenbeziehungsmanagement an? Wie in Kapitel 12.2 erläutert, ist das Churn Management im Sinne eines Customer Recovery Management im Kundenbindungsmanagement aber auch im Kundenrückgewinnungsmanagement angesiedelt.

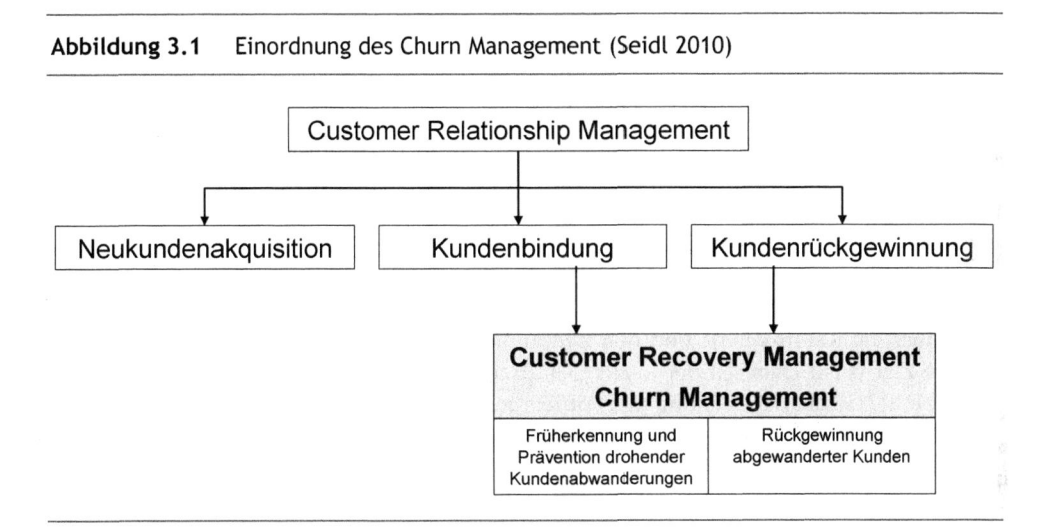

Abbildung 3.1   Einordnung des Churn Management (Seidl 2010)

```
                  Customer Relationship Management
         ┌──────────────────┬──────────────────┐
Neukundenakquisition    Kundenbindung    Kundenrückgewinnung
                              │                  │
                              ▼                  ▼
                     Customer Recovery Management
                          Churn Management
                   ┌──────────────────┬──────────────────┐
                   │ Früherkennung und│   Rückgewinnung  │
                   │ Prävention drohender│ abgewanderter Kunden│
                   │ Kundenabwanderungen │                 │
```

Im Rahmen der prozessorientierten Sichtweise liegt der Schwerpunkt des Churn Management in der Früherkennung und Prävention drohender Kundenabwanderungen. Die Identifizierung von gefährdeten Kunden ist sehr komplex und hängt von verschiedenen Faktoren ab. Selten wird eine Geschäftsbeziehung abrupt beendet, dem überwiegenden Teil der Kündigungen geht ein längerer Entscheidungsprozess voraus (Bruhn/Michalski 2003). Das bedeutet, dass Verhaltensweisen der Kunden sich verändern, Transaktionsmuster ändern sich. Diese „nicht normalen" Veränderungen über die Zeit bieten die Möglichkeit, Frühwarnsysteme zu entwickeln. Es gilt also, die Frühwarnindikatoren für die profitablen abwanderungsgefährdeten Kunden zu identifizieren. Hier werden branchen- und unternehmensspezifische Besonderheiten zu berücksichtigen sein.

4 Voraussetzungen für das Churn Management im Handel

Eine überwiegende Anzahl von Marketingtransaktionen können unter „nicht vertragliche Geschäftsbeziehungen" subsumiert werden. Zentrale Bereiche stellen Transaktionen im stationären Einzelhandel von Konsumgütern dar, das Versandhandelsgeschäft aber auch industrielle Beschaffungsprozesse (Ahlert/Kenning 2007). Hier liegen tendenziell anonyme Massenmärkte vor, die Unternehmen verfügen nicht über detaillierte Kundenkenntnis. Im Gegensatz dazu haben die Unternehmen mit Kunden in vertraglichen Geschäftsbeziehungen Kenntnisse über das Kaufverhalten ihrer Kunden und kennen den Beginn und das Ende der Geschäftsbeziehung.

Besonders in dem nicht vertraglichen Setting sind die Unternehmen bestrebt, Kundenkenntnis zu erlangen. Wenn nicht aufwendige Marktforschungsprojekte aufgesetzt werden (z. B. Panelforschung Verbraucher/Handel GfK Consumer Behaviour Scan), bieten Bonusprogramme mit Kundenkarten (Lauer 2004 und Glusac 2007) eine weitreichende Option „Customer Insights" zu gewinnen. Erst die Kenntnis und Transparenz über die Kauftransaktionsdaten der Kunden ermöglichen dann die gezielte Bearbeitung der Kunden, ausgerichtet auf ihre individuellen Wünsche und Bedürfnisse (Nutzengenerierung). Die Transaktionsdaten geben nicht nur Auskunft über die Produktaffinitäten und Intensität der Kundenbeziehungen, sondern auch über die Stabilität der Beziehung. Somit sind die Informationen über die Kauffrequenz und den Zeitpunkt des letzten Einkaufs interessant. Ist eine längere Zeit verstrichen seit der letzten Kauftransaktion, stellt sich dem Unternehmen die Frage ob die Geschäftsbeziehung nur vorübergehend „ruht" oder ob der Kunde die Beziehung beendet hat. Die Analyse der vergangenen Transaktionsmuster der Wiederkaufintervalle kann erste Hinweise liefern. Im Rahmen des analytischen CRM bietet hier das Data Mining (Kumar/Reinartz 2006) Möglichkeiten zu eruieren, ob eine Kundenbeziehung gefährdet ist oder ob ein Kunde schon längst abgewandert ist.

5 Churn Prediction als Herausforderung im Data Mining – Vorstellung eines Churn-Prediction-Ansatzes

Beim Data Mining geht es um den Prozess des „... extracting or ‚mining' knowledge from large amounts of data" (Han/Kamber, 2006). Im konkreten Anwendungsfall liegt die Herausforderung darin, anhand der vorliegenden Daten die potenziell abwanderungsgefährdeten Kunden zu identifizieren, um so geeignete Maßnahmen wie z. B. Kundenrückgewinnungsmailings zu initiieren.

Eine erste Herangehensweise, die in der Literatur und in der Praxis herangezogen werden kann, ist die Evaluierung der Kundenbestandsentwicklung (Krafft 2007). Solche Kundenbewegungsbilanzen oder auch Kundenmigrationsanalysen (Reichheld 1996) geben Auskunft über die Abwanderungsrate in einem Zeitraum. Dabei ist die Churn- oder Abwanderungsrate als Quotient der Anzahl aller innerhalb einer Periode beendeten Kundenbeziehungen und der Gesamtzahl aller Kunden des betrachteten Unternehmensbereichs definiert (Krafft 2007). Die Ermittlung der Abwanderungsrate über alle Kunden kann aber zu Fehlentscheidungen führen. Nicht alle Kunden tragen dasselbe Risiko in sich die Geschäftsbeziehung zu beenden. Es sollten im Sinne einer effizienten Ressourcenallokation nur die Kunden mit Maßnahmen bedacht werden, die abwanderungsgefährdet sind. Weitere Ansatzpunkte der Kritik an diesem Ansatz liegen in den geringen Möglichkeiten, die tatsächlichen Entwicklungen abbilden zu können. Die aggregierte Churnrate beispielsweise kann stark von der Struktur des Kundenstamms beeinflusst werden. Auch die Annahme über gleichmäßige Abwanderungsraten über die Zeit ist nicht realitätsnah. Die Churnrate als durchschnittliche Abwanderungsrate in aggregierter Form ist somit wenig geeignet, um die gezielte Ausgestaltung der Maßnahmen hinsichtlich der Kundenstabilität anzugehen.

Eine weitere Vorgehensweise zur Identifizierung abwanderungsgefährdeter Kunden wird im Folgenden vorgestellt: Dabei ist die Unterscheidung von Kunden in Klassen Kündiger/ Nicht-Kündiger bzw. abgewanderter Kunde/nicht abgewanderter Kunde der erste Schritt. Die Unterscheidung der Klassen (Kündiger vs. Nicht-Kündiger) fällt bei vertraglichen Geschäftsbeziehungen, in denen ein ausgelaufener Vertrag nicht verlängert wird oder ein Vertrag aktiv gekündigt werden muss, relativ leicht. Dementsprechend werden in solchen Situationen häufig Methoden des sogenannten „Supervised Learning", also Klassifikationsverfahren wie Logistische Regression oder ähnliches, angewendet (Buckinx/Verstaeten/Van Den Poel, 2007).

Ein übliches Verfahren in nicht vertraglichen Geschäftsbeziehungen basiert auf dem Pareto/NBD Modell von Schmittlein, Morrison und Colombo (1987) (siehe hierzu auch Krafft 2007). Dabei werden nur die individuellen Transaktionsdaten des Kunden der Vergangenheit benötigt. Mit Hilfe dieser Daten kann dann auf individueller Ebene die Wahrscheinlichkeit modelliert werden, dass ein Kunde noch aktiv bzw. inaktiv ist. Innerhalb des Modells wird u. a. von der Annahme exponentialverteilter Wartezeit zwischen den Kaufzeitpunkten ausgegangen. Die Exponentialverteilung hängt aber nur von einem Parameter λ ab (Shao, 1999), das bedeutet, dass Erwartungswert und Varianz der Wartezeit zwischen den Kaufzeitpunkten nicht unabhängig voneinander geschätzt werden können. Allerdings ist es in der Praxis häufig so, dass die Kaufintervalle zwischen den verschiedenen Kunden streuen, d. h. manche Kunden beispielsweise konstant jeden Monat einkaufen, manche gelegentlich zweimal pro Monat, dann aber auch wieder einen Monat nicht. Diese Beobachtung (gleicher Mittelwert bei unterschiedlicher Varianz) führt zu der Verallgemeinerung der Exponentialverteilung, der Gamma-Verteilung: Diese hängt von zwei Parametern ab (k, θ). Die Dichte der Gammaverteilung ist gegeben durch

$$f(x,k,\theta) = x^{k-1} \frac{e^{-x/\theta}}{\theta^k \Gamma(k)}, x > 0 \tag{0}$$

Somit ist es möglich, dass Mittelwert und Varianz zur Schätzung der realen Wartezeit zwischen den Kaufzeitpunkten zur kundenindividuellen Parameterschätzung herangezogen werden können. Nun kann die Wahrscheinlichkeit der gegenwärtigen Wartezeit x (oder einer noch längeren Wartezeit) berechnet werden durch $1-F(x,k,\theta)$, wobei F die Verteilungsfunktion der Gamma-Verteilung ist. Diese wird berechnet an der Stelle x, gegeben die mit Hilfe der Momentenmethode auf Basis von Mittelwert und Varianz geschätzten Parameter k und θ.

Abbildung 5.1 verdeutlicht die Wartezeit zwischen den Kaufzeitpunkten als Basis der Churn Prediction. Die konkrete Data-Mining-Frage lautet also: Wie wahrscheinlich ist die gegenwärtige Wartezeit x, gegeben die vorangegangenen Wartezeiten.

Abbildung 5.1 Wartezeit als Grundlage der Churn-Modellierung

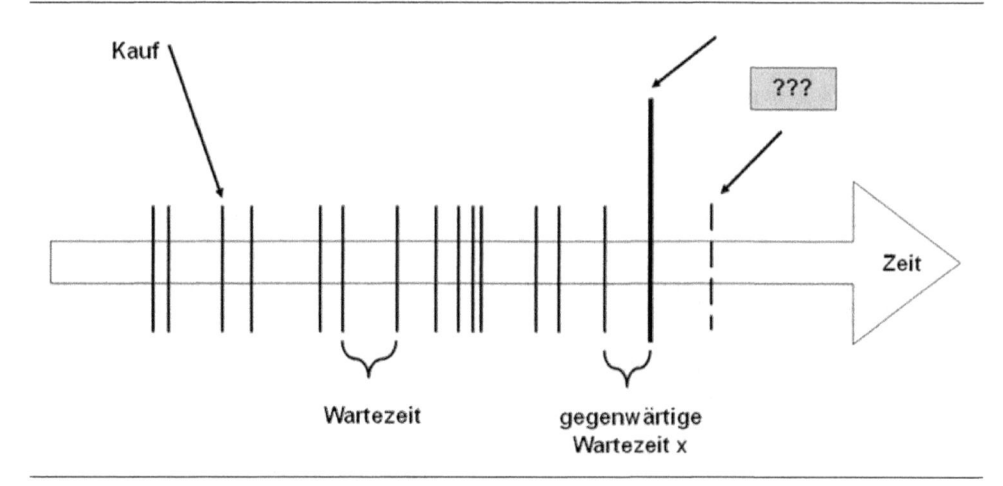

Sollte die aktuelle Wartezeit für den jeweiligen Kunden eher ungewöhnlich sein, so besteht die Gefahr einer Abwanderung bzw. zumindest eines Rückgangs in der bisherigen Kauffrequenz. Daher sollten bei diesen Kundenmaßnahmen zur Rückgewinnung initiiert werden.

Das Vorgehen kann wie folgt zusammengefasst werden:

1. Bestimme Mittelwert und Varianz der Kaufabstände des Kunden i, schätze damit die Parameter k_i, θ_i der Wahrscheinlichkeitsverteilung.
2. Bestimme Dauer seit letztem Einkauf x_i.
3. Berechne die Wahrscheinlichkeit von x_i auf Basis der Wahrscheinlichkeitsverteilung geschätzt durch k_i, θ_i.
4. Wenn x_i sehr unwahrscheinlich, dann schreibe den Kunden an.

Anhand der Daten eines Einzelhändlers konnte dieser Ansatz schon mit Erfolg in der Praxis eingesetzt werden. Dabei zeigte sich eine relevant bessere Trefferquote als auf Basis der einfacheren Exponentialverteilung. Beide Methoden waren signifikant einer zufälligen Auswahl der abwanderungsgefährdeten Kunden überlegen.

6 Managementimplikationen und Schlussbetrachtung

Abwanderungen von profitablen Kunden haben für Unternehmen erhebliche negative ökonomische Konsequenzen. Der Verlust von Kundenwerten sollte daher verhindert werden. Im Rahmen des Kundenbeziehungsmanagements leistet das Churn Management einen Beitrag. Dazu ist es notwendig, abwanderungsgefährdete Kundenbeziehungen zu identifizierten. Abwanderungstendenzen sollten frühzeitig erkannt werden und diesen gegebenenfalls entgegengewirkt werden.

Zur rechtzeitigen Identifizierung abwanderungsgefährdeter Kunden können Methoden des Data Minings angewandt werden. Der hier vorgestellte Ansatz zur Früherkennung kann z. B. im Handel oder in anderen nicht vertraglichen Geschäftsbeziehungen zur Churn-Vorhersage herangezogen werden. Er berücksichtigt den Mittelwert und die Varianz der kundenindividuellen Abstände zwischen den einzelnen Transaktionen und modelliert auf Basis der aktuellen Wartezeit die Wahrscheinlichkeit dieser auf Basis der Vergangenheitsdaten. Damit können Veränderungen im Transaktionsverhalten rechtzeitig erkannt werden und die als abwanderungsgefährdet erkannten „ehemals" profitablen Kunden wieder zurück gewonnen werden.

Literatur

[1] BACKHAUS, K.; SCHNEIDER, H. (2009): Strategisches Marketing, 2. Auflage, Schäffer Pöschel, Stuttgart.

[2] BLATTBERG, R.C.; GETZ, G.; THOMAS, J.S. (2001): Customer Equity, Harvard Business School Publishing Corporation, Boston.

[3] BOLTON, R.N.; LEMON, K.N.; VERHOEF, S.C. (2004): The Theoretical Underpinnings of Customer Asset Management: A Framework and Propositions for Future Research, in: Journal of the Academy of Marketing Science, Jg. 32, Nr. 3, S. 271-292.

[4] BRUHN, M.; MICHALSKI, S. (2003): Gefährdete Kundenbeziehungen und abgewanderte Kunden als Zielgruppen der Kundenbindung, in: Bruhn, M.; Homburg, Ch. (Hrsg.): Handbuch Kundenbindungsmanagement, 4. Auflage, Gabler, Wiesbaden, S. 244-268.

[5] BUCKINX W.; VERSTAETEN G.; VAN DEN POEL D. (2007): Predicting Customer Loyalty Using the Internal Transactional Database, Expert Systems with Applications, 32 (1): 125-134.

[6] DITTRICH, S. (2002): Kundenbindung als Kernaufgabe im Marketing – Kundenpotentiale langfristig ausschöpfen, 2. Aufl., Thexis, St. Gallen.

[7] Ferris, P.W.; Bendle, N.T.; Pfeifer, P.E.; Reibstein, D.J. (2009): Key Marketing Metrics, Wharton School Publishing, Harlow.

[8] GLUSAC, N. (2005): Der Einfluss von Bonusprogrammen auf das Kaufverhalten und die Kundenbindung von Konsumenten – Eine theoretische und empirische Analyse, Wiesbaden

[9] GUPTA, S.; LEHMANN, D.R. (2005): Managing Customers as Investments – The Strategic Value of Customers in the Long Run, Wharton School Pub., Upper Saddle River, NJ.

[10] HAN, J; KAMBER, M. (2006): Data Mining – Concepts and Techniques, 2. Auflage, Morgan Kaufmann, San Franzisko.

[11] KUMAR, V.; REINARTZ, W.J. (2006): Customer Relationship Management – A Databased Approach, John Wiley & Sons, New York.

[12] KRAFFT, M. (2007): Kundenbindung und Kundenwert, 2. Auflage, Physica, Heidelberg.

[13] KUMAR, V.; VENKATESAN, R. (2005): Who Are Multichannel Shoppers and How Do They Perform – Correlates of Multichannel Shopping Behaviour, in: Journal of Interactive Marketing, Jg. 19, Nr. 2, S. 44-61.

[14] LAUER, T. (2004): Bonusprogramme – Rabattsysteme für Kunden erfolgreich gestalten, Berlin

[15] PARVATIYAR, A.; SHETH, J.N. (2001): Customer Relationship Management: Emerging Practice, Process, and Discipline, in: Journal of Economic and Social Research, Jg. 3, Nr. 2, S. 1-34

[16] PEPPERS, D., ROGERS, M. (2011): Return on Customer – How Marketing Actually Creates Value, in: Marketing Review St. Gallen, Nr. 3, S. 14-19.

[17] REICHHELD, F.F. (1996): The Loyalty Effect, Harvard Business School Press, Boston.

[18] REICHHELD, F.F.; SASSER, E.W. (2003): Zero-Migration: Dienstleister im Sog der Qualitätsrevolution, in: Bruhn, M., Homburg, C. (Hrsg): Handbuch Kundenbindungsmanagement: Grundlagen – Konzepte- Erfahrungen, 4. Auflage, Wiesbaden, S. 147-162.

[19] REINARTZ, W.J.; KUMAR, V. (2000): On the Profitability of Long-life Customers in a Noncontractual Setting: an Empirical Investigation and Implications for Marketing, in: Journal of Marketing, Jg. 64, Nr. 10, S. 17-35.

[20] RESE, M.; HERTER, V. (2005): Erfolgsbeurteilung und -kontrolle im Marketing, in: WISU, Jg. 34, Nr. 8/9, S. 1010-1011.

[21] SCHMITTLEIN, D. C.; MORRISON, D. G.; COLOMBO, R. (1987): Counting your customers: who are they and what will they do next? Management Science 33 (1).

[22] SHAO, J. (1999): Mathematical Statistics, Springer Verlag, New York, Berlin, Heidelberg.

[23] SHAPIRO, C.; VARIAN, H.R. (1999): Information Rules: A Strategic Guide to the Network Economy, Harvard Business School Press, Boston.

[24] TOMCZAK, T.; RUDOLF-SIPÖTZ, E. (2006): Bestimmungsfaktoren des Kundenwertes: Ergebnisse einer branchenübergreifenden Studie, in: Günter, B.; Helm, S. (Hrsg.): Kundenwert, Grundlagen – Innovative Konzepte – Praktische Umsetzungen, 3. überarb. und erw. Aufl., Gabler, Wiesbaden, S. 127-155.

[25] VERHOEF, S.C.; DONKERS, B. (2005): The Effect of Acquisition Channels on Customer Loyalty and Cross Buying, in: Journal of Interactive Marketing, Jg. 19, Nr. 2, S. 31-43.

[26] VERHOEF, S.C.; FRANSES, S.H.; HOEKSTRA, J.C. (2001): The Impact of Satisfaction and Payment Equity on Cross Buying – A Dynamic Model for a Multi-Service Provider, in: Journal of Retailing, Jg. 77, Nr. 3, S. 359-378.

[27] WINKELMANN, P. (2008): Vertriebskonzeption und Vertriebssteuerung, 4. Auflage, Vahlen, München.

Autoren

KARSTEN LÜBKE, Prof. Dr., Professor an der FOM – Hochschule für Oekonomie und Management, Essen.

HEIKE PAPENHOFF, Prof. Dr., Professorin für Marketing an der FOM – Hochschule für Oekonomie und Management, Essen, Geschäftsführerin der SFS Sales Force Services GmbH.

Wertorientierte Ausrichtung der Neukundengewinnung

Jens Kirchner

1	Die Wettbewerbssituation im Distanzhandel	173
2	Die Rolle der Neukundengewinnung im Kundenbeziehungslebenszyklus	173
	2.1 Die Kernphasen des Kundenmanagements	173
	2.2 Die Bedeutung der strategischen Positionierung	175
3	Neukundenaktionen	177
	3.1 Einstufige Aktionen	177
	3.2 Zweistufige Aktionen	177
	3.3 Die zentrale Bedeutung des Internets	178
4	Bewertung von Neukundenaktionen anhand des Kundendeckungsbeitrags	179
	4.1 Die Erfolgskennzahl Kundendeckungsbeitrag	179
	4.2 Beispielhafte Bewertung alternativer Neukundenaktionen	179
5	Die Kapitalwertmethode zur Ermittlung des Kundenwertes	181
	5.1 Der Kunden-Kapitalwert	181
	5.2 Die Werttreiber des Kunden-Kapitalwertes	182
	5.3 Die Ermittlung der optimalen Neukundenanzahl	184
	5.4 Der optimale Werbewegemix zur Neukundengewinnung	185
6	Zusammenfassung	190
Literatur		191
Autor		191

1 Die Wettbewerbssituation im Distanzhandel

Klassische Versandhandelsunternehmen sowie reine Online-Händler stehen unter zunehmendem Wettbewerbsdruck. Ihre Kunden erhalten regelmäßig umfangreiche Direktwerbesendungen von zahlreichen Anbietern, eine Flut von Newslettern und Werbemails überfüllt ihre Postfächer und das Angebot der vielfältigen Konkurrenz ist nur einen Klick entfernt. Neben dem internen Wettbewerb stellt darüber hinaus der stationäre Handel eine starke Konkurrenz dar. Da Angebote und Serviceleistungen der Händler relativ homogen sind, kann bei den Kunden, getrieben durch den Preis, eine hohe Wechselbereitschaft angenommen werden. Der Wettbewerbsdruck zwingt die Unternehmen daher zur Optimierung der Werbeaktivitäten und der Back-Office-Prozesse.

Lösungen zur Effizienzsteigerung in der Neukundengewinnung und Kundenbindung stehen dabei im Fokus. Neukundengewinnung und Kundenreaktivierung sind allerdings mit vergleichsweise hohen Kosten verbunden. Deshalb kommt der Bindung und Ausschöpfung von Bestandskunden eine immer bedeutendere Rolle zu. Gemeinsames Ziel dieser Anstrengungen ist es, die (neuen) Kunden möglichst langfristig an das Unternehmen zu binden, um damit deren Customer Lifetime Value zu erhöhen.

2 Die Rolle der Neukundengewinnung im Kundenbeziehungslebenszyklus

2.1 Die Kernphasen des Kundenmanagements

Das Kundenmanagement kann in die drei Kernphasen Kundenakquisition, Kundenbindung und Kundenreaktivierung untergliedert werden.

Im Rahmen der Kundenakquisition sollten Kundengruppen mit Wertschöpfungspotenzial identifiziert und durch geeignete Akquisitionsmaßnahmen gewonnen werden. Hinsichtlich des Wertschöpfungspotenzials von Kundengruppen sollte nicht nur die retrospektive bzw. gegenwärtige Kundenrentabilität sondern auch die zu erwartende Rentabilitätsentwicklung einer Kundengruppe Berücksichtigung finden (vgl. auch Pepels, 2001, S. 67 f.). Vor diesem Hintergrund ist es beispielsweise sinnvoll, wenn sich ein Handelsunternehmen bei der Neukundenakquisition gezielt auch auf jüngere Kunden und Familien konzentriert, weil bei dieser Zielgruppe ein relativ hohes Ausschöpfungspotenzial in den Folgejahren vorhanden ist. Diese Strategie ist jedoch nur dann erfolgversprechend, wenn das Produktportfolio des Unternehmens in ausreichendem Maße attraktiv und kompetent für die akquirierten Kunden ist.

Zentrale Aufgabe eines wertorientierten Neukundenmanagements ist es daher, die akquirierten Neukunden zu regelmäßig bestellenden Bestandskunden zu entwickeln. Hierzu sind gezielte Kundenbindungsmaßnahmen, wie z. B. Welcome-Mailings oder Vorteilsaktionen bei wiederholten Bestellungen, geeignet. Einen wichtigen Baustein bildet auch die gezielte Abfrage von Kundenbedürfnissen und Kundenpräferenzen. Deren Kenntnis ist die Basis für bedarfsorientierte, kundensegmentierte Werbeanstoß- und Dialogketten mit entsprechenden Produktangeboten. Das Ziel dieser Aktivitäten ist es, Cross- und Up-Selling-Potenziale zu realisieren, um die Kaufkraft der Kunden möglichst umfassend abzuschöpfen. Über ergänzende kommunikative Kundenbindungsmaßnahmen, wie z. B. E-Mail-Newsletter und Topkunden-Programme, wird ein permanenter Kundendialog angestrebt.

Die kundenspezifische Gestaltung der Werbeanstoßketten basiert auf analytischen Untersuchungen der Kundenverhaltensdaten und sogenannten Scoring-Analysen. Scoring ist ein analytisches Prognose- und Punkt-Bewertungsverfahren, das die Wahrscheinlichkeit berechnet, mit der ein Kunde ein bestimmtes zukünftiges Verhalten zeigen wird: z. B. Produkte kauft, Dienstleistungen nutzt, Zahlungsverpflichtungen nachkommt oder bestellte Ware nicht retourniert.

Abbildung 2.1 Inhalte und Struktur eines Data Warehouses

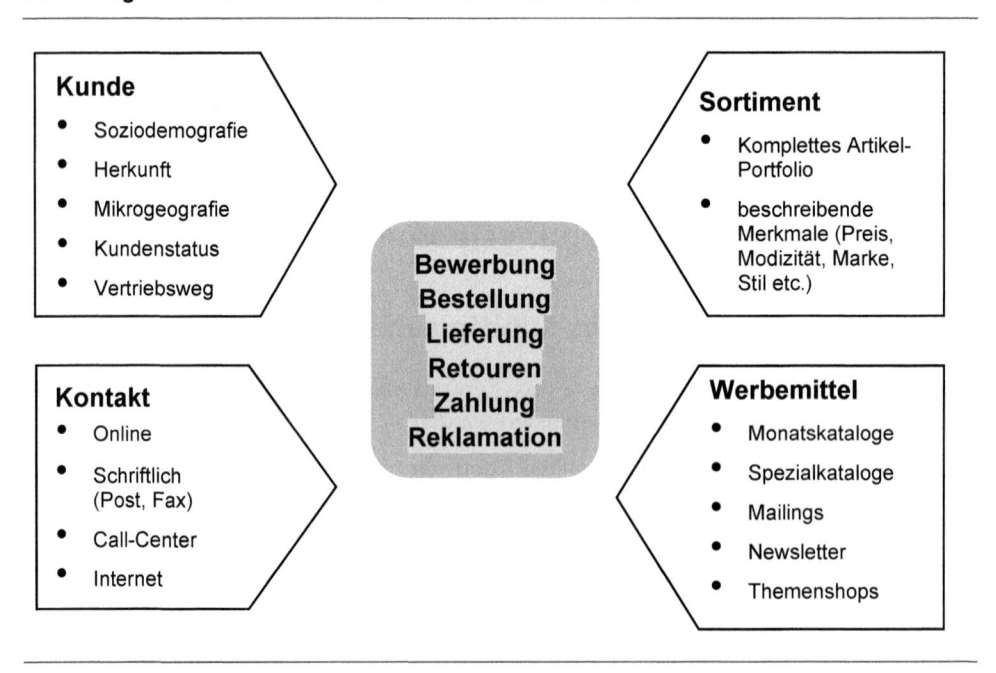

Kunde
- Soziodemografie
- Herkunft
- Mikrogeografie
- Kundenstatus
- Vertriebsweg

Kontakt
- Online
- Schriftlich (Post, Fax)
- Call-Center
- Internet

Bewerbung Bestellung Lieferung Retouren Zahlung Reklamation

Sortiment
- Komplettes Artikel-Portfolio
- beschreibende Merkmale (Preis, Modizität, Marke, Stil etc.)

Werbemittel
- Monatskataloge
- Spezialkataloge
- Mailings
- Newsletter
- Themenshops

Auf diese Weise kann die heterogene Kundenstruktur in Kundengruppen mit vergleichbarem Kaufverhalten, Interessen, Ansprüchen, Werbewegeaffinitäten etc. segmentiert und die Werbeanstoßkette sowie die verkaufsfördernden Elemente entsprechend deren Präferenzen und unter Berücksichtigung der Kundenwertklassifizierung ausgerichtet werden. Wichtig dabei ist, die eingesetzten Scoring-Systeme regelmäßig auf ihren Erfolg hin zu prüfen und neue Marketing-Konzepte bzw. alternative Strategien zu testen. Das Data Warehouse dient in diesem Zusammenhang zum einen der Sammlung, Konsolidierung und Speicherung der Daten aus allen kundenbezogenen Transaktionen und zum anderen der Bereitstellung von zielgerichteten Informationen für die Steuerung der Kundenbindungsmaßnahmen. Im Wesentlichen lassen sich hierbei die Informationsdimensionen Kunde, Kontakt, Werbemittel und Sortiment unterscheiden (siehe **Abbildung 2.1**).

Ein Distanzhandelsunternehmen muss auf den typischen Verkäufer als Mittler zwischen Unternehmen und Kunde verzichten. Kein Unternehmensmitarbeiter kann sich ein unmittelbares Bild von den einzelnen Kunden sowie deren Wünschen und Bedürfnissen machen. Über das Telefon oder das Internet ist es schwierig, einen persönlichen Kontakt zum Kunden aufzubauen, weil man sich nicht von Angesicht zu Angesicht gegenübersteht. Aufgrund der tiefgehenden Kundeninformationen aus dem Database Management verfügt ein Distanzhändler aber teilweise über eine wesentlich bessere Kundenkenntnis als viele Unternehmen im Stationärhandel und kann dadurch den Mangel des persönlichen Kontaktes wieder ausgleichen.

2.2 Die Bedeutung der strategischen Positionierung

Zur Identifikation und Erschließung von Kundengruppen mit hohem Wertschöpfungspotenzial kommt auch der strategischen Positionierung des Unternehmens im Wettbewerbsumfeld große Bedeutung zu. Diese kann beispielsweise auf Basis eines sogenannten Profilers, der von der Unternehmensberatung Roland Berger entwickelt wurde, bestimmt werden. Grundlage sind 19 universelle Kundenbedürfnisse, die im Rahmen einer europaweiten Marktforschung identifiziert und validiert wurden. Die Bedürfnisse werden in einer Matrix angeordnet, welche die Ausprägungen rational versus emotional sowie Konsumfreude versus Konsumzurückhaltung umfasst. Das individuelle Profil jedes Konsumenten ergibt sich aus der Befürwortung bzw. Abneigung der einzelnen Bedürfnisse. Die Positionierung einer Marke ergibt sich aus dem aggregierten Bedürfnisprofil ihrer Verwender gegenüber dem Profil ihrer Nicht-Verwender.

Im Rahmen der strategischen Ausrichtung ist zunächst die aktuelle Wahrnehmung des Unternehmens bzw. der Marke durch die Verbraucher (Kunden und Nichtkunden) zu ermitteln, um dadurch Aufschluss über die Ist-Position zu erhalten. Auf dieser Basis kann dann eine Ziel-Position abgeleitet werden, bei der die Konkurrenzsituation und das unternehmensspezifische Stärken-Schwächen-Portfolio und die zu erwartende Marktentwicklung entsprechend berücksichtigt werden. Aus dieser Ziel-Position heraus lassen sich die künftigen Zielkunden hinsichtlich ihrer Präferenzen für Preislagen, Qualität, Vertriebskanäle etc. beschreiben.

Ein gegebenenfalls notwendiger Positionswechsel wird von einem negativen und zwei positiven Effekten begleitet:

Zum einen werden diejenigen Bestandskunden mit hoher Wahrscheinlichkeit abwandern, deren Bedürfnisse vom Unternehmen nach der Neupositionierung nicht mehr oder nicht mehr ausreichend erfüllt werden und die auch nicht zu einer Veränderung ihrer Bedürfnisstruktur bereit sind. Dieser Negativeffekt schlägt umso weniger zu Buche, je ertragsschwächer diese Kundengruppe ist.

Abbildung 2.2 Kunden-Profiler

Überblick Kunden-Profiler

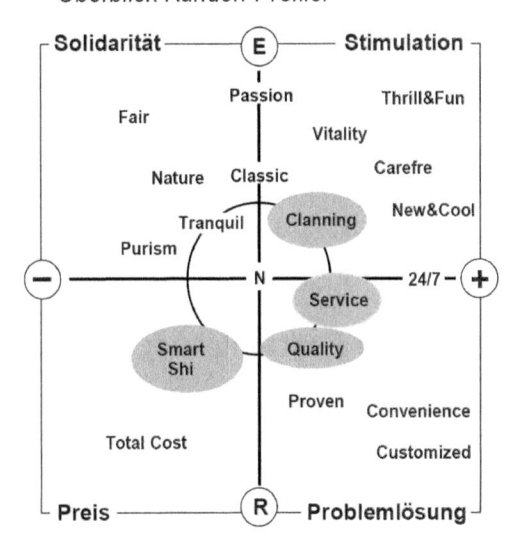

- 19 universelle Konsumentenbedürfnisse, identifiziert u. validiert in europaweiter Marktforschung
- Anordnung in einer Matrix „Emotional" vs. „Rational" „Konsumfreude" vs. „-zurückhaltung"
- **Individuelles Profil** jedes Konsumenten ergibt sich aus **Befürwortung/Abneigung** der einzelnen **Bedürfnisse**
- **Positionierung** einer Marke ergibt sich aus **aggregiertem Bedürfnisprofil** ihrer **Verwender** gegenüber **Profil der Nicht-Verwender**

Quelle: Roland Berger Unternehmensberatung 2004; eigene Darstellung

Zum anderen können aber Bestandskunden, deren Bedürfnisse in der neuen Position besser befriedigt werden, stärker ausgeschöpft werden.

Darüber hinaus besteht die Möglichkeit, ertragsstarke Neukunden zu gewinnen, für die das Unternehmen in der alten Position bisher nicht attraktiv war.

Überwiegen die beiden letztgenannten Effekte betragsmäßig den Negativeffekt aufgrund der kompletten oder partiellen Abwanderung bestimmter Kunden, resultiert aus der Neupositionierung die erhoffte Wertsteigerung für das Unternehmen, so dass der Veränderungsprozess eingeleitet werden sollte. Hierbei sind der Zeitbedarf für die Migration und die damit einhergehenden Anpassungskosten von zentraler Bedeutung. Auf Basis der aus der Soll-Position abgeleiteten Zielkundenstruktur können sämtliche Leistungen und Aktionen des Unternehmens entwickelt werden. Dies gilt für die Auswahl und Gestaltung der Sortimente und Serviceleistungen ebenso wie für die Kommunikations- und Werbemaßnahmen, worunter auch die Aktivitäten zur Neukundengewinnung und Kundenbindung zu zählen sind.

3 Neukundenaktionen

3.1 Einstufige Aktionen

Typisches Beispiel für einstufige Aktionen zur Neukundengewinnung sind Direct Mails. Diese können als postalisches Mailing oder als E-Mail-Newsletter versendet werden. Sie bieten die Möglichkeit der persönlichen Direktansprache in Kombination mit zielgruppenspezifischen Produktangeboten. In der Regel werden zur Responsesteigerung verkaufsfördernde Elemente eingesetzt, wie z. B. Gewinnspiele, preisgünstige Artikel mit Order-Starter-Funktion, bestellabhängige Zugaben sowie Gutschein-Coupons. Bei der Adress-Selektion kann sowohl auf Interessenten und ehemalige Kunden aus der unternehmenseigenen Database als auch auf potenzialhaltige Fremdadressen zurückgegriffen werden.

Im klassischen Versandhandel werden im Rahmen der einstufigen Akquisition von Neukunden auch häufig sogenannte Kennenlernkataloge eingesetzt. Diese beinhalten zum einen die umsatz- und zum anderen die frequenzstärksten Sortimente der aktuellen Stammkundenkataloge. Die Auswahl der Artikel sollte aber auch auf Basis vorhandener Erkenntnisse über Artikel- und Sortimentspräferenzen der bisher gewonnenen bzw. der potenziellen Neukunden getroffen werden. Deren Präferenzen können sich von denen der langjährigen Stammkunden mit unter deutlich unterscheiden.

Die Distribution von einstufig ausgerichteten Neukundenaktionen kann außerdem als Postwurfsendung erfolgen. Dem Nachteil der fehlenden Personalisierung stehen Kostenvorteile durch die wesentlich preisgünstigere Zustellform gegenüber. Verfügt das Unternehmen bereits über eine hohe Marktdurchdringung, so ist allerdings zu berücksichtigen, dass über die relativ unkontrollierte Postwurfverteilung zum Großteil auch Bestandskunden beworben werden. In diesem Fall sollte die Sortimentierung und Artikelauswahl auch dem Ziel der Kundenausschöpfung genügen. Gelingt dies nicht, besteht die Gefahr über Substitutionseffekte bei den Bestandskunden-Werbemitteln das Gesamtergebnis zu verschlechtern.

3.2 Zweistufige Aktionen

In die Kategorie der zweistufigen Aktionen zur Neukundengewinnung kann die altbewährte und weit verbreitete Freundschaftswerbung eingeordnet werden. Das Unternehmen stellt seinen Bestandskunden quasi im ersten Schritt eine Prämie (Sachprämien oder Einkaufsgutschein) für das Anwerben eines neuen Kunden in Aussicht.

Zweistufig angelegt ist darüber hinaus die Interessentengewinnung, die im Versandhandel häufig als Kataloganfragerwerbung ausgestaltet ist. Distributionsformen sind u. a. Zeitschriftenanzeigen mit aufgespendeten Anforderungskarten, TV- und Funk-Werbespots, Coupon-Kataloge, Außenplakatierung oder Portale im Internet. Auch zweistufig konzipierte Mailings eignen sich zur Interessentengewinnung.

Allen Formen ist gemeinsam, dass der potenzielle Neukunde nicht unaufgefordert mit Angeboten beworben wird, wie dies bei einstufigen Direktmarketingkampagnen der Fall ist, sondern aktiv sein Interesse am Unternehmen bekundet, indem er den Katalog anfordert. Er ist somit auf den Erhalt von Werbematerial vorbereitet, ja, er wartet sogar darauf. Insoweit handelt es sich hier um eine Variante des Permission Marketing, da die Einwilligung des Kunden zur Bewerbung vorliegt (vgl. zum Ansatz des Permission Marketing Godin, 2001, S. 49 ff.). Aufgrund dessen sind auch im Vergleich zu einstufigen Neukundenaktionen deutlich höhere Responsewerte auf das versendete Werbemittel zu erzielen.

Bei zweistufigen Aktionen kann auf den Versand eines Print-Werbemittels verzichtet werden, indem der Interessent gezielt auf die Website geführt wird. Dies kann entweder durch eine werbliche Aufforderung, z. B. bei einer Anzeige in einem Print-Medium, oder einen gezielten Link in einem E-Mail erfolgen. Der Verzicht auf Produktion und Versand eines Kataloges führt zu erheblichen Kostenvorteilen. Diese müssen jedoch im Zusammenhang mit der Response- und Bestellwirkung einer reinen Online-Aktion betrachtet werden.

3.3 Die zentrale Bedeutung des Internets

Das Internet hat selbst bei traditionellen Versandhandelsunternehmen als Neukunden-Gewinnungsweg häufig die Führungsposition übernommen. Da die Anzahl der Internet-User kontinuierlich wächst, bietet es nicht nur die Chance, neue Zielgruppen mit bisher eher geringer Versandkaufneigung zu erreichen, sondern auch die Möglichkeit, den Dialog mit den bestehenden Zielgruppen stärker ins Netz zu verlagern. Dadurch können zum Teil beachtliche Kostenvorteile aufgrund effizienterer Abwicklungsprozesse und vor allem geringerer Ausstattung mit Print-Werbemitteln erzielt werden. Dazu ist es jedoch erforderlich, dass sich das komplette Leistungsangebot des Unternehmens – sowie im Idealfall in den strategisch relevanten Sortimentsfeldern ergänzt um weitere Sortimente von leistungsstarken Vertriebspartnern – bestellfähig im Netz befindet.

Die Neukundengewinnung über das Internet kann sowohl einstufig als auch zweistufig erfolgen. Wird z. B. ein Werbebanner auf der Internetseite eines Kooperationspartners geschaltet oder eine Buchung in einer Internet-Suchmaschine vorgenommen, so kann ein potenzieller Neukunde direkt von dieser Seite zu bestimmten Produktangeboten verlinkt und zum einstufigen Kauf animiert werden. Interessenten, die erst im zweiten Schritt kaufen, können z. B. über den Versand von E-Mail-Newslettern oder über die Platzierung von Coupons für aktuelle Kataloge gewonnen werden. Verfügt man über die Permission eines Interessenten, diesen per E-Mail zu bewerben, eignet sich dieses Medium sehr gut um kostengünstig, schnell und flexibel Produktangebote zu bewerben oder auf bereits beim Interessenten befindliche Werbemittel gezielt nachzufassen (vgl. auch Schöngruber/Faust, 2002, S. 49 f.).

Der zunehmende Handel über das Internet ist jedoch auch mit einer Verschärfung des Wettbewerbs verbunden, weil die Wahl- und Vergleichsmöglichkeiten zwischen den Angeboten für die Verbraucher erheblich steigen (vgl. Hagel III/Singer, 2000, S. 5).

4 Bewertung von Neukundenaktionen anhand des Kundendeckungsbeitrags

4.1 Die Erfolgskennzahl Kundendeckungsbeitrag

Die Entscheidung, ob und inwieweit eine Kundenbeziehung rentabel ist, kann letztendlich nur auf Basis einer objektiv messbaren Finanzkennzahl beurteilt werden. Der Umsatz des Kunden gibt nur ungenügend Auskunft über dessen Rentabilität, da die Kostenseite keine Berücksichtigung findet. Der Kundendeckungsbeitrag hingegen ist eine geeignete Größe zur Messung des Kundenerfolges (vgl. auch Köhler, 2000, S. 419). Bei der Berechnung werden nur dem Kunden direkt zurechenbare Kosten (relative Einzelkosten) vom jeweiligen Umsatz des Kunden in Abzug gebracht.

Diesen Überlegungen liegt das sogenannte Identitätsprinzip zugrunde. Dabei werden nur solche Kosten und Erlöse gegenübergestellt oder einem Bezugsobjekt zugerechnet, die auf eine identische Entscheidung zurückgehen (vgl. z. B. Riebel, 1994). Durch Kundenentscheidungen nicht beeinflussbare Kosten bleiben außer Acht. Ausschlaggebend bei dieser Betrachtung ist, inwieweit Kosten abgebaut werden könnten, wenn das Bezugsobjekt – also hier der Kunde – wegfiele. Dies setzt im Prinzip eine gesonderte Differenzkostenrechnung unter Berücksichtigung der Kostenabbaupfade voraus.

Beispiele für auf Kunden zurechenbare Kosten sind die Kosten für den Wareneinsatz der bestellten Produkte sowie für Werbemittel, welche der Kunde persönlich erhalten hat. Die kundenbedingten Prozesskosten, beispielsweise die Kosten für die Bestellannahme oder das Handling von Retouren, können über eine Prozesskostenrechnung ermittelt werden (vgl. z. B. Franz, 1990; Horváth/Mayer, 1989). Diese gibt zwar nicht explizit Aufschluss darüber, ob die Kosten bei Wegfall des Kunden abbaufähig sind, ist aber dennoch ein guter Indikator für die Inanspruchnahme betrieblicher Ressourcen durch den Kunden.

Die Ergebnisgröße Kundendeckungsbeitrag bietet weiterhin den Vorteil, dass die Werte den Vergleich einzelner Kunden und Kundengruppen ermöglichen und somit relative Aussagen über ihren Wertbeitrag getroffen werden können. Die Bezugsbasis für den Kundendeckungsbeitrag kann eine bestimmte Vertriebsaktion oder eine Abrechnungsperiode sein. Im zweiten Fall finden alle Kundentransaktionen eines Betrachtungszeitraums – also z. B. eines Geschäftsjahrs, einer Saison oder eines Monats – Berücksichtigung.

4.2 Beispielhafte Bewertung alternativer Neukundenaktionen

Anhand eines fiktiven Zahlenbeispiels soll die Bewertung von alternativen Neukunden-Kampagnen gezeigt werden. Es wird im Beispiel angenommen, dass sowohl beim postalischen Mailing als auch beim E-Mailing eine Auflage von 100.000 Stück versendet wird. Bei der zweistufigen Katalog-Aktion werden über eine Zeitschriftenanzeige in einer Auflage von 500.000 Exemplaren aufgespendete Coupons zur Anforderung eines Kataloges gestreut.

Die Response auf das postalische Neukunden-Mailing, dem ein warentragender Prospekt beiliegt, soll 2,5 % betragen. Bei dieser einstufig angelegten Kampagne bestellen die Werbemittelerhalter direkt aus dem beiliegenden Warenangebot. Die unterstellte Response führt schließlich zu 2.500 Neukunden. Durch die einstufige Vorgehensweise fallen auch nur einmal Werbekosten an, nämlich für Produktion, Konzeption und Versand des Mailings. Die Kosten sollen im Beispiel 90.000 EUR betragen. Daraus resultieren Werbekosten pro Neukunde in Höhe von 36 EUR (90.000 : 2.500 = 36). Beträgt der durchschnittliche Erstbestellwert 80 EUR und verbleibt von diesem ein Deckungsbeitrag von 20 %, so erhält man einen Deckungsbeitrag nach Werbekosten pro Neukunde in Höhe von –20 EUR (80 * 0,2 – 36 = –20).

Bei der E-Mail-Aktion wird unterstellt, dass die Rate der Erhalter, die einen Link angeklickt haben, 20 % beträgt. Es wird weiterhin angenommen, dass von diesen 20.000 grundsätzlich interessierten Personen 5 % eine Bestellung tätigen. Somit werden über die Aktion 1.000 Neukunden gewonnen. Betragen die Kosten pro versendeter E-Mail 0,1 EUR (ohne Berücksichtigung von evtl. anfallenden Mietkosten für Fremdadressen), so belaufen sich die Gesamtkosten auf 10.000 EUR und damit die Werbekosten pro Neukunde auf 10 EUR (10.000 : 1.000 = 10). Beträgt der durchschnittliche Erstbestellwert ebenfalls 80 EUR und der Deckungsbeitragssatz wiederum 20 %, so errechnet sich ein Deckungsbeitrag nach Werbekosten pro Neukunde von +6 EUR (80 * 0,2 – 10 = 6).

Über die zweistufige Katalog-Aktion werden im ersten Schritt Interessenten gewonnen. Es wird im Beispiel angenommen, dass die Anzeige 1,5 % Response generiert und somit 7.500 Kataloginteressenten gewonnen werden. Nach Erhalt des Kataloges entscheiden sich im hier dargestellten Beispiel 14 % der Interessenten für eine Erstbestellung. Somit werden aus der Aktion 1.050 Neukunden gewonnen. Neben den Werbekosten für die Interessentengewinnung über die Anzeigenschaltung und die aufgespendeten Coupons – diese sollen im Beispiel pauschal bei 15.000 EUR liegen – kommen noch die Kosten für Produktion und Versand der Kataloge hinzu, die an alle Interessenten verschickt werden. Diese belaufen sich im Beispiel auf 5 EUR pro Katalog. Die Werbekosten der Kampagne betragen somit 52.500 EUR (15.000 + 7.500 * 5 = 52.500). Die Werbekosten pro Neukunde belaufen sich daher auf 50 EUR (52.500 : 1.050 = 50). Unterstellt man einen im Vergleich zu den einstufigen Aktionen aufgrund des umfassenderen Katalogangebotes deutlich höheren Erstbestellwert von 200 EUR und wiederum einen darauf bezogenen Deckungsbeitragssatz von 20 %, so errechnet sich ein Deckungsbeitrag nach Werbekosten pro Neukunde von –10 EUR (200 * 0,2 – 50 = –10).

Die Ergebnisse zeigen, dass hinsichtlich der aktionsbezogenen Wirtschaftlichkeit die E-Mail-Kampagne am besten abschneidet. Das postalische Mailing weist bei identischer Auflage und gleich hohem durchschnittlichen Erstbestellwert einen deutlich schlechteren Deckungsbeitrag nach Werbekosten auf. Dieser Effekt resultiert aus den wesentlich höheren Werbekosten pro Neukunde. Im Mittelfeld liegt die zweistufige Katalog-Aktion. Die relativ hohen Werbekosten pro Neukunde werden durch den ebenfalls relativ hohen durchschnittlichen Bestellwert der Kataloganfrager zumindest teilweise kompensiert.

Würde sich der Neukundenmanager bei seiner Entscheidung über die künftige Werbewegemix-Strategie auf diese Ergebnisse stützen, wäre das Ergebnis eindeutig: Er würde zunächst auf E-Mail-Marketing setzen, weil er hier die höchste aktionsbezogene Wirtschaftlichkeit erzielen kann. Sofern das E-Mail-Adresspotenzial begrenzt ist, wird er die Neukundengewinnung über zweistufig konzipierte Katalog-Aktionen ausbauen. Erst wenn auch dieser Weg erschöpft ist, wird er sein Portfolio um postalische Mailings erweitern.

Ob dies die richtige Vorgehensweise ist, kann auf Basis von erstauftragsbezogenen Informationen jedoch nicht beurteilt werden. Eine betriebswirtschaftlich rationale Entscheidung setzt zusätzliche Informationen über die zu erwartende Folgeentwicklung der Neukunden voraus.

5 Die Kapitalwertmethode zur Ermittlung des Kundenwertes

5.1 Der Kunden-Kapitalwert

Zur Erreichung der finanzbezogenen Unternehmensziele ist es erforderlich, das Kundenmanagement an der Wertschöpfung der Kunden auszurichten. Der Wert des Unternehmens wird letztendlich durch den kumulierten Wert seiner Kunden widergespiegelt. Der Customer Lifetime Value sollte deshalb im Mittelpunkt der Betrachtung stehen und dem Management als eine zentrale Steuerungsgröße dienen. Im Rahmen eines wertorientierten Kundenmanagements ist daher zu prüfen, welche Kunden langfristig zum Erfolg des Unternehmens beitragen. Gegebenfalls existierende Schwächen sind frühzeitig aufzudecken, um diesen gezielt entgegenwirken zu können, beispielsweise mit Bindungsmaßnahmen, die auf eine Erhöhung der Zufriedenheit mit den Leistungen des Unternehmens abzielen (vgl. auch Ahlert/Evanschitzky, 2003, S. 376). Der Kundenwert bestimmt daher insofern auch das Gewicht, welches das Unternehmen den Wünschen und Bedürfnissen seiner Kunden beimisst.

Insbesondere im Bereich der Neukundengewinnung sollte deshalb die statische Sichtweise des Kundendeckungsbeitrags um eine dynamische Komponente erweitert werden. Damit erst trägt man dem Prinzip des Customer Lifetime Value Rechnung. Die Neukundenakquisition kann nämlich als Investition betrachtet werden, da dem Aufwand zum Gewinnungszeitpunkt Erträge im weiteren Verlauf der Kundenbeziehung gegenüberstehen. Die Bewertung eines Neukunden kann deshalb auf Basis des Kapitalwertkriteriums erfolgen (zur Anwendung des Kapitalwertverfahrens im Rahmen des Customer Relationship Managements siehe auch Pepels, 2001, S. 69ff.; Köhler, 2000, S. 437 sowie Bruhn, 2001, S. 220ff.). Zur Bestimmung des Kapitalwertes sind die künftig zu erwartenden Cash Flows Cf_t aus der Kundenbeziehung mit dem für das Unternehmen relevanten Kapitalkostensatz i auf den Gewinnungszeitpunkt t_0 abzuzinsen und aufzusummieren. Vom resultierenden Wert sind die Akquisitionszahlungen I in Abzug zu bringen (siehe **Abbildung 5.1**).

Abbildung 5.1 Ermittlung des Neukunden-Kapitalwertes

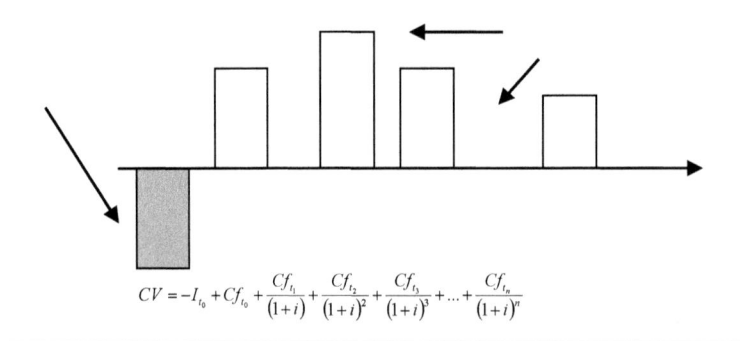

$$CV = -I_{t_0} + Cf_{t_0} + \frac{Cf_{t_1}}{(1+i)} + \frac{Cf_{t_2}}{(1+i)^2} + \frac{Cf_{t_3}}{(1+i)^3} + \ldots + \frac{Cf_{t_n}}{(1+i)^n}$$

Bei Investitionsrechnungen werden Cash Flows betrachtet, das heißt, es sind Annahmen bezüglich der Zahlungswirksamkeit der Erlöse und Kosten zu treffen. Es kann aber näherungsweise auch mit der auf Kundenebene leichter verfügbaren Ertragsgröße „Deckungsbeitrag nach Werbekosten" gerechnet werden, weil deren Bestandteile weitestgehend zahlungswirksame Kosten und Erlöse sind. Zur Prognose der künftigen Erträge aus den Kundenbeziehungen kann auf Erfahrungswerte aus Kunden-Deckungsbeitragsrechnungen und Database-gestützte Profile von Referenzkunden zurückgegriffen werden. Die Prognosen können über eine Trendextrapolation aus den vorliegenden Vergangenheitsdaten abgeleitet oder auf Basis von Kausalmodellen, wie z. B. Regressionsanalysen, erstellt werden. Der Einbezug von Expertenbewertungen kann ebenfalls hilfreich sein (vgl. Pepels, 2001, S. 79).

5.2 Die Werttreiber des Kunden-Kapitalwertes

Zur Optimierung des Kapitalwertes stehen mehrere Werttreiber zur Verfügung (siehe **Abbildung 5.2**). Der Kapitalwert eines Kunden erhöht sich ceteris paribus, wenn die Werbemitteleffizienz bei den Maßnahmen zur Neukundengewinnung verbessert wird, beispielsweise durch höhere Responsewerte. Der Kapitalwert lässt sich aber ebenso durch höhere Bestellwerte bzw. eine höhere Bestellfrequenz der Kunden steigern. Auch eine verbesserte Realisierungsquote der Bestellnachfrage, also geringere Retouren und Stornierungen, wirken sich positiv aus. Darüber hinaus spielt die Anzahl der Werbemittel, die der Kunde im Verlauf der Kundenbeziehung erhält, eine werttreibende Rolle, da höhere Folgewerbekosten den Ertrag ceteris paribus mindern. Desgleichen gehören die durch den Kunden verursachten Prozesskosten zu den Treibern des Kapitalwertes. Prozesskostenvorteile können beispielsweise realisiert werden, indem der Kundendialog verstärkt online abgewickelt wird (zu den Vorteilen des Online Marketing vgl. auch Meffert, 2001, S. 172).

Abbildung 5.2 Werttreiber des Kunden-Kapitalwertes

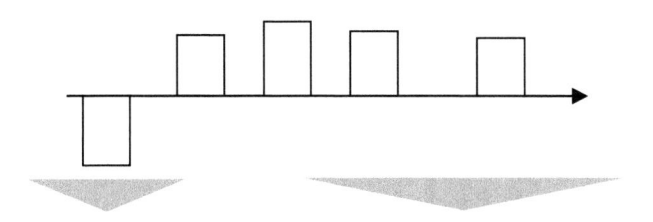

Diese ganzheitliche Betrachtungsweise macht deutlich, dass über einen Werbeweg, der im Vergleich zu einem anderen relativ höhere Akquisitionskosten pro Neukunde aufweist, dennoch Neukunden mit einem relativ höheren Wertpotenzial gewonnen werden können, sofern der im Erstauftrag generierte Bestellumsatz oder das Folgebestellverhalten die höheren Werbekosten mindestens kompensieren.

Bei den vorgestellten Treibern des Kapitalwertes handelt es sich um sogenannte direkte Werttreiber, die objektiv und eindeutig messbar sind. Diese können teilweise mit der Kundenzufriedenheit in Verbindung gebracht werden. Niedrige Retourenquoten lassen sich beispielsweise als Indiz für die Zufriedenheit mit der bestellten Ware werten. Eine hohe Bestellhäufigkeit lässt auf eine gute Gesamtzufriedenheit mit den Leistungen des Unternehmens schließen.

Dabei wird aber unterstellt, dass positive Werte der objektiven Messgrößen ausschließlich mit einem hohen Maß an Zufriedenheit bei den Kunden zu erklären sind. Dies ist insofern problematisch, als Markterfolge auch nur die Folge mangelnder Alternativen sein können: Wenn (temporär) keine oder nur wenige Alternativanbieter am Markt vorhanden sind oder die vorhandenen Anbieter ein höchstens genauso hohes Leistungsniveau aufweisen, ist der Markterfolg nicht zwangsläufig auf einen hohen Zufriedenheitsgrad zurückzuführen (vgl. Pepels, 2003, S. 43).

Die direkten, objektiv messbaren Werttreiber werden also von indirekten, qualitativen Werttreibern beeinflusst. Letztere sind dadurch gekennzeichnet, dass sie nur subjektiv als individuelle Interpretation der Leistungserwartungen gemessen werden können. Kundenzufriedenheit ist z. B. ein solcher indirekter Werttreiber.

Eine beginnende Kundenbeziehung wird sich in der Regel nur dann ökonomisch erfolgreich entwickeln, wenn die bei der Erstbestellung für den Neukunden erbrachte Leistung zu dessen Zufriedenheit ausfällt. Der Kunde wird die tatsächlich erhaltene Leistung hinsichtlich Qualität und Service mit seinen Erwartungen vergleichen. Werden diese erfüllt (Confirmation) oder sogar übererfüllt (positive Disconfirmation), ist der Kunde zufrieden und es kann mit einer hohen Wiederkaufwahrscheinlichkeit und einem hohen Weiterempfehlungspotenzial gerechnet werden. Dies wiederum beeinflusst den Customer Lifetime Value des Neukunden positiv (vgl. zur Berücksichtigung der Weiterempfehlung im Rahmen des kundenwertorientierten Marketings z. B. Wangenheim, 2003).

Wangenheim (2003, S. 2) bemerkt, dass die Wertdimension Weiterempfehlung in den seit einigen Jahren intensiv geführten Diskussionen über Methoden und Konzepte zur Ausgestaltung eines kundenwertorientierten Marketings zumeist vernachlässigt oder lediglich am Rande betrachtet wird. Dies kann jedoch zu fehlerhafter Klassifizierung und Priorisierung von Kunden führen, weil Kunden, deren Transaktionen zwar nur einen geringen Umsatz- und Gewinnbeitrag auslösen, durch die Abgabe von Weiterempfehlungen weitere Kunden von der Inanspruchnahme des Unternehmens überzeugen können, so dass die weiterempfehlenden Kunden unter Berücksichtigung ihrer eigenen und ihrer vermittelten Umsätze bzw. Gewinnbeiträge ein Vielfaches dessen wert sein können, was allein auf Basis ihres eigenen Auftragsvolumens geschätzt würde.

Die Zufriedenheit von Neukunden ist damit der zentrale Schlüssel für ein langfristig ausgerichtetes, wertorientiertes Kundenmanagement. Ein regelmäßiges Kundenzufriedenheits-Controlling, auf Basis dessen strategische Optimierungsmaßnahmen abgeleitet werden können, ist daher für Neukundenmanager sehr zu empfehlen.

5.3 Die Ermittlung der optimalen Neukundenanzahl

Auf Basis des Neukunden-Kapitalwertes kann die betriebswirtschaftlich optimale Neukundenanzahl sowohl insgesamt als auch werbewegespezifisch abgeleitet werden. Mit der plausiblen und in der Praxis auch belegbaren Annahme, dass bei Ausdehnung der Neukundenanzahl die Grenzkosten der Neukundengewinnung steigen, erhält man den in **Abbildung 5.3** aufgezeigten Verlauf der Werbekosten pro Neukunde. Analog zu den Werbekosten pro Neukunde können auch die Bestellwerte/Umsätze der (Neu-)Kunden in eine ab- oder aufsteigende Reihenfolge gebracht werden. Daraus ergeben sich für den Deckungsbeitrag pro Neukunde vor bzw. nach Werbekosten, die in **Abbildung 5.3** visualisiert werden.

Die Ausführungen zum Kapitalwert haben jedoch deutlich gemacht, dass anhand dieser statischen, zeitpunktbezogenen Kennzahlen nur sehr schwer eine Entscheidung darüber getroffen werden kann, welche Neukundenanzahl für das Unternehmen sinnvoll ist. Dies wird besonders bei der Kennzahl Werbekosten pro Neukunde deutlich. Wird die Neukundenzahl auf Basis von exogenen Budgetgrößen und Vergangenheitswerten hinsichtlich der vermeintlich effizienten Werbekosten pro Neukunde festgelegt, kann dies zur Folge haben, dass die Neukundengewinnung auf ein Maß begrenzt wird, bei dem das Wertschöpfungspotenzial für das Unternehmen noch gar nicht ausgeschöpft ist. Ebenso kann der Fall ein-

Wertorientierte Ausrichtung der Neukundengewinnung 185

treten, dass die Neukundengewinnung ein Niveau erreicht, bei dem der Kapitalwert ins Negative umschlägt und damit bereits bei der Neukundengewinnung Unternehmenswert vernichtet wird.

Abbildung 5.3 Ermittlung der optimalen Neukundenanzahl

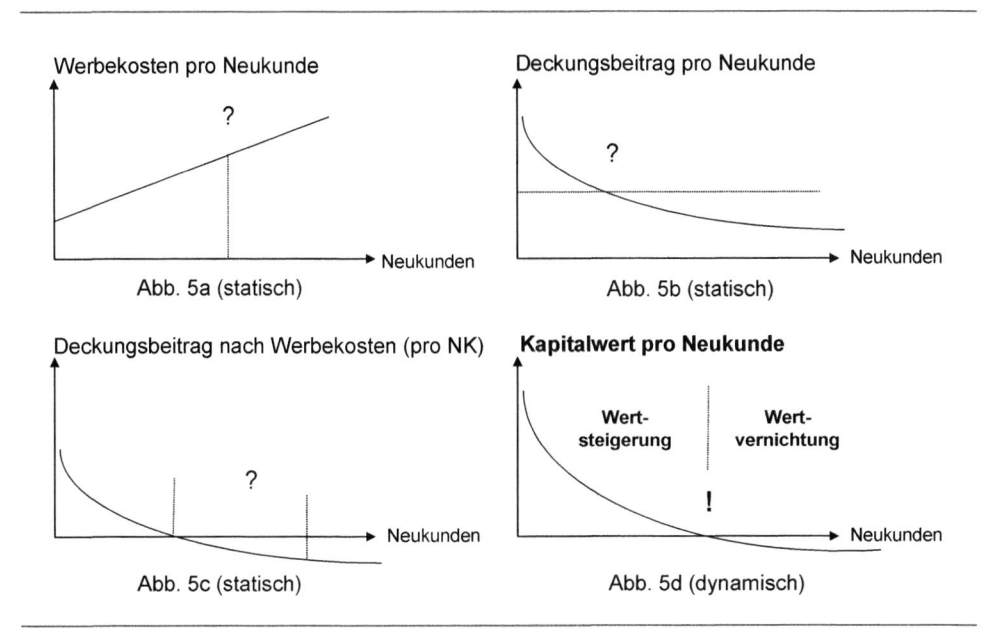

Werbekosten pro Neukunde
?
Neukunden
Abb. 5a (statisch)

Deckungsbeitrag pro Neukunde
?
Neukunden
Abb. 5b (statisch)

Deckungsbeitrag nach Werbekosten (pro NK)
?
Neukunden
Abb. 5c (statisch)

Kapitalwert pro Neukunde
Wertsteigerung | Wertvernichtung
!
Neukunden
Abb. 5d (dynamisch)

Bei einer dynamischen Betrachtung des Neukundenzieles in Abhängigkeit vom Kapitalwert pro Neukunde kann hingegen der in obiger Abbildung (5d) gezeigte Optimalpunkt bestimmt werden. Neukundenziele links von diesem Punkt würden das Wertschöpfungspotenzial nicht vollständig ausschöpfen. Bei Punkten rechts vom Optimum würde das Unternehmen Wert vernichten. Gewiss ist es in der Praxis kaum möglich, diesen Optimalpunkt zu bestimmen. Mit Hilfe des Kapitalwertansatzes kann aber in jedem Fall eine Annäherung erfolgen.

5.4 Der optimale Werbewegemix zur Neukundengewinnung

Auf Basis des Kapitalwert-Kriteriums können die effiziente Rangfolge und das effiziente Ausmaß der verfügbaren Neukunden-Werbewege festgelegt werden, sofern sich die Niveaus der einzelnen Werbewege unterscheiden. Die Werbewege sollten entsprechend der absoluten Höhe der durchschnittlichen Kapitalwerte, die mit Neukunden aus einem bestimmten Werbeweg zu erwarten sind, priorisiert werden. Dabei ist jedoch zu beachten, dass die Neukundengewinnung über die jeweiligen Werbewege nicht beliebig ausgedehnt werden kann, sondern technischen und/oder marktbedingten Grenzen unterliegt. So ist beispielsweise das verfügbare Marktpotenzial an Internet-Neukunden dadurch begrenzt, dass zumindest temporär nur eine gewisse Anzahl von distanzkaufgeneigten Internet-Usern vorhanden ist.

Weiterhin ist zu berücksichtigen, dass sich die Kapitalwerte innerhalb eines Werbeweges bei Mengenvariation verändern können. Wird die Neukundengewinnung beispielsweise innerhalb eines Weges erhöht, so wird in der Regel mit zunehmendem Maße in weniger rentable Kunden investiert. Aufgrund sinkender Grenzerträge wird dann das Niveau des durchschnittlichen Kapitalwertes abnehmen. Andererseits ist es aber auch möglich, den durchschnittlichen Kapitalwert eines Werbeweges zu erhöhen, indem man die Neukundengewinnung zurückfährt. Dies setzt jedoch voraus, dass die Aktionen auf die relativ ertragsstärkeren potenziellen Neukunden ausgerichtet werden können.

Ein solches Scoring setzt trennscharfe Kriterien hinsichtlich der prognostizierten Rentabilitätsentwicklung der Kunden voraus. Solche sind für die Neukundengewinnung allerdings schwieriger zu finden als bei Bestandskunden, da wesentlich weniger Informationen vorliegen. Ein Ansatzpunkt ist, zunächst die Varianz der auf Basis von Ist-Daten errechneten Kapitalwerte von Neukunden zurückliegender Perioden innerhalb der einzelnen Werbewege zu ermitteln. Daraufhin können Merkmale (Alter, Geschlecht, Region etc.) und Bestelleigenschaften (Sortimente, Bestellwerte, Anzahl Bestellpositionen, Zahlungsverhalten etc.) der entsprechenden Kunden ausgewertet werden. Sofern sich Merkmale und Bestelleigenschaften der am Kapitalwert gemessen besseren Kunden von denen der schlechteren Kunden unterscheiden, können diese als Basis für Scoring-Kriterien bei künftigen Kampagnen herangezogen werden.

Wird eine kapitalwertbasierte Priorisierung der Akquisitionskanäle vorgenommen und dabei das Gesetz des abnehmenden Grenzertrags bei Mengenvariation beachtet, so erhält man einen zur Neukundengewinnung optimalen Werbewegemix, bei dem die vorhandenen betrieblichen Ressourcen (Werbebudget) auf diejenigen potenziellen Neukunden konzentriert werden, die dem Unternehmen langfristig den größten Wertschöpfungsbeitrag liefern.

Verbesserungen des Neukundenportfolios haben konsequenterweise auch positive Folgeeffekte auf das Bestandskundengeschäft. Indem der Kundenbestand immer stärker durch relativ wertschöpfendere Neukunden ergänzt wird, erhöht sich die Qualität des gesamten Kundenportfolios sukzessive durch verbesserte Deckungsbeiträge innerhalb der Bestandskundengruppen. Damit wird deutlich, dass die Mindestanzahl der zu gewinnenden Neukunden auf Basis der übergeordneten Umsatz- und Ergebnisvorgaben des Unternehmens abgeleitet werden kann. Je höher dabei der durchschnittliche Neukundenwert ist, desto geringer fällt die zur Erreichung der Unternehmensziele erforderliche Mindestneukundenzahl bei konstanten Bestandskundenwerten aus.

Die am Kunden-Kapitalwert orientierte Werbewegemix-Optimierung wird im Folgenden mit Hilfe einer theoretischen Ableitung sowie eines fiktiven, an die Unternehmenspraxis angelehnten Zahlenbeispiels veranschaulicht.

a) Theoretische Ableitung

Anhand der grafischen Darstellung in **Abbildung 5.4** soll veranschaulicht werden, dass es aufgrund der Varianz der Kapitalwerte innerhalb der zur Verfügung stehenden Werbewege und der marktbedingten Grenzen zu Effizienzsteigerungen führt, wenn man auch die gemessen am durchschnittlichen Kapitalwert schlechteren Werbewege einsetzt.

Abbildung 5.4   Effizienzsteigerung durch Werbewegemix

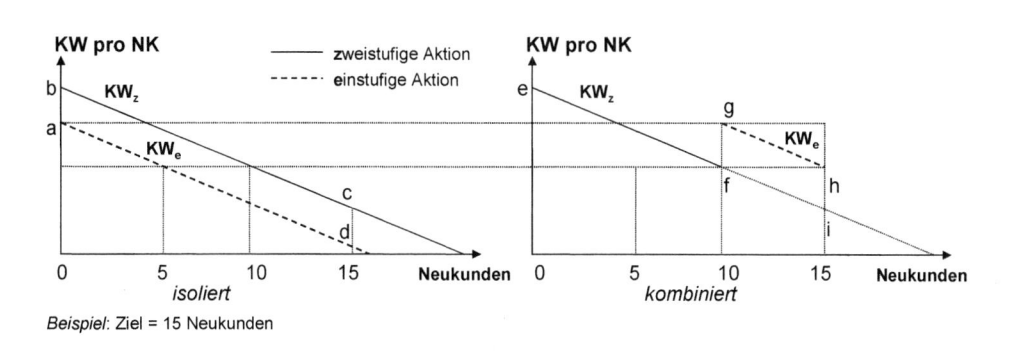

Beispiel: Ziel = 15 Neukunden

Angenommen, es sollen aufgrund einer Zielvorgabe 15 Neukunden gewonnen werden. Als Werbewege stehen dem Neukundenmanager sowohl ein- als auch zweistufige Direktmarketingaktivitäten zur Verfügung. Es ist mit beiden Werbewegen allein möglich, die Zielvorgabe zu erfüllen – die marktbedingten Grenzen der Werbewege liegen also außerhalb des relevanten Entscheidungsbereiches. Der durchschnittliche Kapitalwert der über zweistufige Kampagnen gewonnenen Neukunden liegt im Beispiel höher als derjenige der über einstufige Maßnahmen gewonnenen Neukunden, d. h. es gilt:

$$KW_z(x=15) > KW_e(y=15)$$

Dies wird in **Abbildung 5.4** dadurch veranschaulicht, dass die Kurve der zweistufigen Neukunden-Kapitalwerte über derjenigen der einstufigen Werte verläuft. Entsprechend den obigen Ausführungen wird weiterhin angenommen, dass die Grenzkapitalwerte mit zunehmender Anzahl gewonnener Neukunden in beiden Werbewegen sinken, d. h. es gilt:

$$\partial KW_e/\partial x < 0; \quad \partial KW_z/\partial y < 0$$

Dies wird in der Grafik durch den fallenden Verlauf der Kurven verdeutlicht. Der einfacheren Darstellung halber wurde ein linear fallender Verlauf unterstellt. In der Praxis ist erfahrungsgemäß mit einem degressiv fallenden Verlauf der Werte zu rechnen, d. h. mit zunehmender Neukundenzahl nimmt der durchschnittliche Kapitalwert überproportional ab.

Entscheidet sich der Neukundenmanager die 15 Neukunden ausschließlich über zweistufige Maßnahmen zu gewinnen, kann er einen im Vergleich zum ausschließlichen Einsatz einstufiger Kampagnen höheren kumulierten Wertbeitrag erzielen, denn es gilt:

$$\int_0^{15} KW_z(x)dx > \int_0^{15} KW_e(y)dy$$

In **Abbildung 5.4** erkennt man dies daran, dass die durch die Koordinaten (0bc15) begrenzte Fläche größer ist als diejenige mit den Koordinaten (0ad15).

Berücksichtigt der Manager aber den fallenden Verlauf der Kapitalwerte innerhalb der Werbewege – der dazu führt, dass über den im Gesamtdurchschnitt relativ schlechteren einstufigen Werbeweg teilweise Neukunden gewonnen werden können, die höhere Kapitalwerte erreichen als manche Kunden aus dem zweistufigen Weg – so hat er die Möglichkeit, das Ausmaß der beiden Werbewege so auszubalancieren, dass der kumulierte Wertbeitrag der 15 Neukunden sein Maximum erreicht. Im gewählten Beispiel tritt dieser Zustand bei einem Mix von 10 Neukunden aus zweistufigen und von 5 Neukunden aus einstufigen Werbewegen ein, denn es gilt:

$$\left(\int_0^{10} KW_z(x)dx + \int_{10}^{15} KW_e(y)dy\right) > \int_0^{15} KW_z(x)dx$$

In **Abbildung 5.4** erkennt man dies daran, dass die Summe der durch die Koordinaten (0ef10) und (10gh15) begrenzten Flächen größer ist als diejenige mit den Koordinaten (0bc15). Der Effizienzgewinn in Form von zusätzlichem Wertbeitrag beläuft sich auf die durch die Koordinaten (fghi) begrenzte Fläche.

Allgemein lautet das Maximierungsproblem des Neukundenmanagers wie folgt:

$$Max.\ KW = \sum_{i=1}^{n} KW_i$$

Dabei bezeichnet KW_i den durchschnittlichen Kapitalwert, der mit den über Werbeweg i gewonnenen Neukunden erzielt werden kann. Die Maximierung erfolgt unter der Restriktion, dass ein gegebenes Neukundenziel X erreicht werden muss:

$$X = \sum_{i=1}^{n} x_i$$

Dabei bezeichnet x_i die Neukundenzahl im Werbeweg i. Die notwendigen Bedingungen erster Ordnung für ein Maximum lauten:

$$\partial KW_1 / \partial x_1 = \partial KW_2 / \partial x_2 = ... = \partial KW_n / \partial x_n$$

Die Neukundengewinnung sollte demnach – unter Berücksichtigung der Neukunden-Gesamtzielvorgabe – innerhalb der zur Verfügung stehenden Werbewege so lange ausgedehnt werden, bis die Grenzkapitalwerte in allen Werbewegen gleich sind. Danach ist es nicht mehr möglich, die Neukundenwertschöpfung bei gegebenem Neukunden-Gesamtziel durch Veränderung des Werbewegemixes zu erhöhen.

b) Praxisorientiertes Zahlenbeispiel

In der Ausgangssituation setzt ein Unternehmen vier Werbewege ein, um die Zielvorgabe von 600 Neukunden zu erfüllen (siehe **Abbildung 5.5**). Über das akquirierte Neukundenportfolio wird im Beispiel über vier Abrechnungsperioden hinweg betrachtet insgesamt ein Wertbeitrag von 11.250 erwirtschaftet. Dies entspricht einem Kapitalwert pro Neukunde von 18,75.

Erfolgt nun eine Veränderung des Werbewegemixes zu Gunsten der relativ wertschöpfenderen Werbewege, wie in **Abbildung 5.5** dargestellt, so erhöht sich der Gesamtwertschöpfungsbeitrag bei unveränderter Neukundenzielvorgabe auf 12.975. Der Kapitalwert pro Neukunde verbessert sich im vorliegenden Beispiel um 15,4 % auf 21,63.

Abbildung 5.5   Beispielhafte Darstellung der Werbewegemix-Optimierung

Ausgangssituation

Werbeweg	Anzahl Neukunden	n-saisonaler KW pro NK	Wertbeitrag Werbeweg
Mailings	300	10	3.000
Kataloge	150	30	4.500
Internet/E-Mail	100	20	2.000
Außendienst	50	35	1.750
GESAMT	**600**	**18,75**	**11.250**

Optimierte Situation

Werbeweg	Anzahl Neukunden	n-saisonaler KW pro NK	Wertbeitrag Werbeweg
Mailings	150	15	2.250
Kataloge	225	25	5.625
Internet/E-Mail	150	18	2.700
Außendienst	75	32	2.400
GESAMT	**600**	**21,63**	**12.975**

+15,4%

Es liegen Beispiele in der Unternehmenspraxis vor, die gezeigt haben, dass der durchschnittliche Kapitalwert aktiv geworbener Neukunden mit Hilfe der konsequenten Umsetzung der Erkenntnisse aus der Kapitalwertbetrachtung in einem Zeitraum von etwa drei Jahren nahezu verdoppelt werden kann. Dies zeigt, welchen zentralen Stellhebel der richtige Werbewegemix für die wertorientierte Ausrichtung des Kundenmanagements darstellt.

Es sollte hier jedoch nicht unerwähnt bleiben, dass Werbewegeportfolios mit relativ höheren Wertbeiträgen unter Umständen auch einen relativ höheren Budgetbedarf für die Neukundengewinnung in der Akquisitionsphase haben können. Denn wie bereits weiter oben dargestellt, müssen nicht zwangsläufig auch diejenigen Werbewege die werthaltigsten Neukunden hervorbringen, die gemessen an der Gewinnungskosteneffizienz vorne liegen. Dies kann in der Unternehmenspraxis zu Problemen führen, denn der im Zuge der Akquisition entstehende Aufwand fällt sofort an. Die im weiteren Verlauf der Kundenbeziehung erwarteten Zahlungsrückflüsse liegen jedoch zum einen in der Zukunft und sind darüber hinaus auch risikobehaftet. Die Umsetzung einer wertorientierten, dynamisch betrachteten Neukundenpolitik wird deshalb nur dann Aussicht auf Erfolg haben, wenn sich das Unternehmen grundsätzlich zu einer periodenübergreifenden Steuerung entschließt.

6 Zusammenfassung

Aufgrund des konkurrenzintensiven Wettbewerbsumfeldes stehen Versender und E-Commerce-Anbieter unter permanentem Druck, ihre Aktivitäten zur Neukundengewinnung und Kundenbindung weiter zu optimieren. Vor diesem Hintergrund kommt der effektiven Steuerung und Erfolgsbewertung von Neukundenmaßnahmen wachsende Bedeutung zu.

Als Bewertungskennzahl für Neukundenaktionen eignet sich der aus der Erstbestellung generierte Kundendeckungsbeitrag nach Abzug der durch die betreffende Aktion entstandenen Werbekosten. Auf dieser Basis können vergleichende Bewertungen alternativer Neukundenaktionen erfolgen.

Die Akquisition von Neukunden sollte aber als langfristige Investition betrachtet werden, weil dem im Rahmen der Akquisition entstehenden Aufwand die im weiteren Verlauf der Kundenbeziehung entstehenden Erträge gegenüberstehen.

Die Bewertung eines Neukunden kann deshalb auf Basis des aus der Investitionstheorie abgeleiteten Kapitalwert-Kriteriums erfolgen.

Der Einsatz der Kapitalwert-Methode im Neukunden-Management ist dazu geeignet, die effiziente Rangfolge und das optimale Ausmaß der verfügbaren Werbewege zu ermitteln. Die Werbewege sollten demnach entsprechend der absoluten Höhe der durchschnittlichen Kapitalwerte, die mit Neukunden aus einem bestimmten Werbeweg zu erwarten sind, priorisiert werden.

Erfahrungen aus der Unternehmenspraxis haben gezeigt, dass der Wertschöpfungsbeitrag der Neukunden durch konsequente Anwendung der Erkenntnisse aus der Kapitalwert-Methode deutlich gesteigert werden kann.

Literatur

[1] AHLERT, D.; EVANSCHITZKY, H.: Dienstleistungsnetzwerke. Berlin, Heidelberg, 2003.
[2] BRUHN, M.: Relationship Marketing. München, 2001
[3] FRANZ, K.-P.: Die Prozesskostenrechnung – Darstellung und Vergleich mit der Plankosten- und Deckungsbeitragsrechnung, in: Ahlert, D./Franz, K.-H./Göppl, H. (Hrsg.): Finanz- und Rechnungswesen als Führungsinstrument, Wiesbaden, 1990, S. 110-136.
[4] GODIN, S.: Permission Marketing – Kunden wollen wählen können, München 2001.
[5] HAGEL III, J.; SINGER, M.: Net Value – Der Weg des digitalen Kunden, Wiesbaden 2000.
[6] HORVÁTH, P.; MAYER, R.: Prozesskostenrechnung. Der neue Weg zu mehr Kostentransparenz und wirkungsvolleren Unternehmensstrategien, Controlling, 1. Jg., Heft 4, 1989, S. 214-219.
[7] KÖHLER, R.: Kundenorientiertes Rechnungswesen als Voraussetzung des Kundenbindungsmanagements, in: Handbuch Kundenbindungsmanagement hrsg. von Manfred Bruhn und Christian Homburg, Wiesbaden 2000.
[8] MEFFERT, H.: Neue Herausforderungen für das Marketing durch interaktive elektronische Medien – auf dem Weg zur Internet-Ökonomie, Angaben, in: Internet & Co. im Handel hrsg. von Dieter Ahlert, Jörg Becker, Peter Kenning und Reinhard Schütte, Berlin Heidelberg 2001.
[9] PEPELS, W.: Darstellung und Bedeutung des Kundenlebenszeitwerts im Business to Business-Marketing, in: Effektives Customer Relationship Management hrsg. von Stefan Helmke und Wilhelm Dangelmaier, Wiesbaden 2001.
[10] RIEBEL, P.: Einzelkosten- und Deckungsbeitragsrechnung, Wiesbaden 1994.
[11] SCHÖNGRUBER, J. F. UND FAUST H.: Responsemanagement, Ettlingen 2002.
[12] WANGENHEIM VON, F.: Weiterempfehlung und Kundenwert, Wiesbaden 2003.

Autor

JENS KIRCHNER, Prof. Dr., Professor für Marketing an der Hochschule Hof.

Teil II
Einführungskonzepte und Organisation

Einführung von CRM im Unternehmen

Stefan Helmke, Matthias Uebel und Wilhelm Dangelmaier

1	Motivation	197
2	Schritte des CRM-Audits	197
	2.1 Strategische Ausrichtung	198
	2.2 Erhebung des Prozessreorganisationsbedarfs	199
	2.3 Bedarfsanalyse CRM-Instrumente	201
	2.4 Wirtschaftliche Handhabbarkeit	202
	2.5 Softwareauswahl und Realisierung	203
3	Zusammenfassung	205
	Autoren	205

1 Motivation

Die Einführung von CRM betrifft sowohl aus organisatorischer als auch aus technologischer Perspektive verschiedenste Prozesse im Unternehmen. So sind zur Effizienz- und Effektivitätssteigerung der Kundenbearbeitung häufig Prozessreorganisationen in Marketing, Vertrieb und Kundenservice erforderlich, bevor neue CRM-Instrumente zu deren Unterstützung eingeführt werden sollten.

Deshalb ist die ganzheitliche Einführung von CRM als strategisches Projekt zu sehen, da hierdurch die zukünftige Ausgestaltung der Kunden- und Marktbearbeitung des Unternehmens bestimmt wird. Um optimalen Erfolg daraus zu ziehen, ist es erforderlich, ein adäquates CRM-Audit durchzuführen, das nicht nur die Softwareauswahl und Implementierung beinhaltet. Dieses Audit sollte daneben als vorgeschaltete Hauptpunkte die Ausrichtung von CRM an den strategischen Unternehmenszielen und Kundenerfordernissen, Bedarfsbestimmungen für notwendige Prozessreorganisationen und die Feinspezifikation sowie Auswahl benötigter CRM-Instrumente beinhalten. Nach Auswahl der Software eines konkreten Anbieters ist zudem das erforderliche Maß an Change Management zu bestimmen, da von der Einführung von CRM in erheblichem Maße auch der Faktor Mensch berührt ist.

In der Vergangenheit zeigte sich, dass CRM-Einführungen häufig gerade an diesen grundlegenden Einführungsfragen gescheitert sind, da z. B. die Projektziele nicht klar bestimmt waren. So wird CRM falsch verstanden, wenn damit hauptsächlich auf Kostensenkungen in der Kundenbearbeitung abgezielt werden soll. Vielmehr sind Prozesse und Instrumente für eine Erhöhung der Qualität der Kundenbearbeitung zu gestalten, die letztendlich zu Steigerungen bzw. Sicherung der Umsätze des Unternehmens führen.

2 Schritte des CRM-Audits

Das Vorgehen bei CRM-Audits zur systematischen Gestaltung für die Einführung von CRM-Systemen kann in fünf Hauptschritte unterteilt werden, die im Folgenden im Detail erläutert werden. Ausgehend von der Festlegung der strategischen Ausrichtung des CRM-Projektes (Kapitel 2.1) ist der Bedarf an notwendigen Reorganisationen in den Prozessen der Kundenbearbeitung zu erheben (Kapitel 2.2). Im Anschluss ist eine Bedarfsanalyse vorzunehmen, welche CRM-Instrumente zur Unterstützung der Prozesse eingesetzt werden können (Kapitel 2.3). An diesen Ergebnissen setzt die Prüfung der wirtschaftlichen Handhabbarkeit hinsichtlich Kosten-/Nutzenverhältnis und Machbarkeit mit den zur Verfügung stehenden personellen Ressourcen an (Kapitel 2.4). Darauf aufbauend erfolgt die Softwareauswahl, ehe abschließend die Grundpfeiler für die Realisierung festzuhalten sind (Kapitel 2.5), wobei insbesondere einem adäquaten Change Management eine hohe Bedeutung beizumessen ist.

Grundsätzlich ist zu vermerken, dass eine adäquate Unterstützung des Projektes durch das Top-Management des Unternehmens als Fürsprecher des Einführungsprojektes nicht zuletzt deshalb von Relevanz ist, da in diesem Bereich in Unternehmen in der Regel die größten Potenziale zur Verbesserung der eigenen Wettbewerbsposition liegen. Dies drückt sich nicht nur in Kostensenkungs-, sondern insbesondere auch in Umsatzsteigerungs- bzw. -sicherungspotenzialen aus. So kann auch eine Verringerung der Churnrate, der Kundenabwanderungsquote, als Erfolg angesehen werden.

2.1 Strategische Ausrichtung

Im Idealfall ist ausgehend von den Ergebnissen einer Kundenzufriedenheitsanalyse eine Kundenorientierungsstrategie abzuleiten. Der wesentliche Vorteil der Kundenzufriedenheitsanalyse besteht darin, dass neben operativen auch strategische Verbesserungspotenziale für die Inhalte der Kundenbearbeitung transparent werden. Die Ist-Situation der Kundenzufriedenheit wird durch Aufstellung des in **Abbildung 2.1** visualisierten Kundenzufriedenheitsportfolios transparent.

Abbildung 2.1 Kundenzufriedenheitsportfolio

Zufriedenheit mit dem Merkmal (= Performance)		
	Geringe Bedeutung / starke Performance selektieren; Engagement tendenziell verringern	**Hohe Bedeutung / starke Performance** Performance aufrechterhalten oder noch verbessern
	Geringe Bedeutung / schwache Performance selektieren; Ressourcenverschwendung vermeiden	**Hohe Bedeutung / schwache Performance** Fokus der Performanceverbesserungen
		Bedeutung des Merkmals

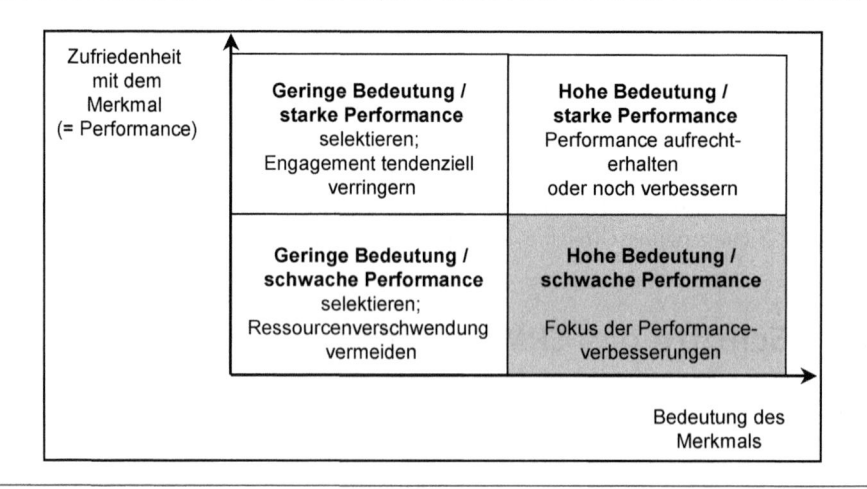

Insbesondere im Quadranten unten rechts besteht Handlungsbedarf, da die Merkmale der Kunden als besonders bedeutend angesehen werden, weil das Unternehmen hier jedoch über eine schwache Performance verfügt.

Die Ergebnisse dienen als Ausgangspunkt und fließen somit als Inputgeber in die Entwicklung bzw. Neuausrichtung der Kundenorientierungsstrategie ein. Hier sind drei wesentliche Teilaufgaben zu unterscheiden: die Zielbestimmung, die eigentliche Strategieentwicklung, die Erfassung von Erfolgstreibern sowie die Erhebung eines Stärken-/Schwächenportfolios. Als Vorgehen hat sich dazu bewährt, mit den Strategieverantwortlichen sogenannte strukturierte Strategieworkshops gegebenenfalls mit externer Beratungsunterstützung durchzuführen.

Dabei sind als Ergebnisse erstens wesentliche Ziele hinsichtlich Umsatz und Kundenzufriedenheit zu formulieren, die im Anschluss in einem nächsten Schritt in Kennzahlen zu operationalisieren sind. Zweitens sollten die Ergebnisse in der sogenannten Strategy Map und die Grundzüge der Kundenorientierungsstrategie in einem ein- bis zweiseitigen Paper zusammengefasst werden. Die Strategie ist im Unternehmen zu kommunizieren, damit das Verständnis durch alle Abteilungen diffundieren und sie entsprechend gelebt werden kann. Drittens sind wesentliche Erfolgstreiber, wie z. B. das Verhalten der Konkurrenz, sowie die einzelnen Stärken und Schwächen, wie z. B. die zur Verfügung stehenden Mitarbeiterressourcen, jeweils in Portfolios zusammenzufassen. Gegebenenfalls sind hierzu im Anschluss Detailanalysen notwendig.

Die Ergebnisse der Entwicklung bzw. Neuausrichtung der Kundenorientierungsstrategie dienen dem Projektteam als Grundorientierung für die folgenden Schritte im Rahmen der Einführung von CRM. Anzumerken ist, dass die Auswahl des Projektteams häufig unterschätzt wird. Es reicht nicht aus, lediglich einen CRM-Beauftragten zu benennen. Vielmehr ist ein interdisziplinäres Team zu bilden, das den Dialog zwischen DV- und Fach- bzw. Marketing-/Vertriebsseite, z. B. hinsichtlich der Machbarkeit, ermöglicht.

Die Fachexperten sollten dabei die späteren Anwender repräsentieren, damit das CRM-System nicht am Bedarf vorbei konzipiert wird. Damit allerdings das Projektteam arbeitsfähig bleibt, können nicht alle späteren Anwender im Kernteam integriert werden. Deshalb sind nach Bedarf Workshops mit diesen Anwendern durchzuführen, um auch deren Anregungen und Vorstellungen einzuholen.

Ebenso ist darauf zu achten, dass neben den DV- und Fachexperten das Projekt durch Machtpromotoren forciert wird, um die Bedeutung einer erfolgreichen Einführung herauszustellen. Besonderes Augenmerk ist nicht zuletzt aufgrund der Zusammensetzung des Projektteams auf eine adäquate Projektorganisation samt klarer Vergabe von Verantwortlichkeiten sowie auf eine zielorientierte Projektplanung zu legen. Gegebenenfalls sind externe Ressourcen hinzuziehen, die effizient ein Abbild über bereits existierende CRM-Funktionalitäten am Markt geben und bei der Beurteilung von Machbarkeit sowie Kosten und Nutzen hilfreich sein können. Zudem helfen Externe oftmals als neutrale Einheit bei der Projektkoordination sowie bei der Vermittlung zwischen den unterschiedlichen Wünschen der Projektteammitglieder.

2.2 Erhebung des Prozessreorganisationsbedarfs

Auf Basis der erarbeiteten Kundenorientierungsstrategie ist sodann eine Analyse der Kundenbearbeitungsprozesse vorzunehmen. Dabei ist darauf zu achten, dass sowohl die Grundausrichtung und die damit verbundenen Prozesse im Kundenmanagement im Hinblick auf die Kundenzufriedenheit und den Unternehmenserfolg zu optimieren sind. Im Rahmen der Prozessanalyse ist dabei grundsätzlich zwischen Client-Facing- und Back-Office-Prozessen der Kundenbearbeitung zu unterscheiden. Die Client-Facing-Prozesse sind diejenigen Prozesse, bei denen Schnittstellen zu Kunden bestehen, also das Unternehmen in direkten Kontakt mit dem Kunden tritt, wie z. B. die Aufnahme einer Beschwerde.

Die Back-Office-Prozesse sind hingegen dem Kunden nicht transparent und dienen der Unterstützung der Client-Facing-Prozesse, wie z. B die durch die nach Aufnahme der Beschwerde im Unternehmen ausgelösten Prozesse oder die Prozesse zur Datenauswertung.

Im Rahmen der Analyse der Client-Facing-Prozesse sind die Ist- und gegebenenfalls Soll-Interaktionspunkte mit dem Kunden zu definieren. Festzulegen ist somit, welche Möglichkeiten dem Kunden gegeben werden, mit dem Unternehmen von sich aus in Kontakt zu treten (Hol-Prinzip) und über welche Kanäle zu welchen Zeitpunkten das Unternehmen selbst an seine Kunden herantreten sollte (Bring-Prinzip). Die Client-Facing-Prozesse stehen somit für die Ausgestaltung der Kunden-Unternehmens-Beziehungen.

Die Gestaltung der Back-Office-Prozesse fußt auf den unternehmensinternen Aufgaben des Kundenmanagements. Entsprechende Informationsflüsse und Workflows sind zu definieren, um die Sender-Empfänger-Beziehungen im Unternehmen zu optimieren und damit die zielgerichtete Ausgestaltung der Client-Facing-Prozesse zu unterstützen.

Für die im Unternehmen bestehenden Prozesse des Kundenmanagements insgesamt ist – falls noch nicht vorhanden – eine Ist-Aufnahme durchzuführen. Darauf aufbauend ist ein Sollkonzept zu entwickeln, soweit Verbesserungs- bzw. Reorganisationsbedarf besteht. So sind auch die aktuellen Stärken und Schwächen der Prozesse festzuhalten. Zudem sind gegebenenfalls neue Prozesse zu gestalten und aufzunehmen, um die Kundenbearbeitung hinsichtlich Effizienz und Effektivität darüber hinaus zu verbessern.

Für alle Prozesse ist zudem eine Informationsbedarfsanalyse vorzunehmen, damit festgelegt werden kann, welche Informationen zur adäquaten Durchführung welcher Prozesse benötigt werden. Des Weiteren ist für jeden Prozess ein sogenannter Process Owner zu bestimmen, der für das Prozessergebnis verantwortlich ist, sowie sind Aufgabenträger – gegebenenfalls mehrere – zuzuordnen, welche die Prozessschritte abarbeiten. Zudem sind Leistungskataloge zu definieren, welche die Prozessbeschreibungen weiter spezifizieren, indem das angestrebte Prozessergebnis festgehalten wird. Werden darüber Kennzahlen aggregiert, ergibt sich die Basis für ein prozessorientiertes Controlling im Kundenmanagement. Dies kann z. B. durch die Bestimmung von Prozesskosten und detaillierter Erfassung der Prozessmengen verfeinert werden.

Die Ergebnisse der Analyse der Client-Facing- und der Back-Office-Prozesse sind in der sogenannten Process Map zu dokumentieren. Sie sollte die Beziehungen zwischen den einzelnen Prozessen und für jeden einzelnen Prozess folgende Informationen festhalten:

- Process Owner,
- Aufgabenträger für die einzelnen Prozessschritte,
- Benötigte Informationen für die adäquate Prozessdurchführung,
- Soll-Konzept, Reorganisationsbedarf, Stärken & Schwächen,
- Prozessergebnis/-ziel/-aufgabe,
- Prozessbeschreibung.

Gegebenenfalls können zusätzliche Informationen festgehalten werden hinsichtlich:

- Prozesskennzahlen,
- Plan-/Ist-Prozessmengen,
- Prozesskosten.

Zudem können auf Basis der Process Map Potenzialeinschätzungen vorgenommen werden, die erste Hinweise auf die Wirtschaftlichkeit der einzelnen Prozesse geben.

2.3 Bedarfsanalyse CRM-Instrumente

Die Erkenntnisse der Prozessanalyse liefern die Basis für die anschließend durchzuführende Bedarfsanalyse hinsichtlich des Instrumenteneinsatzes. Im Rahmen dieser wird herausgearbeitet, welche Teilfunktionalitäten eines CRM-Systems für das Unternehmen grundsätzlich zur Unterstützung der identifizierten Prozesse notwendig sind. Darauf aufbauend wird analysiert, welche Funktionalitäten eines CRM-Systems für das Unternehmen sinnvoll sind und welche bereits im Unternehmen verwendet werden. Die Aufgabe der Bedarfsanalyse besteht somit in einer zielgerichteten, bedarfsgerechten Vorauswahl der am Markt angebotenen Funktionalitäten.

Für die Bedarfsanalyse reicht es nicht aus, eine bloße Funktionsliste zusammenzuschreiben. Dies ist ein häufig gemachter Fehler, dass lediglich aus den Katalogen von CRM-Anbietern sämtliche Funktionalitäten zusammengefasst werden und nicht auf ihren Anwendungsnutzen hin überprüft werden. Das führt schnell zu einer nicht realisierbaren Anspruchsinflation an Funktionalitäten, die zudem keinen nennenswerten Mehrwert leisten. Beispielsweise ist die Einführung eines Produktkonfigurators wenig erfolgversprechend, wenn die Kunden ohnehin Standardprodukte ohne große Varianten erwarten. Somit gilt wiederum der Grundsatz „technology follows function". Zudem ist zu erheben, welche CRM-Teilfunktionalitäten, wie z. B. eine Kundendatenbank, das Unternehmen im Rahmen der Kundenbearbeitung bereits einsetzt. Dazu sind Einsatzgebiet, Verwender, unterstützte Prozesse, benötigte Informationen sowie das IT-Einsatzumfeld darzustellen.

Für die erfolgreiche Einführung von CRM ist es aus den oben genannten Gründen entscheidend, die späteren Anwender des CRM-Systems – also die kundenbearbeitenden Stellen – in die Bedarfsanalyse zu integrieren. Die späteren Nutzer bzw. Anwender sind in strukturierten Interviews oder im Rahmen eines Workshops zu befragen, welche zusätzlichen Teilfunktionalitäten sie für Effizienz- und Effektivitätsverbesserungen in der Kundenbearbeitung für sinnvoll halten. Zudem ist herauszuarbeiten, für welche bereits eingesetzten CRM-Funktionalitäten Anpassungsbedarf besteht. Um die Möglichkeiten bestimmter Teilfunktionalitäten den Anwendern zu veranschaulichen, sind vorab gegebenenfalls Einsatzszenarien zu gestalten.

Ergebnis der Bedarfsanalyse ist eine erste Übersicht, die bereits realisierte und noch nicht realisierte Teilfunktionalitäten unterscheidet. Bei den erstgenannten ist gegebenenfalls der entsprechende Anpassungsbedarf zu vermerken. Bei den zweitgenannten sind Muss-, Nice-to-Have- und irrelevante Teilfunktionalitäten zu kategorisieren, um sich einen ersten – allerdings noch groben – Überblick zu verschaffen.

Im Anschluss sind die Ergebnisse der Bedarfsanalyse im Detail zu analysieren. Dabei sind die zunächst grob in die Kategorien „Muss" und „Nice-to-Have" eingeteilten Teilfunktionalitäten hinsichtlich verschiedener Kriterien im Detail zu bewerten.

2.4 Wirtschaftliche Handhabbarkeit

Neben einer Kosten-Nutzen-Analyse für die Teilfunktionalitäten ist zu prüfen, ob jeweils die Handhabbarkeit gewährleistet ist, also z. B. genügend qualitative und quantitative Mitarbeiterressourcen zum Betrieb der Teilfunktionalität zur Verfügung stehen. So ist z. B. die Einführung versiertester statistischer Data-Mining-Funktionalitäten nur sinnvoll, wenn das Unternehmen auch über ausreichende Kapazitäten und/oder statistisches Fach-Knowhow zum Betrieb der Funktionalitäten verfügt. Zudem ist dabei zu prüfen, inwieweit bei der Realisierung einer Funktionalität auf im Unternehmen bereits vorhandene Komponenten zurückgegriffen werden kann.

Des Weiteren ist zu beurteilen, inwieweit die Einführung einer Teilfunktionalität auf Akzeptanz bei den späteren Anwendern stößt. Diese Analyse liefert auch Basisinformationen für das erforderliche Change Management im Rahmen der Einführung des CRM-Systems, das im folgenden Kapitel dargestellt wird. Bei erwarteter Ablehnung ist diese entweder zu überwinden oder die Realisierung der Funktionalität zu überdenken, da eine wenig akzeptierte Funktionalität auch keine großen Erfolge verspricht. Zur Systematisierung der Akzeptanzfrage im Vergleich zum erwarteten Nutzen und Veranschaulichung ist die Anwendung des Acceptance-Success-Portfolios hilfreich, das **Abbildung 2.2** visualisiert.

Abbildung 2.2 Acceptance-Success-Portfolio

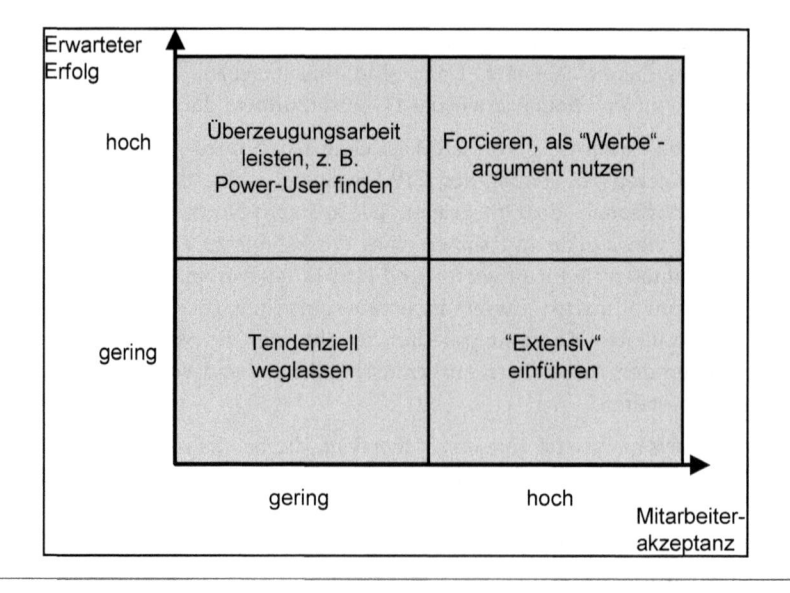

Erläuterungsbedürftig ist die Success-Achse. Auf ihr ist der rein ökonomische Nutzen bzw. Erfolg aus der Kosten-Nutzen-Analyse abgebildet, wenn man den Faktor Akzeptanz bei den Anwendern ausblenden könnte. Die Einordnung der Funktionalitäten erfolgt hinsichtlich der Akzeptanz idealtypisch auf Basis von Befragungsergebnissen der Anwender. Die konkrete Position der einzelnen Teilfunktionalitäten auf der Achse kann über Paarvergleiche eingeschätzt werden.

Im Quadranten unten links sind diejenigen Funktionalitäten abgebildet, auf die das Unternehmen tendenziell verzichten sollte. Sie stoßen bei einem relativ geringen ökonomischen Nutzen auf eine eher ablehnende Haltung der Anwender.

Die Teilfunktionalitäten im Quadranten oben links versprechen zwar einen relativ hohen Nutzen, stoßen tendenziell aber auf Ablehnung. Hier ist der Hauptansatzpunkt der im Folgenden noch vorgestellten Instrumente des Change Managements zur Überwindung der Einführungswiderstände.

Im Quadranten unten rechts weisen die Teilfunktionalitäten zwar einen relativ geringen ökonomischen Nutzen auf, allerdings ist hier die Akzeptanz seitens der Anwender hoch. Diese Teilfunktionalitäten sollten extensiv eingeführt werden. Das bedeutet, dass diese Teilfunktionalitäten zwar eingeführt, hierauf jedoch nicht der Schwerpunkt gelegt werden sollte.

Im Quadranten oben links sind diejenigen Teilfunktionalitäten abgebildet, die sowohl einen hohen ökonomischen Nutzen versprechen als auch tendenziell auf eine hohe Akzeptanz bei den Nutzern stoßen. Bei diesen Teilfunktionalitäten ist die Einführung zu forcieren. Zudem sind sie als „Werbe"-Argumente im Rahmen des Change-Management-Prozesses gut geeignet.

Auf Basis der Bewertungen hinsichtlich Kosten-Nutzen-Verhältnis und Handhabbarkeit sind abschließend die erfolgversprechendsten Funktionalitäten für die Einführung auszuwählen. Dabei sollte man sich zunächst auf einige Funktionalitäten konzentrieren, um den Erfolg nicht durch Überkomplexität oder zu großen Aufwand zu gefährden. Gegebenenfalls ist die Einführung weiterer Funktionalitäten für einen späteren Zeitpunkt zu planen. Im Anschluss ist für die ausgewählten Teilfunktionalitäten ein möglichst genaues inhaltliches Anforderungsprofil zu formulieren. Dies vereinfacht die Kommunikation mit den Anbietern und somit die Auswahl des CRM-Systems. Denn viele Einführungen von CRM-Systemen erfüllen nicht die Erwartungen, da die Anforderungen vorher nicht klar festgelegt worden sind.

2.5 Softwareauswahl und Realisierung

Unter Berücksichtigung der in detaillierten Anforderungsprofilen zu spezifizierenden Funktionalitäten ist ein adäquates CRM-System auszuwählen. Aufgrund der Vielzahl an Anbietern ist es zunächst sinnvoll, eine Vorauswahl von fünf bis acht Anbietern zu treffen, deren Eignung in einem persönlichen Termin tiefergehend zu analysieren ist. Der Einsatz von Punktbewertungsverfahren ist hier hilfreich, um den Überblick zu wahren und zu einer rationalen Entscheidung zu kommen.

Nach Auswahl einer geeigneten Software ist ein detaillierter Projektrealisierungsplan für die Implementierung aufzustellen. Die Implementierung kann von internen Ressourcen oder vom Anbieter vorgenommen werden. Es ergeben sich aus technischer und vertraglicher Sicht im Wesentlichen die gleichen Aufgaben und Anforderungen wie bei der Einführung anderer Softwaresysteme auch.

Wesentlich bedeutender für den Erfolg des CRM-Systems ist die gelungene Einführung hinsichtlich der Akzeptanz des Systems bei den Mitarbeitern, die durch ein adäquates Change Management gefördert werden kann. Das System darf nicht als Hemmnis aufgefasst werden, das lediglich zusätzlichen Verwaltungsaufwand bedeutet. Vielmehr muss das System darauf hinwirken, dass die kundenbearbeitenden Stellen um administrative Aufgaben entlastet werden, damit sie sich stärker auf ihre Kernaufgaben konzentrieren können und diese durch Hilfestellungen aus den eingeführten Funktionalitäten besser erfüllen können. Somit ist der Nutzen des Systems zu vermarkten, insbesondere dass auch für die Nutzer persönliche Erfolge zu erwarten sind, z. B. aus höheren Umsatzprovisionen.

Der Einsatz der Change-Management-Instrumente ist unternehmensindividuell auszugestalten. Einen exemplarischen Einsatzplan verdeutlicht **Abbildung 2.3**:

Abbildung 2.3 Exemplarischer Einsatzplan für Change-Management-Instrumente bei der CRM-Einführung

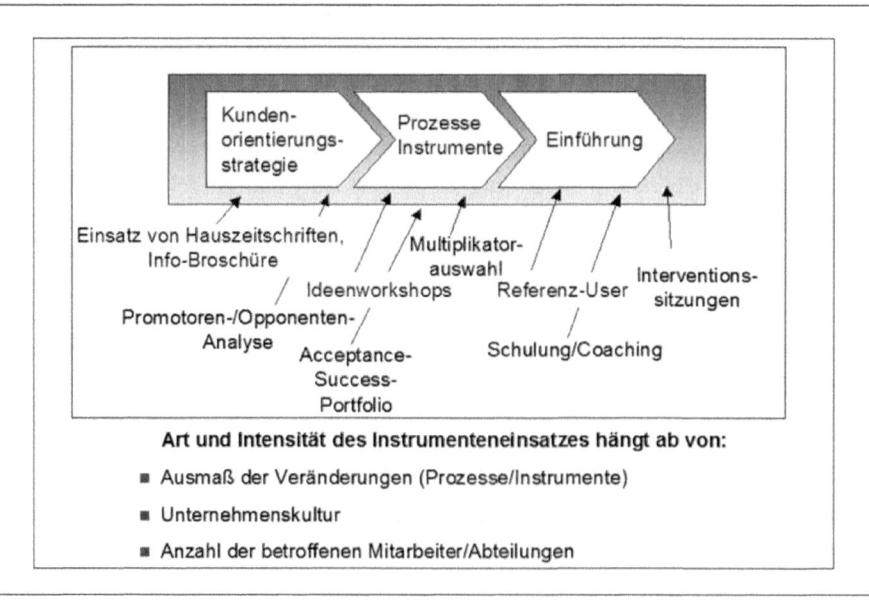

3 Zusammenfassung

Festzuhalten ist, dass in CRM-Audits umfangreiche Fragestellungen zu beantworten sind, die sich nicht auf die Auswahl eines Softwareproduktes beschränken. Die dargestellten, vorbereitenden Aufgaben dienen vielmehr der Entscheidungsunterstützung, um eine optimale, alle Rahmen- und Nebenbedingungen berücksichtigende Softwareauswahl zu ermöglichen. Dabei ist grundsätzlich darauf zu achten, dass der Grundsatz „technology follows function" gilt und nicht umgekehrt. Zudem ist herauszustellen, dass ein Neuüberdenken der Prozesse der Kundenbearbeitung in vielen Fällen Effizienz und Effektivität erhöht, da die Qualität der Kundenbearbeitung grundsätzlich verbessert wird und die Klarheit über Prozessstrukturen die Entscheidung über benötigte CRM-Instrumente erleichtert. Als wichtige Nebenbedingung ist festzuhalten, dass in diesen Prozess die späteren Anwender integriert sind, da deren Akzeptanz des Systems eine wesentliche Nebenbedingung für den späteren Einführungserfolg darstellt.

Autoren

WILHELM DANGELMAIER, Prof. Dr., Inhaber des Lehrstuhls für Wirtschaftsinformatik (Schwerpunkt CIM) am Heinz Nixdorf Institut und zudem Leiter des Fraunhofer Anwendungszentrums für logistikorientierte Betriebswirtschaft in Paderborn.

STEFAN HELMKE, Prof. Dr., Professor für Marketing, Controlling, Handelsmanagement, Prozessmanagement an der FHDW Bergisch Gladbach, Partner der Strategie- und Organisationsberatung TGCG – Management Consultants, Düsseldorf.

MATTHIAS UEBEL, Prof. Dr., Professor für Betriebswirtschaft an der FOM – Hochschule für Oekonomie und Management, Düsseldorf, Managementberater/-trainer, Partner der TGCG – Management Consultants Düsseldorf.

Change Management in der Praxis zur Einführung von CRM

Stefan Helmke, Dörte Brinker-Helmke und Matthias Uebel

1	Projektbegleitendes Change Management	209
2	Motive für Widerstände	210
	2.1 Machtopponenten	211
	2.2 Fachopponenten	212
3	Instrumente zur Prävention und zum Abbau von Widerständen	214
	3.1 Formulierung der grundsätzlichen Aussagen	214
	3.2 Auswahl der Instrumente	215
	3.3 Organisatorische Einbindung	217
4	Fazit	217
Autoren		218

1 Projektbegleitendes Change Management

Mit der Einführung von CRM-Systemen sind Veränderungen in den Prozessen und Strukturen in Vertrieb, Marketing und Kundenservice verbunden. So müssen beispielsweise zum Teil jahrelang angewandte Arbeitstechniken umgestellt und ergänzt werden. Das erzeugt oft Widerstände bei den Mitarbeitern, die im Wesentlichen aus Angst resultieren.

Diese werden für die Mitarbeiter konkret, sobald das System in den Unternehmensalltag eingeführt wird, also der Rollout des Systems startet. Allerdings muss das Change Management schon in den vorgelagerten Projektphasen ansetzen, um eine optimale Wirkung im Rahmen des Rollouts des Systems zu erzielen. Denn bereits während der Projekt- und Konzeptionierungsphasen des CRM-Systems treten häufig bereits latente Widerstände auf, deren Abbau so früh wie möglich ansetzen sollte. Ansonsten können Gerüchte aus Intransparenz zu einem flächendeckenden Widerstand führen, der den Erfolg der CRM-Einführung erheblich in Frage stellt. An dieser Stelle sei hier bereits als grundsätzlicher Leitsatz angemerkt, dass eine Integration der späteren Anwender mit Start des Projektes verfolgt werden sollte, damit potenziell auftretenden Widerständen präventiv entgegengetreten wird.

Grundsätzlich ist somit zu vermerken, dass bei aller Funktionalitätsdebatte die Akzeptanz des CRM-Systems seitens der Mitarbeiter Grundvoraussetzung für die erfolgreiche Einführung ist. Diejenigen Unternehmen, die nur ein CRM-Softwareprodukt kaufen und es installieren, werden mit großer Wahrscheinlichkeit nur Mehrkosten verursachen. Unsere Beratungserfahrungen zeigen, dass auch die Einführung eines CRM-Systems erhebliche Veränderungen im Unternehmen verursacht und letztendlich ein gezieltes Change Management erfordert.

Ohne die Akzeptanz von Veränderungen lassen sich diese oft nur mühsam implementieren und der damit verbundene Nutzen nur schlecht realisieren. So sind durch Widerstände seitens der Mitarbeiter schon ganze Projekte und damit auch hohe Summen „in den Sand" gesetzt worden. Für den Implementierungserfolg von CRM-Systemen stellt sich also die „Gretchenfrage", inwieweit es gelingt, auftretende Widerstände zu überwinden. Hierbei ist es entscheidend, an der Wurzel für Widerstände, den Motiven der einzelnen Mitarbeiter bzw. Anwender, anzusetzen. Im Folgenden werden deshalb zunächst die verschiedenen Motive für Widerstand dargestellt und anschließend verschiedene Instrumente erläutert, die präventiv zur Vermeidung von Widerständen und zum Abbau trotzdem auftretender Widerstände eingesetzt werden können. Da die erfolgreiche Durchführung von Change Management sehr viel Erfahrung erfordert, ist es für Unternehmen häufig hilfreich, hierbei auf einen externen Spezialisten zurückzugreifen. Zudem wird aufgrund von dessen neutraler Stellung vermieden, dass Widerstände zu persönlichen Konflikten werden und zur Behinderung einer konstruktiven Zusammenarbeit auch nach der CRM-Einführung führen. Dies ist eines der Hauptprobleme, wenn Change Management ausschließlich mit unternehmenseigenen Ressourcen durchgeführt wird.

2 Motive für Widerstände

Grundsätzlich ist zu beachten, dass die Ablehnung aus Widerständen seitens der betroffenen Mitarbeiter im günstigsten Fall offen zur Sprache gebracht, zumeist jedoch nur verdeckt innerhalb des Kollegenkreises artikuliert wird. Solcherlei Widerstände stellen eine große Gefahr für die erfolgreiche Einführung eines CRM-Systems dar.

Das häufigste Motiv für Widerstand gegenüber Veränderungen ist die Angst des Mitarbeiters. Angst wiederum resultiert aus Unsicherheit – sozusagen als Motor der Angst – über potenzielle negative Folgen von Neuerungen für die jeweilige persönliche Arbeitsplatzsituation. Diese Ursache-Wirkungskette verdeutlicht **Abbildung 2.1**.

Abbildung 2.1 Ursache-Wirkungskette des Aufkommens von Widerständen

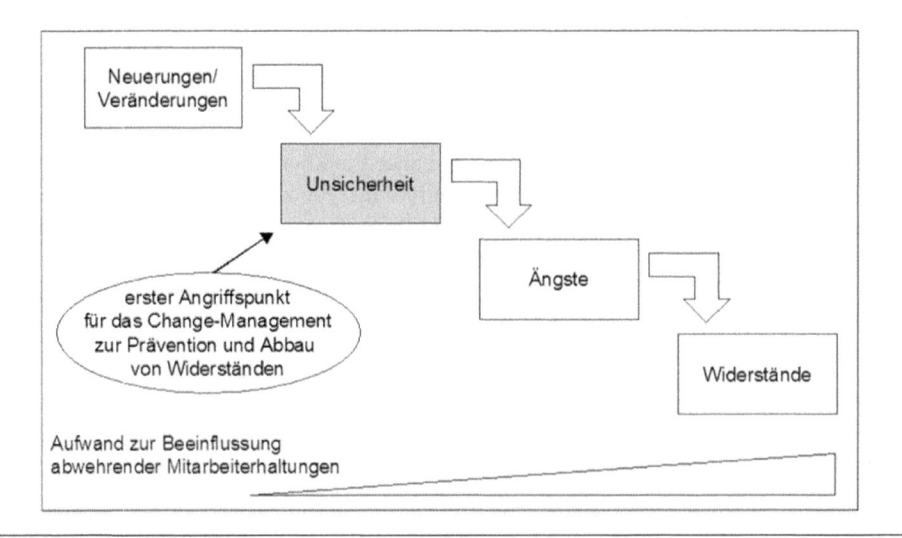

Neuerungen/Veränderungen → Unsicherheit → Ängste → Widerstände

erster Angriffspunkt für das Change-Management zur Prävention und Abbau von Widerständen

Aufwand zur Beeinflussung abwehrender Mitarbeiterhaltungen

An der Unsicherheit der Mitarbeiter ist anzusetzen, um Ängsten und somit Widerständen frühzeitig zu begegnen und den Aufwand für das Change Management im Rahmen zu halten. Daraus lässt sich als Grundsatz ableiten, dass Transparenz über die mit der CRM-Einführung verfolgten Ziele herrschen sollte. Damit wird auch das Entstehen einer unkontrollierbaren „Gerüchteküche" vermieden, die z. B. dramatische Veränderungen auch der persönlichen Situation vieler Mitarbeiter prophezeit, jedoch mit der geplanten CRM-Einführung gar nicht beabsichtigt werden.

Befürchtet wird von den Mitarbeitern, dass künftig Fach- oder auch Machtinteressen nicht mehr verwirklicht werden können. Diese beiden Interessenlagen führen zur Unterscheidung in zwei Arten von Gegnern der Veränderungen, nämlich Fach- und Machtopponenten. Für diese beiden Gruppen haben unterschiedliche Ängste eine besondere Bedeutung, die sie zum Widerstand gegenüber Veränderungen bewegen. Zu beachten ist dabei, dass einige Mitarbeiter zugleich sowohl Macht- als auch Fachopponenten sein können; die Ängste gehen dann ineinander über. Ihnen gegenüber stehen die Macht- und Fachpromotoren, die der CRM-Einführung positiv gegenüber stehen und offensiv für die Kommunikation der resultierenden Vorteile eingesetzt werden sollten. Das Spannungsfeld zwischen Opponenten und Promotoren visualisiert **Abbildung 2.2**.

Abbildung 2.2   Spannungsfeld bei CRM-Einführung

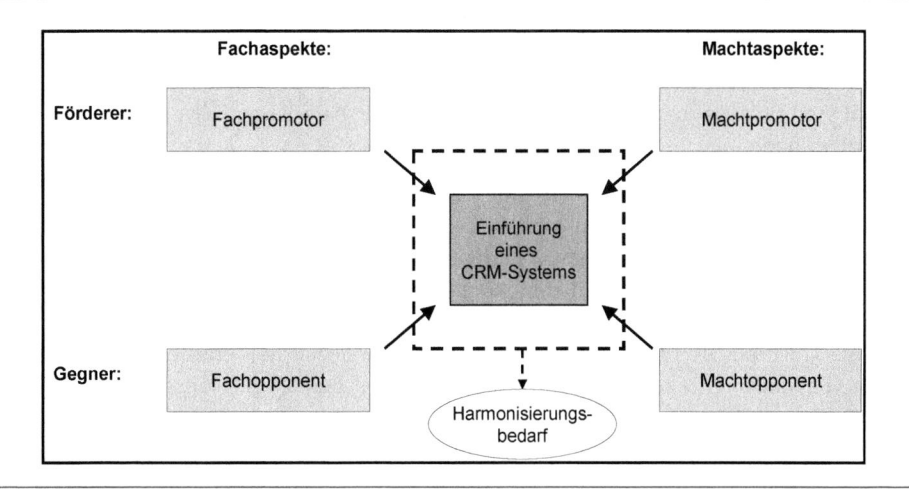

Der Einsatz der Change-Management-Instrumente zielt darauf ab, den entstehenden Harmonisierungsbedarf zu decken. Aufgabe des Change-Management-Prozesses ist es somit, nach Möglichkeit Opponenten in Promotoren zu wandeln oder sie zumindest neutral zu stimmen. Zudem ist darauf zu achten, dass im Projektverlauf Promotoren auch Promotoren bleiben.

2.1   Machtopponenten

Im Folgenden werden die Ängste der Machtopponenten und die Motive dafür dargestellt und erläutert.

Ängste vorwiegend von Machtopponenten:

- Angst vor Verlust der Einflussmöglichkeiten,
- Angst vor Verlust der Reputation,
- Angst vor eingegrenzten Budgets, z. B. verringerte Sachmittelausstattung oder weniger Personal.

Klassische Aussagen:

- „Das haben andere schon vor Jahren versucht."
- „Unser Expertenwissen ist unentbehrlich."
- „Wir haben schon verschiedenste Ideen angedacht, aber die bisherige Struktur ist die beste."

Zu dem Personenkreis, für den diese Ängste eine größere Rolle spielen, gehören tendenziell Führungskräfte des Top-, Lower- und Middle-Managements. Ihre Ängste treten insbesondere dann auf, wenn umfangreiche, bereichsübergreifende Reorganisationsmaßnahmen mit der Einführung von CRM verbunden sind, z. B. Umstellung von einer Sparten- auf eine Prozess- bzw. Kundenorganisation oder Auflösung bzw. Zusammenlegung von Abteilungen.

Hier besteht oft die Angst der Mitarbeiter, auf eine unbedeutende Position „weg belobigt zu werden" und damit an Einfluss zu verlieren oder gar entlassen zu werden. Bei Übernahme neuer Aufgabenbereiche spielt zudem die Angst mit, dass die bisherige Reputation verloren gehen könnte. Denn in neuen Aufgabengebieten mit zudem noch anderen Personal muss sich eventuell auch gegenüber Konkurrenten mit gleichem Wissensstand die bisherige Machtposition und das Ansehen bei den Kollegen neu erarbeitet werden. Diese Ängste vor Machtverlusten können natürlich auch auf Bequemlichkeitsgründen fußen, da die Einarbeitung in neue Gebiete häufig zusätzliche Anstrengungen erfordert. Zudem spielen fachliche Ängste mit ein, dass Konkurrenten sogar über einen besseren Wissensstand verfügen oder man im neuen Bereich den Anforderungen nicht gerecht wird.

Zur Abwehr derartiger Veränderungsmaßnahmen ziehen sich Mitarbeiter oft auf das unentbehrliche Expertenwissen zurück, um die eigene sichere Machtposition nicht unnötig in Gefahr zu bringen und ihre Wissensvorsprünge zu bewahren. Um darüber hinaus Budgeteinschränkungen im eigenen Bereich vorzubeugen, darf nach Aussage der Mitarbeiter das Budget nicht verringert werden, da ansonsten die Aufgaben in der bisherigen Qualität nicht mehr zu realisieren sind. Tatsächlich messen Führungskräfte ihren Einfluss am ihnen zur Verfügung stehenden Budget, das natürlich aus ihrer Sicht nicht eingeschränkt werden soll. Das Vorschicken fachlicher Motive soll also häufig nur Machtinteressen verdecken.

2.2 Fachopponenten

Im Folgenden werden die Ängste der Fachopponenten und die Motive dafür dargestellt und erläutert.

Ängste vorwiegend von Fachopponenten:

- Angst vor Überforderung, nämlich den aus Neuerungen resultierenden Anforderungen nicht gerecht zu werden.
- Angst vor Kritik an der bisherigen Arbeitsweise bzw. dem Aufdecken von Schwachstellen.

- Angst vor Verlust des Arbeitsplatzes oder anderer Sanktionen als Folge aus den oben beschriebenen Ängsten.

Klassische Aussagen:

- „Das haben wir schon immer so gemacht."
- „Das hat bisher immer gut geklappt."
- „Es ist schon alles optimiert. Was sollen wir da noch ändern?"

Diese Ängste hegen im wesentlichen Mitarbeiter der operativen Ebene und des Lower-Managements. Sie können auftreten, wenn neue Technologien und Arbeitstechniken eingeführt bzw. umgestellt werden oder zusätzliche Aufgabenbereiche übernommen werden sollen.

Hinter den dargestellten Aussagen steckt nicht nur Ignoranz, sondern oft auch die Angst, z. B. neuen veränderten Arbeitsbedingungen fachlich oder kapazitativ nicht mehr gerecht werden zu können. So steigen aufgrund der immer weiter fortschreitenden Technisierung der Arbeitsplätze oder auch die sich aus der Globalisierung und Dynamik der Märkte ergebenden Anforderungen an Mitarbeiter ständig. Das Erfordernis ständiger Weiterbildung – sozusagen lebenslanges Lernen, ohne sich auf bisherigen Lorbeeren auszuruhen – ist insbesondere für ältere Mitarbeiter oft eine Herausforderung, die große Angst verursacht.

Mitarbeiter verstehen zudem zum Teil den Anstoß von Neuerungen als Kritik an ihrer Arbeit, so wie sie sie bisher erledigt haben. Insbesondere bei Vorschlägen seitens der Mitarbeiter darf der Vorwurf „Warum haben Sie das nicht schon immer so gemacht und kommen erst jetzt?" von Vorgesetzten nicht erhoben werden, da ansonsten sämtliche Innovationskraft der Mitarbeiter im Keim erstickt wird. Des Weiteren besteht oft die Angst, dass durch z. B. in Veränderungsprogrammen getätigte Prozessanalysen Schwachstellen aufgedeckt werden. Die Angst vor Überforderung oder Kritik mündet in der Angst vor Sanktionen und im Extremfall vor dem Verlust des Arbeitsplatzes.

Ein weiterer Grund für ablehnende Haltungen seitens der Betroffenen ist oft auch schlicht und einfach Bequemlichkeit. Widerstände können also grundsätzlich neben der Können-Komponente auch auf der Wollen-Komponente der Mitarbeiter beruhen. So bedeutet die Anpassung an einen veränderten Arbeitsplatz zunächst einmal eine gewisse Einarbeitung, welche oft mühsam ist. Dabei entsteht dann auch zusätzlich oft die Meinung, dass die alte Arbeitsweise schneller war. Zudem kann es sein, dass den Mitarbeitern – eventuell auch hervorgerufen durch eine gewisse Betriebsblindheit – die Vorstellungskraft fehlt, dass durch Veränderungen Verbesserungen bewirkt werden können.

3 Instrumente zur Prävention und zum Abbau von Widerständen

Zur Prävention von Widerständen bzw. zum Abbau dieser ist eine „Vermarktungsstrategie" des Change-Management-Programms zu entwickeln. Dazu sind zunächst Fach- und Machtopponenten und die entsprechenden Motive des Widerstands dieser Mitarbeiter zu identifizieren.

Genauso sollten Befürworter der Veränderungen, also Fach- und Machtpromotoren, erkannt werden, um sich ein Gesamtbild über den Bedarf an „Widerstandsüberwindung" zu verschaffen. Als Instrument eignen sich hierzu Einzel- und Gruppeninterviews. Idealtypisch werden danach die Widerstandsmotive abgebaut und dadurch aus Opponenten Promotoren gemacht. Dieses wird nicht vollständig, sondern in der Regel nur zum Teil gelingen. Wichtig ist jedenfalls dabei die Aufklärung und die Einbeziehung der betroffenen Mitarbeiter.

Deshalb sind zunächst die Aussagen zu formulieren, welche über die zweitens festzulegenden Kommunikationsinstrumente weiterzugeben sind.

3.1 Formulierung der grundsätzlichen Aussagen

Die Ziele und die Notwendigkeit der beabsichtigten Veränderungen sind den Mitarbeitern transparent zu machen, um u. a. auch Betriebsblindheit zu überwinden. Durch Transparenz kann ein Großteil der Unsicherheit, der daraus resultierenden Ängste und somit auch der Widerstände seitens der Mitarbeiter ausgeräumt werden. Denn häufig sind viele Befürchtungen der Mitarbeiter völlig unbegründet und entstehen lediglich aus Intransparenz. Auch wenn Personaleinsparungen geplant sind, sollte man diese nicht verheimlichen, da ansonsten die Vertrauensbasis gegenüber den Mitarbeitern nachhaltig gestört werden kann.

Zudem ist eindeutig darzustellen, dass Veränderungen keine Kritik an der bisherigen Arbeitsweise der Mitarbeiter darstellen und deshalb daraus keine Sanktionen zu befürchten sind. Um der Angst vor künftigen fachlichen Überforderungen zu begegnen, sollten entsprechende Schulungsmaßnahmen in Aussicht gestellt werden. Der Angst vor kapazitativer Überforderung kann entgegengetreten werden, indem klar dargestellt wird, dass bewusst Zeiträume zur Einarbeitung gewährt oder vorübergehend Überhangkapazitäten geschaffen werden. Des Weiteren ist es wichtig, die Vorteile der Veränderungsmaßnahmen offensiv herauszustellen, z. B. Verbesserung der künftigen Ertragslage und damit auch Sicherung der Arbeitsplätze oder Erhöhung der Einkünfte der Mitarbeiter. Das ist entscheidend, um nicht nur das Widerstandsmotiv der Angst aus Überforderung, sondern auch der Bequemlichkeit überwinden zu können.

3.2 Auswahl der Instrumente

Nach Festlegung der zu treffenden Aussagen sind diese an die betroffenen Mitarbeiter zu transportieren. Dazu stehen verschiedene Kommunikationsinstrumente zur Verfügung:

- Benennung eines Multiplikators bzw. mehrerer Multiplikatoren,
- Gespräche und Workshops zur Anwenderintegration und Information,
- abteilungsübergreifende (Groß-)Informationsveranstaltungen,
- Aufarbeitung in Broschüren/Hauszeitschriften,
- „Kummerkasten" für Fragen und Probleme,
- Diskussionsrunden mit den betroffenen Mitarbeitern.

Die beiden erstgenannten Instrumente sowie Instrument 6 stellen die Kerninstrumente zur Widerstandsüberwindung dar. Die Instrumente 3 bis 5 runden die Kommunikation ab.

Die Hauptaufgabe des Multiplikators besteht darin, Bindeglied zwischen Management und Betroffenen zu sein. So soll durch ihn der hierarchiefreie Kommunikationsfluss gewährleistet und beschleunigt werden. Er soll auf der einen Seite den betroffenen Mitarbeitern die Ziele des Projektes näherbringen, sie von der Sinnhaftigkeit überzeugen und ihre oben beschriebenen Befürchtungen ausräumen, andererseits aber berechtigte Sorgen und Einwände an die Verantwortlichen weiterleiten. Als Multiplikatoren sind Personen auszuwählen, die sowohl in fachlicher als auch in sozialer Hinsicht von den Mitarbeitern akzeptiert werden.

Ihr Erfolg hängt wesentlich von ihrem fachlichen Know-how und ihrer Sozialkompetenz ab. So wird ein zwar fachlich sehr kompetenter, aber eher inkommunikativer, introvertierter und wenig einfühlsamer Mitarbeiter kaum Zugang zu den betroffenen Personen finden, um diese von der Sinnhaftigkeit des Unterfangens überzeugen zu können. Umgekehrt wird ein mit hinreichender sozialer Kompetenz ausgestatteter Mitarbeiter ohne Know-how ebenso wenig Wirkung erzielen. Dazu sollten die Multiplikatoren möglichst neutral sein, also von den anstehenden Veränderungen nach Möglichkeit nur kaum betroffen sein. Allerdings sollte ein Multiplikator von dem Erfolg der Neuerungen überzeugt sein. So sollte er auch zur Überwindung der Widerstände sehr überzeugend wirken, und er kann dies nur dann, wenn er persönlich fest an den Erfolg der Änderung glaubt. Aufgesetzte Meinungen werden sehr schnell erkannt und verschärfen nur die Widerstände.

Die Multiplikatoren sollten also sowohl beim Management als auch bei untergeordneten Mitarbeitern Vertrauen genießen. Besteht dieses Vertäuen nur einseitig, besteht die Gefahr, dass Widerstände auf der einen Seite ab-, und auf der anderen Seite aufgebaut werden. Eine solche Entwicklung könnte sogar zu einer Verhärtung der „Fronten" führen.

Der Kontakt zu den Betroffenen kann auf unterschiedliche Weise hergestellt werden. Die Multiplikatoren sollten möglichst kurzfristig nach Bekanntwerden des Änderungsvorhabens direkt auf betroffene Mitarbeiter zugehen. Dabei ist der zwanglose Kontakt direkt am Arbeitsplatz des Betroffenen oft der einfachste Weg. Ebenso eignen sich Veranstaltungen in „kleineren Kreisen", um die Widerstände der betroffenen Mitarbeiter zu überwinden. Denn in diesem relativ intimen Kreis sind die betroffenen Mitarbeiter tendenziell eher bereit,

Fragen zu stellen, die durch den Multiplikator geklärt werden können. Dadurch kann in der Regel ein Großteil der Befürchtungen ausgeräumt werden.

Zudem können Workshops bzw. Diskussionsrunden installiert werden, deren Teilnehmerzahl aus Effizienzgründen acht bis zehn Teilnehmer nicht übersteigen sollte. Um verschiedenste Aspekte einzufangen, sollte sich der Teilnehmerkreis jeweils abteilungsübergreifend zusammensetzen. Durch diese Einbeziehung der Mitarbeiter steigt in der Regel die Akzeptanz. Daneben können sich aus der Diskussion ergebende Vorschläge berücksichtigt werden. Damit werden zwei verschiedene Zwecke verfolgt. Zum einen zielen diese auf die Anwenderintegration ab, um die Bedürfnisse und Anregungen der Anwender hinsichtlich der Gestaltung des CRM-Systems aufzunehmen. Dies wurde bereits im Detail im vorherigen Artikel dieses Buches dargestellt. Zum anderen dienen sie dazu, den Mitarbeitern Transparenz zu verschaffen und damit etwaige Unsicherheit auszuräumen.

Die Verbreitung des CRM-Systems im Unternehmen sollte zudem anfänglich über Pilotanwender erfolgen, die aufgeschlossen gegenüber der Einführung des CRM-Systems eingestellt sind. Das führt nicht nur dazu, verbleibende Fehler und Verbesserungspotenziale vor der flächendeckenden Einführung aufzuspüren, sondern auch zu zusätzlichen positiven Multiplikatoreffekten durch die Pilotanwender.

Abteilungsübergreifende Großinformationsveranstaltungen sind zum Ausräumen der Widerstände eher problematisch, da sich die individuellen Ängste der Mitarbeiter nur kaum thematisieren lassen. Denn bei großen Veranstaltungen ist die Hemmschwelle, was das Stellen von Fragen und die Äußerung von Kritik angeht, zumeist sehr groß. Oft werden auch nach Aufforderung keine Fragen gestellt. Die Veranstaltung wird beendet, und dann erst wird in kleineren Gruppen heftig diskutiert. Großveranstaltungen eignen sich mehr, um grundsätzliche Transparenz über anstehende Veränderungen zu geben und das Konzept vorzustellen. Sie dienen deshalb insbesondere als Kick-off-Veranstaltungen, also um den Startschuss für die anstehenden Veränderungen zu geben. Die eher allgemeinen Informationen können dann im weiteren Verlauf über Broschüren oder gegebenenfalls Hauszeitschriften weitergegeben werden. Das Aufstellen von sogenannten anonymen „Kummerkästen" dient des Aufgreifens noch nicht erfasster Ängste, um diesen dann aktiv begegnen zu können.

Die bisher beschriebenen Maßnahmen dienen zwar auch der Überzeugung von Machtopponenten, aber insbesondere zur Überwindung der Widerstände der Fachopponenten. Zusätzliche Maßnahmen sind zur Überzeugung der Machtopponenten zu treffen. Hier eignen sich Einzelgespräche oder die Gestaltung von Anreizsystemen, die bei den Machtopponenten das Interesse an den Veränderungen wecken. Wird z. B. von einer Spartenauf eine Kundenorganisation umgestellt, um den Bedürfnissen der Großkunden besser gerecht zu werden, könnte künftig nicht mehr der Gesamtumsatz, sondern der mit Großkunden getätigte bonusrelevant sein. Um grundsätzlich die Widerstände von Machtopponenten – also Führungskräften – gering zu halten, sollte bereits bei der Personalauswahl auf entsprechende Flexibilität und Veränderungsbereitschaft geachtet werden.

3.3 Organisatorische Einbindung

Die getroffenen Aussagen gelten sowohl für Top-Down als auch für Bottom-Up initiiertes Change Management. Bei Top-Down-Programmen ist das Ziel der Widerstandsüberwindung in erster Linie Akzeptanz. Bei Bottom-Up-Programmen muss neben den gleichen Widerständen – zum Teil in nicht ganz so massiver Form – zusätzlich bei den Mitarbeitern sozusagen Antriebsenergie generiert werden.

Dazu eignen sich ergänzend in Aussicht gestellte Belohnungen für Verbesserungsvorschläge. Zudem muss über Vorschläge ohne Verzögerung entschieden werden, damit einmal erzeugter Antrieb nicht wieder verpufft. Des Weiteren ist festzuhalten, dass der Grad der Widerstände bei Top-Down- und Bottom-Up-Veränderungsprogrammen vom im Unternehmen praktizierten Führungsstil abhängt. Bei ansonsten kooperativem Führungsstil und flachen Hierarchien eignen sich besonders Bottom-Up-Programme. In autoritär-hierarchisch geführten Unternehmen versprechen Top-Down-Programme Erfolg, da es schwierig ist, die nötige Antriebsenergie bei den Mitarbeitern zu erzeugen; denn die Mitarbeiter sind es in der Regel nicht gewöhnt, selber Vorschläge hervorzubringen. Anzumerken bleibt, dass sowohl bei Top-Down- als auch bei Bottom-Up-Programmen aus einem gewissen Maß an Restangst eine für das gesamte Unternehmen förderliche Aufbruchsstimmung initiiert wird, da sich Mitarbeiter neu behaupten müssen und nicht mehr im „eigenen Saft schmoren".

Insgesamt gilt, je besser Widerstände überwunden werden, desto größer erweist sich in der Regel der mit der CRM-Einführung verbundene Erfolg. Dazu sind die potenziellen Gegner und deren Widerstände, die im Wesentlichen aus dem Motiv der Angst resultieren, zu erfassen und aktiv zu begegnen. Hier ist Transparenz eine notwendige Voraussetzung, um eine hohe Effektivität der eingesetzten Instrumente zu erreichen. Nur wenn die Widerstände im notwendigen Maß abgebaut werden und die Mitarbeiter die Veränderungsmaßnahmen akzeptieren, können die beabsichtigten Erfolge realisiert werden.

4 Fazit

Je besser Widerstände überwunden werden, desto größer ist der Erfolg bei der Einführung von CRM-Systemen. Dazu sind die potenziellen Gegner und deren Widerstände, die im Wesentlichen aus dem Motiv der Angst resultieren, zu erfassen und es ist ihnen aktiv zu begegnen. Hier sind Integration und Transparenz notwendige Voraussetzungen. Nur wenn die Widerstände im notwendigen Maß abgebaut werden und die Mitarbeiter die Veränderungsmaßnahmen akzeptieren, können die beabsichtigten Erfolge realisiert werden.

Autoren

DÖRTE BRINKER-HELMKE, Dipl.-Kffr., Projektmanagerin im Informationsmanagement einer deutschen Großbank.

STEFAN HELMKE, Prof. Dr., Professor für Marketing, Controlling, Handelsmanagement, Prozessmanagement an der FHDW Bergisch Gladbach, Partner der Strategie- und Organisationsberatung TGCG – Management Consultants, Düsseldorf.

MATTHIAS UEBEL, Prof. Dr., Professor für Betriebswirtschaft an der FOM – Hochschule für Oekonomie und Management, Düsseldorf, Managementberater/-trainer, Partner der TGCG – Management Consultants Düsseldorf.

Electronic Commerce - ein Merkmal zur kundenorientierten Gestaltung unternehmensweiter Informationssysteme

Jan Helmke

1	Einleitung	221
2	Begriff des Electronic Commerce	221
3	Kundenorientierte Gestaltung des unternehmensweiten Informationssystems	222
4	Betrachtung der Information als Produktionsfaktor	224
5	Strategische Erfolgspotenziale	225
6	Migration zum kundenorientierten Informationssystem	226
7	Zusammenfassung	227
	Literatur	227
	Autor	228

1 Einleitung

Die Gestaltung der betrieblichen Informationsverarbeitung unterliegt einem ständigen Wandel. Wirtschaftliche Erfordernisse, wie z. B. die Globalisierung der Wettbewerbssituation oder die Veränderung des Kundenverhaltens, verlangen eine Anpassung der Informationssysteme.

Die Gründe für die Veränderung der wirtschaftlichen Rahmenbedingungen sind sowohl im gesellschaftspolitischen als auch im technischen Bereich zu finden. In diesem Artikel soll der technische Bereich näher betrachtet werden.

Die revolutionierende Technologie ist in diesem Zusammenhang das Internet. Das Internet kann als ein ähnlicher Träger des wirtschaftlichen Wandels wie die Dampfmaschine in der Vergangenheit betrachtet werden. Das Internet bildet die technologische Plattform für Electronic Commerce. Electronic Commerce zeichnet sich als eine der bedeutenden Anwendungen der Zukunft ab, da es zu einer Veränderung der Wettbewerbssituation vieler Unternehmen führt. Electronic Commerce muss deshalb als ein wesentliches Gestaltungsmerkmal des unternehmensweiten Informationssystems betrachtet werden.

2 Begriff des Electronic Commerce

Der Begriff des Electronic Commerce hat die Grenzen der Fachsprache überschritten und tendiert dazu, ein Bestandteil der Allgemeinsprache zu werden.

Electronic Commerce wird dabei in der Öffentlichkeit häufig gleichgesetzt mit Online-Shopping, also dem Verkauf von Waren und Dienstleistungen über das Internet. Der Begriff des Electronic Commerce ist aber wesentlich breiter angelegt. Eine von Köhler/Best verwendete Definition lautet: „Electronic Commerce ermöglicht die umfassende, digitale Abwicklung der Geschäftsprozesse zwischen Unternehmen und deren Kunden über öffentliche und private Netze" (vgl. Köhler/Best 1998). Dabei steht die Kundenorientierung im Vordergrund. Der Kunde soll aus der Integration von Wertschöpfungsketten mit Hilfe der Informations- und Kommunikationstechnologie profitieren. Durch Electronic Commerce wird eine Reduzierung der Geschäftsprozesskosten angestrebt. Es sollen Transaktionskosten gesenkt werden, also die Kosten für die Abwicklung des Austausches von Gütern und Forderungen am Markt. Als Beispiele können hier die Reduzierung von Vertriebs- (z. B. durch elektronische Kataloge) und Lagerkosten (z. B. durch Just-in-Time-Produktion) sowie die Einschränkung von Kosten der Zahlungsabwicklung (z. B. durch automatisierte Buchungsprozesse) herangezogen werden. Außerdem ist durch die Integration der Wertschöpfungsketten eine Verkürzung von Lieferzeiten möglich.

Folgende Ausprägungen des Electronic Commerce werden genannt:

- Webpräsenz zu Informations- und Kommunikationszwecken
- Online-Verkauf (Webpräsenz mit Business-to-Customer-Transaktionsmöglichkeit)

- Business-to-Business-Online-Integration (elektronischer Datenaustausch mit Partnern der Wertschöpfungskette)
- Electronic-Business-Modell (Webpräsenz mit Business-to-Consumer-Angebot und
- Datenaustausch im Business-to-Business-Bereich)

Erst innerhalb des Electronic-Business-Modells liegt eine vollständige Umsetzung von Electronic Commerce vor. Diese vollständige Umsetzung wird in den nachfolgenden Ausführungen als Annahme vorausgesetzt.

Es ist dabei die Frage zu stellen, welche Veränderungen sich durch Electronic Commerce für die Gestaltung des unternehmensweiten Informationssystems ergeben, um eine höhere Kundenorientierung zu erreichen.

3 Kundenorientierte Gestaltung des unternehmensweiten Informationssystems

Den Ausgangspunkt für die Gestaltung des unternehmensweiten Informationssystems (Helmke 1998) bilden die zu erfüllenden Aufgaben, die in der Informationsfunktion zusammengefasst sind. Die Informationsfunktion soll angelehnt an die Definition von Heinrich alle Aufgaben einer Betriebswirtschaft umfassen, die sich mit Information und Kommunikation als Produktionsfaktor beschäftigen (Heinrich 1992, S. 17). Die Information wird heute als ein weiterer Produktionsfaktor neben den für das Unternehmen klassischen Faktoren Arbeit und Kapital betrachtet. Die Informationsfunktion stellt somit für den Bereich der Information das Pendant zur Produktionsfunktion dar. Die Bedeutung der Information als Produktionsfaktor lässt die Information zum Gegenstand der strategischen Unternehmensziele werden. Die Aufgaben der Informationsfunktion werden somit bestimmt von den strategischen Unternehmenszielen, deren Oberziel die Sicherung bzw. Verbesserung der Wettbewerbssituation zum Erhalt des Unternehmens ist. Dabei steht die Kundenorientierung im Vordergrund. Die Güte der Kundenorientierung ist nicht nur abhängig von der direkten Schnittstelle des Informationssystems zum Kunden, sondern wird auch durch die vom Informations- und Kommunikationssystem des Unternehmens hergestellten Verbindungen zwischen den einzelnen Unternehmensbereichen und der Schnittstelle zu den Lieferanten beeinflusst. Die Befriedigung der Kundenbedürfnisse kann von einem Unternehmen dabei nur dann geleistet werden, wenn es in der Lage ist, seine eigenen Informationsbedürfnisse mit Hilfe seines Informationssystems zu erfüllen. Nicht eine operative Einzelprojektorientierung, sondern eine auf das Unternehmen bezogene gesamtheitliche Betrachtungsweise der betrieblichen Abläufe ist dabei für die Erfüllung der strategischen Unternehmensziele im Hinblick auf die Kundenorientierung notwendig.

Die Strategie mit den daraus abgeleiteten, in der Informationsfunktion zusammengefassten Aufgaben bestimmt die organisatorische Gestaltung des Unternehmens. Die in der Vergangenheit vorherrschende verrichtungsorientierte, also an den betrieblichen Funktionen ausgerichtete Organisation, wird in den Unternehmen zunehmend verdrängt durch organisatorische Konzepte, die die Prozessorientierung als wesentliches Merkmal enthalten. Die verrichtungsorientierte Organisation ist verbunden mit einer hohen Arbeitsteilung sowie einer weitreichenden Spezialisierung. Solange die Flexibilität zur Befriedigung differenzierter Kundenbedürfnisse eine untergeordnete Rolle spielte, war diese Organisationsform aufgrund der „economies of scale" mit einer hohen Effizienz verbunden. Werden jedoch höhere Anforderungen an die Flexibilität durch differenziertere Kundenbedürfnisse gestellt, ist wegen der zentralistisch hierarchischen Struktur ein hoher Koordinierungsaufwand zur Durchführung der notwendigen Abstimmungsprozesse zwischen den Abteilungen erforderlich. Die Erfüllung von Aufgaben verlängert sich durch Übertragungs-, Warte- und „geistige Rüstzeiten". Dies geht zu Lasten der Erfüllung der Kundenbedürfnisse und führt zu höheren Kosten. In dem heute durch schärferen Wettbewerb in dynamischen Märkten gekennzeichneten Unternehmensumfeld können diese Folgen der Arbeitsteilung und Spezialisierung dann existenzgefährdende Wirkung für das Unternehmen haben. Die Prozessorientierung sieht dagegen eine ganzheitliche Abwicklung der Geschäftsvorgänge vor. Moderne Informations- und Kommunikationstechnologie ermöglicht die Zusammenführung den einzelnen Arbeitsschritt zu sogenannten Vorgangsketten, so dass die Verantwortung wieder an den Ort der Wertschöpfung zurückkehrt und somit dezentralisiert wird. Der direkte Kundenkontakt rückt damit wieder in den Mittelpunkt des Geschehens. Das Gestaltungsmerkmal Electronic Commerce erfordert ein derartiges organisatorisches Umfeld, um einerseits zu einer Integration der Wertschöpfungsketten zu gelangen und um andererseits die erforderliche Flexibilität gegenüber dem Kunden zu realisieren.

Die organisatorischen Gestaltungsmerkmale definieren zur Umsetzung der Strategie anhand der Aufgaben der Informationsfunktion die Zusammensetzung der technologischen Gestaltungsmerkmale. Dabei entstehen Formen, die sich aus Hardware-, Kommunikations-, Daten- und Anwendungsstrukturen zusammensetzen (Helmke 1998, S. 29). Es kann allerdings auch eine von der Technologie ausgehende Beeinflussung auf die Organisation existieren. So ermöglichen technologische Innovationen die Umsetzung organisatorischer Konzepte (Coy 1989, S. 260). Häufig ist mit dem Einsatz von Informationstechnologie eine Verringerung von Koordinationskosten verbunden (Gurbaxani, Whang 1991, S. 69ff), so dass z. B. weltweite Teamarbeit, die ja auch bei der Einführung von Electronic Commerce aufgrund der damit zu erzielenden globalen Effekte eine wesentliche Rolle spielt, erst durch den Einsatz von Groupware wirtschaftlich betrieben werden kann (Malone, Crowston 1994, S. 102f). Aufgrund der wechselseitigen Abhängigkeiten zwischen organisatorischen und technologischen Gestaltungsmerkmalen wird die Informations- und Kommunikationstechnologie auch als Organisationstechnologie bezeichnet (Kornwachs 1991, S. 16 f.).

Nachdem in diesem Kapitel die kundenorientierte Gestaltung des unternehmensweiten Informationssystems im Vordergrund stand, soll im folgenden Kapitel die Information als Produktionsfaktor betrachtet werden.

4 Betrachtung der Information als Produktionsfaktor

Die klassischen Produktionsfaktoren der Volkswirtschaftslehre sind Arbeit, Boden und Kapital. Daraus haben sich nach Gutenberg für die differenzierteren betriebswirtschaftlichen Fragestellungen zum einen die elementaren Faktoren (objektbezogene Arbeitsleistung, Betriebsmittel, Werkstoffe) und zum anderen der dispositive Faktor (Arbeit als Leitungshandeln) abgeleitet.

Zu diesem System der Produktionsfaktoren ist heute die Information als eigenständiger Faktor zu ergänzen (Davidow, Malone 1993, S. 65 ff.; Hars, Scheer 1994, S. 8 ff.; Seibt 1990, S. 15; Wittmann 1982, S. 130). Diese Sichtweise ergibt sich aus der Wertschöpfungsfunktion der Information (Krallmann 1990, S. 491) im betrieblichen Leistungserstellungsprozess. Die Informationsverarbeitung hat sich von der rationellen Verarbeitung von Massendaten in der Vergangenheit zum strategischen Erfolgsfaktor entwickelt (Welle 1992, S. 57). Dabei ist die Information von einem unterstützenden Faktor zum Produktionsfaktor aufgestiegen. Das Erzielen von Wettbewerbsvorteilen wird mit Hilfe der Ressource „Information" angestrebt (Picot, Maier 1993, S. 35 f.). Die Handhabung des Produktionsfaktors „Information" durch das unternehmensweite Informationssystem kann entscheidenden Einfluss auf die Kundenorientierung des Unternehmens ausüben. Die Qualität der Information ist im Rahmen des Electronic Commerce von maßgebender Bedeutung für die Befriedigung der Kundenbedürfnisse.

Die Erfüllung der strategischen Unternehmensziele und damit auch eine möglichst weitgehende Kundenorientierung sind entscheidend von der Kombination der Produktionsfaktoren abhängig. Der Schwierigkeitsgrad, die optimale Faktorkombination zu finden, hat sich um den zusätzlichen Produktionsfaktor Information erhöht. Dabei hängt die Wettbewerbsfähigkeit des Unternehmens zunehmend in einem durch die Globalisierung ständig an Dynamik gewinnenden Marktgeschehen von der Kundenorientierung und damit von der Qualität der vom unternehmensweiten Informationssystem bereitgestellten Informationen ab.

Die Entwicklung der Information zum Produktionsfaktor ist im Zusammenhang mit dem schnellen Fortschritt im Bereich der Informationstechnologie zu betrachten, wobei die Technologie die Voraussetzungen dazu geschaffen hat, Informationssysteme als strategische Waffe im Wettbewerb einzusetzen (Zahn 1990, S. 501). Eine solche strategische Waffe im Wettbewerb kann Electronic Commerce für ein Unternehmen darstellen.

Die Steuerung des Produktionsfaktors „Information" ist Aufgabe des Informationsmanagements. Durch die Ausrichtung des Informationsmanagements auf die strategischen Unternehmensziele können Erfolgspotenziale gefunden werden (Fickenscher, Hanke, Kollmann 1990, S. XI). Diese strategischen Erfolgspotenziale sind Gegenstand des nächsten Abschnitts.

5 Strategische Erfolgspotenziale

Die Qualität des Informationsmanagements ist ausschlaggebend dafür, welche Erfolgspotenziale aus dem unternehmensweiten Informationssystem abgeleitet werden können. So kann die Erfüllung von Zielen wie Marktbeherrschung durch kundenorientierte Differenzierung vom Mitbewerber oder Kostenführerschaft durch Produktivitätssteigerung von unternehmensweiten Informationssystemen unterstützt werden (Laidig 1991, S. 85-122; Hussain, Hussain 1992, S. 307 f.). Während die Kostenführerschaft das Eröffnen von Rationalisierungspotenzialen dem Informationssystem abverlangt, wird bei der kundenorientierten Differenzierungsstrategie das Informationssystem mehr als strategische Waffe zur Gewinnung neuer Marktpotenziale betrachtet (Nagel 1991, S. 1002 f.). Während früher die Unternehmen in der Regel eine dieser Strategien für ihre Produkte und Dienstleistungen verfolgten, müssen sie heute aufgrund der verschärften Wettbewerbsbedingungen beide Strategien miteinander verknüpfen, um weiterhin am Markt bestehen zu können (Boynton 1993, S. 59). Dies trifft insbesondere auf die Einführung von Electronic Commerce im Unternehmen zu. Eine kundenorientierte Differenzierung lässt sich nur dann erfolgreich realisieren, wenn die Produkte bzw. die Dienstleistungen kostengünstig sind.

Von besonderer Bedeutung für die Erfüllung strategischer Unternehmensziele ist die zeitliche Komponente. Time-to-Market-Orientierung stellt ein wesentliches Erfolgspotenzial für Unternehmen dar. Auf Veränderungen im geschäftlichen Umfeld muss schnell reagiert werden können. Flexibilität im Hinblick auf immer differenziertere Kundenbedürfnisse ist erforderlich. Notfalls sind kurzfristige Strategieanpassungen vorzunehmen (Adler 1991, S. 52), um die Wettbewerbsfähigkeit nicht zu gefährden. Electronic Commerce darf deshalb nicht starr gestaltet werden, sondern es muss sich dem ständigen Wandel der Kundenbedürfnisse anpassen können.

Der Aufbau kundenorientierter Informationssysteme erfolgt mit Hilfe der Informationstechnologie. Die Informationstechnologie wird als Basisinnovation eines neuen Kondratieff-Zyklusses bewertet (Nefiodow 1990, S. 47 ff.). In diesem Sinne wird die Informationstechnologie häufig als strategische Waffe bezeichnet, bei der technologische Innovationen, wie z. B. das Internet, die Realisierung von Erfolgspotenzialen ermöglichen (Bullinger 1991, S. 330). Die zunehmende Dynamisierung der Märkte erfordert eine erhöhte Anpassungsfähigkeit der Unternehmen, die durch den Einsatz innovativer Informationstechnologien erreicht werden kann (Hermanns, Flegel 1993 S. 6). Informationstechnologie kann allerdings nur dann strategische Waffe sein, wenn effektive organisatorische Strukturen, die sich an den strategischen Unternehmenszielen orientieren, vorhanden sind. Ist dies nicht der Fall, erbringt auch der Einsatz innovativer Technologien keine Erfolgspotenziale für das Unternehmen mit sich (Adler 1992, S. 18 ff.).

Die Erfolgspotenziale von Electronic Commerce werden also, wie bereits erwähnt, nur dann freigesetzt, wenn sowohl die technologische als auch die organisatorischen Aspekte im unternehmensweiten Informationssystem berücksichtigt werden. Unternehmensweite Informationssysteme können nämlich nur dann eine strategische Waffe des Unternehmens im Wettbewerb darstellen, wenn die unternehmensweite Durchdringung des gesamten

Leistungserstellungsprozesses im Vordergrund steht (Fröschle, Schäfer, S. 1030). Nur so ist die Kundenorientierung durch das unternehmensweite Informationssystem zu gewährleisten (Takagi, Kosaka 1992, S. 482 f.).

6 Migration zum kundenorientierten Informationssystem

Das kundenorientierte Informationssystem muss sich im Zeitablauf geänderten Umfeldbedingungen anpassen, so dass eine Migration erforderlich wird. Der die Migration auslösende Einfluss wird bestimmt durch eine Anpassung der Unternehmensstrategie an die geänderten Umfeldbedingungen. Dabei erfolgt über die Anpassung der organisatorischen Gestaltungsmerkmale mit Hilfe eines Migrationskonzeptes eine Veränderung der sich aus den technologischen Hardware-, Kommunikations-, Daten- und Anwendungsstrukturen zusammensetzenden Form des unternehmensweiten Informationssystems. Die Umfeldbedingungen werden in unserer Betrachtung durch den Einsatz von Electronic Commerce beeinflusst. Electronic Commerce als ein Merkmal zur Gestaltung des unternehmensweiten Informationssystems führt zu einer Veränderung der Wettbewerbsbedingungen.

Die eben beschriebene Dynamisierung des Wettbewerbs führt zu veränderten Anforderungen an das unternehmensweite Informationssystem. Eine der wesentlichen Anforderungen liegt hierbei in einer Verbesserung der Kundenorientierung. Die in der Vergangenheit vorherrschende tayloristisch geprägte Organisationsform ist, wie bereits erwähnt, nicht mehr in der Lage, die strategischen Anforderungen zu erfüllen. Aus dem strategischen Ziel der verbesserten Kundenorientierung resultieren höhere Anforderungen an Leistungsqualität und Reaktionsgeschwindigkeit. Dazu ist eine der Arbeitsteilung entgegenstrebende Integration der Arbeitsabläufe erforderlich, denn sie ermöglicht eine Verringerung von Schnittstellen, die wiederum zu kürzeren Durchlaufzeiten und einer Reduzierung möglicher Fehlerquellen führt (Bues 1993, S. 10). Ein derartiger Wandel von einer tayloristisch geprägten zu einer prozessorientierten Organisation mit den daraus ableitbaren technologischen Folgen für das unternehmensweite Informationssystem erfordert eine Migrationsstrategie.

Die sich ständig ändernden Wettbewerbsverhältnisse stellen hohe Anforderungen an die Flexibilität des Unternehmens, die sich in der Anpassungsfähigkeit der Geschäftsprozesse, der Unabhängigkeit von Standorten und der Kooperationsfähigkeit widerspiegelt. Eine Veränderung der Wettbewerbssituation muss zu einer Anpassung der Geschäftsprozesse führen, wenn die Existenz des Unternehmens nicht gefährdet werden soll.

Am Beginn jeder Migration steht somit ein Reengineering der Geschäftsprozesse. Der Begriff Reengineering ist auch bei einem Wechsel vom Taylorismus zu einer prozessorientierten Organisation korrekt gewählt, da Geschäftsprozesse schließlich schon innerhalb der tayloristisch geprägten Organisation existierten, auch wenn sie dort nicht die erforderliche Beachtung erhielten.

Die sich aus den strategischen und organisatorischen Anforderungen ergebende höhere Flexibilität muss durch eine entsprechende Anpassung der technologischen Gestaltungsmerkmale umgesetzt werden. Dies ist der Ansatzpunkt für den Wechsel von proprietären zu offenen Systemen (Bues 1993, S. 11). Während proprietäre, d. h. herstellerspezifische Systeme zu einer Zementierung der Organisationsstruktur beitragen und oftmals zusätzlich Vorgaben an die organisatorische Gestaltung liefern, wird von offenen Systemen die zur Erfüllung der organisatorischen Anforderungen erforderliche Flexibilität erwartet. Die Einführung von Electronic Commerce ist also eng mit flexiblen organisatorischen und technologischen Strukturen verbunden, um die angestrebte Verbesserung der Kundenorientierung zu erreichen.

7   Zusammenfassung

Die Grundlage für Electronic Commerce bilden Informationssysteme. Der effiziente Einsatz des Produktionsfaktors „Information" steht dabei im Vordergrund. Die Einführung von Electronic Commerce führt zu Veränderungen des unternehmensweiten Informationssystems. Diese Veränderungen sind sowohl von organisatorischer als auch von technologischer Art. Die organisatorischen Veränderungen sind allerdings dominierend und führen zu einer Neugestaltung der Geschäftsprozesse. Hieran müssen sich Migrationskonzepte für Informationssysteme orientieren, um die strategischen Erfolgspotenziale im Sinne einer stärkeren Kundenorientierung mit Hilfe von Electronic Commerce zu realisieren.

Literatur

[1] ADLER, G.: Informationsmanagement – planvoller Einsatz zum Wohl des Unternehmens, in: Bullinger, H.-J. (Hrsg.): Handbuch des Informationsmanagements im Unternehmen, Band I, München 1991, S. 47–68.
[2] ADLER, G.: Informationstechnik – Innovationsbremse?, in: Diebold Management Report Nr. 2 (1992), S. 18–21.
[3] BOYNTON, A.C.: Achieving Dynamic Stability through Information Technology, in: Califor   nia Management Review, Winter 1993, S. 58–77.
[4] BUES, M.: Migration zu Offenen Systemen: Anforderungen und Möglichkeiten, in: HMD Handbuch moderner Datenverarbeitung 172, 30. Jg. (1993), S. 9–17.
[5] BULLINGER, H.-J.: Unternehmensstrategie, Organisation und Informationstechnik im Büro,   in: Müller-Böling, D., Seibt, D., Winand, U. (Hrsg.): Innovations- und Technologiemanagement, Stuttgart 1991, S. 323–344.
[6] COY, W.: Brauchen wir eine Theorie der Informatik, in: Informatik-Spektrum, Band 12 (1989), S. 256–266.
[7] DAVIDOW, W.H., MALONE, M.S.: Das virtuelle Unternehmen: Der Kunde als Co-   Produzent, Frankfurt, New York 1993.
[8] FICKENSCHER, H., HANKE, P., KOLLMANN, K.-H.: Zielorientiertes Informationsmanagement: Ein Leitfaden zum Einsatz und Nutzen des Produktionsfaktors Information, Braun   schweig, Wiesbaden 1990.
[9] FRÖSCHLE, H.-P., SCHÄFER, M.: Wettbewerbsstrategische Ansätze – Konzept, methodisches Vorgehen und Fallbeispiele, in: Bullinger, H.-J.: Handbuch des Informationsmanagements im Unternehmen, Band II, München 1991, S. 1029–1061.

[10] GURBAXANI, V., WHANG, S.: The Impact of Information Systems on Organisations and Markets, in: Communications of the ACM, January, Vol. 34 (1991), S. 59–73.
[11] HARS, A., SCHEER, A.-W.: Paradigmenwechsel im Informationsmanagement: Vom DV-Management zum Management des Produktionsfaktors Information, in: IM Information Management 2, 9. Jg. (1994), S. 6–11.
[12] HEINRICH, L.J.: Informationsmanagement: Planung, Überwachung und Steuerung der Informations-Infrastruktur, 4. Auflage, München, Wien 1992.
[13] HELMKE, J.: Aufbau eines Modells zur Gestaltung unternehmensweiter In formationssysteme, Frankfurt am Main, Berlin, Bern, New York, Paris, Wien 1998.
[14] HERMANNS, A., FLEGEL, V.: Electronic Marketing – Informations- und Kommunikationssysteme zur Steigerung der Wettbewerbsfähigkeit, in: IM Information Management 4, 8. Jg. (1993), S. 6–14.
[15] HUSSAIN, D.S., HUSSAIN, K.M.: Information Management: Organization, management and control of computer processing, New York, London, Toronto u. a. 1992.
[16] KÖHLER, BEST: Electronic Commerce: Konzipierung, Realisierung und Nutzung in Unternehmen, Bonn 1998.
[17] KORNWACHS, K.: Informations- und Kommunikationstechnik im Aufbruch, in: Bullinger, H.-J. (Hrsg.): Handbuch des Informationsmanagements im Unternehmen, Band I, München 1991, S. 1–22.
[18] KRALLMANN, H.: Rechnerunterstützter Arbeitsplatz des Managers, in: Wirtschaftsinformatik 6, 32.Jg. (1990), S. 491–492.
[19] LAIDIG, K.-D.: Herstellerkonzept zum Informationsmanagement, in: Bullinger, H.-J. (Hrsg.): Handbuch des Informationsmanagements im Unternehmen, Band I, München 1991, S. 85–122.
[20] MALONE, T.W., CROWSTON, K.: The Interdisciplinary Study of Coordination, in: ACM Computing Surveys 1, Vol. 26 (1994), S. 87–119.
[21] NAGEL, K.: Das System der Erfolgsfaktoren – Konzept und methodische Umsetzung in der Praxis, in: Bullinger, H.-J. (Hrsg.): Handbuch des Informationsmanagements im Unternehmen, Band II, München 1991, S. 999–1027.
[22] NEFIODOW, L.A.: Der fünfte Kondratieff: Strategien zum Strukturwandel in Wirtschaft und Gesellschaft, Frankfurt am Main, Wiesbaden 1990.
[23] PICOT, A., MAIER, M.: Information als Wettbewerbsfaktor, in: Preßmar, D.B. (Hrsg.): Schrif ten zur Unternehmensführung: Informationsmanagement, Band 49, Wiesbaden 1993, S. 31–53.
[24] SEIBT, D.: Ausgewählte Probleme und Aufgaben der Wirtschaftsinformatik, in: Wirtschaftsinformatik 1, 32.Jg. (1990), S. 7–19.
[25] TAKAGI, H., KOSAKA, T.: Japan's shift in management technology: from quality control to strategic information systems, in: International Journal of Technology Management, Special Issue on the Strategic Management of Information and Telecommunication technology, Nos 6/7/8, Vol. 7 (1992), S. 478–484.
[26] WELLE, R.: Informatik: Vom Zentralismus zum Föderalismus? Stürmische Entwicklungen, in: Output 4, 21. Jg. (1992), S. 57–60.
[27] WITTMANN, W.: Betriebswirtschaftslehre I, Tübingen 1982.
[28] ZAHN, E.: Informationstechnologie als Wettbewerbsfaktor, in: Wirtschaftsinfomatik 6, 32. Jg. (1990), S. 493–502.

Autor

JAN HELMKE, Prof. Dr., Professor für Wirtschaftsinformatik an der Hochschule Wismar.

Systematische Kosten- und Nutzenbewertung für CRM-Systeme

Matthias Uebel und Stefan Helmke

1	Einleitung	231
2	Information	231
	2.1 Begriffliche Grundlagen	231
	2.2 Betriebliche Bedeutung von Informationen	232
3	CRM als betriebliches Informationssystem	233
	3.1 Begriffliche Grundlagen	233
	3.2 IT-gestützte CRM-Systeme – eine besondere Klasse von Informationssystemen	233
4	Wirtschaftlichkeit IT-gestützter CRM-Systeme	234
	4.1 Generelle Probleme bei der Bewertung der Wirtschaftlichkeit	234
	4.2 Kosten-/Nutzenkriterien	235
	4.2.1 Kostenrechnung	235
	4.2.2 Nutzenrechnung	237
	4.2.3 Kosten-/Nutzenvergleich	239
5	Fazit	240
Literatur		241
Autoren		242

1 Einleitung

Aufgrund der heutzutage bestehenden hohen Dynamik des Marktes und einer sich schnell verändernden betrieblichen Umwelt gehören schnelles Reagieren und das zügige Treffen von problemrelevanten Entscheidungen in allen Bereichen von Unternehmen zu den kritischen Erfolgsfaktoren. Kundeninformationen als entscheidungsunterstützende Handlungsgrundlage erlangen daher immer größere Bedeutung für die Wettbewerbsfähigkeit und die Marktpositionierung von Unternehmen (Lehner 2000, S. 95). Betriebliche Teilbereiche, wie internes und externes Rechnungswesen, die Produktionssteuerung sowie das Managementberichtswesen werden heutzutage fast ausnahmslos durch IT-gestützte Informationssysteme unterstützt. Aufgrund der zunehmenden Notwendigkeit einer ganzheitlichen Kundenorientierung gilt es, mögliche Effektivitäts- und Effizienzvorteile auch in den Bereichen Marketing und Vertrieb zu erschließen und auszubauen (Rapp 2000, S. 15 ff). Die Prozess- und Bearbeitungsqualität im Kundenmanagement sind zu erhöhen. Der Einsatz von IT-gestützten Customer-Relationship-Management-Systemen (CRM-Systemen) scheint dabei zu einem unverzichtbaren Standard zu werden.

Da entscheidungsorientierte Informationen in den vielen Fällen nicht frei verfügbar und somit knapp sind (Mag 1975, Sp. 1883; Rüttler 1991, S. 35), ist die betriebliche Informationsversorgung generell mit Kosten verbunden. Informationssysteme unterliegen als Nutzen – und Kostenfaktor genauso dem Wirtschaftlichkeitsaspekt wie andere betriebliche Investitionen. Somit sollten auch CRM-Systeme einen positiven Beitrag zum Unternehmenserfolg leisten, denn anderenfalls sind sie als Investition aus betriebswirtschaftlicher Sicht abzulehnen.

Im Folgenden wird nach der einführenden Betrachtung der Bereiche „Information" und „Informationssysteme" aufgezeigt, welche Probleme bei der Ermittlung der Kosten-/Nutzenfaktoren auftreten und welche Kriterien bzw. Instrumente bei der Betrachtung der Wirtschaftlichkeit von CRM-Systemen relevant sind.

2 Information

2.1 Begriffliche Grundlagen

Ausgangspunkt für die Gewinnung von Informationen sind Daten. Dabei sind unter Daten Zeichen zu verstehen, die in einer bestimmten Art strukturiert bzw. formatiert sind. Informationen sind entscheidungsrelevante, zweckorientierte Daten. Das heißt, aus Daten werden Informationen, wenn sie den Erkenntnisstand eines Subjektes über ein Objekt in einer gegebenen Situation zur Erfüllung einer Aufgabe verbessern. Die früher traditionell verwendete Definition von „Information als zweckorientiertem Wissen" (Witmann 1959, S. 14) stellt eine hierarchische Überordnung der Information gegenüber dem Wissen dar. Der aktuelle Trend kehrt diese Überordnung um. Wissen wird als Ergebnis einer Vernetzung von Informationen verstanden. Informationen sind somit Datenausschnitte, die für die

Vorbereitung und Durchführung von Entscheidungen und Handlungen notwendig sind. Die Zweck- bzw. Verwendungsbezogenheit ist das wesentliche Unterscheidungskriterium zwischen Informationen und Daten. Informationen sind abhängig von der gegebenen Situation bzw. des bestehenden Kontextes (Maier/Picot 1992, Sp. 923). Somit können Daten durch die Zweckorientierung für bestimmte Personen zu Informationen werden und Handlungen hervorrufen bzw. Entscheidungen beeinflussen. Für andere Personen jedoch, die Daten nicht zweckorientiert einsetzen können, findet dieser Umwandlungsprozess nicht statt. Die Entscheidung, ob ein spezieller Datenausschnitt als Information betrachtet werden kann, ist somit personengebunden und subjektiv. Daraus ergibt sich, dass Daten nur nutzbringend sind, wenn sie einen konkreten Zweck erfüllen und unterstützend zur Lösung bzw. Durchführung von Aufgaben im Unternehmen ihre Verwendung finden.

Die Güte der Entscheidungs- bzw. Handlungsunterstützung durch Informationen hängt entscheidend von ihrer Qualität ab. Wesentliche Merkmale von Informationen sind insbesondere die sachliche Eignung, die Aktualität sowie der Aussage- und Wahrheitsgehalt (Gemünden 1993, Sp. 1725 f.).

2.2 Betriebliche Bedeutung von Informationen

Informationen können aus betrieblicher Sicht als immaterielle Wirtschaftsgüter bezeichnen, weil sie zum einen nicht frei verfügbar sind und Geld kosten und zum anderen den betrieblichen Leistungsprozess fördern und somit in Richtung der Unternehmensziele wirken (Berthel 1975, Sp. 1869 f.).

Informationen sind neben den sogenannten Elementarfaktoren (z. B. Kapital, Arbeitskräfte, Betriebsmittel) wichtige betriebliche Einsatzfaktoren. Erst Informationen ermöglichen der Unternehmensführung, aus gegebenen Faktorkombinationsmöglichkeiten, Kombinationsbedingungen und Kombinationsergebnissen diejenigen auszuwählen, die durchführbar und mit Hinsicht auf die Unternehmensziele optimal sind (Mag 1975, Sp. 1882 f.).

Eine jedoch nur ressourcenorientierte Betrachtung würde der betrieblichen Bedeutung von Informationen nicht genügen. Wird der betriebliche Ablauf als Prozess verstanden, so lässt sich dieser im Wesentlichen in die Phasen Planung, Durchführung und Kontrolle unterteilen. Zur Steuerung und Ausführung, speziell der Planung und Kontrolle, sind Informationen unverzichtbar (Meyer 1994, S.13 f.). Dementsprechend besitzen Informationen betrieblichen Lenkungscharakter und dienen der Steuerung der einzelnen Prozessphasen. Die benötigte Menge und Qualität der Informationen (Informationsbedarf) ergibt sich dabei aus der gegebenen Problemstellung.

3 CRM als betriebliches Informationssystem

3.1 Begriffliche Grundlagen

Customer Relationship Management umfasst „... die ganzheitliche Bearbeitung der Beziehungen eines Unternehmens zu seinen Kunden. Kommunikation-, Distributions- und Angebotspolitik sind nicht weiterhin losgelöst voneinander zu betrachten, sondern integriert an den Kundenbedürfnissen auszurichten" (Helmke, S. (2000), S. 36). Die Kundenzufriedenheit und mit ihr die dauerhafte Aufrechterhaltung profitabler Geschäftsbeziehungen dient dabei als zentrales Zielkriterium. Zur Zielerreichung ist es notwendig, geeignete kundenbezogene Informationen bedarfsspezifisch bereitzustellen, die ihrerseits als Mess- und Steuerungsgrößen für eine optimale Kundenbearbeitung dienen.

Informationssysteme sind allgemein Systeme, bei denen die Elemente aus Informationen, Menschen und/oder technischen Komponenten bestehen und zwischen diesen Elementen Beziehungen existieren (Griese 1993, Sp. 1768.). In einem solchen System ist der Informationserzeuger auf ein Bezugsobjekt gerichtet und soll für den potenziellen Informationsbenutzer die benötigten Informationen generieren. Ist zwischen beiden keine unmittelbare Kommunikation möglich, wird ein sogenannter Interpretator zwischengeschaltet, der die wechselseitige Kommunikation ermöglicht. Der Informationssystemgestalter richtet den Informationserzeuger auf die Informationsbedürfnisse des Benutzers aus. Er sollte ein ständiges Element im Informationssystem sein, um die Anpassungsfähigkeit und Dynamik des Systems zu gewährleisten (Szyperski 1975, Sp. 1901 f.).

3.2 IT-gestützte CRM-Systeme - eine besondere Klasse von Informationssystemen

Bei dem dargestellten Systemgedanken ist grundsätzlich auch beim CRM keine Computerunterstützung notwendig. Jedoch ist durch Automatisierung von Systembereichen eine Leistungssteigerung in der Kundenbearbeitung möglich. Zum einen soll die Effektivität (do the right things) in der Kundenbearbeitung optimiert und die Effizienz (do the things right) der einzelnen Prozesse gesteigert werden.

Die Elemente, aus denen IT-gestützte CRM-Systeme bestehen, sind personeller, organisatorischer und technischer Natur. Alle Personen, die an der Nutzung und Gestaltung des Informationssystems beteiligt sind, gehören zum personellen Element. Bei der Gestaltung eines solchen Systems stehen die Informationsbenutzer (Aktionsträger), hauptsächlich Mitarbeiter der Bereiche Marketing und Vertrieb, sowie die von ihnen zu erledigenden Aufgaben im Vordergrund. Die Systemanalytiker und Programmierer (Gestaltungsträger) haben den informationserzeugenden Teil des Systems auf die Bedürfnisse der Benutzer auszurichten (Szyperski 1975, Sp. 1901 f.). Für die einzelnen Phasen des Informationsprozesses, wie Erfassung, Speicherung, Verarbeitung, Übermittlung und Interpretation von Kundeninformationen stehen auf Basis von Hard- und Softwarekomponenten Daten-, Modell-, Methodenbanken sowie Endbenutzerwerkzeuge zur Verfügung. Der Umfang der benötigten Funktionalitäten richtet sich dabei nach den Bedürfnissen der Nutzer. Eine gemeinsame, gut strukturierte Datenbasis ist die Grundlage für ein aussagekräftiges Kundenmanagement. Diese wird in der Datenbank verwaltet. Werden Informationen in Hinsicht auf eine spezielle Problemstellung benötigt, müssen entsprechende Daten zusammengestellt und interpretiert werden. Dies geschieht mit Hilfe von Modell- oder Methodenbanken. Bei Modellbanken wird ein Objekt der Realität mit seinen informationsrelevanten Eigenschaften simuliert (z. B. Customer Lifetime Circle, Kundenabwanderungsmodelle), um Rückschlüsse auf das tatsächliche Verhalten des Kunden ziehen zu können. Bei Methodenbanken wird ein vorgegebener Algorithmus abgearbeitet, bei dem die Daten in die gewünschte Form der benötigten Information transformiert werden (z. B. Besuchshäufigkeitsoptimierung) (Amshoff 1994, S. 279 ff.; Maier/Picot 1992, Sp. 924 ff.). Die Endbenutzerwerkzeuge sollen es dem Anwender ermöglichen, Aufgabenlösungen möglichst ohne Unterstützung von IT-Spezialisten zu erarbeiten (z. B. durch anwendungsfreundliche Benutzeroberflächen).

4 Wirtschaftlichkeit IT-gestützter CRM-Systeme

4.1 Generelle Probleme bei der Bewertung der Wirtschaftlichkeit

Für Informationen als betriebliche Einsatzgüter gibt es keinen objektiven Wert. Das liegt zum einen daran, dass für Informationen kein echter Markt und somit auch kein Marktpreis existiert und zum anderen der spezifische Wert einer Information eng mit der zweckorientierten Entscheidungsunterstützung für den Benutzer verbunden ist. Dementsprechend können zur Beurteilung der Wirtschaftlichkeit von CRM-Systemen nur verursachte Kosten und erzielter Nutzen einander gegenübergestellt werden. Doch auch bei diesem Ansatz bestehen erhebliche Bewertungs- und Zurechnungsprobleme. Einerseits werden Kundeninformationen bei Benutzung nicht verbraucht, sondern sind mehrfach verwendbar. Somit wären auch die Informationskosten für die einzelnen Benutzer verursachungsgerecht zu erfassen und anteilig aufzuteilen. Andererseits ergibt sich der spezifische Informationsnutzen aus der Wirkung auf den Entscheidungs- oder Handlungsprozess des Informationsbenutzers. Jedoch treten meist Folgewirkungen auf nachgelagerte Entscheidungsprozesse anderer Personen auf. Erfassungsprobleme sind die Konsequenz. Somit sollten Kosten und Nutzen von CRM-Systemen über den unmittelbaren Einsatzort hinaus auf Auswirkungen in Bezug auf das vollständige organisatorische Umfeld analysiert werden (Becker 1994, S. 53).

Eine weitere Schwierigkeit besteht darin, dass qualitative Aspekte bei der Nutzenbewertung häufig überwiegen (Kargl 1999, S. 88 ff.; Potthof 1998, S. 10 ff.). Zum einen erfolgt eine qualitative Bewertung meist aufgrund subjektiver Beurteilungen und zum anderen lässt sich der qualitative Wert schlecht in eine für die Wirtschaftlichkeitsberechnung notwendige quantitative Dimension, wie Absatz bzw. Umsatz, überleiten. Mögliche Umsatzsteigerungen können meist nur indirekt der Nutzung von CRM-Systemen zugerechnet werden, da es oft zu zeitlichen Überschneidungen mit den Wirkungen anderen Vertriebs- bzw. Marketingmaßnahmen sowie externen Faktoren, wie beispielsweise den Aktivitäten von Wettbewerbern, kommen kann. Bei einer zukunftsorientierten Betrachtung stellt sich zusätzlich die Frage, ob bei dem bestehenden Informationsbestand über Kunden weitere Informationen beschafft werden sollen und wie groß der Nutzen ihrer Verwendung ist bzw. welche Erkenntnisse aus den vorhanden Kundeninformationen für die zukünftige Kundenbearbeitung gezogen werden können. Diese Frage ist jedoch im Voraus schwer allgemeingültig zu beantworten. Dementsprechend ist die Nutzenbewertung von kundenorientierten Informationssystemen in der Praxis mit nicht unerheblichen Zurechnungsproblemen verbunden.

Die **Abbildung 4.1** verdeutlicht schematisch die einzelnen möglichen monetären Nutzen- und Kosteneffekte von CRM-Systemen. Auf die einzelnen Teilaspekte wird in den sich anschließenden Kapiteln eingegangen.

Abbildung 4.1   Bewertungsschema für den Gewinnbeitrag durch CRM

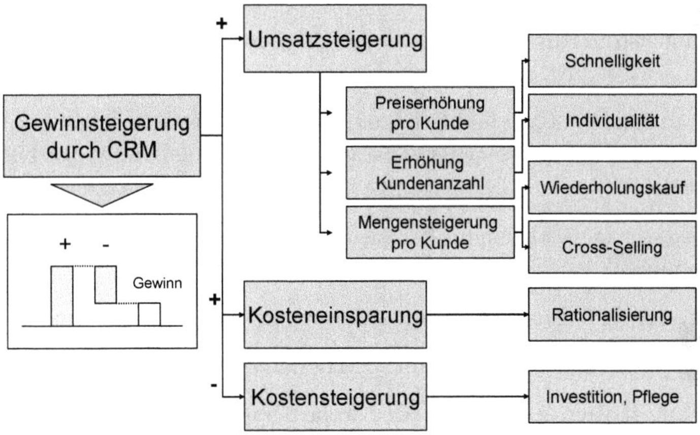

4.2 Kosten-/Nutzenkriterien

4.2.1 Kostenrechnung

Für die Kostenbeurteilung von IT-gestützten CRM-Lösungen ist die Systematisierung bzw. Strukturierung der verursachten Kosten und ihre rechnungswesenmäßige Aufbereitung von entscheidender Bedeutung (zu den nachfolgenden Ausführungen vgl. Kargl 1999, S. 117 ff.). Mit Hilfe einer Kostenrechnung für CRM-Systeme können periodengerecht die Systemplan- und Systemistkosten ermittelt werden. Weiterhin erfolgt eine Verrechnung auf kostenverursachende (z. B. Wartungsabteilung) bzw. leistungsempfangende Kostenstellen (z. B. Nutzer in der Marketingabteilung). Mit Hilfe der kostenrechnungsmäßigen Aufbereitung sind auch Kostenvergleiche mit anderen Unternehmen möglich.

Für die Strukturierung der Gesamtkosten, die eine wichtige Voraussetzung für die genaue Kostenerfassung ist, gibt es kein allgemeingültiges Schema. Die Systematisierung der Kosten ist von den unternehmensspezifischen Gegebenheiten und den Kostenrechnungszielen abhängig. In der Kostenartenrechnung werden die Systemkosten periodenbezogen und geordnet erfasst. Dabei sind die Grundsätze der Eindeutigkeit, Überschneidungsfreiheit und Vollständigkeit zu beachten. Der Inhalt einer Kostenart muss also zweifelsfrei und klar definiert sein, verschiedene Kostenarten dürfen sich nicht „überlappen" und die Summe der Kostenarten muss den Gesamtkosten des Systems entsprechen.

Die Systemkosten können in einen monetär-quantifizierbaren (z. B. Kaufpreis für Hard- und Software, Schulung) und schwer monetär-quantifizierbaren Bereich (z. B. passive Widerstände der Mitarbeiter aufgrund gestiegener Anforderungen) unterteilt werden. Für die monetär-quantifizierbaren Kosten werden für Fremdleistungen Marktpreise und für Eigenleistungen innerbetriebliche Verrechnungspreise angesetzt. Die schwer monetär-quantifizierbaren Kosten, die bisher in der betrieblichen Praxis mehr im Hintergrund stehen, können nur subjektiv, z. B. anhand von Beurteilungsskalen, abgeschätzt werden (Hoffmann 1996, S. 176 f.).

Nach der sachlichen Verursachung lassen sich die Informationskosten bei CRM untergliedern in:

- Personalkosten (z. B. Löhne und Gehälter für Systemanalytiker, -organisatoren, Programmierer, unternehmenseigenes IT-Servicepersonal, Aus- und Weiterbildungskosten der Mitarbeiter)
- Hardwarekosten (z. B. Kosten für Rechner und periphere Geräte, Netzwerkanschlüsse, Leasinggebühren)
- Softwarekosten (z. B. Kosten für Standardlösungen, Softwareanpassungen)
- Sachkosten (z. B. Versicherungsprämien, Material-, Raum- und Energiekosten)
- Fremdleistungskosten (z. B. Kosten für externe Beratung und Instandhaltung/Service).

In Bezug auf den Gestaltungsprozess von CRM-Systemen lassen sich einmalige und laufende Kosten unterscheiden. Einmalige Kosten fallen insbesondere während der Systementwicklungszeit an. Sie umfasst die Phasen von der Projektbegründung über Detailentwürfe bis hin zu Programmierung, Test und Systemeinführung. Einmalige Kosten fallen für Sachleistungen, wie z. B. Kauf der Hardware, und für Personalleistungen, wie z. B. Kosten für Systementwicklung, Programmierung, Schulung, an. Auch die Folgekosten in den Anwenderbereichen, die insbesondere bei der Systemkonzeption entstehen, sollten nicht vernachlässigt werden. Sie können sich z. B. durch Umstellungen der Arbeitsabläufe während der Einführungsphase in den einzelnen Benutzerabteilungen von Marketing und Vertrieb ergeben. Während der Nutzungszeit des Systems fallen laufende Kosten an. Laufende Sachkosten entstehen hauptsächlich durch Verbrauchsmaterial (z. B. Disketten, Druckerpapier, Toner), Updates, Versicherungsprämien, Energie-, Mietkosten und Verschleißteile der IT-Systeme. Die laufenden Personalkosten fallen größtenteils durch Programmpflege, Anlagenwartung, Datenerfassung und Schulungsmaßnahmen an (Kargl 1999, S. 118).

Zu einer effektiven Kostenbeurteilung ist auch die verursachungsgerechte Verteilung der Systemkosten auf beteiligte Kostenstellen notwendig. Die Gliederung der Kostenstellen im Rahmen einer Kostenstellenrechnung muss an dem unternehmensspezifischen Ausmaß des CRM-Systems sowie an den beabsichtigten Controllingzielen ausgerichtet werden. Eine große Auffächerung der Kostenstellen erhöht die Genauigkeit und Transparenz der Ergebnisse, trägt aber auf der anderen Seite zu einem verstärkten Erhebungsaufwand bei. Die allgemeinen Grundsätze der Kostenstellenrechnung finden auch hier ihre Anwendung. Um die entstehenden Systemkosten möglichst zweifelsfrei auf die Kostenstellen zuordnen zu können, sollten diese überschneidungsfrei voneinander abgegrenzt sein. Jede Kostenstelle sollte einen eigenständigen Verantwortungsbereich des Kostenstellenleiters darstellen, um Kompetenzprobleme zu vermeiden. So könnten z. B. für den IT-Bereich die Hauptkostenstellen Leitung, Entwicklung und Betrieb verwendet werden. Die entstehenden Kosten können nun verursachungsgerecht auf die einzelnen Kostenstellen verteilt werden. Somit ist eine wirtschaftliche Beurteilung der Leistungserstellung in den verschiedenen Kostenstellen durch einen Soll-/Ist-Kostenvergleich möglich (Hoffmann 1996, S. 178). Durch Kostenumlageverfahren können mit Hilfe von Bezugsgrößen die Kosten der leistungserzeugenden Kostenstelle (z. B. IT-Serviceabteilung) auf die leistungsempfangende Kostenstelle (z. B. Vertriebsinnendienst) verrechnet werden. Als Bezugsgrößen können Arbeitszeiten (z. B. für Programmierarbeiten, Speicherbedarf oder Nutzung von Netzwerken) oder Auswertungseinheiten (z. B. Anzahl verarbeiteter Datensätze) verwendet werden. Bei der Wahl der Bezugsgrößen ist zu beachten, dass sie die tatsächlich verursachten Kosten verhältnismäßig gut wiedergeben. Ein genaueres Verfahren der Kostenverrechnung ergibt sich aus der Verwendung von Verrechnungspreisen für Systemleistungen im Rahmen der Kostenträgerrechnung (Hoffmann 1996, S. 178.). Aufgrund der notwendigen Vor- und Nachkalkulation für die Systemleistungen ist diese Methode jedoch mit erheblichem administrativem Mehraufwand verbunden.

Wird die Systemunterstützung/-nutzung nicht als eigenständiges internes Produkt verstanden, sondern nur als Kostenblock bei der Durchführung von Marketing- und Vertriebsaktivitäten, bietet sich der Einsatz einer Prozesskostenrechnung an (zur Prozesskostenrechnung in der Informationsverarbeitung vgl. Jaeger 1999, S. 369). Hierbei werden die Gesamtkosten des CRM-Systems einer Periode über Planprozessmengen auf einzelne Prozesse (z. B. Bearbeitung einer Kundenreklamation) anteilig verteilt. Ziel ist es, die Kosten für den jeweiligen Prozess zu ermitteln. Die systemseitigen CRM-Kosten stellen dabei einen Teil der angefallenen Prozesskosten dar.

4.2.2 Nutzenrechnung

Bei der Nutzenbewertung ist eine analoge Vorgehensweise für die Plan-/Ist-Nutzenrechnung wie bei der Plan-/Ist-Kostenrechnung nicht möglich. Mit Hilfe der Nutzenrechnung für CRM-Systeme sollen die Systemleistungen in Bezug auf ihren Beitrag zur betrieblichen Aufgabenerfüllung beurteilt werden.

Der Nutzen von CRM-Systemen lässt sich in monetär-quantifizierbaren und schwer monetär-quantifizierbaren Nutzen unterteilen (zur Nutzenkategorisierung von Informationssystemen vgl. Klimakowitz 1995, S. 63 f.). Der direkt monetär-quantifizierbare Nutzen ergibt sich aus Kosteneinsparungen im Bereich der Personal- und Sachkosten. Durch realisierte Effizienzsteigerungen aufgrund der Automatisierung von Arbeitsprozessen (z. B. Informationsauswertung, Berichtserstellung) können durch den Wegfall von Planstellen oder Verringerung von Überstunden die Personalkosten reduziert werden. Im Bereich der Sachkosten können sich Einsparungen durch Entfall alter Systeme und den mit ihnen verbundenen Kosten, geringeren Raumbedarf sowie verringertem Büromaterialverbrauch ergeben. Schwer monetär-quantifizierbarer Nutzen spiegelt sich in erster Linie in verbesserter expliziter Informationsqualität, erhöhter Zuverlässigkeit, gestiegener Flexibilität, höherer Entscheidungssicherheit und erhöhter Benutzerzufriedenheit durch Eindämmung der „Informationsflut" wider. Problematisch ist die eindeutige Zuordnung von Erlössteigerungen auf der Absatzseite, da hier meist mehrere interne wie auch externe Faktoren einen Einfluss ausüben (Verbund- und Überlagerungseffekte). Neben der reinen Informationsbereitstellung durch ein CRM-System ist sicherzustellen, dass die generierten Erkenntnisse in kundenorientierten Entscheidungsprozessen genutzt und aktiv in zielkonforme Marketing-/ Vertriebsaktivitäten umgesetzt werden. Eine exakte Ex-post-Bestimmung des alleinigen Beitrages eines bereitgestellten CRM-Systems am erzielten Erlös ist somit nur in Einzelfällen möglich, während eine Ex-ante-Beitragszuordnung oft in wenig fundierte Spekulationen mündet, da empirische Vergleichswerte oftmals fehlen oder als nicht generell übertragbar erscheinen. Zielgröße sollte eine priorisierte und inhaltlich optimierte Kundenbearbeitung sein. Diese schafft durch eine – durch sie geförderte – Kundenbindung, Neukundengewinnung sowie Kundenrückgewinnung eine wichtige Voraussetzung zur Sicherung bestehender und Erschließung zukünftiger Umsatzpotenziale.

Für die Bestimmung des kostenseitigen, monetär-quantifizierbaren Systemnutzens werden entweder Marktpreise oder innerbetriebliche Verrechnungspreise verwendet. Für den umsatzseitigen Systemnutzen bieten sich Prognose- bzw. Simulationsmodelle an. Die Qualität der dafür notwendigen Annahmen bestimmt die spätere tatsächliche Entsprechung von auftretenden Umsatzwirkungen bei den Kunden. Die Erhebung des schwer monetärquantifizierbaren Nutzens kann unter Verwendung folgender Verfahren erfolgen (Kargl 1999, S. 92 ff.):

- Multifaktorenverfahren,
- Nutzwertanalyse,
- Projektportfolio,
- Argumentebilanz.

Bei Anwendung dieser Methoden auf CRM-Systeme wird versucht, die subjektiven Bewertungen über den Nutzen so nachvollziehbar wie möglich zu machen. Dazu wird das Niveau der Zielerreichung durch das Informationssystem für die verschiedenen Nutzenkriterien (z. B. Flexibilität, Entscheidungsunterstützung) ermittelt.

In der heutigen Zeit nimmt die Bedeutung des schwer monetär-quantifizierbaren Nutzens mehr und mehr zu. Während in der Anfangsphase von CRM-Systemen Rationalisierungsaspekte wie hohe Verarbeitungsgeschwindigkeit und Schnittstellenreduktion im Vordergrund standen, ist heute der entscheidungsunterstützende Charakter auf der operativen und strategischen Ebene in den Vordergrund gerückt. Die mit einer gesteigerten Kundenzufriedenheit einhergehende verbesserte Kundenbindung stellt dabei zumindest eine logische, wenn auch nicht operationalisierte Kausalkette in Bezug auf Umsatzgrößen dar. Aus diesem Grund sollte bei einem Kosten-/Nutzenvergleich die schwer monetär-quantifizierbare Nutzenkomponente keinesfalls vernachlässigt werden.

4.2.3 Kosten-/Nutzenvergleich

Bei einem bereits eingeführten CRM-System vollzieht sich der Kosten-/Nutzenvergleich durch Gegenüberstellung der Ergebnisse aus der laufenden Kosten- und Nutzenrechnung (Hoffmann 1996, S. 180). Jedoch ist bei Interpretation dieser Ergebnisse, wie zuvor erwähnt, der qualitative Nutzenaspekt meinzubeziehen.

Vor der Einführung von CRM-Systemen können mehrere Kriterien zur Beurteilung der Wirtschaftlichkeit herangezogen werden. Bei der Kostenvergleichsrechnung (Perridon/Steiner 1999, S. 37 ff.) werden die Kostenkomponenten der verschiedenen Systemalternativen miteinander verglichen. Es wird sich bei rationalem Verhalten für diejenige Alternative entschieden, die die geringsten Kosten verursacht. Sinnvoll ist die Anwendung diese Methode jedoch nur, wenn die einzelnen Alternativen den gleichen Nutzen aufweisen (einheitlicher Bezugspunkt). Wird die Nutzenkomponente nicht berücksichtigt, wie es bei dieser Methode allgemein der Fall ist, kann keine Aussage über die absolute Vorteilhaftigkeit einer Alternative getroffen werden.

Ein in der Praxis anzutreffendes Problem ist die fehlende Kenntnis über die Höhe der anfallenden Kosten bei der Eigenentwicklung und -einführung von CRM-Systemen. Um diesen Mangel zu beseitigen, werden hauptsächlich die folgenden Schätzverfahren zur Kostenbeurteilung eingesetzt (Biethahn/Mucksch/Ruf 1996, S. 207 ff.):

- Analogiemethode,
- Relationsmethode,
- Multiplikatormethode,
- Prozentsatzmethode.

Diese Methoden bauen auf Erfahrungswerten bereits abgeschlossener Projekte auf. Durch die Bestimmung von Einflussfaktoren, für die ein Zusammenhang zwischen ihrer Ausprägung in vergangenen Projekten und den verursachten Kosten besteht, können Prognosen für die Kostenhöhe des geplanten CRM-Systems abgegeben werden. Solche Einflussfaktoren sind z. B. Projektdauer, Personalqualität und Komplexität der benötigten Funktionalitäten. Die Qualität solcher Schätzungen ist jedoch recht unterschiedlich und von vielen subjektiven quantitativ schlecht bewertbaren Faktoren, wie z. B. der Personalqualität, abhängig. Hat ein Unternehmen bisher noch keine Erfahrungen auf dem Gebiet computergestützter Informationssysteme sammeln können, geben die aufgeführten Methoden keinerlei Unterstützung bei der Kostenbeurteilung.

Eine Möglichkeit, die quantitative Nutzenkomponente in die Wirtschaftlichkeitsbeurteilung einer zukünftig geplanten CRM-Einführung mit einzubeziehen, bieten die Verfahren der Investitionsrechnung. Informationssysteme sind aus betriebswirtschaftlicher Sicht nach den gleichen Kriterien wie andere betriebliche Investitionsobjekte zu beurteilen. Vor allem für die Hard- und Softwarekomponenten erscheinen Investitionsrechnungen als Kriterium zur Kosten-Nutzen-Beurteilung sinnvoll. Einschränkend sei angemerkt, dass auch bei den Investitionsrechenverfahren der qualitative Nutzen nicht in die Wirtschaftlichkeitsbeurteilung des Systems einbezogen wird. Die klassische Investitionsrechnung verwendet zur Bewertung einer Investition die anfallenden Ein- und Auszahlungsströme.

Bei der Investitionsrechnung werden statische und dynamische Verfahren unterschieden (Perridon/Steiner 1999, S. 35 ff.; Biethahn/Mucksch/Ruf 1996, S. 222 ff.). Die statischen Verfahren sind dadurch gekennzeichnet, dass der zeitliche Anfall der Zahlungen bei der Investitionsrechnung nicht berücksichtigt wird. Zu diesen Verfahren gehören die Rentabilitätsrechnung und die Amortisationsrechnung. Das Beurteilungskriterium für die Wirtschaftlichkeit des Informationssystems nach der Rentabilitätsrechnung ist die erzielte Verzinsung des eingesetzten Kapitals (Verhältnis aus durchschnittlicher jährlicher Kosteneinsparung und Kapitaleinsatz für die Investition). Das Bewertungskriterium bei der Amortisationsrechnung ist die Zeitdauer (Amortisationsdauer), die für die Wiedergewinnung des eingesetzten Kapitals notwendig ist.

Im Gegensatz zu den statischen Verfahren wird bei den dynamischen Verfahren der zeitliche Anfall von Zahlungen durch Auf- oder Abzinsen der Komponenten einer Zahlungsreihe mit berücksichtigt. Beispiele dafür sind die Kapitalwertmethode, die Annuitätenmethode und die interne Zinssatzmethode. Das Beurteilungskriterium für die Wirtschaftlichkeit einer Investition ist nach der Kapitalwertmethode der Barwert. Dieser wird durch Abzinsen der Zahlungsreihen auf den jetzigen Zeitpunkt ermittelt. Ist der Barwert positiv, erscheint die Investition als vorteilhaft. Bei der Annuitätenmethode wird dieser Barwert als Rente über die Lebensdauer der Investition verteilt. Als vorteilhaft erscheint eine Investition, wenn die periodische Rente positiv ist. Die interne Zinssatzmethode ermittelt die effektive Verzinsung des Investitionsvorhabens. Dazu wird der Diskontierungszinssatz bestimmt, der zu einem Kapitalwert von Null führt. Die Investition ist dann vorteilhaft, wenn der bestimmte interne Zinssatz dem Sollzinssatz entspricht oder diesen überschreitet. Die alleinige Verwendung von finanzmathematischen Methoden zur Kosten-Nutzen-Beurteilung verfälscht die tatsächliche unternehmensbezogene Komplexität, in der CRM-Systeme „eingebettet" sind, zumal die Bestimmung zukünftiger Zahlungsströme nur auf Prognosen beruht.

Durch den Einsatz von mehrperspektivischen Kennzahlensystemen können aktuelle Zustände und Entwicklungstendenzen von Leistungs-/Kostenrelationen des CRM-Systems überwacht und gesteuert werden. Aufgrund der qualitativen Dimensionen des traditionellen Balanced-Scorecard-Ansatzes findet eine adäquate Anwendung dieses Konzeptes auf CRM-Systeme durchaus seine Berechtigung (Jaeger 1999, S. 366 ff.).

5   Fazit

Die Kosten-Nutzen-Beurteilung von CRM-Systemen kann anhand quantitativer und qualitativer Wirtschaftlichkeitskomponenten erfolgen.

Für die Betrachtung der quantitativen Kosten-/Nutzenfaktoren stellt die Betriebswirtschaftslehre ausreichend Kriterien bzw. Instrumente zur Verfügung. Durch Verwendung einer Informationssystem-Kostenrechnung und einer ansatzweisen Nutzenrechnung kann bei eingeführten CRM-Systemen die quantitative Dimension der Wirtschaftlichkeit relativ unproblematisch bestimmt werden. Darauf aufbauend, geben Kennzahlen die Möglichkeit einer mehrdimensionalen Leistungsüberwachung. Im Rahmen der Investitionsrechnung findet eine Kosten-Nutzen-Beurteilung von CRM-Systemen anhand von finanzmathematischen Kriterien statt.

Der qualitative Nutzenaspekt von CRM-Systemen ist, wenn auch intuitiv einsichtig, nur subjektiv beurteilbar und lässt sich bisher mit betriebswirtschaftlichen Instrumenten schwer in eine eindeutige monetäre Dimension überführen. Die Bedeutung dieser Nutzenkomponente nimmt jedoch bei der Schaffung und Sicherung von kundenbezogenen Erfolgspotenzialen mehr und mehr zu. Die Frage, ob ein möglicher bestehender monetärer Kostenüberhang durch qualitative Nutzengrößen wie erhöhte Kundenzufriedenheit ausgeglichen bzw. überboten werden kann, liegt dabei nicht nur an den Funktionalitäten des CRM-Systems selbst, sondern richtet sich nach der Intelligenz und Angemessenheit der zugrundeliegenden Kundenbearbeitungs- und Vertriebssteuerungskonzepte im Unternehmen. Ein ganzheitliches Kundenmanagement besitzt aber auf jeden Fall eine strategische Bedeutung für die Wettbewerbsfähigkeit von Unternehmen.

Literatur

[1] AMSHOFF, B.: Controlling in deutschen Unternehmungen – Realtypen, Kontext und Effizienz, 2. Aufl., Wiesbaden 1994.
[2] BECKER, J.: Informationsmanagement und -controlling, Würzburg 1994.
[3] BERTHEL, J.: Information, in: Handwörterbuch der Betriebswirtschaftslehre, Bd. 2, 4. Aufl., Stuttgart 1975, Sp. 1865-1873.
[4] BIETHAHN, J., MUCKSCH, H., RUF, W.: Ganzheitliches Informationsmanagement, Band 1 Grundlagen, 4. Aufl., München, Wien 1996.
[5] GEMÜNDEN, H. G.: Information: Bedarf, Analyse, Verhalten, in: Handwörterbuch der Betriebswirtschaftslehre, Bd. 2, 5. Aufl., Stuttgart 1993, Sp. 1725-1735.
[6] GRIESE, J.: Computergestützte Informationssysteme, in: Handwörterbuch der Betriebswirtschaftslehre, Bd. 2, 5. Aufl., Stuttgart 1993, Sp. 1767-1778.
[7] HELMKE, S.: CRM-Systeme Quo vadis? – Mehr meßbare Vertriebserfolge, in: CRM-Report, 2. Jg. (2000), S. 36-39.
[8] HOFFMANN, F.: Computergestützte Informationssysteme – Einführung für Betriebswirte, 2. Aufl., München, Wien 1996.
[9] JAEGER, F. K.: Software & IT-Systeme – Prozessorientiertes Controlling der Informationsverarbeitung, in: Kostenrechnungspraxis, (1999), H. 6, S. 365-371.
[10] KARGL, H.: DV-Controlling, 4. Aufl., München, Wien 1999.
[11] KLIMAKOWITZ, E. v.: Strategische Führungsinformationssysteme, in: Grimm, Ulrich/ Sokolowsky, Peter (Hrsg.): Strategische Führungssysteme – Theoretische Grundlagen, praktische Erfahrungen, Wiesbaden 1995, S. 51-72.
[12] LEHNER, F.: Organisation und Controlling der Informationsverarbeitung, in: WISU, (2000), H.1, S. 95-103.

[13] MAG, W. : Informationsbeschaffung, in: Handwörterbuch der Betriebswirtschaftslehre, Bd. 2, 4. Aufl., Stuttgart 1975, Sp. 1882-1894.
[14] MAIER, M., PICOT, A.: Computergestützte Informationssysteme, in: Handwörterbuch der Organisation, Bd. 2, 3. Aufl., Stuttgart 1992, Sp. 923-936.
[15] MEYER, C.: Betriebswirtschaftliche Kennzahlen und Kennzahlen-Systeme, 2. Aufl., Stuttgart 1994.
[16] PERRIDON, L., STEINER, M.: Finanzwirtschaft der Unternehmung, 10. Aufl., München 1999.
[17] POTTHOF, I.: Kosten und Nutzen der Informationsverarbeitung, Wiesbaden 1998.
[18] RAPP, R., SCHUSSER, S.: Customer Relationship Management – Erfolgsfaktor für das Management der Geschäftsbeziehungen, in: Management Berater, (1999), H. 10, S. 24-26.
[19] RAPP, R.: Integration kundenorientierter Strategie – Organisation und Informationsmanagement, in: Information Management & Consulting, 15. Jg. (2000), H. 1, S. 13-17.
[20] RÜTTLER, M.: Information als strategischer Erfolgsfaktor – Konzepte und Leitlinien für eine informationsorientierte Unternehmensführung, Berlin 1991.
[21] SZYPERSKI, N.: Informationssysteme, in: Handwörterbuch der Betriebswirtschaftslehre, Bd. 2, 4. Aufl., Stuttgart 1975, Sp. 1894-1908.
[22] WITTMANN, W.: Unternehmung und unvollkommene Information, Köln, Opladen 1959.

Autoren

STEFAN HELMKE, Prof. Dr., Professor für Marketing, Controlling, Handelsmanagement, Prozessmanagement an der FHDW Bergisch Gladbach, Partner der Strategie- und Organisationsberatung TGCG – Management Consultants, Düsseldorf.

MATTHIAS UEBEL, Prof. Dr., Professor für Betriebswirtschaft an der FOM – Hochschule für Oekonomie und Management, Düsseldorf, Managementberater/-trainer, Partner der TGCG – Management Consultants Düsseldorf.

Szenarien, Wargaming und Simulationen als zukunfts- und entscheidungsorientierte Instrumente im Customer Relationship Management

Mario Stoffels

1	Fundierte Entscheidungsunterstützung bei Customer-Relations-Management-Konzepten – eine wesentliche Erfolgsbedingung?	245
2	Wargaming, Szenarien und Simulationen – Instrumente zur zukunftsorientierten Unternehmenssteuerung	246
	2.1 Szenarien	246
	2.2 Wargaming	247
	2.3 Simulationen	249
3	Die prozessorientierte Anwendung der vorgestellten Instrumente auf eine CRM-relevante Fragestellung als Fallbeispiel	250
4	Dos und Dont's bei der Nutzung der Instrumente für CRM-Fragestellungen	253
5	Fazit	256
Literatur		257
Autor		257

1 Fundierte Entscheidungsunterstützung bei Customer-Relations-Management-Konzepten – eine wesentliche Erfolgsbedingung?

Customer Relationship Management ist das strategische und operative Management von Kundenbeziehungen mit der Zielsetzung des Aufbaus von langfristigen Kundenbindungen. Diese Kundenbeziehungen hängen ab von den eigenen Interaktionen mit den Instrumenten des Marketings, aber auch von den Aktivitäten der Wettbewerber und den Handlungen und Wünschen der Kunden selbst. Transparenz über diese Einflussfaktoren zu haben, ist eine wichtige Erfolgsbedingung für ein effizientes Customer Relationship Management. Nur wer weiß, wie seine bestehenden und seine potenziellen Neukunden mit ihren eigenen Wünschen und Bedürfnissen auf das eigene und das Wettbewerber-Kundenbindungsangebot reagieren und welche Marktanteile und -ergebnisse sich in welchen Kundengruppen hieraus ergeben, kann effektives und effizientes Customer Relationship Management betreiben. Die Komplexität der Einflussfaktoren und die Prognose der zukünftigen Marktentwicklungen durch Customer Relationship Management erschließt sich hierbei zur Gänze nicht am „grünen Tisch" oder in kleiner (Abteilungs-)Diskussionsrunde. Auch die Einführung auf einem „Testmarkt" zum Testen der Kundenbindungskonzepte in kleinen Markteinheiten ist zwar ein grundsätzlich geeignetes Instrument, kann aber leider unerwünschte Öffentlichkeits- und Imagewirkungen mit realen negativen Konsequenzen nach sich ziehen. Dies ist besonders dann der Fall, wenn das Kundenbindungsprogramm nicht den erwünschten Anklang findet. Ferner werden durch diese öffentlichkeitswirksamen Aktionen sehr schnell Wettbewerber hellhörig mit dem Risiko einer nicht gewünschten, gegebenenfalls verfrühten (Gegen-)Reaktion.

Vor dem Hintergrund dieses „Problems" stellt sich die Frage nach einem geeigneten Instrumentarium zur Entscheidungsunterstützung bei CRM-Konzepten, ohne dass Öffentlichkeit und Wettbewerber hierbei zu früh informiert werden. Vor der Einführung oder Modifikation des realen „Kundenbindungssystems" bedarf es somit eines Instrumentariums, um die im Unternehmen teilweise zerstreut vorhandenen Erfahrungen und Erkenntnispotenziale in den Prozess der Entscheidungsfindung über ein CRM-Konzept effektiv einzubringen.

In den letzten Jahren sind hierzu im Bereich der Unternehmenssteuerung vermehrt Instrumente entwickelt worden, die ursprünglich im militärischen oder naturwissenschaftlichen Bereich ihre Anwendungen fanden und nun auf die betriebswirtschaftlichen Fragestellungen und somit auch auf CRM-Entscheidungen übertragen werden können. Die Rede ist hier von Wargaming, Szenarien und Simulationen. Die Zielsetzung dieses Beitrages ist es nun, zu überprüfen, ob und inwieweit diese Instrumente sinnvoll im Rahmen der Entscheidungen über Einführung eines neuen oder Modifikation eines bestehenden Customer-Relationship-Managements-Konzeptes Nutzen stiften können, um fundierte Entscheidungen in diesem Themenfeld zu treffen.

2 Wargaming, Szenarien und Simulationen – Instrumente zur zukunftsorientierten Unternehmenssteuerung

2.1 Szenarien

Betriebswirtschaftliche Szenarien sind dazu geeignet, mögliche Entwicklungen der Zukunft des Unternehmens und seines (Markt-)Umfeldes zu explizieren. Sie sind somit eine Zustandsbeschreibung einer im Managementteam als realistisch und glaubwürdig anerkannten Zukunft. Dieses potenzielle Zukunftsbild des Unternehmens in seinem Umfeld ist abhängig von einer ganzen Reihe von Einflussfaktoren, deren miteinander vernetzte Wirkungsweise mehr oder minder transparent, auf jeden Fall aber unternehmensindividuell und insbesondere sehr komplex ist. Diese Einflussfaktoren auf das unternehmerische Umfeld können unterschiedlicher Natur sein. So können marktbezogene, volkswirtschaftliche, technologische, ökologische oder rechtliche Einflussfaktoren eine Rolle spielen. Für das eine Unternehmen sind die Rohölpreise von erheblicher Bedeutung, das andere Unternehmen kämpft mit Umweltschutzvorschriften und das dritte Unternehmen muss sich mit einer Produktinnovation des Wettbewerbers auseinandersetzen. Szenarien treten im Regelfall nicht als einzelnes Szenario auf, sondern meist als Bündel von alternativen Zuständen. In Abhängigkeit von der Bewertung der Auswirkungen, die diese Zustände für das betrachtende Unternehmen haben, spricht man dabei von Best-Case-, Medium-Case- oder Worst-Case-Szenarien. Der Eintritt der einzelnen Szenarien ist daher niemals sicher, sondern immer nur mit einer realistischen, oft aber nicht genau bezifferbaren Wahrscheinlichkeit möglich. Es ist daher nicht auszuschließen, dass trotz sorgsamer Analyse immer noch andere Entwicklungen eintreten als die in den vom Unternehmen prognostizierten Szenarien, insbesondere bei exogenen Schocks oder Trendbrüchen.

Vor dem Hintergrund der Einführung oder Modifikation eines CRM-Konzeptes können Szenarien ein Instrument zur Entwicklung unterschiedliche Zukunftsbilder von Kunden- und Wettbewerber-Reaktionen sein. So gehen dann beispielsweise Best-Case-Szenarien von hoher Kundenakzeptanz und schwacher Wettbewerber-Gegenreaktion, Medium-Case-Szenarien von mittlerer Kunden- und Wettbewerberreaktion und Worst-Case-Szenarien von geringer Kundenakzeptanz und erheblichen Wettbewerbergegenreaktionen bei Einführung eines CRM-Konzeptes durch das Unternehmen aus. So unsicher die Beschreibung der Szenarien a priori auch sein mag, so erleichtert die Auseinandersetzung mit ihnen doch erheblich eine positive oder negative Entscheidungsfindung für oder gegen die Einführung eines solchen Konzepts. Die Entscheidungsträger im Management, die final über das CRM-Konzept entscheiden müssen, erhalten eine mögliche Bandbreite von konkretisierten Zukunftsbildern und können sich dadurch ein besseres eigenes Gesamtbild über die Chancen und Risiken der Einführung des Konzeptes machen. Durch die erhöhte Transparenz über das Umfeld, können sie dann eine fundiertere Entscheidung treffen, als dies ohne die Anwendung des Instruments möglich ist.

Abbildung 2.1 Szenario-Ausprägungen im Zeitverlauf, aus Weber/Kandel/Spitzner/Vinkemeier, Unternehmenssteuerung mit Szenarien und Simulationen, Advanced Controlling Band 47

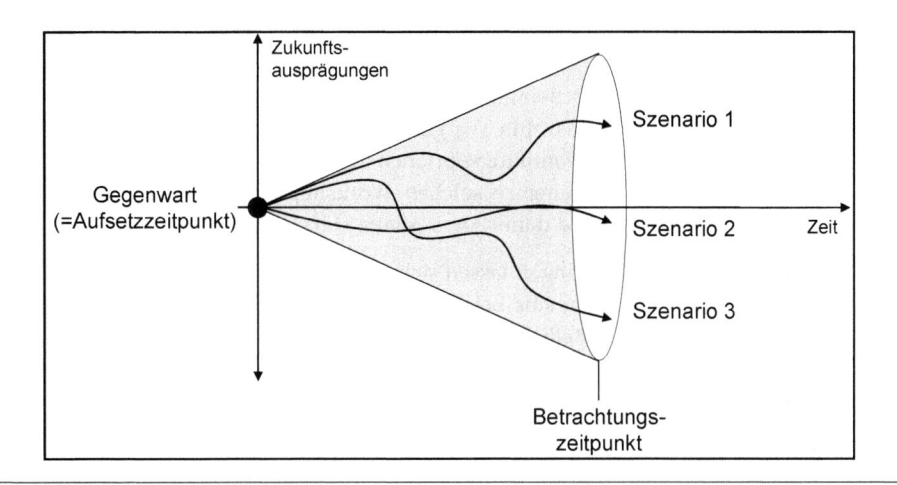

2.2 Wargaming

Die Entwicklung von Szenarien kann durch spezielle Kreativitätstechniken wirkungsvoll unterstützt werden. Als ein Beispiel soll hier das sogenannte Wargaming näher erläutert werden. Wargaming ist eine interaktive dynamische Planspielmethode, deren Wurzeln im militärischen Bereich liegen. Sie nutzt spielerische und damit Ehrgeiz weckende Elemente, befruchtet damit besonders stark die Diskussionen über potenzielle Handlungsoptionen und Strategien und ermöglicht damit eine effiziente Szenarienentwicklung.

In einem Wargaming wird zunächst eine bestimmte Entscheidungssituation (beispielsweise der eigene Markteintritt in einen neuen Markt, eine entscheidende Technologieentwicklung oder Eintritt von neuen Wettbewerbern auf bestehen Märkten) als Ausgangspunkt festgelegt. Zur Weiterentwicklung der Ausgangssituation und damit zur Generierung von Szenarien übernehmen die Teilnehmer des Wargamings unterschiedliche Rollen. So sind alle relevanten Marktteilnehmer abzudecken, also insbesondere Wettbewerber, Kunden und eine regulative Marktaufsicht. Die Teilnehmer gehen somit nicht von gleichgerichteten Zielsetzungen und gleichwertigen Startpositionen aus, sondern vertreten aktiv ihre unterschiedlichen Rollen.

Durch einen Wargaming-Ansatz können durch den Einbezug der jeweils relevanten Marktteilnehmer unterschiedlichste Strukturen eines Marktes realitätsgerecht abgebildet werden. Mit dem Durchlaufen mehrerer, aufeinander aufbauender Spielrunden wird dann entsprechendes Verhalten der Markt-/Spielteilnehmer simuliert. Der Spielverlauf entwickelt sich in Abhängigkeit von den beteiligten Protagonisten recht unterschiedlich. Die Zielsetzung in einem Wargaming-Ansatz ist es nicht, das Spiel zu gewinnen. Vielmehr geht es um eine möglichst hohe Transparenz über auftretende Interaktionen und die dahinter liegenden Aktions-Reaktions-Muster. Der Spiel- und Gewinntrieb der Teilnehmer ist allerdings das Kernelement in diesem Ansatz.

Ergebnisse aus einem Wargaming-Workshop sind die Prüfung und Validierung von Szenarien, gegebenenfalls auch die Ableitung neuer, vorher für das Managementteam nicht transparente Szenarien. Durch mehrfach wiederholte Spiele können in jeweils unterschiedlichen Konstellationen die Wahrscheinlichkeiten des Eintritts der einzelnen Szenarien besser geschätzt und bewertet werden. Ein Wargaming-Ansatz eignet sich auch für die Entwicklung und Bewertung von Handlungsoptionen und Strategien. Nicht selten werden durch besonders kreative Teilnehmer an solchen Workshops gar neue Ansätze generiert, die die Spielregeln an Märkten und damit sogar ganze Märkte nachhaltig verändern.

Auch für unsere CRM-Entscheidungen lassen sich Wargaming-Ansätze gut verwenden. So kann die Situation des Unternehmens bei Einführung/Modifikation des CRM-Konzeptes gut abgebildet werden. Alle Beteiligten im Markt können in einem Wargaming-Ansatz integriert werden, sei es durch diverse Kundengruppen, die in unterschiedlicher Art und Weise auf das CRM-Paket reagieren und ihre Nachfrage nach Produkten und Leistungen des Unternehmens durch das CRM-Angebot in die ein oder andere Richtung entfalten oder sei es durch Wettbewerber, die als Reaktion eigene CRM-Konzepte auf den Markt bringen, die wiederum zu weiteren differenzierten Kundengruppenreaktionen führen. Die aus dem Ansatz heraus entstehenden Interaktionen zwischen den Wargaming-Workshop-Teilnehmern eignen sich in hervorragender Art und Weise dazu, unterschiedliche Konstellationen rund um die Einführung oder Modifikation des CRM-Paktes darzustellen.

Abbildung 2.2 Möglicher Aufbau eines Wargaming-Ansatzes

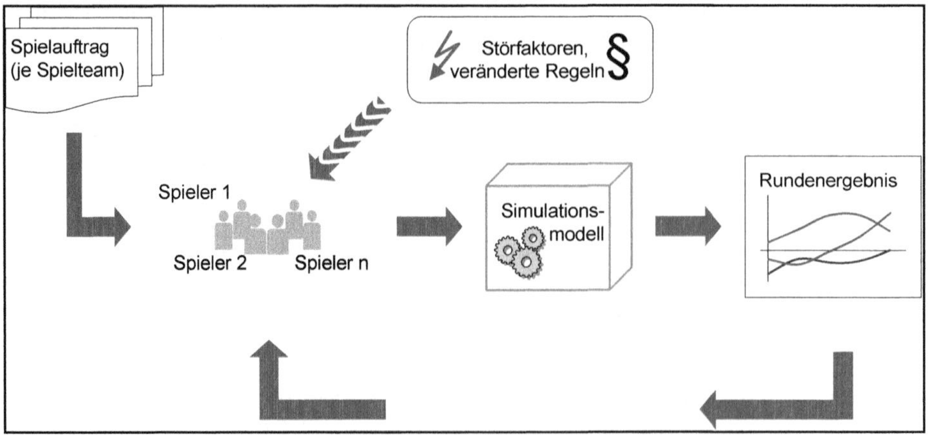

So ist es auch möglich, beispielsweise Extremszenarien durchzuspielen und auf ihre Auswirkungen auf das Unternehmen zu testen. Ohne Wargaming-Unterstützung und Interaktivität, nur in einer Diskussionsrunde am „grünen Tisch", lassen sich solche Szenarien meist nur schwer entwickeln und nachvollziehen.

2.3 Simulationen

Simulationen sind realitätsgerechte Abbildungen des tatsächlichen Geschehens. Sie stellen damit ein Modell der Realität dar, das zur umfassenden Erkenntnisgewinnung über bestimmte Sachverhalte durch unterschiedliche Experimente am Modell genutzt werden kann. Simulationen ermöglichen daher auch und gerade Experimente mit diesem Modell, die in der Realität entweder nicht offenkundig gemacht werden sollen oder bei denen das Risiko des Scheiterns erheblich und mit negativen realen Konsequenzen verbunden ist. Der Erkenntnis- und Erfahrungsgewinn wird somit ohne (negative) reale Folgen erzielt.

Derzeit sind die Anwendung von Simulationen zur Entwicklung von Szenarien zum zukünftigen Klima und die Bewertung der Folgen in aller Munde. Aber auch in die betriebswirtschaftlichen Anwendungen haben Simulationen mittlerweile Einzug gehalten. Bei sämtlichen markt-, kunden- und vertriebsrelevanten Fragestellungen kann durch Simulationen das Unternehmens- und Marktgeschehen abgebildet werden, ohne dass dies Wettbewerber im Vergleich zu realen Marktaktivitäten, wie beispielsweise bei Produktneueinführungen in Testmärkten, erfahren. Auch die o. g. potenziellen Imagerisiken bei Scheitern von realen Markttests können durch Simulationen weitgehend umgangen werden. Simulationen können vor diesem Hintergrund ebenso wie Szenarien und Wargaming-Ansätze als Entscheidungsunterstützungsinstrument für außergewöhnliche Entscheidungen verstanden werden.

Abbildung 2.3 Struktur eines Simulationsmodells

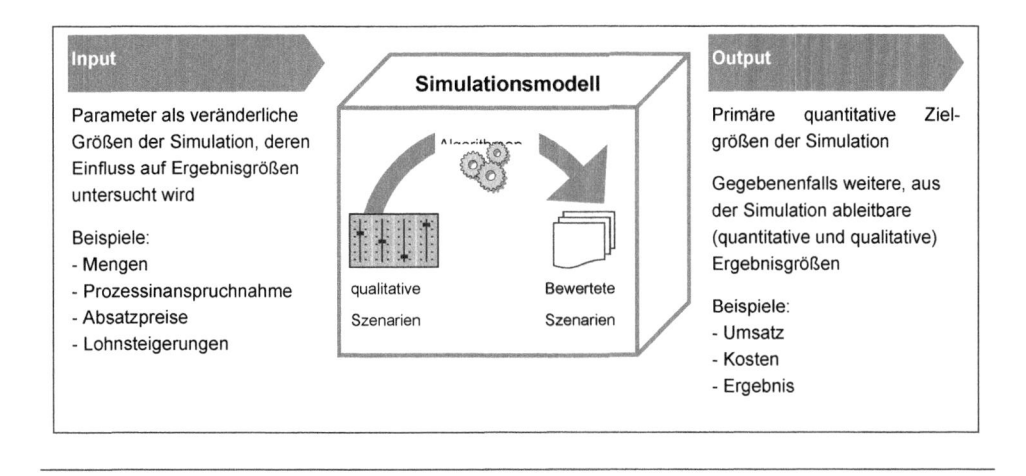

Input
Parameter als veränderliche Größen der Simulation, deren Einfluss auf Ergebnisgrößen untersucht wird

Beispiele:
- Mengen
- Prozessinanspruchnahme
- Absatzpreise
- Lohnsteigerungen

Simulationsmodell
Algorithmen
qualitative Szenarien   Bewertete Szenarien

Output
Primäre quantitative Zielgrößen der Simulation

Gegebenenfalls weitere, aus der Simulation ableitbare (quantitative und qualitative) Ergebnisgrößen

Beispiele:
- Umsatz
- Kosten
- Ergebnis

Inhaltlich bestehen Simulationen aus einem Rechenkern, der die Modellwelt und damit die realen Marktzusammenhänge in quantitativen Zusammenhängen abbildet. Diese quantitative Fundierung erfolgt im Regelfall durch eine komplexe mehrdimensionale Zielfunktion. Diese rechnerischen Zusammenhänge bilden dann die bekannten oder vermuteten Marktgesetzmäßigkeiten und Reaktionen ab.

Die Simulation als das dritte Element in unserem Unterstützungs-Tool-Set für CRM-Entscheidungen ergänzt die bisher vorgestellten Instrumente durch einen quantitativen Ansatz. Die in den Szenarien entwickelten und durch die Wargaming-Workshops validierten qualitative Aussagen zur Einführung eines CRM-Konzeptes werden durch eine Simulation von entscheidungsrelevanten Parametern, wie z. B. Kundenstruktur- und Umsatzzahlen, Nutzungsquoten, Kostengrößen, Marktanteilen und ähnlichem, quantifiziert. Durch diese Quantifizierung werden die Konsequenzen des einzuführenden CRM-Konzeptes mess- und rechenbar gemacht. Die Parametrisierung erlaubt hierbei eine hinreichende Variation der Ergebnisse und ermöglicht die Beantwortung aller „Was wäre wenn?"-Fragestellungen. So stellen sich beispielsweise folgende Fragen im Rahmen des CRM-Konzeptes. „Wie entwickelt sich der Umsatz unseres Produktes A, wenn wir diesen im CRM-Konzept bonifizieren, was passiert, wenn wir ihn von der Bonifizierung ausnehmen?" oder „Was passiert mit unserem Marktanteil bei Produkt B in Kundensegment C, wenn Wettbewerber X mit einem ähnlichem CRM-Konzept an den Markt geht?". Vor diesem Hintergrund können daher auch Simulationsansätze durch die Quantifizierung von Entscheidungsparametern dazu beitragen, Entscheidungen bei CRM-Konzepten fundiert zu unterstützen.

3 Die prozessorientierte Anwendung der vorgestellten Instrumente auf eine CRM-relevante Fragestellung als Fallbeispiel

Die Nutzung der vorgestellten Instrumente kann grundsätzlich auch einzeln erfolgen, eine erhöhte Schlagkraft bei der Entscheidungsunterstützung entfalten diese Instrumente aber erst dann, wenn sie sinnvoll prozessual verknüpft werden. Anhand eines praktischen Fallbeispiels wird im Folgenden die Verbindung der Instrumente illustriert, um die konkreten Anwendungsmöglichkeiten und Interdependenzen besser aufzuzeigen.

Fallbeispiel:

Ein Möbeleinzelhandelsunternehmen möchte im Rahmen seines CRM-Ansatzes eine Kundenkarte einführen, bei dem es einen gestaffelten prozentualen Rabatt auf die getätigten Käufe gibt. Weiterhin sollen die Nutzer der Kundenkarte gezielt durch Mailing-Aktionen angeschrieben und auf aktuelle Produkte und Sonderangebote aufmerksam gemacht werden; einmal jährlich findet eine Verlosung unter allen Kundenkarteninhabern statt. Für Kundenkarteninhaber, die bestimmte Umsatzschwellen überschreiten, gibt es ferner zusätzliche Premium-Sonderangebote.

Die Geschäftsleitung des Unternehmens möchte nun erfahren, wie dieses CRM-Programm auf den Gesamtmarkt, sowohl auf die Kunden als auch auf die Wettbewerber, wirkt. Vor diesem Hintergrund sollen die Instrumente Szenarien, Wargaming und Simulationen eingesetzt werden, um erhöhte Transparenz über die möglichen Auswirkungen für Unternehmen und Marktumfeld zu schaffen.

Eine sinnvolle konkrete Vorgehensweise ergibt sich hier in drei Prozessschritten, durch die es gelingt, die drei Instrumente sinnvoll zu verbinden:

1. Qualifizierung von potenziellen Best-Case-, Medium-Case- und Worst-Case-Szenarien des Marktumfeldes vor dem Hintergrund der Einführung des CRM-Konzeptes,
2. Validierung/Modifikation der Szenarien durch interaktives Wargaming, gegebenenfalls Ableitung von Alternativszenarien,
3. Quantifizierung der wesentlichen Parameter und Gesetzmäßigkeiten des CRM-Ansatzes in einem Simulationsmodell aus den Ergebnissen der Szenariogenerierung und des Wargamings.

1. Schritt: Qualifizierung der potenziellen Szenarien

Im ersten Schritt werden für das Möbelhaus die potenziellen Best-, Worst- und Medium-Case-Szenarien durch Zustandsbeschreibung der wesentlichen Einflussgrößen qualifiziert. Wesentliche Einflussgrößen in unserem Fallbeispiel sind hier die unterschiedlichen Kundengruppen/-segmente des Möbelhauses sowie die einzelnen Wettbewerber. Dies können sowohl regionale als auch überregionale Möbelhäuser und Möbelhausketten sein. Die Szenarioqualifizierung verlangt vor dem Hintergrund unseres Fallbeispiels qualitative Aussagen über die Entwicklung der Einflussgrößen im Szenario. So kann pro Szenario prognostiziert werden, wie beispielsweise relevante Kundengruppen, junge Familien oder kleine Gewerbetreibende und Existenzgründer, auf die Einführung der Kundenkarte mit den damit verbundenen Sonderaktionen bei welchen Produktgruppen, wie reagieren.

Weitere Fragestellungen, die im Rahmen der Szenariobildung beantwortet werden sollen oder können, ist die Prognose darüber, welche Kundengruppen die Kundenkarte ablehnen, ob mit einer Zunahme von Kaufaktivitäten bei der Produktgruppe der Jugendzimmer zu rechnen ist, wenn die Kundenkarte für diese Produktgruppe geöffnet wird. Auch Fragen der folgenden Art können im Rahmen unseres Falls dazu verwendet werden, sich über die Ausgestaltung der Szenarien klar zu werden: Was passiert mit dem Ab- und Umsatz der Büromöbel, bei einem Rückgang von Existenzgründungen aber mit Einführung eines Sonderrabatts auf der Kundenkarte? In welchen Produktgruppen treten neue Wettbewerber auf, wo gibt es Produkt- und Materialinnovationen und welchen Einfluss auf das Marktgeschehen haben diese? Für welche Produkte sind durch die Sonderaktionen der Kundenkarte Mehrabsätze zu erwarten? Gibt es einen Trend zum Möbelselbstbau, vom dem die Möbelhäuser nicht, aber die Baumärkte sehr wohl profitieren und macht es vor diesem Hintergrund Sinn, bei der Kundenkarte mit einem benachbarten Baumarkt zu kooperieren?

Diese und ähnliche Fragen dienen zur Beschreibung der Szenarien und führen zu Grundaussagen und Verhaltensannahmen über bestimmte Kunden-, Wettberwerber- und allgemeine Markttrends pro Szenario. Die Unterschiede in den konkreten Ausprägungen können dazu verwendet werden, Best-Case-, Medium-Case- oder Worst-Case-Szenarien zu differenzieren. So unterscheiden sich die einzelnen Szenarien beispielsweise durch unterschiedliche Ausprägungen der Kartennutzungsquote bei den kleinen Gewerbetreibenden: Im Best-Case ist die Nutzungsquote in mittlerer Höhe, im Medium-Case liegt eine etwas schwächere Nutzung vor und im Worst-Case wird die Karte von den kleinen Gewerbetreibenden nur marginal genutzt. Die Beschreibung der Szenarien ist vollständig und der erste Schritt abgeschlossen, wenn für alle potenziellen Szenarien alle relevanten Einflussgrößen in ihren prognostizierten Ausprägungen qualifiziert wurden.

2. Schritt: Validierung/Modifikation der Szenarien durch interaktives Wargaming

Die Szenarien können verfeinert, aber auch modifiziert und hinterfragt werden, wenn im Anschluss an die ersten Szenario-Entwicklung ein Wargaming-Workshop durchgeführt wird. Mit verteilten Rollen übernehmen die Mitglieder des Projektteams die unterschiedlichen Marktbeteiligten, im Falle unseres Möbelhauses beispielsweise die unterschiedlichen lokalen und überregionalen Wettbewerber (diese Verteilung kann unterschiedlich sein: eine Rolle als Möbelhaus, eine als dynamischer und innovativer Wettbewerber, eine als preisaggressiver Wettbewerber, eine als Qualitätsführer und eine als Baumarkt zum Zwecke der Analyse der Substitutionskonkurrenz) sowie die einzelnen Kundengruppen. Diese treten in Interaktion, d. h. die Teilnehmer des Workshops führen entweder rein qualitativ oder quantitativ unterstützt durch das Simulationstool (dann wird Schritt 3 vorgezogen) ihre Aktionen/Spielzüge durch und die anderen Teilnehmer reagieren hierauf. So könnte beispielsweise der dynamische Wettbewerber mit der Einführung eines weiteren CRM-Paketes unserem Möbelhaus entgegentreten, der Baumarkt hingegen eine Kooperation beim CRM-Konzept anbieten. Durch diese Interaktionen werden entweder entworfene Szenarien bestätigt oder neue Szenarien entwickelt, die vorher gar nicht auf der Agenda standen. Ein Wargaming-Workshop, der so durchgeführt wird, verschafft weiterhin Transparenz über die Erfolgsbedingungen von CRM-Strategien sowie über die Gesetzmäßigkeiten des Marktes – wann, welche bei welchen Reaktionen welcher Beteiligten Erfolg versprechend sind und wann nicht. Nach der Durchführung des Wargaming-Workshops haben alle Beteiligten im Regelfall ein viel lebendigeres Bild über die potenziellen Szenarien und ihre potenziellen Ursache-Wirkungs-Zusammenhänge.

3. Schritt: Quantifizierung des CRM-Ansatzes und seiner Folgen in einem Simulationsmodell

Im dritten Schritt wird das eigentliche Simulationstool entwickelt und in ihm werden die Marktgesetzmäßigkeiten sowie die potenziellen Kunden- und Wettbewerberreaktionen durch entsprechende Berechnungsalgorithmen quantifiziert. In die einzelnen Berechnungsalgorithmen sollte das im Rahmen der Szenariobildung und des Wargamings herausgearbeitete Know-how über die Sach- und Marktzusammenhänge entsprechend einfließen. Die Festlegung der Parameter der Simulation ist hierbei ein wesentlicher Aspekt, da dies die Stellschrauben sind, die das Möbelhaus in unserem Fallbeispiel variieren/beeinflussen kann. Diese Parameter können im Fall beispielsweise die Höhe der gestaffelten Rabatte sein, die Preiszugeständnisse bei den Sonderangeboten oder die Durchführung von weiteren Verkaufsaktionen. Die Ergebnisgrößen sind hingegen das Resultat der Simulation. Sie ergeben sich als Funktion der Parameter, sind also das, was in der Simulation konkret berechnet wird. Ergebnisgrößen wären im Fallbeispiel die strukturellen Marktanteils-, Umsatz- und/oder Deckungsbeitragsverteilungen der einzelnen Produkt- und Kundengruppen vor und nach Einführung des CRM-Programms, die Nutzungs- und Akzeptanzquoten der Kundenkarte bzw. die verlorenen Kunden, falls die Wettbewerber ebenfalls ein (vielleicht sogar besseres?) CRM-Programm einführen oder modifizieren sowie die entstehenden Kosten des CRM-Programms. Die Berechnungsalgorithmen enthalten dann festzusetzende Quantifizierungsregeln, die die Parameter in die Ergebnisgrößen überführen. Diese Festsetzung der Quantifizierungsregeln ist zwar grundsätzlich kein leichtes Unterfangen, jedoch notwendig, um die entsprechenden Aussagen zu erhalten und die Grundzusammenhänge funktional zu lösen. Im Falle extremer Unsicherheit über die Wirkungsmechanismen können alternative Quantifizierungsregeln aufgestellt werden. Hierdurch erhöhen sich aber die Anzahl der Szenarioanzahl und die Komplexität der Simulation erheblich. Mit dem Simulationstool können somit final die in den ersten Schritten nur qualifiziert vorhandenen Szenarien mit den Ergebnisgrößen quantifiziert werden.

Nach Durchführung der Simulation hat das Möbelhaus dann eine Anzahl von quantitativen gefüllten Szenarien und die zugrunde liegenden Eingabeparameter und Ausgabeergebnisgrößen, die bei der Entscheidungsfindung über die konkrete Ausgestaltung der Kundenkarte gut helfen können. Dies gilt insbesondere im weiteren Zeitverlauf, wenn das Simulationsmodell in den Folgeperioden auf tatsächliche Werte zurückgreifen kann.

4 Dos und Dont's bei der Nutzung der Instrumente für CRM-Fragestellungen

In den Vorkapiteln wurde transparent, dass die Anwendung unseres betriebswirtschaftlichen Zukunftsinstrumentariums auf die CRM-Fragestellungen durchaus Sinn machen kann und bei einer fundierten Entscheidungsfindung hilft. Allerdings gibt es mehr oder minder große Umsetzungshürden, die bei der konkreten Anwendung der Instrumente zu beachten sind.

Aus diesem Grund wird sich in diesem Kapitel der Frage gewidmet, was praktisch dazu beitragen kann, die Anwendung effizient und effektiv zu gestalten und welche Sünden bei der Einführung und Nutzung besser vermieden werden – es stellt sich also die Frage nach den Dos und Dont's. Diese Dos und Dont's lassen sich in zehn Punkte zusammenfassen, sie beziehen sich nicht nur auf die eigentlichen Instrumente, sondern auch auf deren organisatorisches und IT-bezogenes Umfeld.

1. Entscheidungsträger abholen und vom Instrumentarium überzeugen!

Die Anwendung von Szenarien, Wargaming-Ansätzen und Simulationen ist im Regelfall ein komplexeres Unterfangen, das mit erheblichem personellem Aufwand verbunden sein kann. Aus diesem Grunde ist das „Commitment" der Entscheidungsträger zum Einsatz der Instrumente für die CRM-Fragestellung a priori zwingend erforderlich. Dies bedarf meist entsprechender Überzeugungsarbeit, da es durchaus aufwandsärmere, wenn auch weniger ausgereifte Entscheidungsunterstützungsinstrumente – wie die besagte Diskussion am grünen Tisch – gibt. Sind die Entscheidungsträger jedoch gewonnen worden, so erweisen sie sich im Regelfall auch als dauerhafte Stütze gegen interne Kritiker des Verfahrens. Oftmals hilft es auch, die vorgeschlagenen Instrumente für andere bedeutende Fragestellungen des Unternehmens – insbesondere im Marketing- und Vertriebsbereich – alternativ anzuwenden, um den dauerhaften Nutzen besser aufzeigen zu können.

2. Bereichsübergreifendes Projektteam bestimmen!

Die Zusammensetzung des Projektteams zur Umsetzung ist meist ebenfalls ein Schlüsselfaktor zum Erfolg der Einführung und Anwendung des Instrumentariums. Das gemischt zusammengesetzte (Projekt-)Team soll hier in der Weise verstanden werden, das Mitarbeiter mit differierendem fachlichem und organisatorischem Hintergrund dem Projektteam zur Verfügung stehen. Vertreter des Bereichs Operations, die CRM-Verantwortlichen, Vertriebsmitarbeiter, Marketing-Experten aber auch Controller sollten im Projektteam vorhanden sein. Dies ist zwar grundsätzlich für jedes Projekt zu begrüßen, durch die Ableitung der Szenarien aus dem Wargaming und die damit verbundene Interaktivität und die Verbindung unterschiedlicher Sichtweisen avanciert diese heterogene Zusammensetzung hier aber geradezu zur notwendigen Erfolgsbedingung. Bei Projektmitarbeitern, die alle in ähnlicher Art und Weise denken und bestimmte gleichgerichtete Ansätze vertreten, kann sich die Variabilität der Interaktion nicht voll entfalten und die Bandbreite der potenziellen Szenario-Entwicklung kann stark eingeschränkt werden.

3. CRM-relevante Datengrundlagen sammeln und aktuell halten!

Fundierte Entscheidungen können ferner nur mit realistischen oder zumindest denkbaren Datengrundlagen getroffen werden. Werden nicht realistische oder imaginäre Daten- und Parametergrößen im Simulationstool angewandt, kann die Akzeptanz bei den involvierten Teilnehmern und Entscheidungsträgern erheblich leiden. Soll das Instrumentarium zur permanenten Diskussion für CRM-relevante Fragestellungen bereitgehalten werden, so sind die Datengrundlagen in regelmäßigen Abständen (meist jährlich oder halbjährlich) zu aktualisieren, um eine dauerhafte zu Nutzung zu gewährleisten. So können Alternativszenarien durchgespielt werden und die Diskussion über die Ausgestaltung des CRM-Systems anhand dieser Szenarien bleibt immer top-aktuell. Des Weiteren ergibt sich durch die Aktualisierung auch die Möglichkeit zur intensiven Abweichungsanalyse bei den Ein- und Ausgabegrößen.

4. Kreativität in die Szenarienbildung integrieren und fördern!

Bei der Generierung von Szenarien sowie bei deren Validierung und Bewertung beim Wargaming sollte größtmögliche Kreativität walten gelassen werden. Zunächst irreal erscheinende Strategien und Fallkonstellationen enthalten im Kern meist gangbare Handlungsoptionselemente des Unternehmens oder seiner Wettbewerber. Vor diesem Hintergrund ist es durchaus legitim und sinnvoll aus Gründen der Transparenz, über die Risiken von Strategien die so entstandenen Alternativszenarien näher zu analysieren. So können „Was-wäre-wenn-Konstellationen" auch für zunächst „absurde" Entwicklungen untersucht werden, die normalerweise nicht zur Diskussion stünden. Dies ist zwar eine erhebliche Herausforderung für den Moderator der Workshops, erhöht aber den Kreativ-Output der Szenario-Entwicklung und des Wargamings um ein Vielfaches und ist daher entsprechend zu begrüßen

5. Hohe Komplexität der Berechnungsalgorithmen im Simulationsmodell vermeiden!

Bei der Modellierung der Realität in der Simulation ist der Versuchung zu trotzen, das relevante CRM-Umfeld möglichst genau abzubilden. Die Berechnungsalgorithmen sollten nicht nur aus Aufwands- sondern vor allem aus Transparenzgründen einfach und nachvollziehbar aufgebaut werden. Komplexe Berechnungsalgorithmen bedeuten nämlich vor diesem Hintergrund nicht nur erheblichen Pflege- und gegebenenfalls Weiterentwicklungsaufwand, wenn das Simulationsmodell dauerhaft im Einsatz ist. Vor allen Dingen erschwert eine hohe Komplexität die Nachvollziehbarkeit und Interpretierbarkeit der Ergebnisse, die ja Hauptzielsetzung der Entscheidungsunterstützung bei CRM-Entscheidung ist. Vor diesem Hintergrund sollten eher die grundsätzlich Zusammenhänge modelliert und in der Simulation abgebildet werden, um die grundlegenden Aussagen und Implikationen bei der Auswertung gewinnen zu können. Sukzessive Modellerweiterungen können dann in einem zweiten Schritt vorgenommen werden, so dass die Simulation mit den sich entwickelnden CRM-Aktivitäten kontinuierlich mitwächst.

6. DV-Plattform mit Standardsoftware lösen oder bestehende Plattformen nutzen!

Das Simulationsmodell sollte zunächst auf einer bestehenden Standardsoftwarelösung aufgebaut werden. Zur Darstellung und Modellierung der Grundzusammenhänge reicht meist Excel aus. Sind entsprechende Softwareplattformen im Haus und entsteht im Laufe der Zeit ein größerer Nutzerkreis, so kann in einem weiteren Schritt über eine Alternativplattform nachgedacht werden. Die Bandbreite und Kombination der möglichen Lösungen ist hier vielfältig und reicht von unterstützenden Datawarehouse-Plattformen zur Datenbefüllung bis hin zu webbasierten Anwendungen der Eingabe der Simulationsparameter. Wie im Einzelnen konkret vorzugehen ist, ist immer unternehmens- oder bereichsindividuell zu klären und hängt nicht zuletzt von der vorhandenen Software und dem vorhandenen Know-how ab, die Plattform (weiter) zu entwickeln, zu pflegen und zu nutzen.

7. Inflationäre Anwendungen der Instrumente vermeiden!

Szenarienbildung, Wargaming und Simulationen sind ein gutes, aber kein Universalinstrument für alle Entscheidungen im CRM-Bereich. Durch eine allzu inflationäre Anwendung der Instrumente für eher unbedeutende, operative Entscheidungen treten die gewünschten Effekte nicht immer auf. Die Anwendung kann so zu einer bloßen, auf Dauer demotivierenden, kreativitätsmindernden Pflichtübung verkommen. Aus diesem Grunde sollte die Anwendung strategischen Meilensteinentscheidungen vorbehalten bleiben, damit die Kreativität nicht in banalen Alltagsentscheidungen „sinnlos" verpulvert wird und sich der Aufwand im Rahmen hält.

8. Anwendungszyklus verstetigen!

Die Vermeidung von inflationären Anwendungen bedeutet jedoch keine vollständige Eliminierung der Instrumente von der Agenda nach der Einführung des CRM-Konzepts. Vielmehr ist es sinnvoll, im Rahmen von jährlichen Strategiereviews, die Stimmigkeit der Grundrichtung des CRM-Konzeptes zu überprüfen. Durch die Reaktionen auf Kunden- und Wettbewerberseite kann dann viel besser über eine Feinjustierung/Modifizierung des Konzeptes diskutiert werden.

9. Frühwarnindikatoren als Anwendungsimpulse im (Standard-)Reporting generieren!

Da es sinnvoll ist, die Instrumente nicht permanent und kurzfristig einzusetzen, bedarf es eines Impulsgebers, der die Notwendigkeit der Anwendung der Instrumente im Auge behält und bei Bedarf die Nutzung der Instrumente anstößt. Ein solcher Impulsgeber kann natürlich auch das Top- oder Middle-Management darstellen, in dem es entsprechende Fragestellungen auf die Agenda zieht und damit die Nutzung der Instrumente forciert. Besser wäre jedoch, um nicht nur die „Bauchgefühle" des höheren Managements zu nutzen, eine Institutionalisierung im Reporting durch aussagekräftige Frühwarn-Kennzahlen, wie z. B. Umsatzrückgänge bei bestimmten Produkten, Wettbewerberaktivitäten usw., die die Frage der Nutzung „automatisch" auf die Tagesordnung bringen und zur Diskussion stellen.

10. Dauerhaft Verantwortliche benennen und Verantwortung von der Projekt- in die Linientätigkeit übertragen!

Die Benennung von dauerhaft Verantwortlichen für die Instrumente ist die Voraussetzungen für deren konstante Anwendung. Ansonsten besteht die Gefahr, dass die instrumentale Nutzung nach Beendigung des Einführungsprojektes schnell wieder durch das Tagesgeschäft in Vergessenheit gerät. Es sollte also eine „treibende" Stelle bzw. ein „Kümmerer" gefunden werden, der für die Anwendung, die Pflege aber auch die Weiterentwicklung der Instrumente verantwortlich ist und diese mit dem konkreten Tagesgeschäft des CRM-Managements verzahnt.

5 Fazit

Die vorangegangenen Ausführungen haben gezeigt, dass es sinnvoll ist, sich bei der Entscheidung über wesentlichen CRM-Fragestellungen zukunftsorientierter Hilfsmittel zu bedienen. Szenarien, Wargaming und Simulationen können vor diesem Hintergrund als Dreiklang von sinnvoll zu kombinierenden Instrumenten zur Entscheidungsunterstützung verstanden werden. Gerade um Transparenz über die quantitativen Zusammenhänge und

Auswirkungen von CRM-Ansätzen zu erhalten, erweisen sich die Instrumente als nützliche Hilfsmittel. Zwar sind die Zusammenhänge zunächst einmal nur geschätzt, schaffen aber für die Entscheidenden ein besseres Gefühl für die Entscheidungen alleine durch den Versuch ihrer quantitativen Untermauerung. Die erfolgreiche praktische Anwendung der Instrumente liegt in ihrer konkreten instrumentellen und prozessualen Ausgestaltung. Wird hier auf eine reduzierte Komplexität, eine schlanke IT-Lösung und die Zuweisung von organisatorischen Verantwortlichkeiten geachtet, sollte einer erfolgreichen Anwendung der Instrumente und einer fundierten Entscheidung über den einzuführenden CRM-Ansatz nichts mehr im Wege stehen.

Literatur

[1] SPITZNER, J./STOFFELS, M.: Market-Intelligence. In: Management Circle (Hrsg.) Schriftlicher Lehrgang Marketing-Controlling, Eschborn 2007.
[2] WEBER, J./KANDEL, O./SPITZNER, J./ VINKEMEIER, R.: Unternehmenssteuerung mit Szenarien und Simulationen, Schriftenreihe Advanced Controlling, Band 46.

Autor

MARIO STOFFELS, Prof. Dr., Professor für Controlling und Finanzwirtschaft an der Fachhochschule Eberswalde.

CRM in der Praxis – die Auswahl des passenden CRM ist gar nicht so einfach

Sarah Midderhoff

1	Einführung Customer Relationship Management	261
2	Anforderungen an ein CRM-System	262
	2.1 Datenschutz	263
	2.2 Vertriebs- und Marketing-Strategie	265
	2.3 Branchenstruktur	265
	2.4 Budget	266
	2.5 IT-Anforderungen	266
3	Aufgaben eines CRM	267
	3.1 Lead-Management	268
	3.2 Kunden-Management	268
	3.3 Kampagnen-Management	269
	3.4 Cross-Selling	270
	3.5 Kündigungsprävention und Rückgewinnung	270
4	Erfolgreiche CRM-System-Auswahl und Umsetzung	271
	4.1 Fundament CRM-Strategie	271
	4.2 Die richtige Wahl treffen und umsetzen	271
	4.3 Prozesse anpassen	273
	4.4 Wandel begleiten	274
	4.5 CRM-Controlling umfasst nicht nur Kontrolle, sondern auch Steuerung	274
5	Empfehlungen für erfolgreiche CRM-Projekte	275
6	Fazit	276
Literatur		276
Autor		277

1 Einführung Customer Relationship Management

Customer Relationship Management (CRM) ist sowohl in Marketing-Theorie als auch Praxis das Buzz-Word. Kaum ein Unternehmen scheint sich der Anziehungskraft und Verheißung dieses Begriffs entziehen zu können. Die offensichtliche Beliebtheit von CRM setzt sich nicht nur bei Konzernen und großen Unternehmen durch, sondern auch zunehmend im Mittelstand. Aber was ist CRM konkret und was erhoffen sich Unternehmen von der Einführung? Welche Anforderungen sind bei der Auswahl eines geeigneten IT-Systems gegebenenfalls zu berücksichtigen? Und welche Faktoren beeinflussen das Gelingen eines solchen Projekts? Rund um den Nutzen und die Anforderungen von CRM und entsprechenden IT-Systemen ergeben sich unzählige Fragen, die einer Klärung bedürfen.

Unternehmen versprechen sich eine Vielzahl von Vorteilen durch den Einsatz von CRM-Lösungen, allem voran mehr Gewinn [3]; [5]; [7]; [17]. Die Erhöhung des Gewinns kann im Allgemeinen über zwei mögliche Ansätze erreicht werden [3]; [7]:

1. **Senkung der Kostenseite**, z. B. durch Automatisierung, Nutzung von günstigen Kommunikationsmöglichkeiten, Optimierung von Prozessen

2. **Intensivierte Betreuung der Kunden**, z. B. durch Individualisierung der Kommunikation und Angebote

Der Ansatz der Kostenreduktion zur Gewinnsteigerung durch CRM wird in der Marketing-Theorie mitunter als **Economy-CRM** bezeichnet [7]. Der entsprechende Gegenansatz der intensiven und individuellen Betreuung, wird hingegen mit **Premium-CRM** bezeichnet [7]. Beide Ansätze, die häufig auch in Kombination angestrebt werden, können als legitime Basis für die Einführung einer kundenorientierten Strategie dienen [8]. Wird auf der wissenschaftlichen Ebene CRM als ganzheitlicher strategischer Ansatz für die Realisierung von langfristigen, lukrativen Kundenbeziehungen gesehen, wird in der Marketing-Praxis darunter häufig ausschließlich ein entsprechendes IT-System verstanden [4]; [7]. Vielfach liegt hier schon ein Scheitern von CRM-Projekten begründet, da CRM als reines IT-Projekt verstanden wird, ohne die weitreichenden Konsequenzen für das Gesamtunternehmen zu berücksichtigen. Beim CRM handelt es sich zu aller erst um eine Unternehmensstrategie, die mit Hilfe von einem oder mehreren IT-Systemen umgesetzt wird.

Die Betrachtung des Gesamtkonzepts CRM bietet jedoch weit mehr. Der konzeptionelle Ansatz von CRM bietet einen guten Rahmen für die Definition von Anforderungen, die für die Auswahl eines individuell passenden CRM-Systems unerlässlich sind. Insgesamt lässt sich CRM wie folgt definieren.

> „**Customer Relationship Management umfasst den Aufbau und die Festigung langfristiger profitabler Kundenbeziehungen durch abgestimmte und kundenindividuelle Marketing-, Sales- und Servicekonzepte mit Hilfe moderner Informations- und Kommunikationstechnologien.**" [7]

Insbesondere die Aussicht auf die Bindung profitabler Kunden macht CRM so attraktiv [13]. Mit einer sauberen und strukturierten Umsetzung tun sich jedoch viele Unternehmen schwer. Diese besitzen in der Regel eine Vielzahl an Applikationen, Datenbanken und nicht zuletzt stapelweise Papier, die für den Absatz wichtige Kundeninformationen beinhalten [17]. Daten über bisher erworbene Produkte oder Dienstleistungen befinden sich in der Buchhaltung, der Vertrieb besitzt Insiderwissen über die Besonderheiten des Kunden und das Marketing versucht zielgruppengerechte Angebote zusammenzustellen [11].

Daher ist es nicht verwunderlich, dass viele Informationen redundant oder sogar divergierend zueinander in unterschiedlichen IT-Systemen abgelegt sind [11]. Ein CRM-System kann für die Bündelung, Prüfung und Analyse der wichtigen kundenbezogenen Informationen eingesetzt werden [7]; [8]; [6]; [11]. Ein so entstehendes ganzheitliches Kundenbild kann dann wiederum als Basis für eine gezielte Ansprache genutzt werden [2]; [8]; [11].

Heutige CRM-Systeme können bereits eine große Bandbreite der notwendigen Prozesse für eine kundenorientierte Vermarktung von Produkten und Dienstleistungen bereitstellen, doch bietet gerade die Vielfalt am Softwaremarkt die große Gefahr einer Fehlinvestition. Eine Fülle an Anforderungen muss bei der Auswahl einer entsprechenden Lösung berücksichtigt werden. In der Praxis kommt es durchaus vor, dass Unternehmen nur aus dem Grund ein CRM einführen, weil alle Mitbewerber eines zu haben scheinen. Der Schritt zu einem CRM darf jedoch kein Selbstzweck sein [9]; [14]. Jede Organisation, die CRM und ein entsprechendes IT-System zur Umsetzung dieser Strategie einführt, verspricht sich einen Nutzen davon, der nicht aus dem Blick verloren gehen darf. Die Quantifizierung des CRM-Nutzens ist schwierig, aber unerlässlich bei der Beurteilung, welchen Anteil CRM am Unternehmenserfolg ausmacht [9]. Das oberste Ziel eines jeden Unternehmens ist jedoch der Gewinn und dieser darf nicht für eine blinde Kundenorientierung geopfert werden [16]. Der Erfolg von CRM kann nur gemessen werden, wenn Vergleichswerte vorliegen. Bei einer CRM-Einführung spielt das Messen und Vergleichen von definierten Werten innerhalb des Controllings eine wichtige Rolle.

In der Praxis sind jedoch gelegentlich „strategische" Projekte anzutreffen, die von der Unternehmensleitung aus politischen oder auch visionären Gründen realisiert werden. Diese Projekte werden auch dann umgesetzt, wenn zu Beginn nicht klar ist ob und wann sich ein Return on Invest einstellen wird. Ein Controlling wird in diesen Fällen vernachlässigt oder gar nicht angewandt.

2   Anforderungen an ein CRM-System

Ist eine Entscheidung für die Einführung einer kundenorientierten Strategie im Unternehmen gefallen, stellt sich die Frage nach der richtigen Umsetzung des Vorhabens. Für die erfolgreiche Einführung eines CRM-Konzepts ist eine ausgewogene Kombination zwischen der unternehmensindividuellen CRM-Strategie und deren Umsetzung mit Hilfe eines CRM-Systems notwendig [7]; [20]. Die Entwicklung einer CRM-Strategie ist die Basis des Erfolgs und sollte, wenn möglich durch Spezialisten, wie z. B. einem Moderator, begleitet und unterstützt werden. Weiterführende Informationen über die CRM-Strategie gibt Wessling, 2001.

CRM in der Praxis – die Auswahl des passenden CRM ist gar nicht so einfach 263

Wie bereits erwähnt, ist die CRM-Strategie des Unternehmens das Fundament für die Formulierung der Anforderungen an das auszuwählende IT-System und die Gestaltung der Prozesse [8]. Die sorgfältige Erfassung dieser Anforderungen ist besonders wichtig, da es am Markt nicht „das" CRM-System gibt, sondern sich diese in Leitungsumfang, Komplexität und Ausrichtung (z. B. B2C- oder B2B-Markt) deutlich voneinander unterscheiden [8]; [15]. Die **Abbildung 2.1** zeigt, aus welchen Richtungen sich Anforderungen an das CRM-System ergeben.

Abbildung 2.1 Anforderungen an CRM-Systeme

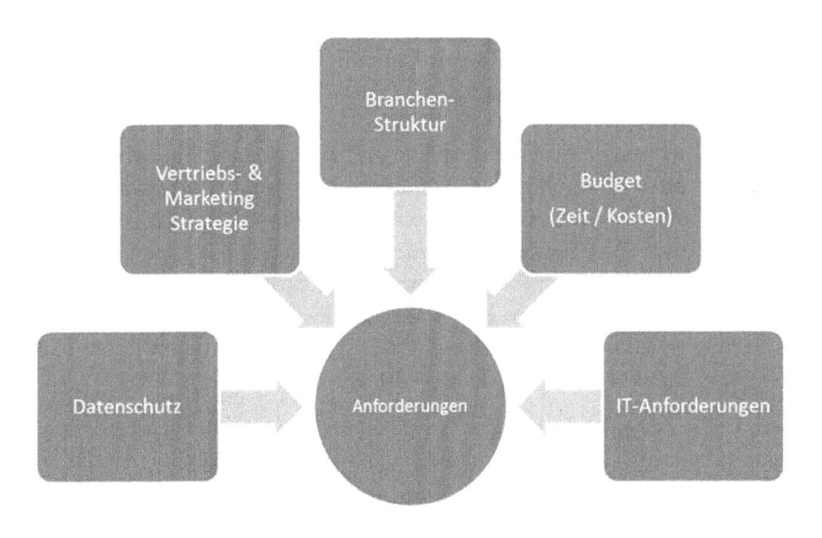

2.1 Datenschutz

Das gesamte CRM dreht sich um die Nutzung von Kundendaten. Diese Daten können jedoch nicht frei von Restriktionen durch das Unternehmen genutzt werden. Insbesondere begrenzt das Datenschutzrecht in Deutschland, wozu die Informationen genutzt werden dürfen und wofür nicht [1]. Besonders im Bereich des B2C sind die Vorschriften streng und schützen die Konsumenten vor „werblichen Übergriffen". Ohne vorherige Einwilligung des Konsumenten ist streng genommen jegliche Kontaktaufnahme zu werblichen Zwecken verboten.

Die Umsetzung und Kontrolle dieser Gesetzte ist jedoch noch nicht in der Praxis angekommen und so ist zu beobachten, dass einige Unternehmen dies für unlautere Zwecke missbrauchen. Ein sorgfältiger Umgang mit Kundendaten kann ein Differenzierungsmerkmal gegenüber dem Mitbewerb sein. Immer wieder kommt es zu Datenverlusten, die für negative Schlagzeilen sorgen und Konsumenten auch zur Abwanderung bewegen. So musste Sony mit seinem Angebot PlayStation Network im Jahr 2011 den Datendiebstahl von Millionen Kreditkarteninformationen ihrer Kunden vermelden.

Durch die bestehenden Gesetze wird eine Einwilligung des Konsumenten in den Kontakt gefordert. Die Einwilligung muss ganz bestimmte Voraussetzungen erfüllen, damit diese wirksam ist [1]; [19]. Grundsätzlich gelten in der B2B-Kommunikation die gleichen Einschränkungen, die jedoch nicht so streng formuliert sind. Besteht jedoch eine Geschäftsbeziehung, kann davon ausgegangen werden, dass ein Interesse an den Produkten und Dienstleitungen besteht. Unter diesen Umständen ist eine Kontaktaufnahme legitim [1].

Durch das Datenschutzgesetz sind ausschließlich personenbezogene Daten geschützt, Daten über Unternehmen sind daher von diesem Schutz ausgenommen und können ohne Beschränkung gespeichert und verarbeitet werden [1]; [19]. Im Rahmen der Gesetze zulässig ist die Verarbeitung personenbezogener Daten in abstrahierter oder aggregierter Form. Abgeleitet bedeutet dies für die Auswahl des CRM-Systems, dass es möglich sein muss, Daten in diesen Formen zu speichern. [1]. Sollen die personenbezogenen Daten so gespeichert werden, wie sie sind, muss aber wie ausgeführt eine Einwilligung des Konsumenten vorliegen, die auch den konkreten Verarbeitungszweck umfasst [1]. Daten, die zwingend für die Erfüllung und Abwicklung eines Vertrages benötigt werden, bedürfen keiner Einwilligung. Sobald diese Informationen aber für das Marketing eingesetzt werden, muss der Konsument für diesen Zweck eine Einwilligung abgeben [1]. Diese muss schriftlich erfolgen [1]. Weitere Ausführungen darüber, wie eine Einwilligung auszusehen hat, gibt § 4a Abs. 1 des BDSG. Da jede Person ein Recht auf Löschung der eigenen Daten hat, muss ein CRM-System auch Sperrvermerke umsetzen können.

Eine saubere Umsetzung des Datenschutzes ist zu empfehlen, da entsprechende Behörden zu jeder Zeit und ohne speziellen Grund die Einhaltung überprüfen können [1]. Im Idealfall ist zu jedem Kontakt eine Einwilligung hinterlegt, die die einzelnen Kommunikations-Kanäle und Zwecke abdeckt. Entfällt der Zweck, zu dem die Daten gespeichert wurden, z. B. für eine Vertragsabwicklung, müssen die Daten nach Ende des Geschäfts gelöscht werden [1]. Sind die Daten, auch personenbezogene, allgemein zugänglich, z. B. über das Internet (XING, Facebook, Adressverzeichnisse), dürfen diese verarbeitet werden [1]; [19]. Darüber hinaus dürfen Adresslisten gekauft und verarbeitet werden (Listenprivileg). Erlaubt ist die Verarbeitung der Berufsbezeichnung, der Name selbst, akademische Titel, die Adresse und das Geburtsjahr [1]; [19]. Für eine gute Nachvollziehbarkeit der Daten sollte zu jedem Kontakt die Quelle der Daten angegeben werden können.

Literatur, die sich umfassend mit dem Thema Datenschutz und CRM befasst, ist sehr rar gesät [19]. In den unzähligen Beiträgen über CRM wird zwar darauf hingewiesen, dass die Normen des Datenschutzes einzuhalten sind, auf konkrete Maßnahmen wird jedoch nicht eingegangen [19]. Bei allen Beteiligten ergibt sich daraus eine große Unsicherheit. Ein CRM-System sollte nur die wirklich notwendigen Daten erfassen und soweit wie möglich die schriftliche Einwilligung für die einzelnen Kommunikationskanäle und Zwecke vom Interessenten oder Kunden enthalten. Dies trägt nicht nur zur Risikominimierung bei, sondern steigert auch die Datenqualität. Bei der Formulierung des Verarbeitungs-Zwecks ist darauf zu achten, dass Verallgemeinerungen, wie z. B. für „Werbe-, Markt- und Meinungsforschung", die vom Gesetz aufgestellten Anforderungen nicht erfüllen und somit auch keine wirksame Einwilligung besteht [1].

2.2 Vertriebs- und Marketing-Strategie

Die Vertriebs- und Marketing-Strategie legt fest, wie Kundenorientierung umgesetzt werden soll und gibt den Prozessen bildlich gesehen Leitplanken [18]. Es werden konkrete Ziele mit Maßnahmen und Terminen versehen, die auch nachprüfbar sind. Für die effektive Steuerung von Vertrieb und Marketing muss das CRM-System entsprechende Kennzahlen liefern. Ein Beispiel sind Forecasts, die tagesaktuell aufzeigen können, wie viel Geschäft sich in der Vertriebs-Pipeline befindet [17]. Wichtig sind Aufschlüsselungen auf unterschiedlichen Ebenen, z. B. nach einzelnem Vertriebsmitarbeiter, Abschlusswahrscheinlichkeit oder auch je nach Produkt oder Dienstleistung [17]. CRM-Systeme können diese Zahlen in unterschiedlicher Weise bereitstellen, zum Teil sind diese sehr schön grafisch aufbereitet. Bei der Auswahl des IT-Systems sollte von Beginn an feststehen, welche Kennzahlen unbedingt notwendig sind und ob die zur Auswahl stehenden Systeme diese liefern können.

Ein weiteres wichtiges Element für eine gewinnbringende Umsetzung ist die Verknüpfung von Marketing- und Vertriebsprozessen auf operativer Ebene. Entstandene Kontakte dürfen nicht ins Leere laufen [18]. Fordert ein Interessent z. B. einen Prospekt an, darf der Kontakt nicht mit dem bloßen Zusenden der gewünschten Unterlage enden. Vielmehr muss der Faden aufgenommen und z. B. durch einen Follow-up-Brief oder -Anruf weitergeführt werden. CRM-Systeme bieten für die Umsetzung der definierten Übergangspunkte Workflows an, die meist auch selbst gestaltet werden können. Insbesondere bei diesen Mehrwert-Funktionen ist auf die konkrete Ausgestaltung zu achten, denn die Tücke liegt im Detail.

2.3 Branchenstruktur

Der CRM-Software-Markt bietet inzwischen für jeden Geschmack die passend ausgestaltete CRM-Software. Grundsätzlich lässt sich die Software in Standardlösungen und Speziallösungen unterscheiden [15]. CRM-Systeme aus dem Standardbereich sind nicht gezielt auf eine Branche abgestimmt und erfordern einen zusätzlichen Anpassungsaufwand zu Beginn und bei der Einführung jeder neuen Version [5]. Besonders die Benennung von Feldern muss im gesamten System angepasst werden [15]. IT-Dienstleister können mit einem Feld Lieferschein erzeugen naturgemäß wenig anfangen, während diese im Versandhandel essenziell sind. Für den Dienstleister sind eher Begriffe wie Abnahme oder auch Time & Material entscheidend. Anbieter von Speziallösungen berücksichtigen diese Besonderheiten. Anpassungsaufwände werden aber dennoch anfallen, da jedes Unternehmen in seinen Prozessen und der eigenen Begriffswelt einzigartig ist [15]. Bei der Auswahl des CRM-Systems ist daher auch zu prüfen, welches Systems am besten passt und wie hoch der erforderliche Aufwand für Änderungen sein wird.

2.4 Budget

Sind die Vorarbeiten für die Auswahl und Einführung von CRM und eines CRM-Systems abgeschlossen und in Form von Plänen niedergelegt, bleibt noch die Budgetierung des gesamten Projekts [17]. Sind alle Posten mit monetären Werten versehen, sollte in der Umsetzungsphase ein regelmäßiger Abgleich zwischen Plan- und Ist-Ausgaben durchgeführt werden. Für unvorhergesehene Verzögerungen oder zusätzliche Ausgaben sollte immer ein Puffer in die Budgetplanung aufgenommen werden.

Ein sehr großer Kostenfaktor ist meist der Lizenzerwerb für das CRM-System. Neben dem klassischen Lizenzmodell mit einer Einmalzahlung zu Beginn des Projekts treten immer mehr Software-as-a-Service(SaaS)-Anbieter auf den Markt und bieten CRM-Leistungen monatlich buchbar an [15]. Ebenso wird das Cloud-Thema in den kommenden Jahren auch beim für CRM immer mehr Fuß fassen und die unternehmenseigenen Serverparks reduzieren und die Flexibilität vergrößern. Es ist also abzuwägen, ob eine Investition in die eigene Infrastruktur unbedingt notwendig ist, wenn diese Services auch aus externer Quelle bezogen werden können und dies zu kalkulierbaren Preisen. Nicht zu vernachlässigen ist der personelle Aufwand für die Analyse, Auswahl und Einführung von CRM.

2.5 IT-Anforderungen

Viele CRM-Systeme erscheinen auf den ersten Blick geeignet für die Umsetzung der CRM-Strategie. Betrachtet man die Systeme aber genauer, erweisen sich einige Details als Ausschlusskriterium. So macht es z. B. wenig Sinn, ein CRM-System auszuwählen, das auf einer veralteten technischen Basis beruht oder ein am Markt seltenes Spezial-Know-how erfordert. Beide Umstände führen dazu, dass die eigene IT-Abteilung immense Aufwände betreiben muss, das System zu konfigurieren, es zu administrieren oder auch Fehler zu beheben, da das benötigte Wissen nicht im eigenen Unternehmen vorhanden ist und teuer am Markt eingekauft werden muss. Ebenso essenziell ist die technologische Offenheit des Systems für Erweiterungen. Vor einigen Jahren war Social Media als Vertriebs- und Kommunikationskanal kaum bekannt und noch seltener Teil der CRM-Strategie. Die Möglichkeit, neue Kanäle anzubinden, ist daher immens wichtig [8].

In diesem Zusammenhang sind die technischen Schnittstellen des CRM-Systems zu prüfen [17]. Moderne Systeme bieten von Haus aus integrierte Schnittstellen, die eine Kommunikation in beide Richtungen mit anderen Systemen erlauben (z. B. Web-Schnittstellen). Auf diese Weise können Daten nicht nur leicht in das CRM-System migriert werden, sondern auch weitere Systeme, wie z. B. ein Enterprise-Resource-Planning-System (ERP-System), mit Auftragsdaten versorgt werden.

Nachdem die technische Basis und die Integrationsmöglichkeiten mit den übrigen Systemen geklärt wurden, ist noch zu prüfen, ob die hauseigene Hardware in der Lage ist, das CRM-System zu betreiben [17]. Eine ausschließliche Prüfung des Server-Parks reicht nicht aus, ebenso müssen Mitarbeiter-Endgeräte (PC, Notebook, Smart-Phone, Tablet-PC), die Leistungsstärke der benötigten Netze, sowie die Telefonanlage selbst, geprüft werden. An

CRM in der Praxis – die Auswahl des passenden CRM ist gar nicht so einfach 267

dieser Stelle sollte auch über die Auslagerung der Hardware an ein externes Rechenzentrum überlegt werden. Unter Umständen ist der Einkauf dieser Ressource günstiger als der Betrieb eines eigenen Rechenzentrums.

3 Aufgaben eines CRM

Neben den bisher erfassten Anforderungen ergeben sich diese ebenfalls aus den Aufgaben, die ein CRM-System im operativen Betrieb leistet.

Abbildung 3.1   Ausgewählte Aufgaben eines CRM-Systems

- Lead-Management
- Kunden-Management
- Kampagnen-Management
- Cross-Selling
- Kündigungs-Prävention & Rückgewinnung
- Aufgaben CRM

3.1 Lead-Management

„Lead-Management beschäftigt sich mit der Erfassung, Qualifizierung, Priorisierung und Weiterleitung von Interessensbekundungen der Kunden, die aus Kampagnen und anderen Unternehmensmaßnahmen entstanden sind." [7]. Ein CRM-System muss die Möglichkeit bieten, die gesamte Kommunikationshistorie, insbesondere die Qualifikationsphase mit dem Lead abbilden zu können [6]. Für den Vertrieb sind qualifizierte Kontakte von unschätzbarem Wert, da diese Mitarbeiter sich direkt auf die vielversprechenden Leads konzentrieren können und ihnen nur ein limitiertes Zeitkontingent zur Verfügung steht [7]; [8]. In der Praxis ergeben sich insbesondere aus der bisherigen Kommunikation Hebel für den Vertrieb. Das Lead-Management in einem CRM-System bietet im Idealfall folgende Funktionalitäten [8]:

- Erfassung der Lead-Kontaktdaten
- Qualifikation des Leads, insbesondere übersichtliche Dokumentation der erfassten Informationen
- Zuweisung der Leads zu bestimmten Mitarbeitern (Workflows)
- Lead-Nachverfolgung
- Auswertungs- und Selektionsmöglichkeiten

Natürlich kann diese Aufzählung nicht abschließend sein, da jedes Unternehmen individuell festlegen muss, welche Funktionen notwendig sind und welche nicht.

3.2 Kunden-Management

Das Konzept des CRM ordnet der langfristigen Betreuung der Kunden eine besondere Rolle zu. Ein CRM-System sollte daher entsprechende Möglichkeiten bieten. Es muss zu jeder Zeit ersichtlich sein, welche Angebote der Kunde bereits erhalten hat, welche Käufe getätigt wurden und auf welche Kampagnen dieser reagiert hat, sowie alle weiteren wichtigen Ereignisse der geschäftlichen Beziehung [7]. Das CRM-System sollte darüber hinaus mit Hilfe von Workflows oder automatisch generierten Erinnerungen eine kontinuierliche Kundenbeziehung unterstützen [7]. Erforderlich sind all die Funktionen, die typischerweise rund um einen Kundentermin anfallen. Dazu gehören die konkrete Terminplanung und Nachverfolgung, Protokollmöglichkeiten über die durchgeführten Termine, Spesenabrechnung sowie die Unterstützung bei der Angebotserstellung [11]. Häufig treten in der Praxis an dieser Stelle Redundanzen mit anderen IT-Systemen auf, die durch eine Verknüpfung dieser gelöst werden müssen. Geschieht dies nicht, ist das Ziel einer einheitlichen Sicht auf den Kunden nicht zu realisieren. Ein Beispiel ist die Spesenabrechnung, die typischerweise über ein Enterprise-Resource-Planning-System (ERP-System) abgedeckt wird. Für die Selektierung der profitablen Kunden innerhalb des CRM-Systems müssen alle Daten für die Beurteilung der Profitabilität eines Kunden auch dort vorliegen. Auf dem heutigen Stand der Technik ist es nicht mehr notwendig, diese Daten per Hand in das CRM-System zu übertragen, eine Übertragung kann automatisiert über die Schnittstellen der Systeme erfolgen.

3.3 Kampagnen-Management

Die Planung, Durchführung und Kontrolle aller Kampagnen in einem Unternehmen ist Aufgabe der Marketing-Abteilung und des Kampagnen-Managements [7]; [8]. In Konzernen sind häufig spezialisierte Unterabteilungen anzutreffen. Ebenso hat sich eine Vielzahl von Agenturen in diesem Bereich platziert und ermöglicht das Outsourcing dieser Aufgabe [13].

Ziel des Kampagnen-Managements ist, die Zielgruppe mit Informationen und Werbung so zu versorgen, dass diese ihr Interesse gegenüber den Produkten und Dienstleistungen sowie dem Unternehmen selbst bekunden und das Produkt oder die Dienstleistung erwerben [7]; [11]. Wichtig, bei dieser direkten Ansprache der Kunden und Interessenten, ist die Zielgenauigkeit der Argumente, die darüber hinaus auch zum richtigen Zeitpunkt erfolgen muss [7]. Streuverluste zu vermeiden, ist ein wesentlicher Erfolgsfaktor im Kampagnen-Management [16]. Das ausgewählte CRM-System muss für die Umsetzung von Kampagnen diverse Funktionen bereitstellen. Eine davon ist die Zielgruppenanalyse, mit deren Hilfe homogene Gruppen identifiziert werden können. Die identifizierten Gruppen weisen typische Merkmale auf, die um soziodemografische Faktoren ergänzt werden und als Basis für sämtliche Vertriebs- und Marketingaktionen dienen [7]; [10].

Damit aus einzelnen Marketing-Aktionen eine zielgerichtete Kampagne entstehen kann, gilt es mit dem CRM-System die einzelnen Elemente miteinander zu verknüpfen [8]. Kampagnen-Elemente müssen zeitlich und event-induziert gesteuert werden können. Im Vordergrund steht die Übermittlung der Botschaft auf den verschiedensten Kommunikationswegen zur richtigen Zeit, um so eine Wirkung zu erzielen. Besonders mehrstufige Kampagnen und die Steuerung dieser, z. B. über die Nutzung von regelbasierten Workflows, sind die Hauptaufgabe des Kampagnen-Managements.

Unumgänglich bei der wachsenden Werbeabneigung der Konsumenten und Entscheider ist der Einsatz von Black-Lists, die garantieren, dass Kontakte nicht gegen ihren geäußerten Willen kontaktiert werden und so endgültig verloren gehen. Unabhängig davon, ob eine Response auf eine Ansprache positiv oder negativ ausgefallen ist, so kann das Feedback wichtige Hinweise für die Verbesserung der Kampagne geben oder deren Erfolg bestätigen [8].

Die wichtigsten Funktionen, die ein CRM-System im Rahmen des Kampagnen-Managements bereitstellen muss im Überblick [8]:

- Selektion der Kontakte auf Basis erfasster Parameter
- Ergebnis- (z. B. Geschäftsabschluss) und aktionsorientierte- (z. B. Frühlingsaktion) Kampagnenstarts
- Einstufige und mehrstufige Kampagnen
- Nutzung von einem oder mehreren Kommunikationskanälen
- Einmalige oder dauerhaft angelegte Kampagnendurchführung

- Zeitliche Steuerung und Abstimmung einzelner Kampagnenteile und Gesamtkampagnen zueinander
- Erfassung und Auswertung der Kampagnen-Rückläufer

3.4 Cross-Selling

Insbesondere Unternehmen mit einer direkten Kundenkommunikation können mit Hilfe eines CRM-Systems Cross- und Upselling-Potenziale gezielt nutzen [20]. Für den Kunden können durchaus weitere Produkte oder Dienstleistungen von Interesse sein [16]. So verkauft z. B. der schwedische Möbelgigant Ikea neben Küchen im gleichen Zug auch die passenden Elektrogeräte, Dekorationen und Geschirr.

Cross-Selling bietet nicht nur für den Verkäufer Vorteile. Für den Kunden bedeutet es den Wegfall eines aufwendigen Anbieter-Vergleichs, da er bereits positive Erfahrungen mit dem Unternehmen gesammelt hat und darauf vertrauen kann [16]. Die Umsetzung von Cross-Selling ist gar nicht so aufwendig, wie oft vermutet. Im Nachgang zu jedem Gespräch oder Termin kann der entsprechende Mitarbeiter seine Eindrücke über den Kunden z. B. in einem CRM-System hinterlegen. Diese Informationen können dann gezielt als Hebel für Zusatzverkäufe genutzt werden oder als Basis für eine Kampagnenauswahl fungieren [11].

3.5 Kündigungsprävention und Rückgewinnung

Mit Hilfe eines CRM-Systems können Abwanderungstendenzen von Kunden frühzeitig erkannt werden [12]. Über bestimmte Indikatoren kann Kündigungsverhalten prognostiziert werden. Da jedes Unternehmen individuell ist, gibt es nur wenige allgemeingültige Parameter, wie z. B. wiederholte Beschwerden oder stetig sinkende Absatzzahlen. Gute Hinweise auf die Abwanderungstendenzen können auch Account Manager und Außendienstmitarbeiter über Besuchsberichte geben [12]. Zu diesem Zeitpunkt können gezielt Gegenmaßnahmen eingeleitet und der Kunde weiterhin gebunden werden [7]; [20]. Je nach Qualität der Datenbasis und der analytischen Fähigkeiten des CRM-Systems kann u. U. ein Profil des typischen „Abwanderers" erstellt werden [20]. Die Ergebnisse können dann wiederum gezielt genutzt werden, um den Abwanderungs- oder auch Kündigungsgrund zu beheben und ein Frühwarnsystem zu etablieren [12].

Es kann aber durchaus sinnvoll sein, Kunden ziehen zu lassen. Insbesondere dann, wenn mit einem Kunden trotz umfangreicher Maßnahmen kein positiver Deckungsbeitrag erwirtschaftet werden kann.

Ist jedoch ein Kunde mit positivem Beitrag abgewandert, kann über das CRM-System eine Rückgewinnungs-Kampagne durchgeführt werden. Über Response-Elemente kann jeder einzelne Fall sehr gut nachverfolgt und ausgewertet werden [12].

4 Erfolgreiche CRM-System-Auswahl und Umsetzung

4.1 Fundament CRM-Strategie

Haupterfolgsfaktor für die Neuausrichtung einer Organisation im kundenorientierten Sinn ist das Vorhandensein einer auf die Unternehmensstrategie angepassten CRM-Strategie [7]; [20].

> „Eine CRM-Strategie (...) spezifiziert, welche Ziele, mit welchen Kundengruppen, durch welche Maßnahmen, über welchen Zeitraum erreicht werden sollen." [7]

Die Festlegung der gennannten Parameter allein ist nicht ausreichend. Ebenso wichtig ist die Ausgestaltung der Prozesse und Zuständigkeiten [7]. Mit der CRM-Strategie wird der Rahmen für das gesamte Projekt gelegt, anhand dessen alle weitern Elemente geplant werden. Ausgearbeitet wird diese Strategie am besten durch die Hauptgruppen der CRM-Nutzer und den Verantwortlichen. Konkret sind dies das Management, der Vertrieb und das Marketing. Die gemeinsame Erarbeitung des Vorgehens stärkt das gesamte Projekt und beugt Widerständen bereits zu diesem frühen Zeitpunkt vor.

4.2 Die richtige Wahl treffen und umsetzen

Die Weichen für die Auswahl des geeigneten CRM-Systems werden durch die formulierte CRM-Strategie bereits zu Beginn des Projekts gestellt [7]; [10]. Dabei sollte in alle Überlegungen mit einfließen, dass das CRM-System ein Werkzeug zur Umsetzung der Kundenorientierung ist und sich diese nicht automatisch einstellt. Der Kunde muss hingegen in den Mittelpunkt gestellt werden, sämtliche Prozesse sind effizienter und effektiver zu gestalten, um so eine langfristige Kundenbeziehung mit positivem Deckungsbeitrag zu etablieren [7]. Aufgrund dessen ist die saubere Spezifizierung der CRM-Strategie sehr wichtig. Moderne CRM-Systeme verfügen sowohl über operativ unterstützende Funktionen als auch über solche, die die Analyse der Kunden- und Interessentenbasis ermöglichen [7]. Besonders kommt es auf die gute Verzahnung der beiden Funktionsebenen an, damit gewonnene Erkenntnisse direkt für die Verbesserung des CEM eingesetzt werden können. Auf Basis dieses geschlossenen Vorgehens kann auf diese Weise eine sich kontinuierlich verbessernde Kundenorientierung geschaffen werden [8].

Bei einem CRM-Projekt handelt es sich zwangsläufig um ein sehr komplexes Projekt, da fast die gesamte Aufbau- und Ablauforganisation eines Unternehmens durch Veränderungen betroffen ist [17]. Daraus ergibt sich die Notwendigkeit, dass der Projektleiter alle Elemente des Projekts ganzheitlich betrachtet und steuert. Die in der Praxis häufig praktizierte Konzentration auf einige wichtige Teilaspekte kann den Erfolg des Gesamtprojekts gefährden [17].

Abbildung 4.1   CRM-Projektphasen, vgl. Wessling 2001, S. 79

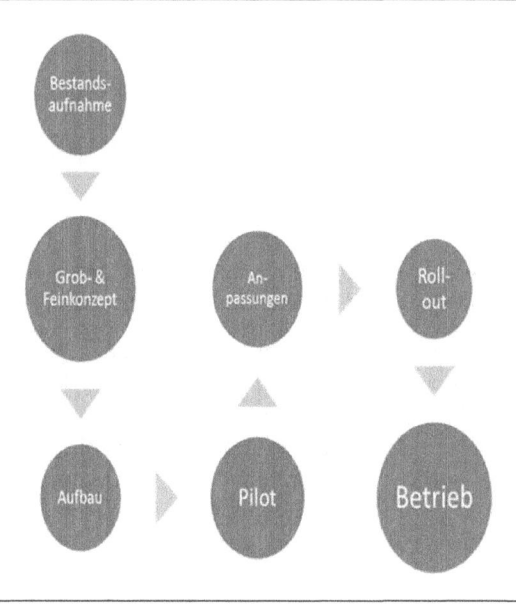

Das volle Potenzial von CRM kann nur dann ausgeschöpft werden, wenn alle CRM-Instrumente durch sorgsam gestaltete Prozesse miteinander verknüpft werden [17]. Für die Durchführung des Projekts empfiehlt sich eine Unterteilung in sieben Phasen, die jeweils mit größter Sorgfalt umgesetzt werden müssen [17]. Das Projekt beginnt mit einer gewissenhaften Bestandsaufnahme der Anforderungen aus dem gesamten Unternehmen [17].

Darauf aufbauend wird eine Grob- und Feinkonzeption erstellt, die den zukünftigen Soll-Zustand beschreibt [17]. Ergänzt wird die Konzeption um eine Stufenplanung für den Ausbau des CRM-Systems und die notwendigen Anpassungen in Aufbau- und Ablauforganisation [17]. An dieser Stelle des Projekts findet eine erste Software-Selektion statt, die ausgewählten Kandidaten werden dann näher geprüft. Am Ende des Auswahl-Prozesses stehen ein bis zwei Systeme in der engeren Wahl, die dann mittels eines Testsystems auf Herz und Nieren geprüft werden.

Der Aufbau eines Testsystems ist unverzichtbar. Ein derartiges System wird häufig auch Pilot genannt [17]. In dieser Erprobungsphase sollten einige der zukünftigen Nutzer das System unter realen Bedingungen testen, um so Schwachstellen frühzeitig zu erkennen [17]. Die enge Betreuung der Mitarbeiter in dieser Projektphase ist überaus wichtig. Die Gefahr eines Scheiterns an dieser Stelle ist ohne ein gut durchgeführtes Change Management sehr hoch [17]. Werden der Pilotbetrieb und die Begleitung der Mitarbeiter sorgfältig durchgeführt, ergibt sich erfahrungsgemäß eine gewisse Anzahl an Anpassungen des Systems, die durchaus auch zahlreicher sein können [17].

Sind alle Anpassungen vollzogen und die Pilotphase beendet, kann mit dem Rollout begonnen werden. Browserbasierte Systeme sind leicht von allen Mitarbeitern erreichbar, ohne dass eine Installation der Software auf den Arbeitsplätzen erfolgen muss. Auch die Administration dieser Thin-Client-Architekturen hat sich in der Praxis häufig als einfacher und kostengünstiger erwiesen als die Installation der Software auf jedem Endgerät (Fat-Client-Architektur). Die Kosten für den Rollout können minimiert werden, wenn das Testsystem zu einem bestimmten Zeitpunkt einfach „scharf"-geschaltet wird und dann als Life-System fungiert. Insbesondere in dieser Phase müssen die Mitarbeiter eng begleitet werden [17]. Eine an diesem Punkt entstehende Ablehnung, z. B. aufgrund von Frustration, kann zu einem späteren Zeitpunkt kaum noch behoben werden.

Nachdem das System mit all den neuen Prozessen in Betrieb genommen wurde und sich das Gefüge stabilisiert hat, kann mit dem weiteren Ausbau des Systems fortgefahren werden. Dies ist aufgrund der sich ständig ändernden Rahmenbedingungen auch notwendig. Der gesamte Aspekt kann unter dem Begriff Release Management subsumiert werden, wobei dabei nicht nur die technologische Komponente gemeint ist [17]. Release Management umfasst nach Wessling (2001):

- Anpassung von Geschäftsprozessen
- Anpassung auf der technologischen Ebene des Systems
- Qualifikation des Personals

4.3 Prozesse anpassen

Die Umsetzung einer erarbeiteten CRM-Strategie und die Integration des ausgewählten CRM-Systems wirken sich zwangsläufig auf Aufbau- und Ablauforganisation des Unternehmens aus [7]; [10]. Ein CRM-Projekt ist von Beginn an zum Scheitern verurteilt, wenn die Abläufe und Strukturen nicht angepasst und die gewählte Strategie nicht in die Praxis umgesetzt wird [5]; [7]. Die Gesamtheit der Prozesse muss den Kunden und seine Bedürfnisse in den Mittelpunkt stellen [5]. Dabei darf der Aspekt der Kostenreduzierung nicht vergessen werden. Durch CRM konzentriert sich das Unternehmen auf die Prozesse, die wirklich für eine Anbahnung und Abwicklung des Geschäfts notwendig sind, sowie auf solche Prozesse, die dem Kunden einen Nutzen bieten [5]. Die Reorganisation der Prozesse muss mit dem Ziel der Verschlankung der gesamten Abläufe angegangen werden [5]. Grundsätzlich sollte immer geprüft werden, ob alle Teile eines Prozesses wirklich notwendig sind, ob an irgendeiner Stelle ein Engpass vorliegt oder ob vermeidbare „Liegezeiten" vorhanden sind [5].

Häufig ist dazu eine umfassende Analyse der bisherigen Prozesse und der Bedürfnisse der Kunden notwendig, sowie die Implementierung von abteilungsübergreifenden Abläufen [7]. Es ist ratsam, nicht alle Prozesse mit einem Schlag zu ändern, eine Priorisierung unterstützt bei der strukturierten Analyse und Neuausrichtung. Sofortiger Handlungsbedarf besteht jedoch bei nicht funktionierenden Abläufen. Im Anschluss daran werden die Prozesse auf den Prüfstand gestellt, die besonders wichtig für die Kundenbeziehung sind. Im letzten Schritt sollte die Analyse sich den Prozessen zuwenden, die Verbesserungspotenzial besitzen oder sogar vielleicht bei einer Umgestaltung beim Kunden Begeisterung auslösen können [5].

4.4 Wandel begleiten

Die Einbindung der betroffenen Mitarbeiter ist ein entscheidender Faktor für das Gelingen jedes Vorhabens [11]; [17]; [18]. Die Einführung einer CRM-Strategie mit ihren weitreichenden Auswirkungen auf das gesamte Unternehmen erfordert den unbedingten Rückhalt aller Beteiligten [20]. Angefangen bei der Geschäftsleitung, über die internen Mitarbeiter bis hin zum Vertrieb oder Service-Mitarbeiter, muss jeder den Wandel hin zu einer kundenorientierten Organisation mit tragen und aktiv voranbringen [7]. Wichtige Eckpfeiler sind die Beteiligung der Mitarbeiter, die Qualifikation dieser sowie der gezielte Abbau von Ängsten, so unbegründet diese auch manchmal sein mögen [7]; [16]. Sehr wichtig ist die Vermittlung der konzeptionellen Basis von Customer Relationship Management im Rahmen der Mitarbeiter-Schulungen [16]; [18]. Ohne das Verständnis, warum eine bestimmte Handlung vorgenommen werden soll, führt dies im verhängnisvollsten Fall zu einem Scheitern des CRM-Projekts und eventuell zu einem Verlust der getätigten Investition [16]. Insbesondere Vertriebsmitarbeiter fürchten um ihre bisher großen Freiräume [17]. Werden diese Ängste nicht ernst genommen, kann es zu verdeckter oder offener Ablehnung, in manchen Fällen sogar zu Aggressionen kommen [17]. Durch eine frühe Beteiligung der betroffenen Mitarbeiter, z. B. mit Hilfe eines externen und neutralen Moderators, kann diesen Entwicklungen entgegengewirkt werden [17]. Für weitere Ausführungen sei an dieser Stelle auf die einschlägige Change-Management-Literatur verwiesen.

4.5 CRM-Controlling umfasst nicht nur Kontrolle, sondern auch Steuerung

Wie bereits mehrfach beschrieben ist die CRM-Strategie der Ausgangspunkt für alle Aktivitäten im Zusammenhang mit der Auswahl und Einführung eines CRM-Systems. Bestandteil der CRM-Strategie ist die Formulierung von Zielen, die ein Unternehmen durch eine solche strategische Ausrichtung erreichen möchte. Mit Hilfe eines entsprechenden IT-Systems bietet sich nicht nur die Möglichkeit, die CRM-Strategie in die Tat umzusetzen, sondern auch gezielt über Kennzahlen zu kontrollieren, und noch wichtiger, zu steuern.

Insbesondere in der Einführungsphase liefert ein eingerichtetes CRM-Controlling frühzeitig Hinweise auf Verbesserungspotenziale [7]. Das Controlling bietet die Möglichkeit, den Nutzen des gesamten Konzepts in seiner Umsetzung zu bewerten. Die monetären Indikatoren sind relativ einfach zu gewinnen, schwieriger ist es, die nicht-monetären Faktoren zu erfassen und richtig zu bewerten [9]. Die Auswahl der Faktoren ist für jedes Unternehmen sehr individuell und muss in Abstimmung zwischen Geschäftsleitung, Marketing und Vertrieb erfolgen. Also genau den Gruppen im Unternehmen, die auch die CRM-Strategie entwickeln müssen. Sind die Kriterien identifiziert, können die nicht-monetären mit Punktwerten versehen werden, die den Beitrag des einzelnen Nutzens visualisieren [9].

Nachteil dieser Scorecard-Ansätze ist, dass nur die Relation zueinander dargestellt werden kann und nicht die absoluten Werte in die Beurteilung des einzelnen Faktors einfließen [9]. Alternativ können die nicht-monetären Kriterien im Sinne von *best guess* mit monetären Werten versehen werden [9]. Soweit realisierbar, sollten monetären Werten und Schätzungen Vorrang vor relativen Punktwerten eingeräumt werden [9]. Weitere Ausführungen, wie nicht-monetäre Kriterien über messbare Kennzahlen doch finanziell bewertet werden können, finden sich bei Link, Münster, Gary 2011.

5 Empfehlungen für erfolgreiche CRM-Projekte

Aus der Erfahrung des vergangenen Jahrzehnts konnten einige wichtige Grundregeln für erfolgreiche CRM-Projekte identifiziert werden. An dieser Stelle seien die wichtigsten noch einmal aufgeführt, weitere Ausführungen siehe Wessling (2001).

- Es kann durchaus Sinn machen, CRM-Instrumente erst in Teilbereichen, wie dem Vertrieb, einzuführen und dann auszubauen, eine umfassende CRM-Strategie muss aber vorhanden sein.
- Von Beginn an müssen die späteren Nutzer des Systems an dessen Planung und Umsetzung beteiligt sein.
- Für die Umsetzung des CRM-Projekts kommt nur ein erfahrener Projektleiter mit sehr guten Kenntnissen über das Unternehmen in Frage, da die Kompetenz des Projektleiters auf das gesamte Projekt ausstrahlt.
- CRM-Projekte brauchen den Rückhalt aus dem Management und damit einen Sponsor, der sich ganz speziell dafür verantwortlich fühlt und Entscheidungen konsequent umsetzt.
- Ausreichende und variable Schulungen mit einem anschließenden Coaching bauen Ängste ab und beugen Frustration und Ablehnung vor.
- Infrastruktur (Internet, Telefonanlage etc.), Hardware und Software müssen aufeinander abgestimmt und leistungsfähig sein, damit alle Potenziale des CRM-Ansatzes ausgeschöpft werden können.
- Eine gründliche Dokumentation erleichtert Anpassungen in der Zukunft, auch wenn kein Mitarbeiter des ursprünglichen Teams mehr daran beteiligt ist, ebenso wird eine saubere Dokumentation für den Support des CRM-Systems benötigt

Sicherlich werden nicht bei jedem CRM-Projekt alle Empfehlungen gleich wichtig sein. In jedem Fall ist individuell zu prüfen, welche Bereiche oder auch Funktionen das höchste Risiko tragen. Die so identifizierten Risikotreiber können dann speziell überwacht und mit Präventivmaßnahmen versehen werden.

6 Fazit

Das perfekte CRM-System gibt es nicht [15]. Immer wird es Anforderungen geben, die ein System oder eine Kombination von Teilsystemen nicht erfüllen kann [11]; [15]. Man muss sich jedoch vor Augen führen, dass nicht die gewählte IT-Lösung ein Unternehmen kundenorientiert handeln lässt, sondern, dass die IT-Unterstützung immer nur ein Werkzeug ist, um diese Handlungsweise zu unterstützen.

> „So kann z. B. ein modernes Textverarbeitungssystem für einen Schriftsteller, der einen Roman schreiben möchte, ein wichtiges Hilfsmittel sein. Aber kein Schriftsteller erwartet, dass sein Roman wie von selbst entsteht, sobald er einen Computer gekauft und sein Textverarbeitungssystem installiert hat." [7]

Es gibt einige wichtige Eckpunkte, die bei der Auswahl und Einführung von CRM und entsprechenden IT-Systemen zu beachten sind. Auch CRM-Projekte sind ganz normale Projekte und lassen sich mit den üblichen Werkzeugen des Projektmanagements umsetzten. Was CRM-Projekte so besonders macht, ist die Tragweite dieser. Eine konsequente Umsetzung der Kundenorientierung verlangt Anpassungen in der Aufbau- und Ablauforganisation des Unternehmens sowie in der Infrastruktur. Neben den großen Handlungsfeldern Strategie, Prozesse und IT dürfen die vielen kleinen Tätigkeiten, die für ein erfolgreiches CRM notwendig sind, nicht unterschätzt werden. Die gesamte Datenbasis muss aktuell und qualitativ hochwertig sein, Mitarbeiter müssen das Konzept CRM verinnerlichen und nicht zuletzt müssen alle Informationen über den Kunden für eine Beurteilung und Segmentierung zusammengetragen werden. Darüber hinaus sind die Handlungsschwerpunkte und Projektrisiken von Unternehmen zu Unternehmen sehr verschieden und erfordern immer eine angepasste Vorgehensweise.

Literatur

[1] ARNDT, D. (2011): Datenschutzaspekte in CRM-Projekten, in: Hippner, H./Hubich, B./Wilde, K. (Hrsg.), Grundlagen des CRM: Strategie, Geschäftsprozesse und IT-Unterstützung, 3. vollst. überarb. Aufl., Wiesbaden, S.185-205

[2] HIPPNER, H./WILDE, K. (2002): CRM- Ein Überblick, in: Helmke, S./Uebel, M./Dangelmaier, W. (Hrsg.), Effektives Customer Relationship Management, 2. Aufl., Wiesbaden, S.6

[3] HUBSCHNEIDER, M. (2007): WAS ist CRM? Ist CRM ein neues Wundermittel?, in: Hubschneider, M./Sibold, K. (Hrsg.), CRM – Erfolgsfaktor Kundenorientierung, 2. überarb. Und ergänzte Aufl., Planegg/München, S.12

[4] HUBSCHNEIDER, M. (2007): Der Nutzen von CRM: CRM macht den Mittelstand erfolgreicher, in: Hubschneider, M./Sibold, K. (Hrsg.), CRM – Erfolgsfaktor Kundenorientierung, 2. überarb. Und ergänzte Aufl., Planegg/München, S.14f

[5] JAECK, H.-F./MERZENICH, M./WILDE, K. (2007): Konsequente Kundenorientierung: Optimierung kundenbezogener Geschäftsprozesse, in: Hubschneider, M./Sibold, K. (Hrsg.), CRM – Erfolgsfaktor Kundenorientierung, 2. überarb. und ergänzte Aufl., Planegg/München, S. 55-68

[6] KÖLMEL, B./KÜHNER, A. (2007): CRM-Ansätze und –Ebenen: Funktionen des erfolgreichen CRM, in: Hubschneider, M./Sibold, K. (Hrsg.), CRM – Erfolgsfaktor Kundenorientierung, 2. überarb. und ergänzte Aufl., Planegg/München, S. 87

[7] LEUßNER, W./HIPPNER, H./WILDE, K. (2011): CRM- Grundlagen, Konzepte und Prozesse, in: Hippner, H./Hubich, B./Wilde, K. (Hrsg.), Grundlagen des CRM: Strategie, Geschäftsprozesse und IT-Unterstützung, 3. vollst. überarb. Aufl., Wiesbaden, S. 17-43; S.138

[8] LEUßNER, W./RÜHL, D./WILDE, K. (2011): IT-Unterstützung in Marketing-Prozessen, in: Hippner, H./Hubich, B./Wilde, K. (Hrsg.), Grundlagen des CRM: Strategie, Geschäftsprozesse und IT-Unterstützung, 3. vollst. überarb. Aufl., Wiesbaden, S. 604-644

[9] LINK, J./MÜNSTER, J./GARY, A. (2011): CRM Controlling, in: Hippner, H./Hubich, B./Wilde, K. (Hrsg.), Grundlagen des CRM: Strategie, Geschäftsprozesse und IT-Unterstützung, 3. vollst. überarb. Aufl., Wiesbaden, S. 165f

[10] MARTIN, W. (2007): CRM – Das Thema für mein Unternehmen, in: Hubschneider, M./Sibold, K. (Hrsg.), CRM – Erfolgsfaktor Kundenorientierung, 2. überarb. und ergänzte Aufl., Planegg/München, S. 28-30

[11] RENTZMANN, R./HIPPNER, H./HESSE, F./WILDE, K. (2011): IT-Unterstützung durch CRM-Systeme, in: Hippner, H./Hubich, B./Wilde, K. (Hrsg.), Grundlagen des CRM: Strategie, Geschäftsprozesse und IT-Unterstützung, 3. vollst. überarb. Aufl., Wiesbaden, S. 131-151

[12] SCHMIDT, H. (2007): Wie behalte ich meine Kunden?, in: Hubschneider, M./Sibold, K. (Hrsg.), CRM – Erfolgsfaktor Kundenorientierung, 2. überarb. und ergänzte Aufl., Planegg/München, S. 118 f.

[13] SCHUMACHER, J. (2005): Outsourcing von CRM-Prozessen: Voraussetzungen, Chancen, innovative Einsatzmöglichkeiten im elektronischen B2B-Markt, 1. Aufl., Wiesbaden, S. 22; S. 55

[14] SCHWETZ, W. (2001): Customer Relationship Management: Mit dem richtigen CRM-System Kundenbeziehungen erfolgreich gestalten, 2. aktual. Aufl., Wiesbaden, S. 35

[15] SCHWETZ, W. (2007): CRM-Softwareauswahl mit System: Drum prüfe, wer sich ewig bindet …, in: Hubschneider, M./Sibold, K. (Hrsg.), CRM – Erfolgsfaktor Kundenorientierung, 2. überarb. und ergänzte Aufl., Planegg/München, S. 164-170

[16] STOKBURGER, G./PUFAHL, M. (2002): Kosten senken mit CRM: Strategien, Methoden und Kennzahlen, 1. Aufl., Wiesbaden, S. 9-23; S. 78

[17] WESSLING, H. (2001): Aktive Kundenbeziehungen mit CRM: Strategien, Praxismodule und Szenarien, 1. Aufl., Wiesbaden, S. 11-15; S. 55-157

[18] WINKELMANN, P. (2007): CRM im Spannungsfeld zwischen operativen Erfolgsdruck und strategischer Verantwortung, in: Hubschneider, M./Sibold, K. (Hrsg.), CRM – Erfolgsfaktor Kundenorientierung, 2. überarb. Und ergänzte Aufl., Planegg/München, S. 22-24

[19] VOLLE, P. (2009): Datenschutz als Drittwirkungsproblem: Die Rechtmäßigkeit der Verarbeitung personenbezogener Daten beim Customer Relationship Management, S.11, 118-153

[20] ZIPSER, A. (2001): Business Intelligence im Customer Relationship Management – Die Relevanz von Daten und deren Analyse für profitable Kundenbeziehungen, in: Link, J. (Hrsg.), Customer Relationship Management: Erfolgreiche Kundenbeziehungen durch integrierte Informationssysteme, 1. Aufl., Berlin, Heidelberg, S. 51-55

Autor

SARAH MIDDERHOFF, Dipl-Kffr., Marketing Banking & Leasing bei der S&N AG, Paderborn.

Trade Marketing

Andrea Bollers

1	Trade Marketing im Wandel	281
2	Betrachtung der Marktbeteiligten	282
	2.1 Kooperationsbereich zwischen Hersteller und Handel	282
	2.2 Zielsetzungen auf Handel- und Herstellerseite	282
	2.3 Entwicklung und Anforderungen des Endkonsumenten	284
3	Gestaltungsmöglichkeiten von Trade-Marketing-Aktionen	285
4	Effizienz, Erfolgsfaktoren und Grenzen der Messbarkeit	287
	4.1 Effizientes Trade Marketing	287
	4.2 Erfolgsfaktoren zur Effizienzsteigerung	287
	4.3 Messbarkeit und Grenzen der Kontrolle im Trade Marketing	288
5	Fazit und Ausblick	289
Literatur		291
Autor		291

1 Trade Marketing im Wandel

Trade Marketing als Teilbereich des Marketings kommt heutzutage eine immer größere Bedeutung zu. Insbesondere in der Consumer-Electronic-Branche beherrschen Preiskämpfe und aggressive Werbebotschaften das Tagesgeschäft. Dabei fällen die Konsumenten immer häufiger ihre Kaufentscheidung erst am Point of Sale (POS), was dazu führt, dass Hersteller und Händler die Gelegenheit nutzen und ihre Botschaften unmittelbar am Ort des Warenangebotes an den Konsumenten richten.

In diesem Zuge trägt die häufig in Frage gestellte Wirksamkeit der klassischen Werbung, gerade in Zeiten von enormer Informationsüberflutung, zu einer Bedeutungszunahme der verkaufsfördernden Maßnahmen bei. Zunehmend im Brennpunkt steht dabei der POS, wo rund 70 % aller Kaufentscheidungen fallen (vgl. Frey, U. D. (2002), S. 34). Am POS zeigt sich, ob Marketing-Ideen am Regal überzeugen oder ins Leere „verpuffen".

In Zeiten von gesättigten Märkten steht der Endkonsument unter keinem Konsumzwang. Ständige Neuprodukteinführungen, die wachsende Produktangleichung konkurrierender Artikel und damit letztendlich von substituierbaren Angeboten (Me-Too-Produkten), sorgen für ein gezieltes Selektionsverhalten der Endkonsumenten. Neue Medien ermöglichen mehr Transparenz und eine schnellere Informationsbeschaffung. Als Resultat dieser Entwicklungen lassen sich mangelnde Einkaufsstättentreue, Zielgruppenfragmentierung und schwindende Markenloyalität beobachten. Diese Tatsache erschwert Handel und Hersteller heutzutage die Realisierung von erfolgreichen Marketingstrategien und Markterfolgen.

Um jedoch gewinnbringend auf die Kaufentscheidung der Konsumenten einzuwirken, bedarf es einer kooperativen Zusammenarbeit zwischen Handel und Hersteller. Trade Marketing schlägt dabei die nötige Brücke und sorgt für einen effizienten Einsatz aller Ideen, Mittel und Maßnahmen, die dazu dienen, den Verkauf der Produkte aus dem Handel zu forcieren.

Bei der Durchführung von Maßnahmen im Handel kann sich Erfolg jedoch nur einstellen, wenn die Wirkung nicht fehlschlägt und die Umsetzung so effizient wie möglich erfolgt. Veränderte Marktbedingungen, verstärkter Wettbewerb und rückläufige Umsatzzahlen fordern, den Einsatz der verkaufsfördernden Maßnahmen zielgenauer zu planen und auf ihre Effizienz zu hinterfragen. Dabei birgt nicht nur die Gestaltung der Maßnahmen und Instrumente, die eine optimale Ansprache der Konsumenten ermöglichen sollen, sondern auch die mit der Umsetzung der Marketingaktivitäten verbundenen Prozesse großes Potenzial zur Effizienzsteigerung.

Voraussetzung für diese optimierte, kaufnahe Konsumentenansprache stellt die intensive Zusammenarbeit zwischen Hersteller und Handel dar. Dem Verkaufsort kommt dabei häufig die Aufgabe zu, den potenziellen Käufer am POS an die Mediawerbung zu erinnern, um die mittels der klassischen Werbung angestrebten Einstellungen zu aktualisieren.

Somit soll Trade Marketing den Absatz des Sortimentes im Sinne der Herstellerziele und unter Berücksichtigung der Kundenbedürfnisse steuern. Um die Bedürfnisse des Kunden zu identifizieren, bedarf es einer differenzierten Betrachtung. Der Handel, als Mittler und unmittelbarer Abnehmer der Produkte, aber auch der Endkonsument gehören zu den Zielgruppen des Trade Marketings. Folglich haben die Hersteller zwei Märkte, deren Bedürfnisse es zu stillen gilt.

2 Betrachtung der Marktbeteiligten

2.1 Kooperationsbereich zwischen Hersteller und Handel

Zwischen Hersteller- und Handelsmarketing existiert ein latenter Konflikt, welcher auf die unterschiedlichen Interessen des industriellen Produktmanagements einerseits und den einzelwirtschaftlichen, vorwiegend regionalen Interessen des Handels andererseits, basiert. Der Handel strebt vorwiegend eine Eigenprofilierung durch sein Sortiment gegenüber seinen Wettbewerbern an. Das Herstellermarketing strebt hingegen eine zielgerichtete Erwartungshaltung der Kunden am Ort der Kaufentscheidung an, wobei Werbung als Initiator dient.

Während die Hersteller vor diesem Hintergrund versuchen, ihre Verkaufsziele durch Push-Aktionen zu erreichen, entscheidet ein erstarkter Handel weitgehend autonom über die Unterstützung von absatzfördernden Maßnahmen des Herstellers und diktiert damit zum großen Teil die Marketingstrategie am POS. Jedoch sorgt die Verschärfung der Wettbewerbssituation insbesondere in der Consumer Electronic für den verstärken Trend zu Maßnahmen am POS.

Grundsätzlich bleibt an dieser Stelle festzuhalten, dass sich Hersteller und Handel in einer starken gegenseitigen Abhängigkeit befinden. Nur wenn Verständnis für die Problemstellung des jeweils anderen Bereiches besteht, kann sich der Erfolg einer Trade Marketing Maßnahme einstellen. Denn letztlich hält der Konsument die Führerschaft im Absatzkanal inne. Hersteller und Handel orientieren sich deshalb an dem Verhalten der Konsumenten, das sich in den vergangenen Jahrzehnten drastisch gewandelt hat.

Für das Trade Marketing bedeutet dies in der Konsequenz, dass sich der Hersteller intensiv mit seinem Handelspartner auseinandersetzen muss, um über den Handel seine Abnehmer, die Endkonsumenten, effizient und effektiv erreichen zu können. Auf diese Weise lassen sich unter begrenztem Mitteleinsatz sichtbare Erfolge generieren.

2.2 Zielsetzungen auf Handel- und Herstellerseite

Hersteller und Handel verfolgen in der Regel zwar komplementäre Ziele, in einigen Bereichen treten jedoch auch Zieldivergenzen auf. Eine erfolgreiche Kooperation zwischen Hersteller und Handel hängt hauptsächlich davon ab, inwieweit es gelingt, die differenten Zielsetzungen zu identifizieren und in eine gemeinsame Strategie umzuwandeln. Durch zielgerichtete POS-Maßnahmen lassen sich im Wesentlichen Effizienzwirkungen wie:

- Senkung von Lager-, Transport- und Handlingkosten,
- Erhöhung der Leistungs-, Platzierungs- und Abverkaufschancen sowie
- Erhöhung von Kundenzahlen

erreichen.

Die Bedürfnisse des Handels finden ihre Begründung in dem Wandel vom Verkäufer- zum Käufermarkt. In Anbetracht der veränderten Ausgangssituation passt sich auch der Hersteller an die neue Situation an. Starauftritte von Herstellermarken in POS-Präsentationen und Verkaufsförderungskampagnen über die komplette Handelslandschaft hinweg treffen auf immer mehr Ablehnung. Der Handel fordert Exklusivität der einzelnen Maßnahmen, um sich auf diese Weise vom Wettbewerb abzugrenzen.

Gemeinsam wollen beide Parteien jedoch einen möglichst hohen wirtschaftlichen Erfolg bei ihrer Tätigkeit erreichen. Deshalb besteht die Herausforderung für das Trade Marketing darin, die unterschiedlichen Standpunkte in einer für beide Seiten nutzbringenden Weise zu koordinieren und entstehende Konflikte im Vorfeld zu beseitigen. Die **Abbildung 2.1** zeigt die Ziele und Anforderungen von Handel und Herstellern an das Trade Marketing eines Herstellers.

Abbildung 2.1 Anforderungen und Ziele von Handel und Herstellern an das POS-Marketing, eigener Entwurf in Anlehnung an: Hunstiger, G. (2001), S. 39 in: Frey, U. D. (2001)

Anforderungen und Ziele des Handels an das Trade Marketing:	Anforderungen und Ziele des Herstellers an das Trade Marketing:
– nachvollziehbarer Grund für mehr Abverkauf	– kosteneffizient, maximal budget-wertschöpfend
– Steigerung der Warengruppen-Kompetenz	– zielgruppenspezifisch
– persönlicher Anreiz/ Informationen für Entscheider und Mitarbeiter	– Trend-setzend/ -adäquat
– einfach umsetzbar, geringer Handling-Aufwand	– aufmerksamkeits- und impulsstark
– handelsindividuell und -exklusiv	– abverkaufsfördernd
	– Unterstützung Markenimage
	– Distributions-Sicherung/-Ausbau

Insgesamt lässt sich die Bedeutung eines intensiven Beziehungsmanagements zwischen den Wertschöpfungspartnern erkennen. Einen entscheidenden Erfolgsfaktor bilden hierbei die Verbesserung der Kooperationskultur sowie die Integration dieses Kommunikationsinstrumentes in das strategische Gesamtkonzept. Die konsequente Durchsetzung eines stufenübergreifenden und integrierten Marktbearbeitungsprozesses ermöglicht die zielgerichtete Ansprache des Endkonsumenten und trägt somit zum Erfolg auf Hersteller- und Handelsseite bei.

2.3 Entwicklung und Anforderungen des Endkonsumenten

In dem Spannungsdreieck zwischen Hersteller, Handel und Endkonsument kommt Letzterem eine zentrale Rolle zu. Als Kunde des Handels und gleichzeitig Konsument des Produktes der Hersteller spielt er eine zentrale Rolle bei der Ausrichtung des Trade Marketings. Generell lassen sich heutzutage folgende Tendenzen im Konsumentenverhalten beobachten:

- Höheres Preisbewusstsein: Bei ca. zwei Drittel der Konsumenten ist der Faktor Preis für den Kauf entscheidend, was sich in einer sinkenden Marken- und Einkaufsstättentreue widerspiegelt.
- Polarisierung der Märkte nach Preislagen: Premiummarken und Billigprodukte gelten als Gewinner. Die einst „goldene Mitte" verliert deutlich an Bedeutung.
- Informationsüberflutung: Mit rund 6.500 TV-Spots täglich und zahlreichen weiteren Informationsquellen, überfordert die Masse der Werbeimpulse den Konsumenten.
- Wandel der Lebensgewohnheiten: Veränderte Lebensgewohnheiten erfordern Angebote durch Hersteller, Handel und Dienstleistungen hinsichtlich Convenience einerseits und maßgeschneiderten Leistungen andererseits.

Um Trade Marketing zielführend zu gestalten, bedarf es parallel zu diesen Entwicklungstendenzen einer zusätzlichen Betrachtung unterschiedlicher Zielgruppen. Im Bereich der Marktforschung gibt es zahlreiche Studien zu den individuellen Käuferschichten eines Unternehmens. Die Erkenntnis über die Zielgruppe dient als Entscheidungshilfe, welche Marketing Aktionen die einzelnen Zielgruppen erreichen und somit Umsetzung finden sollen.

Ferner lassen sich neben einzelnen Zielgruppendefinitionen generelle Käufertypologien charakterisieren. Prägnant hat sich dabei in den vergangenen Jahren die Typologie des Smart Shoppers herausgebildet. Als preisinformierter und rational handelnder Konsument wartet dieser mit der Beschaffung einer bestimmten Ware so lange, bis eine Preisreduzierung des gewünschten Artikels erfolgt, und tätigt dann Vorratskäufe.

Unabhängig davon, um welchen Käufertyp oder um welche Zielgruppe es sich handelt, viele der wahren Gründe, warum sich ein Konsument in einer Kaufsituation in ganz bestimmter Weise verhält, bleiben ihm selbst im Unterbewussten verborgen. Bei dem Versuch, einen indirekten Zusammenhang zwischen Werbekontakt und Kaufhandlung herzustellen, stellte sich heraus, dass es verstärkt zu einem Kauf kommt, wenn die Wiedererkennung des Produktes ein Bewusstwerden der positiven Einstellung im Gedächtnis des Konsumenten auslöst.

In der Konsequenz bedeutet dies, dass die Präsenz der Produkte im Handel und die Wahrnehmung und Wiedererkennung dieser durch den Kunden, entscheidende Erfolgsfaktoren darstellen. Nur wenn ein Produkt von einem Kunden wahrgenommen und unter subjektiven Beurteilungskriterien für gut empfunden wird, kann die tatsächliche Kaufentscheidung fallen. Trade Marketing kann an dieser Stelle erheblich dazu beitragen, die Beurteilung des Konsumenten positiv zu beeinflussen. Abschließend lassen sich folgende generelle Anforderungen der Konsumenten an das Trade Marketing darstellen, wie **Abbildung 2.2** verdeutlicht.

Abbildung 2.2   Anforderungen der Endkonsumenten an das POS-Marketing, eigener Entwurf in Anlehnung an: Hunstiger, G. (2001), S. 39, in: Frey, U. D. (2001)

Anforderungen der Endkonsumenten an das Trade Marketing:
– Added value: erkennbarer Grund, die Marke/das Produkt zu kaufen
– Informativ und beratend als Orientierungshilfe für den Kauf
– Tipps und Ratschläge zur Anwendung und gegebenenfalls Wartung des Produktes
– Erlebniswert und unterhaltend, „trendig"
– unique, zielgruppengerecht, maßgeschneidert

3 Gestaltungsmöglichkeiten von Trade-Marketing-Aktionen

Die Maßnahmen des Trade Marketings lassen sich an kein starres oder geschlossenes System binden. Grundsätzlich dienen sie zur Erfüllung von:

- Informationsfunktion,
- Erinnerungsfunktion (insbesondere die Wiedererkennung von Marken),
- Absatzförderungsfunktion und
- Präsentationsfunktion (meint auch gestalterische Aspekte der Verkaufsfläche).

Daraus ergibt sich in der Praxis die zentrale Bedeutung, aus einer Fülle von Instrumenten und Maßnahmen diejenigen zu selektieren und zu realisieren, die diese Funktionen erfüllen und zudem:

- die unterschiedlichen Ziele zwischen Handel und Hersteller vereinen,
- sich als kreativ und ungewöhnlich erweisen, die auffallen und
- mit anderen Marketingmaßnahmen in Abstimmung laufen.

Ursprünglich stammt Trade Marketing aus dem Lebensmittelbereich und beschreibt Verköstigungen sowie Probe- oder Probierpackungen als klassische Maßnahmen.

Mit der Entwicklung zum ganzheitlichen Trade-Marketing-Ansatz kamen jedoch weitere absatzfördernde und verkaufsunterstützende Maßnahmen, wie Verkaufsliteratur und Präsentationsmittel, Displays oder Plakate, aber auch Schulungen hinzu. Dabei betreffen alle diese Maßnahmen und Instrumente immer eine oder mehrere der drei Aktionsebenen: Absatzhelfer (Vertrieb des Herstellers), Handel oder Endkonsument.

Die nachfolgende Toolbox in **Abbildung 3.1** fasst einen Ausschnitt aus der Vielfalt der möglichen Instrumentarien zusammen, welche einzeln oder in Kombination ihren Einsatz im Trade Marketing finden. Anhand der Kennzeichnung geht hervor, auf welche Aktionsebene die einzelnen Instrumente abzielen.

Abbildung 3.1 Toolbox ausgewählter Trade-Marketing-Instrumente; eigener Entwurf in Anlehnung an: Ohnemüller, B. M. / Winterling, K. (2004), S. 149 ff.

Instrument	Erläuterung	Zielgruppe/Aktionsebene		
		eigener Vertrieb	Handel	Endverbraucher
Aktionsdisplays	wie Platzierungshilfen			X
Aufsteller	Hinweisschilder			X
Co-Promotions	Verbundaktivitäten: verschiedene Produkte eines Herstellers unterschiedliche Anbieter	(X)	X X	X X
Deckenhänger				X
Einkaufswagenwerbung	z. B. am Griff, Hänger, Schilder usw.			X
E-Learning	Lernen und Informationsaktivitäten via PC	X	X	
Flyer	Informationsblätter, kleine Broschüren		(X)	X
Gewinnspiele	Spaßwettbewerbe mit Gewinnmöglichkeiten	X	X	X
Gimmicks	Zugaben/Geschenke mit eher kreativem als materiellem Wert	X	X	X
Coupons			(X)	X
Handzettel	Schriftliche Informationen über Sonderangebote			X
Incentives	Materielle Entlohnung oder Zugabe	X	X	X
Instore-Aufkleber	z. B. Fußtritte am Boden, um Kunden zu führen			X
Kataloge			X	X
Kundenzeitschrift		X	X	X
Handels-TV			X	X
On-Pack-Promotions	Zeitweise dem Hauptprodukt beigefügtes Zusatzprodukt			X
Plakate	Am Standort des Handels			X
Platzierungshilfen	Präsentationshilfen für Zweit- und Aktionsplatzierungen			X
Promotions	Direkte persönliche Person-to-Person-Information mit Sampling			X
Sales Folder	Prospekte/Broschüren mit Produktdarstellungen und Verkaufsargumentation	X	X	
Schulung		X	X	
Stopper	Hinweisschilder am Regal			X

4 Effizienz, Erfolgsfaktoren und Grenzen der Messbarkeit

4.1 Effizientes Trade Marketing

Rückläufige Umsatzzahlen und begrenzte Budgets machen es zunehmend erforderlich, den Einsatz von Marketinggeldern zielgenauer zu planen und nach Effizienz zu hinterfragen. Im Rahmen unternehmerischer Effizienzbestrebungen setzen sich Kostenbewusstsein und Wirtschaftlichkeitskontrolle auch in den Marketingbereichen der Unternehmen immer stärker durch.

Allgemein bedeutet Effizienz im Trade-Marketing-Bereich, entweder mit gleichen Budgetmitteln eine Umsatzsteigerung im Handel zu erreichen oder die definierten Ziele mit weniger Budgetmitteln zu realisieren.

Somit stellt der Effizienzbegriff das Verhältnis aus Ressourceneinsatz und den dadurch bewirkten Ergebnissen im Sinne einer Output/Input-Relation dar.

Der Begriff Effizienz bezieht sich dabei auf die Wirtschaftlichkeit von Instrumenten bzw. Maßnahmen, d. h. inwieweit die geplanten Dinge richtig umgesetzt und durchgeführt werden. Diese Betrachtung sagt jedoch nichts über die Wirksamkeit der jeweiligen Maßnahmen aus, worauf sich der Begriff Effektivität bezieht. Die Frage nach der Effizienz im Trade Marketing zielt jedoch stärker auf das Kosten-Nutzen-Verhältnis ab und rückt dabei die Wirtschaftlichkeit in den Fokus der Betrachtung.

Um Aussagen über den Wirkungszusammenhang und letztlich auch den Erfolg zu treffen, bedarf es der Betrachtung von Effizienz- und Effektivitätskriterien. Insbesondere im Bereich der Marketingkommunikation bietet erst diese vereinte Betrachtung die hinreichenden Informationen zur Beurteilung einer, im ökonomischen Sinne, erfolgreichen Maßnahme.

4.2 Erfolgsfaktoren zur Effizienzsteigerung

An dieser Stelle erfolgt eine Auflistung von Erfolgsfaktoren, welche auf eine Effizienzsteigerung abzielen, jedoch die Effektivität der Maßnahmen nicht außer Acht lassen:

1.) Die als „Sonderangebotsjäger" bezeichneten Kunden zeichnen sich zum einen durch eine fehlende Marken- und Einkaufsstättentreue, zum anderem durch eine geringe Verbundkaufrate aus. Ziel muss es demnach sein, in Trade-Marketing-Maßnahmen zu investieren, die dem Kunden einen anderen Mehrwert als den Preis bieten. Intelligente und kreative Maßnahmen, die der jeweiligen Kategorie und Einkaufsstätte entsprechen und gezielt auf den Konsumenten wirken, stellen damit einen zentralen Erfolgsfaktor dar.

2.) Die Aufmerksamkeit des Endkonsumenten muss in unterschiedlichen Situationen und auf unterschiedliche Art und Weise auf eine Marke bzw. ein spezielles Produkt gerichtet werden. Hierzu bedarf es zum einen des Einsatzes von klassischen Medien und zum anderen des direkten Anreizes unmittelbar vor dem Kauf (vgl. Frey, U. D. (1994), S. 283f.). Nur wenn alle Kommunikationsinstrumente Hand in Hand arbeiten, kann sich der Erfolg einstellen. Konsistentes Vorgehen stellt dabei den entscheidenden Erfolgsfaktor dar. Der Endkonsument darf durch unterschiedliche Werbeaussagen nicht in Verwirrung geraten, andernfalls kann die Kommunikation nicht effizient erfolgen.

3.) Eine ganzheitliche und erfolgreiche Markenführung setzt die reibungslose Vernetzung von klassischen Werbemaßnahmen mit denen am POS voraus. Die Ausrichtung der Maßnahmen des Trade Marketings muss sich deshalb an die Copy-Strategie anlehnen und somit auch die übergeordneten Ziele der Marketing- und Kommunikationspolitik des Unternehmens.

4.) Strategische Kooperationen zwischen Markenartikelherstellern und dem Handel können der Schlüssel zum Ausbau der Marktposition sein. Beide lassen sich im Grunde als natürliche Verbündete bezeichnen, die eine gezielte Ansprache der Konsumenten erreichen wollen. Der Ausbau der Zusammenarbeit mit dem Handel stellt im Optimalfall eine Win-win Situation für beide Beteiligten dar und sorgt für Budget- und Synergieeffekte.

5.) Zur Unterstützung und Steigerung der Effizienz der eigenen Absatzorgane und der Marketingtätigkeit des Absatzmittlers Handel müssen alle am Prozess beteiligten Organe optimal geplant und gesteuert werden. Dabei bedarf es nicht der Optimierung einzelner Aktivitäten oder Abteilungen, sondern einer aktiven Gestaltung des Prozessablaufs. Die Vernetzung aller Funktionen und Beschleunigung der Vorgänge und Prozesse sowie der reibungslose Ablauf an Schnittstellen stellen dabei die Erfolgsfaktoren dar.

6.) Schließlich bedarf es der Messung des Erfolges, um eine Aussage über die Effizienz der Maßnahmen respektive des Bereichs tätigen zu können. Informationen über die durchgeführten Maßnahmen und Einzelaktivitäten liefern hierzu nötige Kenntnisse, um für zukünftige Planungen Effizienzsteigerungen zu erlangen. Diese lassen sich nur mittels kontinuierlicher und systematischer Kontrollen erzeugen.

4.3 Messbarkeit und Grenzen der Kontrolle im Trade Marketing

Aufgrund der sich ständig ändernden Marktsituation bezeichnen einige Autoren die Kontrolle der Aktivitäten im Trade-Marketing-Bereich als sinnlos. Rückschlüsse für zukünftige Planungen seien demnach nicht möglich. Jedoch erzielt jede Form der Marketing-Kommunikation ökonomische und außerökonomische Erfolge. Grundsätzlich lässt sich der ökonomische Erfolg von Trade-Marketing-Aktivitäten durch den Vergleich des Gewinns, der sich vor, während und nach der Aktion erzielen ließ, mit demjenigen, der sich ohne die Aktion einstellt, ermitteln.

Jedoch gibt es eine Reihe grundlegender Herausforderungen, die die Aussagekraft der Kontrollergebnisse im Marketingbereich einschränken:

- Der Erfolg eines Produktes lässt sich weder in seiner Gesamtheit noch in Teilen präzise dem Einsatz einzelner Marketing-Instrumente zuordnen.
- Den Erfolg eines Produktes im Handel bestimmen neben den eigenen Aktivitäten weitere Größen, die sich nicht voll isolieren lassen.
- Die Isolierung verzögerter Kaufentscheidungen durch imagebildende Aktivitäten lässt sich nicht unmittelbar auf die Aktivitäten zurückführen.

Die Messung des außerökonomischen Erfolges erweist sich als noch problematischer, da diese längerfristige Gedächtnisinhalte beeinflussen und sich somit oft unterbewusst in den Köpfen der Endkonsumenten einprägen. Diese Wirkungen lassen sich durch Instrumente der Marktforschung (Befragungen, Gruppendiskussionen) genauer betrachten.

Ein schneller Wandel der Märkte, die ständige Entwicklung des Konsumentenverhaltens, gesetzliche Änderungen der Ladenöffnungszeiten und viele weitere Faktoren tragen dazu bei, dass Kontrollwerte im Laufe der Zeit massiven Schwankungen unterliegen. Die erarbeiteten Möglichkeiten zur Kontrolle zielen insbesondere auf die Prüfung einzelner Maßnahmen ab. Betrachtet man die Ergebnisse im Zeitverlauf, so lassen sich Schwankungen durch externe Faktoren nie eindeutig ausblenden. Aus diesem Grund muss bei der Interpretation stets Beachtung finden, dass es unter Umständen Beeinflussungen gibt, aus denen Schwankungen resultieren. Dieses Manko lässt sich jedoch relativieren, wenn man berücksichtigt, dass es immer Einflüsse gibt und geben wird. Am Beispiel von Pre-Tests lässt sich verdeutlichen, dass während der Durchführung des Experiments, aber ebenso in dem definierten Vergleichszeitraum, externe Faktoren ihren Einfluss ausüben und somit bei den Ergebnissen gleichermaßen Ungenauigkeiten vorherrschen können. Nur mit der Zuhilfenahme von weiteren Informationen (Abverkaufszahlen, Umfeldbedingungen, beteiligtes Personal) lässt sich auch eine Zunahme der Ergebnisgenauigkeit erreichen.

Ein gravierenderer Nachteil bei der Beurteilung der Effizienz des Trade Marketing stellt der Mangel an validen Sell-Out-Daten dar. Da Maßnahmen des POS-Marketings i. d. R. den Abverkauf der Ware im Handel fördern sollen, kann letztendlich die Effizienz der Maßnahmen auch nur anhand der Abverkaufszahlen gemessen werden. Derzeit stehen nicht allen Herstellern vollständige Sell-Out-Daten zur Verfügung, was dazu führt, dass Umsatzbeurteilungen auf Basis der Sell-In-Daten, also der Rechnungsstellungen an den Handel, erfolgen. Dies bestärkt die Forderung nach einer Ausweitung der Kooperationsbasis zum Handel. Denn die Speicherung von artikelgenauen Umsätzen pro Geschäft und Tag über mehrere Monate hinweg spiegelt eine wünschenswerte Ausgangssituation wider. Das lässt sich jedoch nur in Zusammenarbeit mit dem Handel ermöglichen.

5 Fazit und Ausblick

Trade Marketing entwickelt sich von der eindimensionalen Verkaufsförderung zum imagebringenden ganzheitlichen Vermarktungssystem. Konzepte, die dem richtigen Konsumenten im richtigen Ladenlokal das passende Angebot verkaufen, müssen sich aller

Marketinginstrumente bedienen. Auch die Consumer-Electronic-Branche stellt sich dieser Herausforderung und weitet die Trade-Marketing-Bereiche entsprechend aus. Denn Trade Marketing bedeutet für den Verkauf von elektronischen Produkten, die bestmögliche Platzierung der Produkte im Handel zu erzielen, die optimale Ansprache und Beratung der Kunden und die damit zusammenhängende Unterstützung der Händler beim Abverkauf der Ware sicherzustellen.

Diese Ziele lassen sich nur erreichen, wenn sich die Leistung dieses Bereiches an den veränderten Marktbedingungen ausrichtet und stets optimiert. Dabei prägen Umstrukturierungen und Kosteneinsparungen das Tagesgeschäft vieler Unternehmen, was einen reibungslosen Ablauf der Tätigkeiten und einen effizienten Mitteleinsatz mehr denn je erforderlich macht.

Trade Marketing stellt ein ganzheitliches Marktbearbeitungssystem dar und lässt sich daher nur effizient gestalten, wenn eine ganzheitliche Ausrichtung unter Beachtung aller Marktbeteiligten erfolgt. Großes Potenzial zur Effizienzsteigerung liefern oftmals bestehende Planungs- und Realisierungsprozesse der einzelnen Maßnahmen.

Aber auch die Berücksichtigung der Zielgruppe Endkonsument darf in Zeiten ständiger Marktveränderungen nicht vernachlässigt werden. Die effiziente und effektive Ausrichtung der Marketingmaßnahmen auf den Endkonsumenten bleibt auch in Zukunft das zentrale Ziel. Auch der Handel versteht, dass nicht allein das Sortiment eine entscheidende Rolle für die Wahl der Einkaufstätte spielt.

Bereits heute erwartet der Konsument von der Stätte des Warenangebotes mehr als das bloße Angebot der Produkte. Dem mit Hilfe des Internets vorinformierten Konsumenten müssen andere Anreize für den Gang in das Geschäft geboten werden. Insbesondere in Großflächenmärkten sieht die Realität jedoch häufig anders aus. Verstaubte Regale und Produkt-Highlights von gestern stellen keinen Einzelfall dar. Doch gerade das Sortiment von Consumer-Electronic-Herstellern lebt von Entertainment, das Konsumenten am POS in den Bann zieht und natürlich von der Aktualität der Produkte im Regal. Um insbesondere in SB-Märkten eine ansprechende und übersichtliche Präsentation der Ware zu erreichen, müssen viele Unternehmen die abverkaufsfördernden Strategien noch weiter differenzieren.

Insbesondere die Unterschiede von Fachmarkt, Fachhandel und Großflächenmarkt sollten bei der Gestaltung der Maßnahmen und Instrumente größere Beachtung finden.

Alle Aktivitäten, die ein Hersteller in der klassischen Werbung und im Handel unternimmt, basieren auf dem Ziel, die Marke optimal zu positionieren und dadurch den wirtschaftlichen Erfolg zu generieren. Der Endkonsument soll am POS die gleiche Werbebotschaft wiederfinden, die ihm auch in klassischen Medien wie Print- und TV-Werbung begegnen. Aktuelle Studien belegen, dass die Instore-Decision-Rate (IDR) im Bereich der Konsumgüter bei über 55 % liegt (vgl. EHI (2003), S. 5), was die bedeutende Rolle des Trade Marketings im gesamten Kommunikationsprozess bestärkt.

Im Handel besteht die Möglichkeit, den Konsumenten direkt anzusprechen und somit unmittelbar auf die Kaufentscheidung einzuwirken. Damit trägt Trade Marketing entscheidend dazu bei, die Ziele des Unternehmens zu erreichen und hat somit einen maßgeblichen Anteil am Erfolg. Informationen werden zeitnah und zielgerichtet gesammelt und für Produkt- und Marktpositionierungen genutzt.

Literatur

[1] BBB UNTERNEHMENSBERATUNG GMBH: Studie: „Handel und Verbraucher 20015", Köln 2004.
[2] EHI – EURO HANDELSINSTITUT GMBH: Studie: „Verkaufsförderung/ POS-Marketing – Trends und Perspektiven", Köln 2003.
[3] FREY, ULRICH DIRK: POS-Marketing, Wiesbaden, 2001.
[4] FREY, ULRICH DIRK: Marketing im Aufbruch, Landsberg/Lech 1994.
[5] FREY, ULRICH DIRK: Sales Promotion Power für mehr Umsatz, Landsberg/Lech 1997.
[6] TROMMSDORFF, VOLKER: Handelsforschung 1999/2000, Wiesbaden 1999.
[7] LAURENT, MONIKA: Vertikale Kooperationen zwischen Industrie und Handel, Frankfurt am Main 1996.
[8] LITZINGER, DIETER: Computergestütztes Promotioncontrolling, Wiesbaden 1996.
[9] OHNEMÜLLER, BERT M./ WINTERLING, KLAUS: Mehr Erfolg am Point of Sale, Frankfurt am Main 2004

Autor

ANDREA BOLLERS, Dipl.-Kffr. (FH), Key Account Manager bei der Canon Deutschland GmbH.

Unternehmensübergreifende Planung als Schnittstelle zwischen CRM und SCM

Axel Busch und Timo Langemann

1	Einleitung	295
2	Planungs- und Steuerungsaufgaben des Customer Relationship Managements	295
3	Planungs- und Steuerungsaufgaben des Supply Chain Managements	297
4	Übergreifende Planung als Schnittstelle der Kunden- und Lieferantenkettensicht	300
	4.1 Schnittmenge CRM und SCM	300
	4.2 Übergreifende Planung	302
5	Ausblick	305
	Literatur	305
	Autoren	306

1 Einleitung

Die rasante Entwicklung der Informationstechnologie ermöglicht es Unternehmen, ihre Kunden- und Lieferantenbeziehungen heute deutlich besser zu managen. Im Bereich des Kundenmanagements sind seit wenigen Jahren unter dem Begriff des Customer Relationship Managements (CRM) eine Vielzahl an unterschiedlichen DV-Lösungen am Markt erhältlich (Schwetz 2000). Innerhalb der Wertschöpfungskette ringen traditionelle Anbieter von Enterprise-Resource-Planning-Systemen (ERP-Systemen) und Spezialanbieter von Supply-Chain-Management-Systemen (SCM-Systemen) um die Vormachtstellung im SCM-Markt.

Das Internet verändert zunehmend die Art und Weise der Transaktionsabwicklung zwischen, aber auch innerhalb von Unternehmen. Auf der einen Seite lassen sich bestehende Transaktionen heute einfacher, kostengünstiger, qualitativ besser und insbesondere schneller über das Internet abwickeln. Auf der anderen Seite werden neue Prozesse ermöglicht, so dass sich traditionelle Prozessmodelle überholen. Für das Management der Kunden- und der Lieferantenbeziehungen bedeutet die Nutzung des Internets, insbesondere über B2B- und B2C-Marktplätze, eine zunehmende Annäherung der bisher getrennten Bereiche. CRM- und SCM-Systeme sind dabei, sich zukünftig vermehrt zu überschneiden. Dabei rückt die unternehmensübergreifende Planung und Steuerung, die die Schnittstelle aus CRM und SCM darstellt und sowohl für CRM- als auch für SCM-Systeme zunehmend an Bedeutung gewinnt, in den Mittelpunkt.

Ziel dieses Beitrages ist es, Schnittstellen und Überschneidung von CRM und SCM zu untersuchen und Entscheidungsträgern insbesondere aus dem CRM-Umfeld die Integrationspotenziale über unternehmensübergreifende Planungsansätze aufzuzeigen. In den nachfolgenden Kapiteln 2 und 3 wird daher zunächst eine Einordnung des CRM und des SCM vorgenommen, und Planungs- und Steuerungsaufgaben des CRM und SCM werden differenziert. Die Schnittmenge von CRM und SCM wird in Kapitel 4 diskutiert, wobei detailliert auf die unternehmensübergreifende Planung eingegangen wird. Im Kapitel 5 wird abschließend ein Ausblick über mögliche, sich aktuell abzeichnende Entwicklungstendenzen im Bereich der CRM-SCM-Schnittstelle gegeben.

2 Planungs- und Steuerungsaufgaben des Customer Relationship Managements

Unter CRM wird auf der obersten Ebene das Management von Kundenbeziehungen verstanden. Das ökonomische Ziel der Gewinnmaximierung versucht, CRM dabei durch eine möglichst hohe Kundenzufriedenheit zu erreichen. Die Verwendung der Kundenzufriedenheit als Bezugsgröße basiert auf der Annahme, dass nur ein zufriedener Kunde kurz-, mittel- oder langfristig wieder durch den Neukauf, den Nachkauf oder die Inanspruchnahme von Service-/Zusatzleistungen gewinnbringende Umsätze mit dem Unternehmen generiert (Helmke 2000).

Das CRM fasst klassische marketingpolitische Instrumente, wie die Angebots-, Kommunikations- und Distributionspolitik, zusammen. Möglich wird dies durch die enormen Fortschritte im Bereich der Informationstechnologie. Hohe Datenmengen können heute einfacher erhoben, gespeichert, verarbeitet und genutzt werden. Gleichzeitig ist insbesondere durch den starken ERP-Trend der 90er-Jahre die datentechnische Basis des CRM aus unterschiedlichen Unternehmensbereichen in – mehr oder weniger – integrierter Form vorhanden. Enterprise-Resource-Planning-Systeme (ERP-Systeme wie z. B. SAP R/3) dienen der funktionalen Integration innerhalb eines Unternehmens. Sie verbinden unterschiedliche Bereiche wie z. B. Rechnungswesen, Logistik, Personalwirtschaft miteinander. Als Beispiel kann hier die Nutzung von Kundendatenbanken genannt werden, die heute für unterschiedliche, zumeist marketingnahe Bereiche genutzt wird. Durch den Einsatz von CRM-Instrumenten lässt sich eine verbesserte qualitative und quantitative Kundenbearbeitung erreichen (Helmke/Uebel 2000).

Aktuell finden sich am Markt unter dem Synonym CRM-System eine Vielzahl von DV-Lösungen mit zum Teil sehr unterschiedlichen Funktionalitäten und Ausrichtungen. Die Bandbreite reicht dabei vom Vertriebsmanagement über das Data Mining/Database Management, die Nutzung von Kundendatenbanken, Systeme für Customer Service Center, das Kundenzufriedenheitsmanagement bis hin zum Trade Marketing. Durch die vielen Teilbereiche ist CRM bis auf das Fundament der Kundenfokussierung nicht klar abgrenzbar. Aktuell erscheint CRM eher als eine Art bereichsübergreifender Oberbegriff, der kundenorientierte Lösungsansätze zusammenfasst. Von daher ist es nicht verwunderlich, dass sich eine Vielzahl an Unternehmen als CRM-Anbieter bezeichnet, obwohl ihre Produkte und Problemlösungskompetenzen sehr variieren.

Versucht man die Problemlösungskompetenzen des CRM inhaltlich zu strukturieren, so lassen sich Planungs- und Steuerungsaufgaben unterscheiden.

Planungsaufgaben im CRM

Bevor ein Unternehmen einen Markt und damit Kunden bedient, muss der Markt als solcher für das Unternehmen zunächst erkannt und als Bearbeitungswert eingestuft werden. Hierzu sind Instrumente der Marktanalyse und der Marktsegmentierung erforderlich, an deren Ende Märkte, Kunden und Produkte zusammengeführt werden. Derartige CRM-Aufgaben haben gestaltenden Charakter und verfolgen einen strategischen Fokus. Neben strategischen Planungsaufgaben gibt es eine Vielzahl an operativen CRM-Planungsaufgaben. So ist es z. B. Aufgabe des CRM Inhalt, Umsetzung und Budget von Marketingmaßnahmen festzulegen.

Steuerungsaufgaben im CRM

Nach der Identifikation der Märkte, Kunden und Produkte gilt es für das Unternehmen, mit dem anvisierten Kunden Umsätze zu generieren und den Kunden durch die erbrachten Leistungen zufrieden zu stellen. Bei der Abwicklung von Transaktionen lassen sich dabei unterschiedliche Phasen des Kundenmanagements unterscheiden. Je nachdem, ob sich Kunden im Vorfeld einer Kaufentscheidung (Presales), beim Kauf (Sales) oder in der Phase nach dem getätigten Produktkauf (Aftersales) befinden, sind unterschiedliche CRM-Aufgaben von Bedeutung. So beschäftigen sich Steuerungsaufgaben im CRM z. B. in der Presales- und Sales-Phase mit der operativen Ausführung des Produktvertriebs oder der Unterstützung der Produktlieferung bis zum Kunden. In der Aftersales-Phase treten CRM-Steuerungsaufgaben im Umfeld der Ausführung und Unterstützung des Kundenservices in den Vordergrund. Tätigkeiten, die auf die Ausführung von Transaktionen und damit auf die Leistungserstellung gerichtet sind, lassen sich als operative CRM-Steuerungsaufgaben bezeichnen.

Neben den Aufgaben zur Ausführung von Transaktionen schließen CRM-Steuerungsaufgaben noch Aufgaben zur Kontrolle der erbrachten Transaktionsleistungen sowie der vorausgegangenen Planung mit ein. In Anlehnung an klassische Controllingaufgaben werden hierbei erbrachte Leistungen über Kennzahlen erhoben und durch Vergleiche (z. B. Soll-Ist-Vergleiche) bewertet. Dabei richtet sich das Interesse, vergleichbar mit einer Balance Scorecard, auf unterschiedliche Bereiche des CRM. Neben monetären Kennzahlen (z. B. Maßnahmenbudgets) werden auch „weiche" Kennzahlen (z. B. Kundenzufriedenheiten) gemessen, verdichtet und zu nachfolgenden Steuerungszwecken verwendet. Derartige Steuerungsaufgaben betreffen sowohl den Planungsbereich als auch den Bereich der physischen Leistungserstellung. Über entsprechende Rückkopplungen lassen sich anschließend bestehende oder neue CRM-Ausführungsaufgaben in ihrer Zielausrichtung und Zielwirkung verbessern.

3 Planungs- und Steuerungsaufgaben des Supply Chain Managements

Das Supply Chain Management steht für das Management von Material-, Dienstleistungs-, Informations- und Geldflüssen entlang der Wertschöpfungskette (Hahn 2000, S. 12). Seinen Ursprung hat das SCM in der Produktionsplanung und -steuerung (PPS). PPS-Systeme, die zumeist integraler Bestandteil von ERP-Systemen sind, umfassen alle Aufgaben, die zur Planung und Steuerung des Material- und Informationsflusses in einem Unternehmen benötigt werden. Aufgaben und Funktionen der PPS sind dabei die Produktionsprogramm-Planung, die Mengenplanung, die Termin- und Kapazitätsplanung, die Auftragsveranlassung und abschließend die Auftragsfortschrittsüberwachung (Zäpfel 1996, S. 1393ff.). Die klassische PPS durchläuft die einzelnen Planungsaufgaben sukzessiv und ist für Planungs- und Steuerungsaufgaben innerhalb eines Unternehmens konzipiert (Tempelmeier 1999, S. 69) (Man spricht in diesem Zusammenhang von PPS-Systemen auf Basis von MRP II (Manufacturing Resource Planning)).

Im Zuge der zunehmenden Vernetzung von Material- und Informationsflüssen sind aktuelle Optimierungsanstrengungen im Bereich der PPS auf die Integration und Synchronisation der gesamten Supply Chain fokussiert, die eine Anordnung aller zur Produktion und Distribution eines Gutes beteiligten Unternehmen darstellt. Ziel ist es, über alle Glieder der Supply Chain Bestände zu reduzieren, Kapazitäten auszulasten und Durchlaufzeiten zu verkürzen, um dem Endkunden eine bestmögliche Lieferfähigkeit zu ermöglichen. Nur durch eine optimierte Abstimmung über alle Glieder der Supply Chain können Unternehmen langfristig im Markt fortbestehen. In diesem Zusammenhang ist eine veränderte Zielsetzung zu betonen, die sich aus einem verstärkten Wettbewerb zwischen ganzen Supply Chains ergibt. Zukünftig sollte es Ziel eines Unternehmens sein, seine unternehmensinterne Effizienz zusammen mit den vor- und nachgelagerten Supply-Chain-Partnern zu verbessern (Seligmann 1999, S. 28). Nur so können für alle Supply-Chain-Partner Win-win-Situationen entstehen und eine maximale Effizienz der gesamten Supply Chain erzielt werden. SCM-Systeme (Vgl. RHYTHM von i2 Technologies oder APO von SAP) basieren heute zumeist auf sogenannten Advanced Planning and Scheduling Systems (APS-Systemen), wobei APS die Kernfunktionalität von SCM-Systemen darstellt. In der Regel arbeiten SCM-Systeme im Gegensatz zu klassischen PPS-Systemen auf der Grundlage eines ganzheitlichen Planungs- und Optimierungsansatzes. In hauptspeicherresistenten Modellen werden unter Verwendung leistungsfähiger Optimierungen Simultanplanungen von Material, Kapazitäten und Humanressourcen ermöglicht und deutlich verbesserte und zeitnäherer Planungen über mehrere verbundene Supply-Chain-Einheiten ermöglicht (Lessing/Kortmann 2000, S. 9).

Ein wesentlicher Unterschied von PPS-Systemen und APS-Systemen besteht darin, dass letztere i.d. R. keine Transaktionsorientierung aufweisen. Dies bedeutet, dass gerade Funktionen wie etwa die Bestandsführung oder Auftragsrückmeldung keine Aufgaben von APS-Systemen darstellen. Von daher findet sich in der Praxis zumeist eine Kombination klassischer PPS-/ERP-Systeme und APS-Systeme, die dem hier verwendeten Begriff von SCM-Systemen zugrunde liegt (Tempelmeier 1999, S. 70).

SCM-Systeme verfolgen häufig zentralistische Planungsansätze, bei dem planungsrelevante Informationen zentral zusammengeführt und ausgewertet werden (Hahn 2000, S.17). Während diese Art der Supply-Chain-weiten Optimierung noch bei regional verteilten Einheiten in Großunternehmen oder bei Konzernen praktikabel erscheint (unternehmensweite Integration), ist es doch fraglich, ob voneinander unabhängige Unternehmen in einer Supply Chain ihre „Planungshoheit" (Planning Authority) aufgeben und zum Teil sehr sensible Daten anderen Unternehmen frei zugänglich machen oder im Extremfall darauf reduziert werden, extern erstellte Pläne auszuführen. An dieser Stelle bedarf das SCM einer Ergänzung in Richtung der Planung und Steuerung von unternehmensübergreifenden Netzwerken, um das Ziel einer Integration und Synchronisation über die gesamte Supply Chain zu erreichen (Pillep/von Wrede 1999, S.18). **Abbildung 3.1** zeigt schematisch diese Entwicklung.

Das SCM versucht seit einigen Jahren, die Planungs- und Steuerungsdefizite in Netzwerken durch Erweiterungen im Bereich der unternehmensübergreifenden Planung zu schließen. Durch eine verstärkte unternehmensübergreifende Kollaboration der Supply-Chain-Partner wird eine gemeinschaftlich abgeleitete und damit oftmals qualitativ verbesserte Planung ermöglicht (Knolmayer/Mertens/Zeier 2000, S. 112). Detaillierter wird auf die unternehmensübergreifende Planung in Kapitel 4.2 eingegangen.

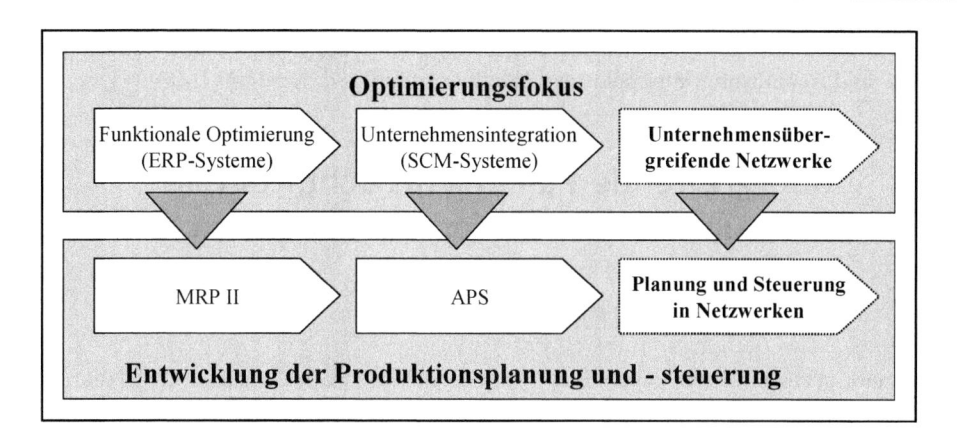

Abbildung 3.1 Optimierungsfokus und Entwicklungen der PPS

```
                        Optimierungsfokus
   Funktionale Optimierung   Unternehmensintegration   Unternehmensüber-
      (ERP-Systeme)              (SCM-Systeme)          greifende Netzwerke

                                                      Planung und Steuerung
         MRP II                      APS                 in Netzwerken

         Entwicklung der Produktionsplanung und - steuerung
```

SCM beinhaltet Aufgaben der Planung und Steuerung mit sowohl strategischem als auch operativem Fokus, wobei sich die zeitlichen Abgrenzungen je nach Branche, Unternehmen und den verwendeten Planungsprozessen unterscheiden. Nachfolgend werden die Aufgabenbereiche des SCM unterteilt in Planungs- (strategisch bis operativ) und Steuerungsaufgaben (eher operativ) dargestellt (Lessing/Kortmann 2000, S. 20 ff.).

- **Planungsaufgaben**

Planungsaufgaben beschäftigen sich mit der Sicherstellung, dass das richtige Produkt zur richtigen Zeit in der richtigen Menge am richtigen Ort verfügbar ist. Für das SCM bedeutet das u. a. eine langfristige Planung der Wettbewerbsausrichtung, der Produktkonzeption und der Dimensionierung des Netzwerks (z. B. über Szenarienvergleiche bezüglich Produktmix, Lager und Produktionslinien, Distributionsstrategien, Standortwahl, ...). Die taktische Planung umfasst u. a. die Bereiche der Produktprogrammplanung anhand von Bedarfsplanungen und Absatzprognosen sowie die Verbundplanung zum Abgleich zwischen Prognosen und Aufträgen mit Kapazitäten und Beständen. Im operativen Planungsbereich werden vom SCM u. a. Produktions- und Distributionspläne erstellt. Kommt es bei der Ausführung der Transformationen zu Unregelmäßigkeiten (z. B. Maschinenausfälle, Lieferengpässe, Qualitätsprobleme, kurzfristige Bedarfsschwankungen etc.), versucht man durch Änderungsplanungen bestmöglich auf die Veränderungen zu reagieren (Holthöfer 2000, S. 2).

- **Steuerungsaufgaben**

Der Bereich der Steuerungsaufgaben unterteilt sich in einen Ausführungsbereich der Leistungserstellung und einen Kontrollbereich. Bei der Ausführung werden Vor-, Zwischen- und schließlich Endprodukte erstellt und an den Kunden geliefert. Hier übernimmt das SCM z. B. Aufgaben der Auftragsveranlassung, gegebenenfalls sehr kurzfristige dezentrale Planungsaufgaben (lokale Reihenfolgeplanungen) und kurzfristige verbindliche Lieferterminzusagen (Available-To-Promise (ATP)). Steuerungsaufgaben im SCM umfassen neben Ausführungsaufgaben auch Tätigkeiten der Kontrolle. Hierzu werden Daten aus der Leistungserstellung über entsprechende Informationssysteme (z. B. BDE-Systeme) erhoben. So ist es möglich, Fortschritte in der Leistungserstellung zu kontrollieren und getroffene Planungs- und Ausführungsentscheidungen zu überprüfen.

4 Übergreifende Planung als Schnittstelle der Kunden- und Lieferantenkettensicht

4.1 Schnittmenge CRM und SCM

Wie zuvor gezeigt, führen sowohl das CRM als auch das SCM Aufgaben der Planung und Steuerung durch. CRM und SCM versuchen, ihre spezifischen Aufgaben aus unterschiedlichen Blickwinkeln zu bewältigen. Es ist daher vorteilhaft, die Schnittstelle jeweils getrennt aus Sicht des CRM und aus Sicht des SCM darzustellen.

■ **Schnittmenge aus CRM-Sicht**

CRM fokussiert in erster Linie den Kunden und damit die Nachfrageseite eines Unternehmens. Die Qualität der CRM-Planung und CRM-Steuerung hängt neben den durch das CRM gelieferten Informationen der Nachfrageseite auch von Informationen der Angebotsseite ab. Zur Erzielung eines langfristig erfolgreichen und durchgängigen CRM-Konzepts sind aktuelle Planungs- und Steuerungsinformationen aus der Supply Chain erforderlich. Nachfolgend wird die Notwendigkeit der Integration von Angebotsinformationen zur Durchführung von CRM-Planungs- und CRM-Steuerungsaufgaben beispielhaft beschrieben.

Die Planung von Marketingmaßnahmen im Vertrieb bedarf der Sicherstellung einer entsprechenden Produktverfügbarkeit. In der Maßnahmenplanung sind hierzu neben anvisierten Absatzmengen auch realisierbare Produktionsmengen einzubeziehen. Für den Fall, dass Produktionsengpässe auftreten (z. B. Beschaffungsengpässe, Maschinenausfälle etc.) sind entsprechende Änderungen gegebenenfalls in der Maßnahmenplanung des CRM vorzunehmen. An der Schnittstelle zwischen CRM und SCM werden somit einerseits marktseitige Bedarfsinformationen und andererseits Informationen über die Produktionskapazitäten ausgetauscht.

Innerhalb der operativen Auftragsabwicklung – etwa in einem Call Center – hängt die Qualität der Anfragenbearbeitung u. a. von den existierenden Schnittstellen zur Leistungserstellung und damit zur Supply Chain ab. Um Kunden exakte Liefertermine für seine Aufträge zu nennen, sind Informationen über den aktuellen Auftragsstand sowie den geplanten zukünftigen Durchlauf durch das Produktionsnetzwerk erforderlich. Entsprechend sind zeitnahe Planungs- und Steuerungsinformationen in der Supply Chain zu erheben oder online aus vorhandenen Informationsquellen abzugreifen (z. B. ATP-Mengen aus dem Demand Fulfilment Process) und an das CRM weiterzuleiten. Auslöser für den Informationstransfer ist in der Regel das CRM. Die Auftragsanfrage des CRM bewirkt z. B. eine Verfügbarkeitsüberprüfung der benötigten ATP-Menge und gegebenenfalls deren Konsum.

Der Datentransfer von Supply-Chain-Informationen in das CRM befindet sich noch in den Anfängen. Oftmals sind entsprechende Informationen aus der Supply Chain nicht in der benötigten Form, nicht zeitnah oder zum Teil gar nicht vorhanden. Der Informationsfluss über die ganze Supply Chain scheitert zusätzlich an bestehenden Unternehmensgrenzen (vgl. Kapitel 3). Ein unternehmensübergreifender zeitnaher Datentransfer von relevanten Produktions- und Logistikdaten ist in komplexen Supply-Chain-Netzwerken nur äußerst selten anzutreffen, obwohl technologische Neuerungen im Umfeld des Internets, wie etwa B2B-Technologien und XML-basierte Kommunikationsstandards, Perspektiven für eine unternehmensübergreifende, kollaborative und systemtechnisch „integrierte" Planung bieten.

Abbildung 4.1   Schnittmenge SCM und CRM

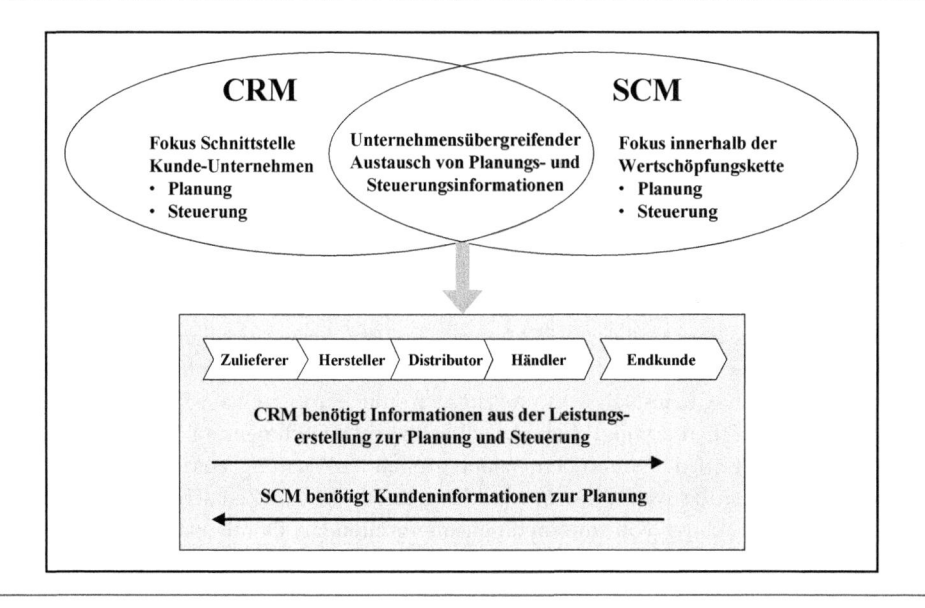

■ **Schnittmenge aus SCM-Sicht**

Das SCM stellt durch seine eher lieferkettenweite Fokussierung den Endkunden nicht in dem Maße in den Mittelpunkt des Handels, wie es das CRM tut. Oftmals wird die Kundensicht bei Planungs- und Steuerungsentscheidungen nicht entsprechend integriert. Zur Vermeidung einer verfehlten Produkt- und Produktionsplanung sind Kundeninformationen aus dem CRM bestmöglich in das SCM einzubinden.

Im Bereich der PPS wird bereits versucht, durch den Einsatz einer kundenauftragsorientierten Produktionsplanung, bei der die Produktionsprozesse durch eingehende Kundenaufträge ausgelöst werden (Pull-Effekt: Beim Pull-Effekt bestimmt die eingehende Nachfrage die Produktion der Güter. Im Gegensatz hierzu steht der Push-Effekt, bei dem die Produkte entsprechend der Auslastungsprioritäten in einzelnen Produktionsstufen durch die Produktion „geschoben" werden), eine Taktung der Fertigung durch die Absatzseite zu erzielen. Gute Bedarfsvorhersagen zur Antizipation der Kundennachfrage werden dabei immer wichtiger. Aus dem CRM sind daher Absatzinformationen in das SCM zu integrieren, um eine zeitnahe und gute Produktionsplanung zu ermöglichen. Hierzu bedarf es der Verständigung der Angebots- und Nachfrageseite auf eine gemeinsame Absatzzahl, die bei Änderungen aus dem SCM-System (z. B. Engpässe) oder aus dem CRM-System (z. B. Umplanung von Marketingmaßnahmen) entsprechend angepasst wird. Nur wenn CRM- und SCM-Systeme mit einheitlichen Zahlen operieren, ist eine gesamtoptimale Planung zur Bedienung des Marktes möglich.

Zur Synchronisation und Integration der Fertigung über die gesamte Supply Chain sind zwischen den betroffenen Supply-Chain-Partnern neben Absatzinformationen auch Produktionsinformationen auszutauschen. Wie zuvor beim CRM bedarf auch das SCM eines unternehmensübergreifenden Austausches von Daten.

4.2 Übergreifende Planung

Anhand der CRM-SCM-Schnittmenge konnte gezeigt werden, dass zwischen dem CRM und SCM Schnittstellen existieren. Beide Blickwinkel auf die Schnittmenge führten dabei zur Notwendigkeit, einen entscheidungsrelevanten Informationsfluss insbesondere für Planungsdaten über die gesamte Supply Chain inklusive des Endkunden herzustellen.

Lange Zeit erhielt der unternehmensübergreifende Informationsfluss nicht die erforderliche Aufmerksamkeit, so dass weder das SCM noch das CRM diese Aufgaben im angemessenen Umfang wahrgenommen haben. Doch das veränderte Wettbewerbsumfeld und die Bestrebungen, im Supply-Chain-Netzwerk zusammen mit Supply-Chain-Partnern Win-win-Situationen zu erreichen, ermöglichen aktuell erste ernstzunehmende Lösungsansätze, die unter dem Oberbegriff der unternehmensübergreifenden Planung zusammengefasst werden können. Unterstützt wird diese Entwicklung durch die zur Zeit schubartige technologische Weiterentwicklung von unternehmensübergreifenden Planungsansätzen, nachdem in den letzten Jahren nach der Einführung der Electronic-Data-Interchange-Technologien (EDI-Technologien) Anfang und Mitte der 90er-Jahre eine Stagnationsphase zu verzeichnen war. Dieser Wandel wurde primär durch die zunehmende Verbreitung und Akzeptanz von internetbasierten Technologien ausgelöst.

Im Bereich der unternehmensübergreifenden Planung ist die Initiative Collaborative Planning Forecasting and Replenishment (CPFR) von besonderem Interesse. Die Voluntary Interindustry Commerce Standards Association (VICS) hat 1997 aus dem Handelsumfeld das CPFR-Komitee gegründet, um standardisierte Geschäftsprozesse für die unternehmensübergreifende Planung, Prognose und Belieferung zu gestalten. Die bisher vom CPFR aufgestellten standardisierten Geschäftsprozesse regeln die Zusammenarbeit zwischen zwei Supply-Chain-Partnern (hier Hersteller und Händler) und führen dabei zeitnahe Informationen der Nachfrage- und Angebotsseite zur Absatz- und Beschaffungsplanung zusammen (CPFR 1998). CPFR geht dabei deutlich über bisherige unternehmensinterne Prognoserechnungen hinaus. Bisher ausschließlich unternehmensintern zugängliche Daten werden mit CPFR auch Supply-Chain-Partnern zugänglich gemacht. Unter Berücksichtigung der frei ausgetauschten Planungsinformationen (z. B. Absatzprognosen, Produktionsrestriktionen etc.) der beteiligten Supply-Chain-Partner lassen sich übergreifende realitätsnähere Planungen realisieren.

Abbildung 4.2 zeigt vereinfacht das vom CPFR-Komitee standardisierte Geschäftsmodell für eine unternehmensübergreifende kollaborative Planung. Es beinhaltet neun Prozessschritte, die den Datenaustausch, die Datenauswertung und die sich daraus ergebenden Konsequenzen für die Zusammenarbeit zwischen einem Hersteller und einem Händler beschreiben (CPFR 1998).

Mit der Übereinkunft zur Kooperation (1) legen beide Partner die Grundlagen und -regeln der kollaborativen Geschäftsbeziehung fest. In der Übereinkunft werden gegenseitige Erwartungen festgehalten, gemeinschaftliche Ziele formuliert und der erforderliche Ressourceneinsatz festgelegt. Zusätzlich sichern sich die Partner die vertrauliche Verwendung der auszutauschenden Informationen zu. Nachdem die Grundlagen für eine übergreifende Zusammenarbeit festgelegt sind, wird ein gemeinsamer Geschäftsplan entwickelt (2). Dieser legt die einer kollaborativen Planung zuzuführenden Produkte, deren Eigenschaften (z. B. minimale Auftragsumfänge, Durchlaufzeiten, Beschaffungsintervalle etc.) und eine gemeinschaftliche Produktstrategie fest. Mit der Erstellung einer gemeinschaftlichen Verkaufsprognose (3) beginnt die operative unternehmensübergreifende Planung. Beide Partner führen ihre vorhandenen Informationen (z. B. geplante Marketingaktionen, Produktions- und Verkaufsrestriktionen, historische Verkaufszahlen etc.) zusammen und generieren eine nun für beide Unternehmen gültige Verkaufsprognose („One-Number-Planning"). Treten im weiteren zeitlichen Verlauf Abweichungen von der geplanten Prognose auf (z. B. Terminveränderungen von Marketingmaßnahmen, Produktionsengpässe etc.), sind diese zeitnah zu erkennen (4) und in Form einer überarbeiteten, für beide Partner gleichermaßen gültigen Prognose auszugleichen (5). Das Ergebnis ist eine ständig aktualisierte Verkaufsprognose. Aus der Prognose wird anschließend unter Berücksichtigung der Restriktionen von beiden Supply-Chain-Partnern die Auftragsprognose für die Lieferung des Verkäufers an den Käufer abgeleitet (6). Für sie werden ebenfalls Abweichungskriterien festgelegt, um im weiteren zeitlichen Verlauf Abweichungen von der geplanten Auftragsprognose schneller erkennen zu können. Für den Fall, dass es im Lauf der Zeit zu Abweichungen in der Auftragsprognose kommt (7), müssen sich die Supply-Chain-Partner auf eine neue Auftragsprognose einigen (8), die gegebenenfalls sogar die Verkaufsprognose beeinflussen kann (Rückkopplung zwischen den Stufen). Während einer festgelegten Zeit vor der endgültigen Auftragsausführung sind die prognostizierten Aufträge nicht mehr veränderbar („Frozen Zone"). Die Auftragsprognose wird dann automatisch in einen Bestell- oder Fertigungsauftrag überführt (9).

Abbildung 4.2 CPFR-Geschäftsprozessmodell (CPFR 1998)

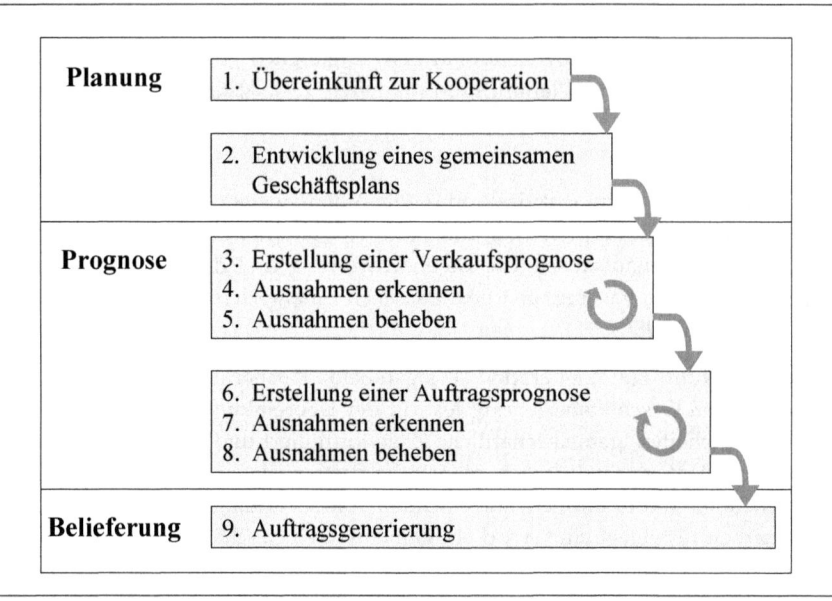

Planung	1. Übereinkunft zur Kooperation
	2. Entwicklung eines gemeinsamen Geschäftsplans
Prognose	3. Erstellung einer Verkaufsprognose 4. Ausnahmen erkennen 5. Ausnahmen beheben
	6. Erstellung einer Auftragsprognose 7. Ausnahmen erkennen 8. Ausnahmen beheben
Belieferung	9. Auftragsgenerierung

Durch die Nutzung von CPFR-Prozessen wird ein Austausch von Planungsinformationen über Unternehmensgrenzen hinweg ermöglicht. Beide Partner planen ausschließlich mit aktuellen Absatz- und Beschaffungszahlen. Durch die koordinierte Zusammenarbeit werden Entscheidungen, deren Auswirkungen auf den Markt oder auf einen Partner erst in Zukunft deutlich werden, bereits direkt nach ihrem Bekanntwerden und damit proaktiv in die Planungen einbezogen (Hellingrath 1999, S. 85). Mit der unternehmensübergreifenden Planung beim Absatz (Verkaufsprognose) und bei der Beschaffung (Auftragsprognose) werden für beide Supply-Chain-Partner gemeinschaftlich optimierte Entscheidungen möglich und Win-win-Situationen können entstehen.

Auf Basis von CPFR wird eine mittel- bis langfristige unternehmensübergreifende Absatz- und Beschaffungsplanung ermöglicht. Treten jedoch nach der Weiterleitung der Verkaufs- und Auftragsprognosen in den Absatz- oder Fertigungsbereichen noch kurzfristige Änderungen auf (z. B. Bedarfsänderungen beim Feinabruf, Maschinenausfälle, Beschaffungsengpässe durch mangelnde Qualität etc.), sind die von CPRF einmal generierten Aufträge nur schwer veränderbar. CPFR ist daher für eine unternehmensübergreifende Planung im Kurzfristbereich nicht geeignet. Um auch bei kurzfristigen Änderungen noch reaktionsfähig zu sein, sind zukünftig noch geeignete Modelle und Methoden zu konzipieren. In Anlehnung an CPRF sind insbesondere geeignete Prozesse zur Beschreibung der Kommunikation zwischen den Unternehmen im Kurzfristbereich zu definieren und durch entsprechende Informationstechnologien zu unterstützen.

Erste Umsetzungen von unternehmensübergreifenden Planungssystemen, die sich größtenteils auf CPRF stützen, stammen überwiegend aus dem SCM-Bereich. Zu unterscheiden sind dabei Unternehmen, die unternehmensübergreifende Planungselemente

- als Bestandteil bestehender Supply-Chain-Optimierungen (z. B. i2 Technologies, Logility, Manugistics, SAP und webPlan),
- als Erweiterung von Supply -hain-Planungssystemen (z. B. SAP und Peoplesoft),
- als Stand-Alone-Lösungen (z. B. Syncra Systems und Eqos Systems) oder
- als „Hosted Solution" (z. B. Logility, Manugistics und Nonstop Solutions)

anbieten (Peterson/Cecere 2000).

5 Ausblick

Zukünftig ist zu erwarten, dass viele Unternehmen im Zuge weiterer Optimierungsbestrebungen ein großes Interesse entwickeln werden, den unternehmensübergreifenden Datenaustausch auszubauen, zu standardisieren und in einer unternehmensübergreifenden Planung münden zu lassen. Die unternehmensübergreifend generierten Daten und die sich ergebenen Planungsmöglichkeiten über die gesamte Supply Chain sind dabei sowohl für CRM- als auch für SCM-Systemanbieter von Interesse (White 1999, S. 14).

Das SCM benötigt die unternehmensübergreifende Planung, um den Daten- und Planungsfluss über die gesamte Wertschöpfungskette zu verbessern bzw. erst zu ermöglichen und um den Endkunden in Form von qualitativ hochwertigen Verkaufsprognosen insbesondere beim letzten Kettenglied zu integrieren. Das CRM bedarf der unternehmensübergreifenden Planung, um die Produktionsseite in ihre Planungen einzubeziehen und um im Bereich der Steuerung zusätzlichen Kundenservice (z. B. über schnell abrufbare Produktionsdaten zur Bestimmung von Lieferterminen) zu ermöglichen.

Derzeit ist nicht sicher zu sagen, ob unternehmensübergreifende Planungssysteme langfristig zu einer Erweiterung von bestehenden SCM- oder CRM-Systemen werden. Durch die starken Bemühungen der SCM-Anbieter in diesem Bereich erscheint es zurzeit eher wahrscheinlich, dass SCM-Anbieter sich auch als Anbieter von unternehmensübergreifenden Planungsfunktionalitäten am Markt behaupten werden. Den CRM-Systemen würde in diesem Fall lediglich eine verstärkte Schnittstellenanbindung an die SCM-Systeme bleiben, um die Marktbearbeitung nicht ganz ohne die Produktionsseite durchzuführen.

Literatur

[1] CPFR VICS Association: Collaborative Planning Forecasting and Replenishment Voluntary Guidelines, 1998, http://www.cpfr.org.
[2] HAHN, D.: Problemfelder des Supply Chain Management, in: Wildemann, H. (Hrsg.): Supply Chain Management, TCW Transfer-Centrum-Verlag, München, 2000.
[3] HELLINGRATH, B.: Standards für die Supply Chain, in: Logistik Heute, 7/8 (1999), S. 77 – 85.

[4] HELMKE, S.: CRM-Systeme: Quo vadis? – Von der Effizienz zur Effektivität, in: CRM-Report, Sonderheft des salesprofi, März 2000.

[5] HELMKE, S., UEBEL, M.: Grundlagen CAS/ SCM, 01. September 2000, http://www.netskill.de/crm.nsf/GrundlagenView.

[6] HOLTHÖFER, N.: Regeln in einer Mengenplanung unter Ausbringungsgrenzen, Diss., HNI-Verlagsschriftenreihe, Paderborn, 2000.

[7] KNOLMAYER, G., MERTENS, P., ZEIER, A.: Supply Chain Management auf Basis von SAP-Systemen, Springer, Berlin Heidelberg New York, 2000.

[8] LESSING, H., KORTMANN, J.: Marktstudie: Standardsoftware für Supply Chain Management, in: Dangelmaier, Wilhelm; Felser, Winfried (Hrsg.): ALB/HNI Verlagsschriftenreihe, Paderborn, 2000.

[9] PETERSON, K., CECERE, L.: Supply-Chain Collaboration Defined, in: Gartner Group (Hrsg.): Integrated Logistics Strategies, 14. August 2000, Doc.-#: SPA-11-6018.

[10] PILLEP, R., VON WREDE, P.: Anspruch und Wirklichkeit – Nutzenpotenziale und Marktübersicht von SCM-Systemen, in: Industrie Management, Oktober 1999.

[11] SELIGMANN, V.: Inter- und Intra-Optimierungen durch Supply Chain Management, in: Industrie Management, Oktober 1999.

[12] SCHWETZ, W.: Viel Bewegung im CRM-Markt – CRM Top-20 Hitparade, März 2000, http://www.schwetz.de/Infos/index.htm.

[13] TEMPELMEIER, H.: Advanced Planning Systems, in: Industrie Management, Oktober 1999.

[14] WHITE, A. G.: The End of ERP as We Know it, White Paper, Logility, Inc., 1999, http://www.b2b-icommerce.com.

[15] ZÄPFEL, G.: PPS (Produktionsplanung und -steuerung), in: Kern, W.; Schröder, H.-H.; Weber, J. (Hrsg.): Handwörterbuch der Produktionswirtschaft, Schäffer-Poeschel, Stuttgart, 1996.

Autoren

AXEL BUSCH, Dipl.-Wirt.-Ing., CEO Vaillant Group Turkey, Remscheid.

TIMO LANGEMANN, Dr., Regionalleiter bei der ThyssenKrupp Xervon GmbH, Köln.

Cross-Buying-Effekte in Multi-Partner-Bonusprogrammen

Mario Rese, Heike Papenhoff und Annika Wilke

1	Multi-Partner-Bonusprogramme in wertorientiertem CRM	309
2	Entwicklung eines erweiterten Cross-Buying-Ansatzes	311
	2.1 Das originäre Begriffsverständnis des Cross Buying	311
	2.2 Erweiterung des originären zum erweiterten Cross Buying	312
3	Effekte des traditionellen und erweiterten Cross Buying für Unternehmen	312
	3.1 Rahmen zur Analyse von traditionellem und erweitertem Cross Buying	312
	3.2 Eine detaillierte Betrachtung der Effekte des Cross Buying	314
	3.3 Konsequenzen für die Erfolgsbeurteilung von Multi-Partner-Bonusprogrammen	315
4	Schlussbetrachtung	316
Literatur		317
Autoren		319

1 Multi-Partner-Bonusprogramme in wertorientiertem CRM

Im Rahmen des Customer Relationship Management (Parvatiyar/Sheth 2001) versuchen Anbieter, profitable Kunden zu akquirieren, langfristig an sich zu binden sowie verlorene Kunden ggfs. zurückzugewinnen (Bolton/Lemon/Verhoef 2004). Der Fokus sollte dabei auf einer wertorientierten Gestaltung von Kundenbeziehungen liegen (Tomczak/Rudolf-Sipötz 2006). Ziel ist der Aufbau einer Kundenbasis, die langfristig zum Erfolg beiträgt. Inwieweit ein solcher Erfolgsbeitrag beispielsweise durch gebundene Kunden tatsächlich zu erreichen ist, wird jedoch unterschiedlich diskutiert. So werden der Kundenbindung zahlreiche positive Effekte zugeschrieben: Die Kunden sind bereit, höhere Preise zu zahlen, generieren Weiterempfehlungen und kaufen häufiger und mehr. Damit wird das vorhandene Kundenpotenzial immer stärker ausgeschöpft. Kritische Stimmen weisen jedoch darauf hin, dass gebundene Kunden auch verstärkt Rabatte oder kostenlose Zusatzleistungen einfordern und damit den Unternehmenserfolg schmälern können. Die Konsequenz dieser Diskussion ist offensichtlich – eine Wirkungsanalyse von Marketingmaßnahmen über rein vorökonomische Größen wie beispielsweise Kundenbindung reicht nicht aus. Die ökonomischen Konsequenzen dieser Marketing-Assets müssen auf den Prüfstand gestellt werden. Einige Ansatzpunkte zur tatsächlich erfolgsorientierten Gestaltung von Geschäftsbeziehungen stellt **Abbildung 1.1** dar.

Abbildung 1.1 Wirkungskette des „Customer Asset Management of Services" (CUSAMS), DM: Direct Marketing; CLV: Customer Lifetime Value; Quelle: Bolton/Lemon/Verhoef (2004), S. 4

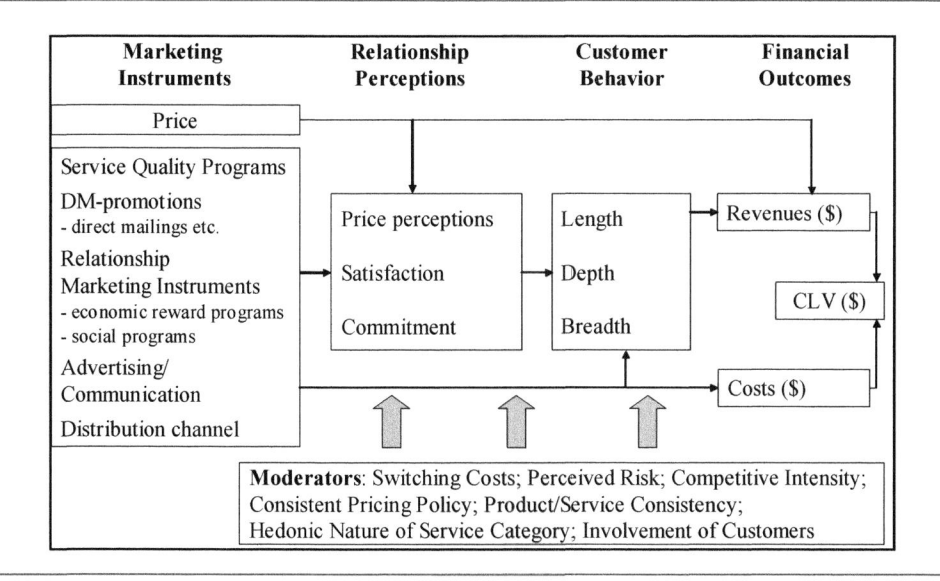

Marketing Instruments	Relationship Perceptions	Customer Behavior	Financial Outcomes
Price			
Service Quality Programs			Revenues ($)
DM-promotions - direct mailings etc.	Price perceptions	Length	
Relationship Marketing Instruments - economic reward programs - social programs	Satisfaction Commitment	Depth Breadth	CLV ($)
Advertising/Communication			Costs ($)
Distribution channel			

Moderators: Switching Costs; Perceived Risk; Competitive Intensity; Consistent Pricing Policy; Product/Service Consistency; Hedonic Nature of Service Category; Involvement of Customers

Auf der Managementseite können verschiedene Maßnahmen zum Einsatz kommen, um das Kundenverhalten entsprechend zu stimulieren. Ein Instrument, das in Wissenschaft und Praxis große Beachtung fand und noch immer findet, ist das Bonusprogramm. Das charakteristische Leistungsmerkmal von Bonusprogrammen ist ein Anreiz-Beitrags-Mechanismus, meist als Bonus, der nachträglich gewährleistete Mengen- oder Umsatzrabatte beinhaltet und in Form von Geld-, Sach- oder Leistungsprämien ausbezahlt werden kann (Diller/Müller 2006). Dadurch soll der Kunde motiviert werden, möglichst viele Käufe im Rahmen des Bonusprogramms zu tätigen. Die freie Anbieterwahl wird also zugunsten der Sammlung von Bonuspunkten aufgegeben. Neben der Akquisition und Bindung von Kunden gilt die Gewinnung von Informationen über das Kaufverhalten der Kunden, d. h. die Kundenkenntnis, als ein Vorteil der Implementierung von Bonusprogrammen.

Bonusprogramme können als Individualprogramm eines Unternehmens, auch als „Stand-Alone"-Lösung bezeichnet, oder als Multi-Partner-Bonusprogramm gestaltet werden. Bei einem Multi-Partner-Bonusprogramm nehmen mehrere Unternehmen aus der gleichen oder aus unterschiedlichen Branche(n) an dem Programm teil. Neben diesem „degree of cross sector partners" (Kumar/Reinartz 2006, S. 176) bestimmt die Organisationsstruktur die konkrete Programmvariante. Entweder betreibt ein am Bonusprogramm teilnehmendes Unternehmen das Programm oder es wird ein externes Unternehmen mit dem Management des Programms betraut.

Ob für ein Unternehmen der Aufbau eines Individualprogramms oder die Teilnahme bzw. Initiierung eines Multi-Partner-Bonusprogramms erfolgversprechender ist, hängt von der Art und Gewichtung der Zielsetzungen ab. Ein Individualprogramm hat einen stärkeren Einfluss auf Kundenbindung in Form von beispielsweise Wiederkaufabsicht und Cross-Buying-Absicht in Bezug auf das fokussierte Unternehmen (Sharp/Sharp 1997). In einem Multi-Partner-Bonusprogramm ist zwar die Ausprägung dieser Größen in Bezug auf ein einzelnes Unternehmen geringer. Allerdings verspricht diese Art des Bonusprogramms einen anderen Vorteil: Teilnehmer des Bonusprogramms versuchen, einen möglichst hohen Anteil ihrer Ausgaben innerhalb des Programms zu tätigen, um somit mehr Bonuspunkte in kurzer Zeit zu sammeln. Dieses Phänomen wird im Folgenden als Cross Buying extended oder erweitertes Cross Buying bezeichnet und ist bisher noch nicht ausreichend betrachtet worden.

Wie dieses Konstrukt genau zu charakterisieren ist und welche Vor- und Nachteile aus dessen Effekten für Unternehmen entstehen können, soll im Folgenden näher beleuchtet werden. Dazu werden unter Abschnitt 24.2 zunächst die traditionelle und erweiterte Sichtweise von Cross Buying unterschieden. Eine genaue Analyse der Effekte von Cross Buying im Rahmen von Multi-Partner-Bonusprogrammen ist Inhalt von Abschnitt 24.3, bevor in Abschnitt 24.4 die Ergebnisse zusammengefasst werden.

2 Entwicklung eines erweiterten Cross-Buying-Ansatzes

2.1 Das originäre Begriffsverständnis des Cross Buying

Beim Cross Buying im Sinne des originären Verständnisses handelt es sich um ein unidimensionales Konstrukt, mit dem aus Kundenperspektive das Zusatzkaufverhalten bei einem Anbieter bezeichnet wird (Ngobo 2004). Folgende Charakteristika des Cross Buying konnten aus bisherigen Arbeiten identifiziert werden:

Als erstes wesentliches Merkmal ist die Verbundbeziehung zwischen dem Ursprungs- bzw. Einstiegsprodukt und dem zusätzlich gekauften Produkt anzuführen, denn „Cross Buying depends on specific interactions or relationships between products" (Blattberg/Getz/Thomas 2001, S. 95). Die Verbundbeziehung zwischen der Einstiegstransaktion und den Folgetransaktionen kann sich im Rahmen von Nachfrage- und Verwendungsverbünden zeigen. Während beispielsweise die Bereitstellung der Telefonleitung an sich eine Einstiegsleistung darstellt, können Zusatzkäufe auf der Ebene eines Nachfrageverbunds durch den Ausbau der Leistung durch beispielsweise DSL beim gleichen Anbieter realisiert werden. Eine Verbundbeziehung auf einer Verwendungsebene liegt beispielsweise bei dem Kauf eines PCs (Einstiegsprodukt) und eines Druckers (Zusatzkauf) vor.

Zweites Charakteristikum ist die zeitliche bzw. prozessuale Dimension des Cross Buying (Verhoef/Franses/Hoekstra 2001). Ob die Einstiegstransaktion und der Zusatzkauf zeitlich getrennt erfolgen müssen, um als Cross Buying anerkannt zu werden, wird kontrovers diskutiert. Werden jedoch mehrere Kaufentscheidungen getroffen, kann dieses nicht gleichzeitig geschehen – diese sind rein logisch getrennt und müssen somit einander nachgelagert sein. Vor diesem Hintergrund werden Einstiegs- und Folgetransaktionen im Cross Buying als getrennt betrachtet, auch wenn beispielsweise der Bezahlvorgang gemeinsam stattfindet. Je nach Unternehmen bzw. Art der angebotenen Produkte muss für die konkrete Analyse des Cross-Buying-Verhaltens der Konsumenten das Ausmaß des maximalen Zeitraums zwischen Einstiegs- und Folgetransaktion festgelegt werden, indem also Cross-Buying-Aktivitäten als solche anerkannt werden.

Als drittes Charakteristikum wird der Bezug zum Leistungsprogramm eines Anbieters diskutiert (Schäfer 2002). Die verkauften Produkte können grundsätzlich selbst erstellt oder von Kooperationspartnern zugekauft sein. Zwar kann die Eigen- bzw. Fremderstellung einen Einfluss auf das Ausmaß des Cross Buying besitzen, wenn der Konsument beispielsweise aufgrund fehlender Erfahrung mit dem anderen Hersteller von zusätzlichen Käufen der zugekauften Produkte absieht. Sofern der fokussierte Anbieter jedoch als Vertragspartner auftritt, sollte die Tatsache, inwieweit die vom Anbieter verkauften Produkte selbst erstellt worden sind oder ob es sich um zugekaufte Produkte handelt, aus Kundensicht – und damit für eine Analyse unter dem Gesichtspunkt des Cross Buying – nicht relevant sein. Es werden entsprechend beide Arten von Zusatzkäufen als Cross Buying bezeichnet.

2.2 Erweiterung des originären zum erweiterten Cross Buying

Bei der Betrachtung von Cross Buying im Rahmen eines Multi-Partner-Bonusprogramms zeigt sich, dass das dargestellte traditionelle Verständnis für eine Analyse nicht ausreichend ist. So kann in Bezug auf einen einzelnen Anbieter zwar noch oben skizziertes Zusatzverhalten vorliegen. Darüber hinaus existieren jedoch noch andere Anbieter, die dem Nachfrager das Sammeln von Bonuspunkten ermöglichen. Damit gelangen Zusatzkäufe bei weiteren Anbietern in den Fokus. Dies macht eine Erweiterung des traditionellen Verständnisses von Cross Buying notwendig.

Die Verbundbeziehung wird durch dem Kauf bei Unternehmen begründet, die am gleichen Multi-Partner-Bonusprogramm teilnehmen. Die Punkte können bei jedem einzelnen beteiligten Partnerunternehmen gesammelt und kumuliert in verschiedene Prämien eingelöst werden. Die Gewährung von Bonuspunkten stellt somit das gemeinsame Element der verschiedenen Transaktionen dar.

Das Leistungsprogramm für Cross-Buying-Aktivitäten der Kunden wird nicht mehr nur auf einen Anbieter beschränkt, sondern auf die Programmebene erweitert. Die Folgetransaktionen beziehen sich also auf das angebotene Leistungsprogramm aller Multi-Partner-Bonusprogramm-Anbieter. Dieses gemeinsame Leistungsangebot beinhaltet Lösungen für mehr unterschiedliche Bedarfslücken auf Kundenseite und stellt Nachfragepotenzial dar, welches durch die Bonusmechanismen des Multi-Partner-Bonusprogramms auf die teilnehmenden Unternehmen gebündelt werden kann.

Cross Buying extended wird somit als Folgekaufverhalten von Kunden bezeichnet, welches Transaktionen beinhaltet, die in einem bestimmten Zeitraum bei mindestens zwei oder mehreren Partnern des Multi-Partner-Bonusprogramms getätigt werden. Ein Kunde realisiert also dann Cross Buying extended, wenn er nach der Durchführung einer Transaktion mit einem Unternehmen U1 eine Folgetransaktion innerhalb einer bestimmten Zeitperiode bei Unternehmen U2 tätigt und beide Unternehmen an einem Multi-Partner-Bonusprogramm teilnehmen. Die Kaufakte erhalten durch die Gewährung von Bonuspunkten ein gemeinsames Element, so dass die Transaktionen verbunden sind.

3 Effekte des traditionellen und erweiterten Cross Buying für Unternehmen

3.1 Rahmen zur Analyse von traditionellem und erweitertem Cross Buying

Welche Effekte Cross Buying für ein Unternehmen besitzt, war bisher kaum Gegenstand detaillierter Untersuchungen. Damit dies möglich ist, soll jedoch zunächst ein Rahmen geschaffen werden, in dem diese Analyse stattfinden kann. Muss doch vor dem Hintergrund der bisherigen Ausführungen eine Identifikation von Cross Buying insgesamt und zusätzlich eine Unterscheidung von traditionellem und erweitertem Cross Buying ermöglicht werden.

Im Folgenden sollen deshalb zunächst mögliche Ergebnisse identifiziert werden, die sich vor dem Hintergrund des vergangenen und zukünftigen Verhaltens der Kunden bei den Anbietern in einem Multi-Partner-Bonusprogramm ergeben können. Betrachtet wird exemplarisch ein Unternehmen U1, das mit U2 die Partner eines Multi-Partner-Bonusprogramms bildet, sowie ein Kunde, der diesem Bonusprogramm beitritt.

Für das fokussierte Unternehmen U1 sind für eine detaillierte Analyse der Konsequenzen der Teilnahme an dem Multi-Partner-Bonusprogramm folgende Punkte relevant:

1. Ob der Kunde bereits vor Eintritt in das Multi-Partner-Bonusprogramm Transaktionen mit U1 und/oder U2 getätigt hat.

2. Von welchem Unternehmen der Kunde die Teilnahmekarte für das Multi-Partner-Bonusprogramm erhalten hat.

3. Ob und wenn ja in Bezug auf welche(s) Unternehmen der Kunde sein Kaufverhalten ändert.

Durch die Kombination dieser drei Dimensionen werden die möglichen Verhaltensänderungen des Kunden erfasst und können wie folgt systematisiert werden.

Abbildung 3.1 Potenzielle positive Effekte für U1 durch die Teilnahme am Multi-Partner-Bonusprogramm (MPBP)

① Kunde in t-1/ ② Karte von ...		③ Potenzieller positiver Effekt für U1	Art des Cross Buying (CB)
Kunde in t-1: U1 Karte von U1		(1) Bestehender Kunde: kauft mehr	traditionelles CB
Kunde in t-1: U2 Karte von U2		(2) Neukunde: kauft bei U1, nach Eintritt in MPBP bei U2	erweitertes CB
Kunde in t-1: U1 & U2	Karte von U1	(3) Bestehender Kunde: kauft mehr	traditionelles CB
	Karte von U2	(4) Bestehender Kunde: kauft mehr	erweitertes CB²
Kunde in t-1: weder U1 noch U2	Karte von U1	(5) Neukunde: kauft nur bei U1	–
	Karte von U2	(6) Neukunde: kauft bei U1, nach Eintritt in MPBP bei U2	erweitertes CB

Traditionelles Cross-Buying-Verhalten liegt in den Zellen (1) und (3) vor. Der Nachfrager hat bereits vor Eintritt in das Multi-Partner-Bonusprogramm Transaktionen mit U1 realisiert und tätigt im Rahmen des Multi-Partner-Bonusprogramms Zusatzkäufe innerhalb des Leistungsprogramms von U1. Aus dem Cross-Buying-extended-Verhalten des Nachfragers können sich zusätzliche positive Effekte für U1 ergeben. Nachdem der Kunde Einstiegstransaktion(en) bei U2 realisiert hat, werden Folgetransaktion(en) bei U1 getätigt (Zellen (2) und (6) bzw. (4) in **Abbildung 3.1**). Zelle (5) ist Ausdruck normaler Kundenakquisition, ohne Bezug zum Cross Buying und wird deshalb im Folgenden nicht weiter berücksichtigt.

3.2 Eine detaillierte Betrachtung der Effekte des Cross Buying

Bei der Analyse von Cross-Buying-Effekten wird vor allem auf die Zusatzkäufe abgestellt, die die Kunden bei den Unternehmen realisieren (Verhoef/Franses/Hoekstra 2001). Ein einzelnes Unternehmen ist zunächst an der Erhöhung der traditionellen Cross-Buying-Aktivitäten interessiert (Zellen (1) und (3) in **Abbildung 3.1**). Darüber hinaus ist gemeinsames Ziel aller Partner eines Multi-Partner-Bonusprogramms, dass die Konsumenten ihre Bedürfnisse (soweit möglich) vollständig mit dem (gemeinsamen) Leistungsprogramm aller Partnerunternehmen befriedigen. Findet durch die Teilnahme des Konsumenten an dem Programm ein Anbieterwechsel von (externen) Wettbewerbern zu (internen) Partnerunternehmen statt, können Letztere zusätzliche Produkte absetzen (Zellen (2), (4) und (6) in **Abbildung 3.1**). Für die Partnerunternehmen ergeben sich also positive Mengeneffekte. Dieses hat Erlössteigerungen bzw. positive Umsatzeffekte zur Folge, als Multiplikation der Mengenänderung aus dem Cross Buying mit den entsprechenden Verkaufspreisen.

Eine Fokussierung auf diese Mengen- bzw. positiven Umsatzeffekte ist jedoch für eine Beurteilung der Effekte des Cross Buying nicht ausreichend. Neben der Menge muss der Verkaufspreis als Treiber der Umsatzentwicklung berücksichtigt werden. Preiseffekte im Sinne von expliziten Preiserhöhungen oder -senkungen sollen an dieser Stelle nicht betrachtet werden. Im Rahmen eines Bonusprogramms sind stattdessen die indirekten Preissenkungen von Interesse. Werden doch in der Regel die Bonuspunkte abhängig vom getätigtem Umsatz vergeben oder können durch besondere Aktionen, wie beispielsweise die Nutzung von Coupons, erlangt werden. Diese Bonuspunkte können von den Kunden in Gutscheine umgetauscht werden, sobald eine gewisse Mindestpunktegrenze überschritten worden ist. Werden die Gutscheine bei einem Partnerunternehmen eingelöst, stellen sie für dieses Unternehmen eine negative Umsatzgröße dar. Wird diese Erlösschmälerung nicht durch beispielsweise Ausgleichszahlungen der anderen Partner kompensiert, können daraus erhebliche negative Konsequenzen für die Profitabilität der betrachteten Transaktion erwachsen.

Diesen skizzierten Erlöseffekten sind für eine wertorientierte Betrachtung die (zahlungswirksamen) Konsequenzen auf der Kostenseite gegenüberzustellen. Die Programmkosten sind für ein Partnerunternehmen in der Regel zweiteilig aufgebaut. So muss zunächst ein fixer periodischer Grundbetrag gezahlt werden. Darüber hinaus fallen meist zusätzliche

Kosten in Abhängigkeit von der Anzahl der Bonuspunkte an, die das Partnerunternehmen seinen Kunden gewährt hat. Bei einer umsatzabhängigen Vergabe von Bonuspunkten ist dieser Kosteneffekt pro Transaktion umso höher, je größer der getätigte Umsatz ist.

Je nach Struktur des bisherigen Kundenstamms ist vor dem Hintergrund dieser Überlegungen der Anreiz für Unternehmen, an einem solchen Bonusprogramm teilzunehmen, differenziert zu bewerten. Je größer der bisherige absolute Markterfolg des Unternehmens ist, desto weniger besteht nicht ausgeschöpftes Marktpotenzial. Damit ist sowohl die Möglichkeit zur Gewinnung neuer Kunden (entspricht Zellen (2) und (6) in **Abbildung 3.1**) als auch der Steigerung des Gesamtumsatzes bei bestehenden Kunden (entspricht Zellen (1) und (3) in **Abbildung 3.1**) und damit auch die Höhe des positiven Mengen- und Umsatzeffektes insgesamt begrenzt. Stattdessen fallen für die Belohnung der bereits existierenden Kunden vor allem relativ hohe Kosten für die Gewährung der Bonuspunkte an. Ist doch deren Bemessungsgrundlage nicht der zusätzliche Umsatz, den der Kunde nach Eintritt in das Bonusprogramm realisiert, sondern dessen dokumentierter (Gesamt-)Umsatz in der Transaktion. Damit werden Bonuspunkte auch auf den Teil des Umsatzes gewährt, den dieser (eventuell) auch ohne Zugehörigkeit zu diesem Multi-Partner-Bonusprogramm realisiert hätte. Unter Profitabilitätsaspekten gilt also, dass ein negativer Deckungsbeitrag-Effekt in der Transaktion umso eher erzielt wird, je höher der absolute Umsatz und je geringer gleichzeitig der Umsatzanstieg durch die Teilnahme am Bonusprogramm ist. Für neue Marktteilnehmer lässt sich die Argumentation entsprechend umkehren. Da noch ein hohes unausgeschöpftes Marktpotenzial besteht, können durch die Teilnahme an einem Multi-Partner-Bonusprogramm pro Transaktion positive Deckungsbeitragseffekte v. a. aus dem Cross-Buying-extended-Verhalten der Bestandskunden der anderen Partner gewonnen werden.

3.3 Konsequenzen für die Erfolgsbeurteilung von Multi-Partner-Bonusprogrammen

Bei der Bewertung der Vorteilhaftigkeit einer Teilnahme an einem Multi-Partner-Bonusprogramm wird in den Partnerunternehmen häufig auf Indikatoren wie beispielsweise die Anzahl der abgeschlossenen Mitgliedschaften für das Bonusprogramm abgestellt. Je größer dabei die Kartenbasis wird, desto mehr Erfolg wird dem Bonusprogramm zugeschrieben. Außerdem werden kaufbezogene Durchschnittsgrößen, wie beispielsweise der Umsatz pro Transaktion zwischen Teilnehmern und Nicht-Teilnehmern des Multi-Partner-Bonusprogramms, verglichen, um daraus Aussagen hinsichtlich der positiven Umsatzeffekte aus traditionellem Cross-Buying-Verhalten abzuleiten. Die Analyse des Cross-Buying-extended-Verhaltens manifestiert sich meist in der Analyse der (Änderung der) Höhe der Umsätze durch Partnerkarten im eigenen Haus, d. h. der durch Kunden anderer Unternehmen im Programm verursachten Umsätze. Aufgrund von Datenschutzbestimmungen können Unternehmen jedoch keine Informationen der Besitzer der Partnerkarten auf (anonymisierter) individueller Kundenebene erhalten. Solche Informationen sind in der Regel nur für die eigenen Kunden vorhanden. Stattdessen müssen sich Analysen auf aggregierte Ebenen wie beispielsweise Warengruppen beschränken. So können Aussagen getroffen werden, dass beispielsweise Kunden des Partnerunternehmens U2 bei dem fokussierten

Unternehmen U1 Cross-Buying-extended-Verhalten vor allem in der Warengruppe A realisieren. Damit werden zwar Aussagen über den Anteil der Umsätze der Partnerkarten am eigenen Umsatz möglich. Allerdings ist weder eine Analyse individueller personalisierter Kaufhistorien noch eine Zuordnung der entstehenden Umsätze und Kosten möglich. Die Aussagekraft der Ergebnisse auf einem solchen Aggregationsniveau muss vor dem Hintergrund einer wertorientierten Gestaltung von Kundenbeziehungen deshalb insgesamt als begrenzt charakterisiert werden.

Selbst wenn die Identifikation der Effekte auf Kundenebene an sich möglich wäre, wird deren Auswertung jedoch durch weitere Faktoren erschwert. Zunächst kann das zu beobachtende Wiederkaufverhalten auch Resultat anderer Einflüsse wie Preisniveau oder Bequemlichkeit sein. Die Aufdeckung der tatsächlichen Ursachen des Wiederkaufverhaltens stellt also eine besondere Herausforderung an das Design einer entsprechenden Untersuchung. Darüber hinaus wird häufig vermutet, dass diejenigen Kunden, die an einem Bonusprogramm teilnehmen, sich selbst „selektieren" – es treten v. a. diejenigen Kunden dem Programm bei, die bereits ein gewisses Maß an Kundenbindung mitbringen. Das Bonusprogramm wird von diesen Konsumenten als zusätzlicher Nutzenbestandteil bei der Bewertung des gesamten Leistungsbündels genutzt, ohne im Gegenzug das Kaufverhalten zu ändern. Vor diesem Hintergrund muss deshalb auch beispielsweise die Aussagekraft eines Vergleichs des Verhaltens von Teilnehmern und Nicht-Teilnehmern des Bonusprogramms kritisch betrachtet werden. Je nachdem, wie ausgeprägt diese möglichen Effekte sind, können so die Programmkosten im Verhältnis zum Nutzen zu hoch werden. Um diese Fragen und Ungewissheiten angehen zu können, muss ein Erhebungsdesign zur Anwendung kommen, welches die Wirkungszusammenhänge von Determinanten und dem Cross-Buying-Verhalten mit differenzierten Umsatz- und Kosteneffekten analysiert. Ein Experimentaldesign mit Vorher- und Nachhermessung wäre beispielsweise ein anspruchsvoller, aber wenig pragmatischer Ansatz. Der experimentelle Stimulus „Teilnahme an dem Bonusprogramm" ist für eine Untersuchungsanordnung unter Berücksichtigung von Test- und Kontrollgruppen aus Teilnehmern und Nicht-Teilnehmern des Multi-Partner-Bonusprogramms sehr aufwendig zu initiieren. Stattdessen scheint eine Analyse von Längsschnittdaten erfolgversprechend.

4 Schlussbetrachtung

Für ein Unternehmen ist von erheblicher Bedeutung, ob sich, wenn es sich für die Teilnahme an einem Multi-Partner-Bonusprogramm entscheidet, auch die erhofften positiven Cross-Buying-Effekte einstellen. Die Analyse dieser Effekte darf sich dabei aber nicht auf die Zusatzkäufe, d. h. die positiven Mengen- bzw. Umsatzkonsequenzen, beschränken. Dann mag sich ein vorteilhaftes, aber unvollständiges Bild ergeben. Für eine umfassende Bewertung der Konsequenzen müssen zusätzlich negative Umsatz- und Kosteneffekte berücksichtigt werden. Dabei ist besonders für starke Marktführer einer Branche die Frage nach dem erhofften (positiven) Gesamteffekt kritisch anzugehen.

Bei all diesen Überlegungen ist jedoch nicht zu vergessen, dass bisher nur eine Seite der Medaille betrachtet worden ist. Durch die Teilnahme an einem Multi-Partner-Bonusprogramm kann das Unternehmen neben den beschriebenen Effekten sein Wissen über die Kunden erheblich erweitern. Die Konsequenzen aus beispielsweise einer verbesserten Marktbearbeitung müssten bei der Gesamtbetrachtung ebenfalls Berücksichtigung finden. Außerdem soll nicht außer Acht gelassen werden, dass Maßnahmen, die sich an bestehende Teilnehmer von Bonusprogrammen wenden, relativ gut hinsichtlich ihrer Wirkung beurteilt werden können. So können beispielsweise Reaktionen auf Direktmarketingaktivitäten im Rahmen des Programms gut nachgehalten werden.

Literatur

[1] BANASIEWICZ, A. (2005): Loyalty Program Planning and Analytics, in: Journal of Consumer Marketing, Jg. 22, Nr. 6, S. 332-339.
[2] BLATTBERG, R.C.; GETZ, G.; THOMAS, J.S. (2001): Customer Equity, Harvard Business School Publishing Corporation, Boston.
[3] BOLTON, R.N.; LEMON, K.N.; VERHOEF, S.C. (2004): The Theoretical Underpinnings of Customer Asset Management: A Framework and Propositions for Future Research, in: Journal of the Academy of Marketing Science, Jg. 32, Nr. 3, S. 271-292.
[4] BREYER, M. (1997): Analyse des Nachkaufverhaltens als Folge der Zufriedenheit mit Finanzdienstleistungen, Peter Lang Verlag, Frankfurt a. M.
[5] BUCKINX, W.; VERSTRAETEN, G.; VAN DEN POEL, D. (2005): Predicting Customer Loyalty Using The Internal Transactional Database, Working Paper Nr. 324, Ghent University, Faculty of Economics and Business Administration, Ghent.
[6] DILLER, H.; MÜLLER, S. (2006): Lohnen sich Bonusprogramme? Eine Analyse auf Basis von Paneldaten, in: Marketing ZFP, Jg. 2, Nr. 2, S. 135-146.
[7] DITTRICH, S. (2002): Kundenbindung als Kernaufgabe im Marketing – Kundenpotenziale langfristig ausschöpfen, 2. Aufl., Thexis, St. Gallen.
[8] GLUSAC, N. (2005): Der Einfluss von Bonusprogrammen auf das Kaufverhalten und die Kundenbindung von Konsumenten, Gabler, Wiesbaden.
[9] GUPTA, S.; LEHMANN, D.R. (2005): Managing Customers as Investments – The Strategic Value of Customers in the Long Run, Wharton School Pub., Upper Saddle River, NJ.
[10] KAMAKURA, W.A.; WEDEL, M.; DE ROSA, F.; MAZZON, J.A. (2003): Cross-Selling Through Database Marketing – A Mixed Data Factor Analyzer for Data Augmentation and Prediction, in: International Journal of Research in Marketing, Jg. 20, Nr. 1, S. 45-65.
[11] KIM, B.D.; SHI, M.; SRINIVASAN, K. (2001): Reward Programs and Tacit Collusion, in: Marketing Science, Jg. 20, Nr. 2, S. 99-120.
[12] KIVETZ, R.; URMINSKY, O.; ZHENG, Y. (2006): The Goal-Gradient Hypothesis Resurrected: Purchase Acceleration, Illusionary Goal Progress and Customer Retention, in: Journal of Marketing Research, Jg. 43, Nr. 1, S. 39-58.
[13] KNOTT, A.; HAYES, A.; NESLIN, S.A. (2002): Marketplace: Next-Product-To-Buy Models For Cross-Selling Applications, in: Journal of Interactive Marketing, Jg. 16, Nr. 3, S. 59-75.
[14] KUMAR, V.; REINARTZ, W.J. (2006): Customer Relationship Management – A Databased Approach, John Wiley & Sons, New York.
[15] LAUER, T. (2004): Bonusprogramme – Rabattsysteme für Kunden erfolgreich gestalten, Springer, Berlin.

[16] LEENHEER, J.; VAN HEERDE, H.J.; BIJMOLT, T.H.A.; SMIDTS, A. (2002): Do Loyalty Programs Really Enhance Behavioral Loyalty? An Empirical Analysis Accounting for Program Design and Competitive Effects, Working Paper, Tilburg University, Faculty of Economics and Business Administration, Tilburg.

[17] LI, S.; SUN, B.; WILCOX, R.T. (2004): Cross-Selling Sequentially Ordered Products – An Application to Consumer Banking Services, in: Journal of Marketing Research, Jg. 42, Nr. 2, S. 233-240.

[18] MÄGI, A. (2003): Share of Wallet in Retailing: The Effects of Customer Satisfaction, Loyalty Cards and Shopper Characteristics, in: Journal of Retailing, Jg. 79, Nr. 2, S. 97-106.

[19] NGOBO, S.V. (2004): Drivers of Cross Buying Intentions, in: European Journal of Marketing, Jg. 38, Nr. 9/10, S. 1129-1157.

[20] PALMER, A.; MCMAHON-BEATTIE, U.; BEGGS, R. (2000): Influences on Loyalty Programme Effectiveness: a Conceptual Framework and Case Study Investigation, in: Journal of Strategic Marketing, Jg. 8, Nr. 1, S. 47-66.

[21] PARVATIYAR, A.; SHETH, J.N. (2001): Customer Relationship Management: Emerging Practice, in: Journal of Economic and Social Research, Jg. 3, Nr. 2, S. 1-34

[22] REINARTZ, W.J.; KUMAR, V. (2000): On the Profitability of Long-life Customers in a Noncontractual Setting: an Empirical Investigation and Implications for Marketing, in: Journal of Marketing, Jg. 64, Nr. 10, S. 17-35.

[23] RESE, M.; HERTER, V. (2005): Erfolgsbeurteilung und -kontrolle im Marketing, in: WISU, Jg. 34, Nr. 8/9, S. 1010-1011.

[24] RESE, M.; WILKE, A.; SCHIMMELPFENNIG, H. (2005): The Impact of Multi-Partner Bonus Programs on Customer Retention: An Economic Analysis Using the Example of the Payback Program in Germany, Proceedings of the Academy of Marketing Science World Marketing Congress, Münster.

[25] SCHÄFER, H. (2002): Die Erschließung von Kundenpotenzialen durch Cross-Selling. Erfolgsfaktoren für ein produktübergreifendes Beziehungsmanagement, Gabler, Wiesbaden.

[26] SHAPIRO, C.; VARIAN, H.R. (1999): Information Rules: A Strategic Guide to the Network Economy, Harvard Business School Press, Boston.

[27] SHARP, B.; SHARP, A. (1997): Loyalty Programs and Their Impact on Repeat-Purchase Loyalty Patterns, in: International Journal of Research in Marketing, Jg. 14, Nr. 5, S. 473-486.

[28] SHUGAN, S.M. (2005): Brand Loyalty Programs: Are They Shams?, in: Marketing Science, Jg. 24, Nr. 2, S. 185-193.

[29] TOMCZAK, T.; RUDOLF-SIPÖTZ, E. (2006): Bestimmungsfaktoren des Kundenwertes:, in: Günter, B.; Helm, S. (Hrsg.): Kundenwert, 3. Aufl., Gabler, Wiesbaden, S. 127-155.

[30] VERHOEF, S.C.; DONKERS, B. (2005): The Effect of Acquisition Channels on Customer Loyalty and Cross Buying, in: Journal of Interactive Marketing, Jg. 19, Nr. 2, S. 31-43.

[31] VERHOEF, S.C.; FRANSES, S.H.; HOEKSTRA, J.C. (2001): The Impact of Satisfaction and Payment Equity on Cross Buying – A Dynamic Model for a Multi-Service Provider, in: Journal of Retailing, Jg. 77, Nr. 3, S. 359-378.

Autoren

HEIKE PAPENHOFF, Prof. Dr., Professorin für Marketing an der FOM – Hochschule für Oekonomie und Management, Essen, Geschäftsführerin der SFS Sales Force Services GmbH.

MARIO RESE †, Prof. Dr., war Inhaber des Lehrstuhls für Betriebswirtschaftslehre, insbesondere Marketing der Ruhr-Universität Bochum.

ANNIKA WILKE, Dipl.-Kffr., Wissenschaftliche Mitarbeiterin am Lehrstuhl für angewandte Betriebswirtschaftslehre, insbesondere Marketing (Prof. Dr. Mario Rese) der Ruhr-Universität Bochum und Project Manager an der ESMT European School of Management and Technology, Berlin.

Serviceorientiertes Controllingsystem als Basis für unternehmensinternes CRM

Rainer Frischkorn

1 Unternehmensinternes CRM 323
2 Parallelen zwischen externem und internem CRM 325
3 Definition von internen Services als Basis für internes CRM 326
4 Serviceorientiertes Controllingsystem 328
    4.1 Anforderungen 328
    4.2 Vermeidung von unterschiedlichen Tarifen durch Bildung von Competence Centern 329
    4.3 Weitere Verrechnungsmöglichkeiten 330
    4.4 Verrechnung von Mengen unter Zuhilfenahme von statistischen Kennzahlen ... 331
    4.5 Unterstützung des internen CRMs durch ein servicebasiertes Abrechnungsmodell 331
    4.6 Konkretes Beispiel eines IT-Service-Verrechnungsmodells 332
Autor 333

1 Unternehmensinternes CRM

Die Kundenorientierung eines Unternehmens ist ein wesentlicher Faktor für die Steigerung von Umsatz und Gewinn. Dies gilt nicht nur bei externen Kunden, sondern auch im eigenen Unternehmen, da auch hier tagtäglich Leistungen erbracht und von anderen im Unternehmen bezogen werden.

Ein konsequentes CRM hilft also, auch intern Kosten zu optimieren und damit zur Steigerung von Ergebnis sprich Gewinn beizutragen. Internes CRM gewährleistet damit ebenso wie das externe eine koordinierte Abwicklung der Prozesse im Unternehmen.

CRM wird als Beziehungsmanagement mit externen Kunden verstanden. Immer öfter entstehen bzw. bestehen aber auch im eigenen Unternehmen Kunden-/Lieferantenbeziehungen, welche es ebenfalls zu managen gilt.

Dabei steht sicher nicht unbedingt die Kundenbindung im Mittelpunkt, zumindest nicht offensichtlich, auf jeden Fall aber der erkennbare Mehrwert und die Kundenzufriedenheit.

Ebenfalls ein wichtiger Aspekt beim internen Kundenmanagement ist die kurz-, mittel- und langfristig nachhaltige Optimierung von internen Prozessen und damit zusammenhängend die Optimierung der Kostenseite, bekanntermaßen das zweite Element zur Steigerung des Gewinns.

Nachfolgend soll dies anhand eines konkreten Beispiels aus dem Bereich Information Technology näher erläutert werden.

Interne Leistungsverrechnung im eigenen Unternehmen ist mit der Einführung der Standardsoftware SAP eine häufig praktizierte Vorgehensweise, um Kosten in Form von erbrachten Leistungen von Leistungserbringern (Supply) an Leistungsbezieher (Demand) zu verrechnen.

Einfache Umlagen – wie noch viel zu oft verwendet – spiegeln die wirkliche Beanspruchung von Leistungserbringern durch Leistungsbezieher nur unzureichend wider. Zudem ist die direkte Beeinflussbarkeit durch die Bezieher von Leistungen nur bedingt möglich. Ein weiteres Kriterium ist die deutlich niedrigere Transparenz in Bezug auf die bezogenen Leistungen.

Wenn also im eigenen Unternehmen konkrete Leistungen nicht nur erbracht, sondern über entsprechende Mechanismen auch verrechnet werden sollen, ist das genauso, als würden wir ein Produkt an einen unserer externen Kunden verkaufen.

Intern gelten hier die gleichen Anforderungen in Bezug auf Termintreue und vereinbarte Qualität des Dienstes bzw. der Leistung wie beim externen Kunden.

Wenn im Unternehmen interne Leistungsverrechnung eingesetzt werden soll, ist es enorm wichtig, zuerst einmal zu definieren, welche Dienste bzw. Leistungen durch eine Organisation als dem sogenannten Leistungserbringer (Supply) für die Bezieher dieser Leistungen (Demand) erbracht werden. Die Leistungserbringer werden intern auch als Dienstleister bezeichnet, die erbrachten Leistungen als sogenannte Services.

Hierbei wird zu oft der Fehler begangen, dass man am Anfang zu viele Leistungspakete oder Services definiert. Den richtigen Servicemix zu finden, ist insbesondere zu Beginn enorm wichtig, damit die Übersicht nicht verloren geht.

Die Summe aller definierten Services stellt den sogenannten „Internen Servicekatalog" dar. Die intern erbrachten und verrechneten Services müssen also:

- bezüglich technischer und kaufmännischer Inhalte sauber beschrieben sein, was man mittels sogenannter „Service-Level-Agreements" – auch SLAs genannt – machen kann,
- kalkuliert werden, um die Kosten pro Service-Einheit ermitteln zu können, die man später verrechnen möchte,
- bezüglich deren Beanspruchung/Nutzung durch die internen Kunden überwacht werden, wofür sogenannte Key Perfomance Indicators (KPIs) unumgänglich sind.

Bei einem Service-Level-Agreement handelt es sich übrigens nicht um eine einseitige Verpflichtungserklärung, aus deren Nichteinhaltung rechtliche Ansprüche ableitbar wären, sondern um eine Willenserklärung, welche Services in welchen Umfang angeboten werden sollen.

Es dient den Benutzern als Richtlinie für die erhaltenen Dienstleistung bzw. den Service. Der interne Kunde (Demand) weiß, worauf er sich verlassen kann, und der Leistungserbringer (Supply) weiß, was die Benutzer erwarten.

Internes Kundenmanagement dokumentiert und verwaltet unter anderem die im SLA festgelegten Key Performance Indicators. Deren richtige Auswahl ist ebenso wichtig wie die Festlegung des richtigen Service-Portfolios. Es ist wichtig, dass ein Service immer einen entsprechenden Anteil an sogenannter Veredelung durch den internen Lieferanten hat.

Anders als beim externen CRM, welches einen Teil des Marketings darstellt und dessen konkrete Ziele ebenfalls aus Marketingzielen abgeleitet sein sollten, geht es beim internen CRM, wie bereits erwähnt, um die Optimierung von internen Prozessen, die einerseits in Mehrwert enden und andererseits Kosten optimieren sollen.

Dies sollte geschehen durch:

- Analyse des Nutzungsverhaltens von Services durch die internen Kunden, z. B. ein Service wird nur von sehr wenigen Nutzern benötigt, obwohl die Kosten der Bereitstellung und Aufrechterhaltung sehr hoch sind.
- Durch aktives Management Services zu harmonisieren und unnötige Services abzuschalten. Auch hier unterscheidet sich das interne Kundenmanagement sehr stark vom externen, wo der Fokus mehr auf individualisierten, den Kundenbedürfnissen angepassten Leistungen liegt.
- Durch aktives Einbinden der internen Leistungsabnehmer mit entsprechenden Aktionen deren Nutzungsverhalten nachhaltig beeinflussen.

- Durch Einsatz eines internen Key Account Managers, welcher das Vertrauen der Leistungsabnehmer besitzt, Analysen auf Basis der definierten KPIs durchzuführen und Verbesserungspotenziale zu definieren.

Es sollte allerdings nun nicht der Eindruck entstehen, als würde das interne Kundenmanagement in keinster Weise auf die Bedürfnisse seiner internen Kunden eingehen. Es geht vielmehr darum, in Gesprächen mit den Leistungsabnehmern zu analysieren, ob die Anforderungen des derzeit genutzten Services eventuell durch einen anderen Service mit abgedeckt werden können.

Auch wenn keine 100-%-Abdeckung besteht, kann es eventuell sinnvoll sein, Services umzustellen.

2 Parallelen zwischen externem und internem CRM

- **Analytisches CRM**

Auch beim Internen Kundenmanagement kommt es darauf an, möglichst viel und alles Wichtige an Wissen aus den Gesprächen mit den internen Kunden, den Nutzungsdaten von Services oder den ermittelten KPIs zu gewinnen. Nur so lassen sich Eigenschaften, Verhaltensweisen und Wertschöpfungspotenziale besser erkennen und einschätzen.

- **Operatives CRM**

Wie im externen CRM werden auch im internen CRM die im analytischen CRM gewonnenen Informationen einer entsprechenden Verwendung zugeführt. Dies können z. B. sein:

- Servicenutzungsbewertungen in Form von ABC-Analyse,
- Cross-Using, d. h. Reduzierung der Kosten pro Kunde durch Nutzung gleicher Services und Abschaltung redundanter Services, welche sich nur geringfügig von einem Standard unterscheiden,
- Entwicklung von KPIs, welche Nutzungsverhalten und Einsparungspotenziale aufzeigen,
- Umgekehrt werden allerdings auch im internen CRM wie im externen im operativen CRM die meisten Daten für die Auswertung im analytischen CRM gewonnen,
- Gewinnung erster Daten im operativen CRM,
- Weiterverarbeitung und Auswertung der (operativen) Daten im analytischen CRM,
- Anstoß weiterer operativer interner Aktionen (Kundengespräche),
- Gewinnung weiterer operativer Daten, um Veränderungen aufzuzeigen.

- **Kommunikatives CRM**

Das kommunikative CRM spricht auch im internen CRM die direkte Schnittstelle zum Kunden an.

Die im analytischen CRM gewonnenen Informationen müssen in entsprechend aufbereiteter Form regelmäßig mit den Abnehmern der Services besprochen und analysiert werden.

Im IT-Bereich beispielsweise sind die erhobenen und analysierten Daten des sogenannten Helpdesks eine hervorragende Möglichkeit, Schwachstellen frühzeitig zu erkennen und abzustellen.

Durch das kommunikative CRM werden die verschiedenen Kommunikationskanäle für den Kundenkontakt bereitgestellt.

- Telefon: Help-Desk
- Messaging: E-Mail
- klassisch: Face-to-Face-Kommunikation

Das kommunikative CRM wird intern wie auch extern durch die Key Account Manager wahrgenommen, deren Aufgabe hauptsächlich darin besteht, die internen Kunden optimal zu betreuen sowie Nutzungs- und Optimierungspotenziale aufzuzeigen.

- **Kollaboratives CRM**

Kollaboratives internes CRM gewinnt an Bedeutung, wenn das Unternehmen interne Kunden an mehreren Standorten besitzt und somit über Organisationsgrenzen hinaus zum Einsatz kommt.

Hier müssen integrative Konzepte gefunden werden für Festlegung von Tarifen oder Preisen (falls die eigene Supply-Organisation Margen verrechnen kann).

Auch im internen Bereich bezieht kollaboratives CRM z. B. externe Lieferanten und externe Dienstleister mit ein, da durch die Optimierung entlang der gesamten Wertschöpfungskette auch hier die Servicekosten und Servicegeschwindigkeit optimiert werden können.

Zusammenfassend kann gesagt werden, dass internes CRM die Kommunikation mit den internen Kunden (Abnehmern von definierten Dienstleistungen/Services) mit verlässlichen Zahlen, Daten und Fakten unterstützt, um gemeinsam mit selbigen auf dieser Basis entsprechende Verbesserungspotenziale zu generieren, sprich IT-Kosten zu senken, ohne damit die erbrachte Leistung zu verschlechtern.

3 Definition von internen Services als Basis für internes CRM

Interne Services dienen in erster Linie der Verrechnung von Leistungen zwischen unternehmensinternen Organisationseinheiten.

Bei der Definition eines internen Services ist besonders wichtig, dass er eine eigene Veredelungsleistung beinhaltet.

Die simple Verrechnung von Software-Lizenzen im IT-Umfeld erhöht lediglich die Anzahl der Services, ohne die Leistungen der betreuenden IT Organisation zu berücksichtigen, wie z. B.

- Lizenzmanagement inkl. Beschaffung,
- Softwarebetreuung durch die IT Abteilung.

Die Zusammensetzung des sogenannten Service-Portfolios darf nicht unterschätzt werden. Man muss hier besonderes Augenmerk darauf legen, nicht zu viele kleine Services zu definieren.

Das erhöht den Aufwand für Verrechnung und Pflege und erhöht nur in den seltensten Fällen wirklich die Transparenz.

Ein interner Service kann wie ein internes Produkt betrachtet werden. Er ist entsprechend zu kalkulieren und setzt sich immer aus direkten und indirekten Kosten zusammen.

Wenn im Rahmen des internen CRM also Kosten optimiert werden, betrifft dies immer mehrere Bereiche der leistungserbringenden Organisation.

In vielen Fällen beinhalten die Serviceleistungen, welche durch interne IT-Abteilungen erbracht werden, jedoch keine Marge, da lediglich die echten Kosten mittels definierter Services verrechnet werden sollen.

In diesem Fall entsteht für den Leistungserbringer eine Unterdeckung, falls ein interner Kunde einen Service, welchen er nicht mehr benötigt, kündigt, da der Leistungserbringer in vielen Fällen die originären Kosten nicht sofort reduzieren kann.

Wartungsverträge als Beispiel sind über einen längeren Zeitraum mit den externen Lieferanten geschlossen und deren Kosten fallen an, ob der Service intern genutzt wird oder nicht.

Neben den bereits erwähnten Servicelevel Agreements ist es also wichtig, mit den internen Kunden klare Regeln zu vereinbaren, was im Falle der Abmeldung eines Services passiert.

In diesen internen Vereinbarungen ist zwischen Erbringer und Bezieher von Serviceleistungen klar geregelt, was im Falle der Kündigung einer Serviceleistung in Bezug auf die Kostenverrechnung passiert.

Beispielsweise kann hier beschrieben sein, um wieviel Prozent der verrechnete Tarif sinkt, da bestimmte Kostenanteile des Services nicht mehr oder nur noch zum Teil im Rahmen des Tarifes verrechnet werden. Und vor allen Dingen, über welchen Zeitraum diese Vorgehensweise Gültigkeit hat.

Die Kommunikation mit den internen Kunden, sprich das interne CRM, ist hier besonders wichtig. Der interne Kunde darf nicht das Gefühl haben, er zahle für etwas, das er nicht wirklich nutzt. Jedoch muss er verstehen, dass es ebenso keinen Sinn ergibt, aus seiner Sicht die Zahlung der Serviceleistung komplett einzustellen, was damit lediglich zur erwähnten Unterdeckung beim Leistungserbringer führt.

Diese Unterdeckung muss letztendlich intern zu einem gegebenen Zeitpunkt sowieso verrechnet werden. Man muss also dem Leistungserbringer die Möglichkeit einräumen, für die entsprechende Kostenreduktion zu sorgen und sie nachhaltig sicherzustellen.

Wie bereits beim „Kommunikativen CRM" erwähnt, spielt hier der interne Key Account Manager eine wichtige Rolle, wenn es darum geht, den internen Kunden über all dies zu informieren und die entsprechenden Vereinbarungen mit selbigen festzulegen.

Er muss seine Kunden gut kennen und in der Lage sein, auf Basis von transparenten und verlässlichen Informationen seine internen Kunden bestmöglich zu betreuen.

Er ist das Bindeglied zwischen Leistungserbringer und -abnehmer. Von seinem kommunikativen Geschick ist es letztendlich abhängig, ob sich die internen Kunden gut betreut fühlen oder nicht.

4 Serviceorientiertes Controllingsystem

Beim Aufbau eines entsprechenden Modells in SAP sollte unbedingt darauf geachtet werden, dass spätere Anforderungen seitens Supply und Demand (Leistungserbringer und -anforderer) entsprechende Berücksichtigung finden.

Besonders wenn die Leistungserbringer an unterschiedlichen Standorten der Organisation sitzen, ist es wichtig, auf identischen Strukturen aufzusetzen, wenn das Modell in mehreren SAP-Systemen aufgebaut werden soll.

4.1 Anforderungen

- Abbilden der Kalkulationsstruktur der Services
- Gleiche Vorgehensweise beim Erfassen von Ist-Kosten der leistungserbringenden Organisation
- Gleiche Vorgehensweise beim Abbilden von Mengenstrukturen für Services, wie z. B.:
  - Anzahl von genutzten PCs
  - Genutzter Mail- oder Filespace
  - Anzahl von Telefonen
  - Anzahl von Usern verschiedener Applikationen
  - Identische Abrechnungsmethoden (Tarife/Proportionale Abrechnung/Manuelle Abrechnung)
  - Gleichlautende Nummernsysteme für Services/zu verwendende Kostenarten

- 100 % der Ist-Kosten sind im Modell zu erfassen.
- Indirekte Kosten laufen über einen Kostensammler „Overhead" und werden auf alle Services nach einheitlichen Mechanismen umgelegt.
- Personalleistungen werden über erbrachte Stunden, multipliziert mit einem Personalkostensatz, auf die entsprechenden Services gebucht.

Gleiche Strukturen stellen nicht sicher, dass am Ende die Ist-Kosten auch entsprechend erfasst werden. Deshalb ist es wichtig, auch mit den Strukturen festzulegen, welche konkreten Kosten auf den entsprechenden Elementen einer Servicestruktur zu verbuchen sind.

Wenn ein solches Modell in mehreren Standorten eingesetzt wird, ist damit auch gleichzeitig eine spätere Vergleichbarkeit von gleichen oder ähnlichen Services sichergestellt. Denn auch wenn der gleiche oder ähnliche Service an mehreren Standorten erbracht wird, sind damit nicht automatisch auch der gleiche Aufwand oder die gleichen Kosten verbunden.

Die Definition von sogenannten Tarifen stellt eine zweite Herausforderung dar, insbesondere wenn ein entsprechendes Modell an mehreren Standorten des Unternehmens zum Einsatz kommt. In diesem Fall ist ein einheitlicher Tarif oft nicht haltbar, da sich z. B. die Personalkosten, um nur ein Beispiel zu nennen, stark unterscheiden können.

Zusammensetzung der Einkommensstrukturen der Supply-Organisation (IT): Besonders stark ausgeprägt, wenn sich die Standorte in verschiedenen Ländern befinden.

Funktionale Zusammensetzung der leistungserbringenden Organisation: Beschaffungsfunktion von externem IT-Support einmal innerhalb der IT-Organisation, während im anderen Fall im Einkauf angesiedelt. Dies kann von der Größe der IT-Organisation abhängen.

Funktionen wie z. B. „Administration & Governance" sind in unterschiedlicher Personalstärke vorhanden, ebenfalls eine Frage der Abteilungsgröße.

An dieser Stelle entstehen immer wieder die Diskussionen über Verlagerung/Outsourcing oder Bildung von sogenannten Shared-Service-Organisationen.

Zu viele leidvolle Beispiele zeigen allerdings, dass sich mit solchen Schritten nicht immer der erwünschte Erfolg einstellt und viel Know-how auch verloren gehen kann.

4.2 Vermeidung von unterschiedlichen Tarifen durch Bildung von Competence Centern

Falls man nicht mit unterschiedlichen Tarifen arbeiten möchte, sollte man über die Bildung von sogenannten Competence Centern nachdenken. Das heißt, dass bestimmte Services nur von einem Standort des Unternehmens für alle anderen erbracht werden.

Damit reduziert man zwar die Anzahl der unterschiedlichen Tarife, hat aber die Situation, dass man nun Services über Landesgrenzen hinweg verrechnen muss, was alleine aus steuerrechtlichen Gründen nicht immer unproblematisch ist. Es müssen detaillierte Verträge aufgebaut werden, Leistungen (Services) müssen vom Abnehmer bestellt und mittels Rechnung verrechnet werden.

Zusätzlich führt dies dazu, dass möglicherweise Mitarbeiter, die den Service in einem Standort erbracht haben, plötzlich auf anderen Services ausgebildet werden müssen.

Da eine solche Entscheidung mit entsprechendem Aufwand verbunden ist, sollte man also gut überlegen, ob es in manchen Fällen nicht besser ist, mit unterschiedlichen Tarifen im Modell zu arbeiten.

Bei einem neu entstehenden Service aufgrund von Harmonisierung der Verfahrenslandschaft kann diese Überlegung durchaus angebracht sein. In allen anderen Fällen sollte man sich jedoch sehr genau überlegen, welche Konsequenzen damit verbunden sind. Es stellt sich die Frage, ob die Nachteile tatsächlich durch die Vorteile, z. B. aus Kosteneinsparungen, überkompensiert werden.

Dem internen Key Account Manager kommt im Rahmen des „Kommunikativen CRM" hier die Aufgabe zu, diese Vor- und Nachteile entsprechend transparent zu erläutern, damit nicht von Anfang an falsche Richtungen eingeschlagen werden.

4.3 Weitere Verrechnungsmöglichkeiten

Es kann passieren, dass man Services hat, welche sich nur sehr schwer mittels eines definierten Tarifes abrechnen lassen.

In diesem Fall sollte der entsprechende Service manuell verrechnet werden, wobei manuell hier nur bedeutet, dass man keinen Tarif, sondern die realen Kosten der Nutzung verrechnet. Beim Aufbau des Abrechnungsmodells ist dies unbedingt zu berücksichtigen – sinnvoll im Falle von beispielsweise Mobilfunkkosten. Grundgebühr und sonstige feste Kostenbestandteile sind über einen Tarif abbildbar, während die sogenannten Gesprächskosten über den manuellen Weg verrechnet werden.

Eine dritte Möglichkeit wäre die anteilige „proportionale" Abrechnung, basierend auf den genutzten Mengen.

Dadurch werden 100 % des Kostenanfalles einer Abrechnungsperiode an die Nutzer des Services verrechnet. Dies kommt einer Umlage sehr nahe, die zwar nicht gewünscht aber in einigen wenigen Fällen durchaus sinnvoll sein kann. In diesem Fall entsteht für die leistungserbringende Organisation auch nicht die Situation einer sogenannten Über- oder Unterdeckung,

Für den Abnehmer des Services besteht allerdings das Problem, diesen in Bezug auf den Kostenanfall nicht kalkulieren zu können, da selbiger ständig schwanken. Demzufolge sollte man diese Verrechnungsart nur dann nutzen, wenn ein entsprechender Tarif noch weniger Sinn macht.

4.4 Verrechnung von Mengen unter Zuhilfenahme von statistischen Kennzahlen

SAP, als Standardsoftware für das hier erwähnte Beispiel eines Verrechnungsmodells für interne Services, bietet sogenannte statistische Kennzahlen an, welche für interne Leistungsverrechnungen genutzt werden können.

Darüber können komplette Mengenstrukturen in Form von Anzahl PCs, Anzahl User, Anzahl Lizenzen oder die Nutzung von File- oder Mailspace abgebildet werden, um nur einige Beispiele zu nennen.

Wichtig in diesem Zusammenhang ist die Definition eines Prozesses, über welchen die Veränderungen der Nutzung eines Services nicht nur sauber erfasst und dokumentiert, sondern auch im Rahmen des internen CRMs mit den internen Kunden kommuniziert werden können.

Eine mehr als sinnvolle Stelle im Unternehmen kann das sogenannte Helpdesk sein, da hier in aller Regel alle Anforderungen der internen Kunden zusammenlaufen.

Um sicherzustellen, dass nicht jeder im Unternehmen Services bestellen kann, ist es ebenfalls sinnvoll, ein sogenanntes Demand Management zu implementieren, auf welches hier aber nicht weiter eingegangen werden soll.

Mengenveränderungen können über ein definiertes Ticketverfahren an eine verantwortliche Stelle innerhalb der Supply-Organisation weitergeleitet werden, welche dann die entsprechende Pflege der betroffenen Statistischen Kennzahlen übernimmt.

Aus diesen Mengenveränderungen lassen sich entsprechende KPIs ableiten, mit deren Hilfe entsprechende Optimierungsmöglichkeiten im Gespräch mit den internen Kunden gefunden werden können.

Diese Aufgabe sollte ebenfalls der bereits erwähnte Key Account Manager übernehmen.

4.5 Unterstützung des internen CRMs durch ein servicebasiertes Abrechnungsmodell

Idealerweise sollte das Service-Modell in das ERP-System des Unternehmens integriert sein, um Redundanzen in der Datenhaltung zu vermeiden. Auch die Datenqualität wird durch eine solche Integration besser, da man auf die „Echt-Daten" zurückgreift.

Transparenz und Datenqualität sind die Basis für ein gutes internes CRM. Saubere Mengenstrukturen und eindeutig nachvollziehbare Tarife und Verrechnungsmethoden sind wichtig für die Kommunikation des Key Account Managers mit seinen internen Kunden.

Ein klar geregelte Erfassung der Ist-Kosten für die zu verrechnenden Services ist wichtig für die Kommunikation mit den Leistungserbringern. Nur auf Basis wirklich vergleichbarer Kosten der Services zwischen unterschiedlichen Standorten können letztendlich Optimierungsmöglichkeiten ermittelt werden.

Wenn das Servicemodell an mehreren Standorten des Unternehmens zum Einsatz kommt, ist es zudem ratsam, über eine Business-Warehouse-Lösung nachzudenken.

Damit können alle relevanten Informationen so zusammengestellt werden, dass sowohl für die internen Kunden als auch für die Leistungserbringer Informationen in Form von definierten Reports und Übersichten bereitgestellt werden können. Zudem lässt sich dadurch das Problem verschiedener Währungen deutlich einfacher lösen.

Zusammengefasst lassen sich die Vorteile wie folgt darstellen:

- hohe Transparenz der Servicenutzung durch die internen Kunden,
- Transparenz über die Ist-Kosten, die durch den jeweiligen Service verursacht werden,
- Vergleichbarkeit gleicher Services an verschiedenen Standorten,
- einfache Möglichkeit der Analyse,
- Basis für Handlungsempfehlungen.

4.6 Konkretes Beispiel eines IT-Service-Verrechnungsmodells

Das hier beschriebene Beispiel basiert auf der Standardsoftware SAP.

Die Services wurden im Modul PS als sogenannte PS-Elemente angelegt. Jedes PS-Element hat einen identischen Netzplan, der die Kalkulationsstruktur eines Service abbildet. Es wurden drei verschiedene Netzpläne eingesetzt: einen für Services, der zweite für Governance & Administration und ein dritter für das Element Overhead.

Overhead sind alle Kosten, die einem Service nicht direkt zugeordnet werden können. Overhead wird innerhalb der Servicestruktur über SAP interne Mechanismen auf die einzelnen Services verrechnet. Er bildet damit eine Art von Gemeinkostenzuschlag auf die direkten Servicekosten. Mengenstrukturen sind über die bereits erwähnten statistischen Kennzahlen abgebildet, welche in einer eigens dafür erstellten Tabelle gepflegt werden.

Alle FI-Buchungen der Ist-Kosten gehen nicht gegen eine Kostenstelle, sondern direkt gegen die jeweiligen PS-Elemente. Lediglich für die Personalkosten wird noch eine Kostenstelle benötigt, da diese über Stundenschreibung und einen Personalkostenstundensatz auf die entsprechenden Services verrechnet werden.

Die Abrechnung der Services erfolgt mittels eines dafür entwickelten Programmes, welches die entsprechenden Belastungen auf die nutzenden Kostenstellen mittels FI-Buchungen durchführt. Dieses Programm basiert auf der Kennzahlentabelle und einer zweiten Tabelle, welche für jeden Service die notwendigen Abrechnungsinformationen enthält.

Ein entsprechendes Business Warehouse führt die Daten aus mehreren Standorten zentral zusammen und bildet die Basis für ein entsprechendes Berichtswesen für die Kommunikation des Key Account Managers mit seinen internen Kunden. Der interne Customer Service eines jeden Unternehmens dient der Entwicklung einer Geschäftspartnerschaft zwischen Kunden und Anbieter zum gegenseitigen Nutzen.

Autor

RAINER FRISCHKORN, Head of Rollout Management SAP Projects für Siemens AG, Energy Sector Oil & Gas Division, Duisburg.

Forcierung von CRM durch spielerische Weiterbildung

Tobias Wunsch, Stefan Helmke und Matthias Uebel

1	Prozessorientierung und Führung stärken	337
2	Prozessqualität und Prozesssicherheit steigern	338
3	Führen ohne hierarchische Macht	339
Autoren		341

1 Prozessorientierung und Führung stärken

Um das Konzept des Prozessmanagements im Unternehmen einzuführen ist es erforderlich, für das Thema Prozessorientierung zu sensibilisieren und gleichzeitig die Führung zu stärken.

Die Prozesse, Schnittstellen und Verantwortlichkeiten wurden beschrieben, Kennzahlen wurden definiert und kommuniziert. Alle notwendigen Schritte wurden unternommen, um einen reibungslosen Ablauf im Prozess zu gewährleisten. Glaubte man!

Bereits ein halbes Jahr später wurde jedoch deutlich, dass die vereinbarten Ziele nicht erreicht werden. Warum? Was fehlte? Zur Evaluierung der Ursachen wurden strukturierte Interviews mit Mitarbeitern verschiedener Bereiche und Ebenen entlang der Prozessketten durchgeführt.

Die Analyse machte die Lücken sichtbar:

- Den Prozess-Ownern gelang es nicht durchgängig, die Mitarbeiter einzubinden, deren direkte Vorgesetzte sie nicht waren. Auch die Durchsetzung eigener (Prozess-)Ziele, die mit den Zielen der jeweiligen Fachabteilungen nicht immer einhergehen, deckte Defizite auf.
- Den Mitarbeitern ist die Auswirkung des eigenen Handelns auf die übrigen Prozessschritte nicht bewusst.
- Durch den operativen Druck in der eigenen Abteilung gelang der Blick über den „Tellerrand" hinweg nicht. Schuldzuweisungen hinsichtlich nicht wahrgenommener Verantwortung, speziell im Schnittstellenbereich, waren an der Tagesordnung.

Daraus ergaben sich folgende Anforderungen an ein Personalentwicklungskonzept, welches die aufgezeigten Defizite schließen sollte:

- Wie stärken wir die Prozess-Owner in ihrer Führungsaufgabe, ohne dabei in anschließende lähmende Konfrontationen mit den Abteilungsleitern zu geraten?
- Wie schaffen wir es, prozessorientiertes Denken und Handeln bei allen Beteiligten in der gesamten Prozesskette zu fördern?
- Wie bringen wir die Mitarbeiter an den Schnittstellen dazu, verantwortungsbewusst zu agieren?
- Wie können wir diese Anforderungen erfüllen und gleichzeitig das hohe operative Arbeitsaufkommen gewährleisten?

Daraus wurde ein modularer Qualifizierungsprozess gestaltet, der durch spezifische Stärken/Schwächen-Profile eine weitere Anpassung an die kundenspezifische Ist-Situation und Zielgruppe erfuhr.

2 Prozessqualität und Prozesssicherheit steigern

Mit Blick auf die verschiedenen Bereiche und Ebenen, aus denen die Mitarbeiter für die Qualifizierung herangezogen wurden, viel die Lösung zur Steigerung der Prozessorientierung auf den Einsatz eines Planspiels. Das gewählte Planspiel zeichnete sich gerade dadurch aus, dass ein Live-Erlebnis der Effekte von Prozessoptimierungen anhand einer praxisnahen Prozessorganisation möglich waren.

Das Planspiel wurde immer wie folgt mit Vertretern aus allen Bereichen entlang der Prozesskette an einem Tag durchgeführt.

- Fünf Spielperioden (jeweils ein Jahr) mit vier Quartalen.
- Am Anfang des Quartals verhandelt der Kunde (= Trainer) mit dem Vertrieb die zu erledigenden Aufträge. Unterjährige Anpassungen sind möglich.
- Nach jeder Spielrunde wird das Unternehmensergebnis bekanntgegeben.
- Darauf basierend erfolgt eine Gruppendiskussion zur Prozessoptimierung.
- Jeder Teilnehmer erhält am Anfang eine Beschreibung seiner Rolle, die sich im Laufe des Spiels durch Optimierungen verändern kann.
- Für die eingesetzten Ressourcen sind variable und fixe Kosten hinterlegt, für verkaufte Leistungen werden Umsatzerlöse erzielt.

So wurde den Teilnehmenden sehr schnell bewusst und monetär deutlich, welche Optimierungsversuche welche Effekte zur Folge hatten.

Gerade auch die Geschwindigkeit, mit der die einzelnen Spielperioden durchgeführt wurden, führte dazu, dass Diskussionen am Ende der Perioden wiederholt die Gemüter erhitzte. Einen Abbruch erlebten wir dabei nie, sondern konnten beobachten, wie aus hitzigen Diskussionen ergebnisstarke Prozess-Teams wurden. Vielfach wurde dabei geäußert, dass die im Planspiel aufgetauchten Probleme genauso am Arbeitsplatz erlebt werden.

Am Ende des Tages wurden alle Einflussmöglichkeiten auf den Prozess gesammelt und Methoden und Verhaltensweisen hinsichtlich ihrer hemmenden und fördernden Wirkung auf die Prozesse bewertet.

In kurzer Zeit wurden somit alle Mitarbeiter entlang der Prozessketten durch das Planspiel erreicht und sensibilisiert. Die Wirkung war überragend. Alle Teilnehmer brachten sich aufgrund der erlebten Effekte ein und hatten keine Hemmungen, in gemischten Teilnehmergruppen auch hierarchie- und abteilungsübergreifende Kritik zu äußern. Die gesammelten Optimierungspotenziale wurden von den Teilnehmern in die Fachabteilungen mitgenommen und in moderierten Workshops bearbeitet oder auf Arbeitsgruppen delegiert. Spezielle Schnittstellen-Workshops erfüllten den notwendigen bereichsübergreifenden Klärungsbedarf und führten wiederholt durch gegenseitiges Feedback (Fremd- und Selbstbild) zu messbaren Verbesserungen.

Im Anschluss an das Planspiel wurde ergänzend ein Seminar zum Thema Teamarbeit und Teamorientierung durchgeführt, in dem die gruppendynamischen und kommunikativen Aspekte im Prozessmanagement vertieft wurden. Gerade durch diese Maßnahme seien der persönliche Umgang miteinander und das Verständnis für die Probleme des Anderen deutlich verbessert worden. Dies zeigte auch die darauffolgende Mitarbeiterbefragung nach einem halben Jahr im Vergleich zu der vor der Qualifizierung durchgeführten Befragung.

3 Führen ohne hierarchische Macht

Unserer Erfahrung nach entstehen in zunehmend komplexer gewordenen Organisationen immer häufiger Arbeitsbeziehungen, in denen keine klaren hierarchischen Strukturen vorliegen, die vorgeben, wer wem weisungsberechtigt oder unterstellt ist. Dieses Phänomen stellte sich auch in diesem Unternehmen ein und wurde durch die Prozess- und Schnittstellenbeschreibung nicht aufgehoben. Die Beteiligten im Prozess vertraten jeweils die Interessen ihrer Bereiche, hatten konträre Ziele und unterschiedliche Auffassungen über Vorgehensweisen und Dringlichkeit von Aufgaben. Wer in diesen Konstellationen seine Ziele erreichen wollte, musste Flexibilität zeigen, ohne dabei die eigenen Interessen aufzugeben. Neue Formen der Kooperation mussten entdeckt und integriert werden, damit die Arbeit vorankommt. Diese Erkenntnis und eine genaue Betrachtung der eigenen Situation standen dabei im Vordergrund des ersten Aufbaumoduls.

Fazit der Seminare war, dass die gegenseitige Verständigung, bewusste Kommunikation und Durchsetzungswille dabei helfen, mit diesen komplexen Situationen umzugehen. Diese Aspekte wurden in den Seminaren mit den Trainern aufgearbeitet und durch entsprechende Übungen und Gesprächssimulationen erprobt. Dabei wurde gezielt auf die Bearbeitung realer Praxisfälle, unter Einsatz der kollegialen Beratung, aus den Themenbereichen Persönlichkeit, Verhandlungen und Beschwerdemanagement wert gelegt.

Als Nutzen dieser Seminare wurde bei der Auswertung wiederholt die Auflösung von Verständigungsproblemen und persönlichen Barrieren genannt.

Ein zweites Aufbaumodul deckte den im laufenden Qualifizierungsprozess deutlich gewordenen Bedarf an organisatorischen Themen ab. Dieser wurde ausgewählten Zielgruppen zur Verfügung gestellt, hatte aber keinen direkten Zusammenhang zur eigentlichen Ausgangssituation.

Rückwirkend betrachtet wurden aus dem Qualifizierungsprozess folgende Punkte als Lessons Learned für die Einführung des Prozessmanagements im Unternehmen extrahiert:

- Dass eine Schulung aller Prozessbeteiligten durch das Planspiel zum Einstieg in das Thema Prozessmanagement das prozessorientierte Denken und Handeln fördert. Die Mitarbeiter werden sensibilisiert.
- Dass eine frühzeitige Stärkung und Begleitung der Führungskräfte Reibungsverluste minimiert. Bisherige Seminare wurden dem, in Prozessen spezifischen Führungsaspekt, nicht gerecht. Die Führungskräfte waren darauf nicht ausreichend vorbereitet.

Die Prozesskennzahlen zeigten mit etwas Abstand zum Qualifizierungsprozess eine positive Veränderung und pendelten sich im Laufe der nächsten Monate auf das erhoffte Niveau ein. Das Planspiel Fertigo AG bringt aber auch noch ganz andere Vorteile mit sich!

Gruppendynamik und Teamstrukturen lassen sich mit dem Planspiel auch sichtbar machen.

Was eigentlich zur Steigerung der Prozessorientierung im Unternehmen dienen sollte, avanciert immer öfter zum Analyse-Instrument für Teamstrukturen.

Konzipiert wurde das Planspiel Fertigo AG, um Effekte und Wirkungsmechanismen in Prozessen erlebbar zu machen. Dazu wird vom Vertrieb, über Logistik und Produktion bis zum Controlling eine „reale" Prozesskette abgebildet. Nach einer Einführung in das Thema Prozessmanagement und in das Planspiel selbst werden mehrere Runden durchlaufen. Am Ende einer jeden Runde steht das Betriebsergebnis in harten Zahlen und Fakten fest. Anschließende Besprechungen dienen zur Optimierung des Prozesses für den nächsten Durchlauf.

So war es auch im Frühjahr 2007 mit dem internen Berater- und Prozessbegleiternteam eines Stuttgarter Maschinenbauunternehmens geplant. Ziel war es, das Planspiel zu testen, um es später in anderen Unternehmensbereichen zum Einsatz zu bringen.

Wie gewohnt nahm das Planspiel seinen Lauf. Ausprobieren und verbessern war die Devise. Mit den typischen Effekten:

- Der Vertrieb verspricht dem Kunden, was die Produktion dann halten muss und (vom Trainer provoziert) manchmal gar nicht möglich ist.
  Hauptsache, die akquirierten Auftragszahlen stimmen!

- Das Controlling versucht sich verzweifelt und ohne großen Erfolg, Gehör zu verschaffen. Wiederholt wird darauf hingewiesen, womit wirklich Geld verdient wird und wo zum Selbstkostenpreis oder gar mit Verlust verkauft und produziert wird.

- Zu sehr war man mit Prozessoptimierungen fast ausschließlich in der Produktion beschäftigt.

Und dann kam das, was der Trainer und einer der Entwickler der Fertigo AG, Dr. Stefan Helmke, nur allzu oft erlebt. „Wenn das Planspiel mit realen Teams oder ganzen Abteilungen durchgeführt wird, dann rücken die fachlichen Aspekte nach der zweiten Runde langsam in den Hintergrund und die Teamstruktur wird deutlich!"

So auch bei dem Stuttgarter Team, bei dem so langsam sichtbar wurde, wer hier das Sagen hat oder haben will. Wer welche Charaktereigenschaften mitbringt und wer welche Stärken hat. Unter dem Deckmantel einer Moderation werden höfliche Meetingstrukturen eingezogen und Regeln vereinbart, wie man in den Meetings zu Entscheidungen kommen will und wie man den Prozess weiter nach vorne bringen kann.

Die Meetings laufen dann zunächst etwas besser. Die getroffenen Entscheidungen werden aber bereits nach wenigen Minuten in der nächsten Spielrunde wieder gekippt. Das Controlling, noch immer nicht gehört, geht so langsam in den Ruhestand. Frustration wird sichtbar.

Als dann der Trainer gebeten wird, die Besprechungen zu moderieren, man käme selbst nicht mehr weiter, ist das Bild komplett: Hier gibt es noch viel zu tun. Das Team mitten in der Konfliktphase.

„Da wir noch ein recht junges Team sind, war mir klar, dass wir noch am Anfang stehen!", berichtet die Leiterin des Teams zum Abschluss. „Hilfreich war es, sich im Laufe des Planspiels zurückzunehmen und das Team bei der Interaktion zu beobachten. Schade, dass die fachlichen Inhalte des Planspiels dabei etwas in den Hintergrund gedrängt wurden."

Dass sich das Planspiel auch gerade deshalb dazu eignet, verkrustete Strukturen und Schnittstellenprobleme aufzubrechen, weiß Tobias Wunsch, Leiter Training & Beratung bei der TOP Business AG, zu berichten: „Workshops zur Bearbeitung von Schnittstellenproblemen brauchen eine entsprechende Anwärmphase, und die schaffen wir ideal mit dem Planspiel. Die Effekte, die hier erlebt werden, sind dieselben wie in der Praxis. Im Planspiel kann sich keiner verstecken und wie im Workshop abwarten, wer als erstes Kritik ausspricht, um dann entsprechend darauf antworten zu können."

Weitere Anwendungen des Planspiels finden sich neben der typischen Trainingsvariante zur Verbesserung der Prozessorientierung bei:

- Entwicklungsprogrammen für Mitarbeiter,
- im Assessment Center,
- Teamentwicklung,
- Bearbeitung von Schnittstellen,
- Workshops zur Gestaltung neuer Prozesse und Überarbeitung bestehender Prozesse.

Gebaut werden übrigens Haushaltsroboter. Als Material steht dafür eine große Kiste mit Lego-Steinen zur Verfügung, die stets ein Leuchten in den Augen der Teilnehmer erzeugt!

Dabei steht sicher nicht unbedingt die Kundenbindung im Mittelpunkt, zumindest nicht offensichtlich, auf jeden Fall.

Autoren

STEFAN HELMKE, Prof. Dr., Professor für Marketing, Controlling, Handelsmanagement, Prozessmanagement an der FHDW Bergisch Gladbach, Partner der Strategie- und Organisationsberatung TGCG – Management Consultants, Düsseldorf.

MATTHIAS UEBEL, Prof. Dr., Professor für Betriebswirtschaft an der FOM – Hochschule für Oekonomie und Management, Düsseldorf, Managementberater/-trainer, Partner der TGCG – Management Consultants Düsseldorf.

TOBIAS WUNSCH, Dipl.-Ing., Senior Consultant PE/OE, Geschäftsbereichsleiter HR Training & Consulting bei der TOP Business AG.

Printed by Books on Demand, Germany